दहशत, दगाबाज़ी, सियासी साज़िशों,
और नाकाबिल-ए-तसव्वुर फैसलों की
दिलचस्प दास्तान

हमास का बेटा

('सन ऑफ़ हमास' का हिन्दी अनुवाद)

मोसाब हसन यूसुफ़
और रॉन ब्रैकिन

अनुवादक – गौतम मसानिया

SANAGE
PUBLISHING HOUSE

Paperback: 978-936205766-2
ebook: 978-936205512-5

Any references to historical events, real people, or real places are used fictitiously. Names, characters, and places are products of the author's imagination.

Printed by:

Sanage Publishing House LLP
Mumbai, India

sanagepublishing@gmail.com

मेरे प्यारे परिवार, मुझे आप पर नाज़ है। मेरा गॉड ही समझ सकता है कि आप लोग किन हालातों से गुज़रे हैं। मैं ये बात अच्छी तरह से जानता हूँ, मैंने जो किया है, उसकी वजह से आप लोगों को एक और गहरा सदमा झेलना पड़ा है, जिससे शायद आप लोग ज़िन्दगी भर उबर नहीं पाएँगे; आपको ताउम्र इसकी शर्मिंदगी झेलनी पड़ेगी।

मैं चाहता तो अपने लोगों का हीरो बन सकता था, उन्हें मुझ पर नाज़ करने का मौका दे सकता था। मुझे पता था कि उन्हें किस तरह के हीरो की तलाश थी : एक ऐसा जाँबाज़ लड़ाका जिसने अपनी ज़िन्दगी और अपना परिवार दोनों मुल्क के नाम लिख दिए हों। और इस हीरो की तरह जीते हुए अगर मैं कुर्बान भी हो जाता, तब भी वे पीढ़ियों तक मेरी वाहवाही करते और उन्हें हमेशा मुझ पर फ़ख़्र होता।

मगर इसकी बजाए मैं अपने ही लोगों की नज़रों में गद्दार बन गया। हालाँकि कभी मैं भी आपके लिए फ़ख़्र का कारण हुआ करता था, पर अब तो मेरे कारण आप लोगों को सिर्फ और सिर्फ शर्मिंदगी मिल रही है। एक समय वो था जब मेरी हैसियत एक शहज़ादे की हुआ करती थी, पर आज मैं एक गैर-मुल्क में अकेलेपन और अंधेरे के खिलाफ लड़ रहा एक अजनबी हूँ।

मैं जानता हूँ कि आप लोग मुझे गद्दार की नज़र से देखते हैं। मगर बराए मेहरबानी(कृपा कर के) इस बात को समझने की कोशिश कीजिए कि मैंने आप लोगों के साथ कोई गद्दारी नहीं की है, मैंने बस वो किया है, जो आप लोगों के दिमाग में बनी हीरो या मुल्क-परस्त (देश-प्रेमी)की छवि से मेल नहीं खाता है। जब मिडिल-ईस्ट के मुल्कों

के लोग - यहूदी भी और अरब भी - वह सब समझना शुरू कर देंगे जो मैंने समझा है, तभी इस इलाके में अमन-चैन कायम होगा। और जब मेरे प्रभु को दुनिया को दोजख(नरक) की सज़ा से बचाने के चलते खारिज किया जा सकता है, तो फिर मुझे खारिज होने में भला क्यों ऐतराज़ होने लगा!

मैं नहीं जानता कि भविष्य में क्या होगा, पर मुझे उसका कोई डर नहीं है। और अब मैं आपको कुछ देना चाहता हूँ, कुछ ऐसा जिसने मुझे अब तक खुद को बचाए रखने में मदद की है। इसके चलते अगर एक भी बेकुसूर इंसान की ज़िन्दगी बच सकती है तो इतने सालों से मैं जिस शर्मिंदगी और अहसास-ए-जुर्म के बोझ तले जी रहा हूँ, वो इसकी बहुत छोटी-सी कीमत होगी।

मैंने जो किया है उसे सराहने वाले कितने लोग हैं? बहुत थोड़े से। पर कोई बात नहीं। मुझे कल भी यकीन था कि मैं सही कर रहा हूँ और आज भी है, और यही वह ईंधन है जो मुझे इस लम्बे सफ़र को तय करने की ताकत दे रहा है। मेरे काम की वजह से बचने वाली बेगुनाह इंसानी खून की हरेक बूँद मुझे आखिर तक डटे रहने का हौसला देती है।

मैंने भी बहुत चुकाया है और आपने भी, मगर फिर भी जंग और अमन का बिल चुकता होने को नहीं आ रहा। दुआ करता हूँ कि गॉड हम सबके साथ रहे और हमें इस भारी बोझ को उठाने की ताकत और हिम्मत दे।

मुहब्बत के साथ,
आपका बेटा

फ़ेहरिस्त-ए-मज़ामीन
(विषय-वस्तु)

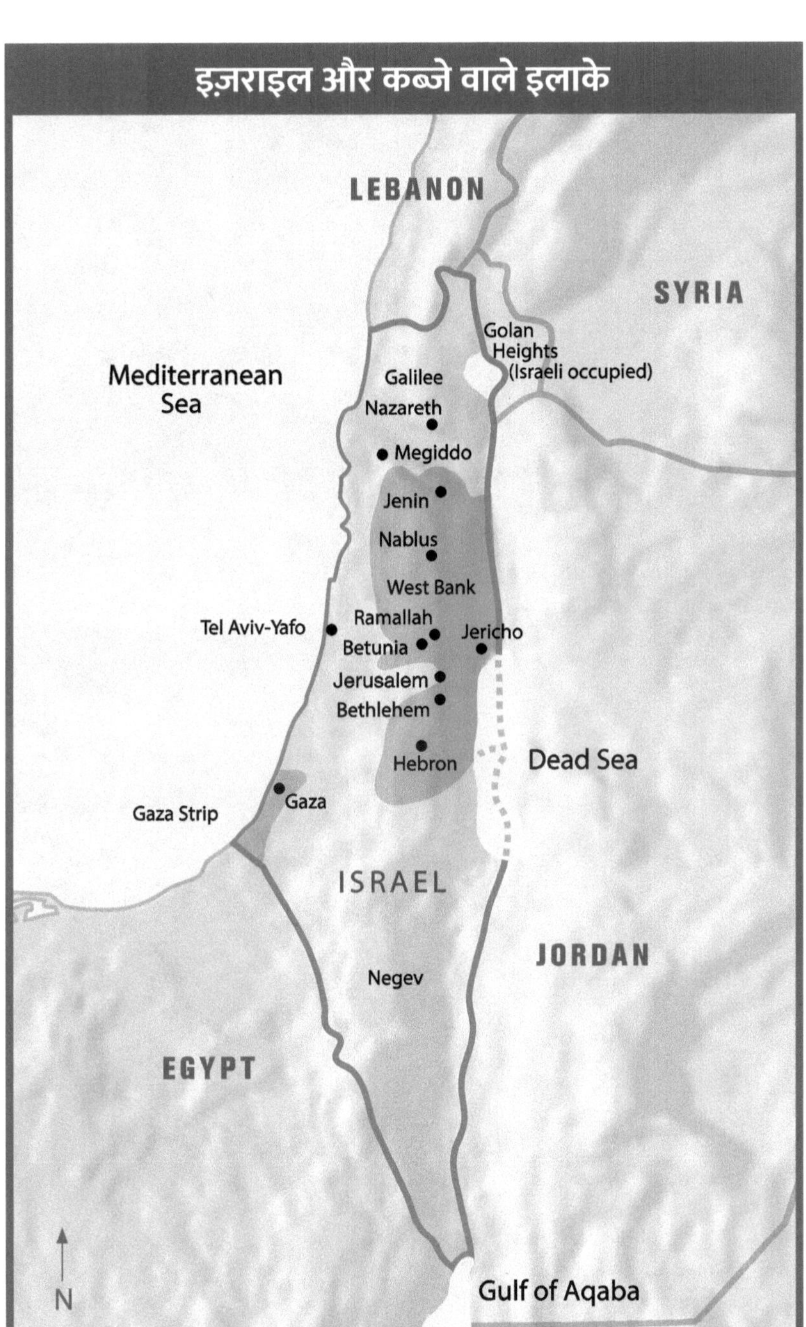

इज़राइल और कब्जे वाले इलाके
LEBANON
SYRIA
Golan Heights (Israeli occupied)
Mediterranean Sea
Galilee
Nazareth
Megiddo
Jenin
Nablus
West Bank
Ramallah
Tel Aviv-Yafo
Betunia
Jericho
Jerusalem
Bethlehem
Hebron
Dead Sea
Gaza
Gaza Strip
ISRAEL
JORDAN
Negev
EGYPT
N
Gulf of Aqaba

अदीब (लेखक) की तरफ से

वक़्त तरतीबवार (अनुक्रमिक) है - पैदाइश से लेकर मौत तक की दूरी में फैले हुए एक सीधे धागे की तरह।

मगर ज़िन्दगी में घटने वाली घटनाएँ उस फारसी कालीन की तरह होती हैं जिसमें हज़ारों-हज़ार रंग-बिरंगे धागे आपस में गुँथकर तमाम तरह के पेचीदा नमूने (पैटर्न्स), डिज़ाइन्स और इमेजेस बनाते हैं। घटनाओं को सिलसिलेवार रखने की कोई भी कोशिश कालीन के हरेक धागे को खींचकर अलग करने और फिर उन सबको सिरे से सिरे तक बिछाकर एक सीधी लाइन में लाने जैसा होगा। आप ऐसा करने में कामयाब तो ज़रूर हो सकते हैं, मगर इस चक्कर में पैटर्न/ डिज़ाइन/इमेज को खो देंगे।

इस किताब में दर्ज घटनाएँ कब्जे वाले इलाकों में जी गई मेरी गिर्दाब-ए-बला (चक्रवातनुमा) जैसी ज़िन्दगी की वे यादें हैं, जो आज भी मेरे ज़ेहन में ताज़ा हैं। इन्हें मैंने आपस में उसी तरह गूँथकर आपके सामने रखा है, जिस तरह ये घटित हुई थीं।

आपको तमाम घटनाओं के हवाले (रेफरेंस पॉइंट या संदर्भ बिंदु) मुहैया कराने और अरबी लफ़्ज़ों के मायने ज़ाहिर करने के लिए मैंने आखिर में एक ब्रीफ टाइमलाइन, अहम लफ़्ज़ों के मायने और किरदारों की एक फेहरिस्त(विवरण) भी शामिल की है।

मैंने इज़राइली सुरक्षा एजेंसी शिन बेट द्वारा चलाए गए बहुत सारे ख़ुफ़िया अभियानों से जुड़ीं बहुत-सी अहम जानकारियाँ जानबूझकर छोड़ दी हैं। सुरक्षा कारणों के चलते ऐसा करना ज़रूरी था। जो जानकारियाँ मैंने उजागर की हैं वे किसी भी तरह से दहशतगर्दी के खिलाफ चल रही आफ़ाक़ी (वैश्विक) जंग को, जिसमें इज़राइल रहबर (अग्रणी) का किरदार निभाता है, खतरे में डालने वाली नहीं है।

और आखिर में मैं यही कहूँगा कि मध्य-पूर्व की तरह ही 'हमास का बेटा' भी एक लगातार चलती रहने वाली दास्तान है। इसलिए मैं चाहूँगा कि आप नियमित रूप से मेरे ब्लॉग http:// www.sonofhamas.com पर आएँ, जहाँ मैं मध्य-पूर्व में घटने वालीं महत्वपूर्ण घटनाओं पर अपने खयालात ज़ाहिर करता हूँ, साथ ही मैं इस पर भी अपडेट पोस्ट करता हूँ कि जीसस इस किताब के और मेरे परिवार के साथ क्या कर रहे हैं और अब मुझे किस दिशा में ले जा रहे हैं।

—मोसाब हसन यूसुफ

तमहीद
(भूमिका)

पिछले पाँच दशकों से भी ज़्यादा अरसे में दुनिया भर के सिफारत-कारों (राजनयिकों), वज़ीर-ए-आज़मों (प्रधानमंत्रियों) और सदरों (राष्ट्रपतियों) ने जीतोड़ कोशिशें की हैं मध्य-पूर्व में अमन-चैन कायम करने की। दुनिया के फलक पर उभरने वाला हर नया लीडर सोचता है कि अरब-इज़रायल समस्या को हल करने का सेहरा उसके सिर ही बँधने वाला है। मगर ऐसा सोचने वाला हर नया लीडर उतनी ही बुरी तरह नाकाम साबित होता है, जितनी बुरी तरह उससे पहले के लीडरान हुए थे।

सच तो यह है कि पश्चिमी दुनिया में ऐसे लोग बहुत ही कम हैं जो मध्य-पूर्व और यहाँ के लोगों की पेचीदगियों को ठीक तरह समझने के करीब भी पहुँचे हों। मगर मैं ठीक तरह समझता हूँ, क्योंकि मेरे पास इन पेचीदगियों को एक अलग नज़रिए से देखने की सहूलियत रही है। और क्यों न हो, मैं उसी इलाके में, उसी झगड़े-झंझट और उन्हीं पेचीदगियों के बीच पैदा हुआ और पला-बढ़ा जो हूँ। मैं इस्लाम का बच्चा और एक दहशतगर्दी के आरोपी का फ़रज़न्द (बेटा) हूँ। साथ ही मैं जीसस का मुकल्लिद (अनुयायी) भी हूँ।

इक्कीस बरस का होते-होते मैं वो सारी चीज़ें देख और झेल चुका था जो ऊपरवाला किसी दुश्मन को भी न दिखाए : घोर गरीबी, सत्ता का बेजा-इस्तेमाल, दिल दहला देने वाला टॉर्चर और मौत। मैं दुनिया भर में सुर्खियाँ बटोरने वाले मध्य-पूर्व के आला लीडरान द्वारा परदे के पीछे किए गए सौदों और समझौतों का गवाह रहा। हमास के टॉप लेवल के लोगों का मैं भरोसे का आदमी रहा और मैंने तथाकथित इंतिफ़ादा में भी भाग लिया था। मैंने इज़राइल की सबसे डरावनी जेल में बंदी के तौर पर यातना भी झेली और जैसा कि आप आगे पढ़ेंगे, मैंने ऐसे

विकल्प चुने जिन्होंने मुझे उन लोगों की नज़रों में गद्दार बना दिया जिन से मैं प्यार करता हूँ।

अपनी ज़िन्दगी के अनहोनियों से भरे सफ़र में मैं ऐसी अंधेरी जगहों से होकर गुज़रा हूँ जो ज़्यादातर लोगों के लिए नाकाबिल-ए-तसव्वुर हैं और इसके चलते बहुत सारे गैरमामूली राज़ों का राज़दार बना हूँ। इस किताब में मैं ऐसे ही कुछ लम्बे अरसे से छिपाए जा रहे राज़ों, वारदातों और कामों को उजागर करने जा रहा हूँ जिनके बारे में अब तक केवल उन मुट्ठी भर लोगों को ही जानकारी थी जो दुनिया की नज़रों से छिपकर रहते हैं।

इन सच्चाइयों के उजागर होने से शायद मध्य-पूर्व के कुछ हिस्सों में 440 वोल्ट का झटका महसूस किया जाएगा, मगर मुझे उम्मीद है कि इससे मध्य-पूर्व में चल रहे इस न मालूम कब ख़त्म होने फसाद के बहुत से भुक्तभोगियों के परिवारों को बहुत तसल्ली महसूस होगी और उन्हें कई ऐसे सवालों के जवाब मिल जाएँगे जो लम्बे अरसे से उन्हें परेशान कर रहे हैं।

अमरीका में अमरीकियों के बीच रहते हुए मैं देखता हूँ कि उन में से बहुतों के मन में अरब-इज़राइल फसाद को लेकर ढेर सारे सवाल हैं। इन सवालों के बदले उन्हें जो बहुत थोड़े से जवाब मिले हैं वे भी आधे-अधूरे या फिर पूरी तरह गलत हैं। अक्सर वे इस तरह के सवाल करते हैं :

- "मध्य-पूर्व के लोग मिल-जुलकर क्यों नहीं रह पाते?"
- "सही कौन है - इज़राइली या फिलिस्तीनी?"
- "वो इलाका वास्तव में किसका है? फिलिस्तीनी लोग उस जगह को छोड़कर दूसरे अरब देशों में क्यों नहीं चले जाते?"
- "इज़राइल 1967 की छह-दिनी जंग में जीती गई ज़मीन और जायदाद वापस क्यों नहीं कर देता?"
- "अब भी इतने सारे फिलिस्तीनी मुहाजिर बस्तियों (शरणार्थी शिविरों) में क्यों रह रहे हैं? उनके पास उनका अपना मुल्क क्यों नहीं है?"
- "फिलिस्तीनी लोग इज़राइल से इतनी नफरत क्यों करते हैं?"
- "इज़रायल को आत्मघाती हमलावरों और लगातार होने वाले रॉकिट हमलों से अपनी हिफ़ाज़त कैसे करनी चाहिए?"

ये सभी सवाल अपने आप में अच्छे हैं। मगर इनमें से कोई भी असली मसले को, समस्या की असली वजह को नहीं छूता। इस फसाद की जड़ें तो बाइबिल की पहली किताब में बताई गई सारा और हाजिरा के बीच की दुश्मनी में मौजूद हैं। मगर सियासी और कल्चरल हकीकतों को समझने के लिए आपको इतना पीछे जाने की ज़रूरत नहीं है, पहले वर्ल्ड-वॉर (विश्व-युद्ध) के बाद जो कुछ हुआ उसको जानना-समझना ही काफी है।

पहले विश्व-युद्ध के खात्मे के बाद फ़िलिस्तीनी इलाका, जो सदियों से फ़िलिस्तीनी लोगों का मादर-ए-वतन था, ग्रेट ब्रिटेन की हुक्म-बरदारी (शासनादेश) के तहत आ गया। इसका फायदा उठाकर ब्रिटिश सरकार ने 1917 के 'बाल्फोर डिक्लेरेशन' में इस इलाके के लिए एक अजीब-ओ-गरीब और सरासर नाइंसाफी भरा फरमान जारी कर दिया। उसने कहा, "महामहिम की सरकार फ़िलिस्तीनी सरज़मीं पर यहूदी लोगों के लिए एक खुदमुख्तार मुल्क बनाए जाने के हक़ में है।"

ब्रिटिश सरकार द्वारा इस तरह शह दिए जाने पर हज़ारों की संख्या में यहूदी लोग, जिनमें ज़्यादातर पूर्वी यूरोप से थे, फ़िलिस्तीनी इलाके में घुस आए। अब ऐसे में उनका वहाँ पहले से रह रहे अरब लोगों के साथ झगड़ा होना तो लाज़िमी था।

1948 में इज़राइल को एक खुदमुख्तार मुल्क (संप्रभु राष्ट्र) घोषित कर दिया गया। मगर फ़िलिस्तीनी इलाके खुदमुख्तारी से महरूम ही रहे। किसी बाकाईदा बनाए गए नज़्म-ओ-ज़ब्त (संविधान) के न होने की सूरत में यहाँ के लोगों ने सामाजिक निजाम बनाए रखने के लिए मज़हबी क़ानून को ही नज़्म-ओ-ज़ब्त मान लिया। मगर मज़हबी क़ानून के साथ दिक्कत यह थी कि हर कोई उसकी मनमानी तर्जुमानी (व्याख्या) करने और उसे मनमाने ढंग से लागू करने के लिए आज़ाद था, जिसके चलते बे-हुकूमती (अराजकता) तो पैदा होनी ही थी। बाहरी दुनिया के लिए मध्य-पूर्व का यह फसाद ज़मीन के एक छोटे से हिस्से को लेकर चल रही रस्साकशी भर है। पर असल समस्या यह है कि अभी तक किसी ने भी असल समस्या को नहीं समझा है। यही वजह है कि कैंप डेविड से लेकर ओस्लो तक के वार्ताकार इस समस्या को हल करने में नाकाम रहे हैं।

मैंने यह किताब खुद को इस दौर के अज़ीम मुफ़क्किरों (विचारकों) से ज़्यादा काबिल साबित करने के लिए नहीं लिखी है। मैं उनके मुकाबले कुछ भी नहीं हूँ। मगर किस्मत से मुझे इस झगड़े के सभी पहलुओं को करीब से देखने और उनमें शामिल रहने का जो मौका मिला, उसने मुझे इस समस्या को एक अलग नज़रिए से

देखने की सहूलियत दे दी। मैं वैसी ही बँटी हुई ज़िन्दगी जीने के लिए मजबूर रहा हूँ जैसा बँटवारा मध्य-पूर्व एशिया के उस छोटे से ज़मीन के टुकड़े का किया गया है जिसे कुछ लोग इज़राइल के नाम से जानते हैं, कुछ फिलिस्तीन के नाम से, तो कुछ कब्ज़े वाले इलाकों के नाम से।

इस किताब को लिखने का मेरा मकसद कुछ ख़ास घटनाओं को सही-सही बताना, कुछ रहस्यों को उजागर करना और अगर सबकुछ ठीक रहा, तो आपके भीतर यह उम्मीद जगाना है कि नामुमकिन को भी मुमकिन किया जा सकता है।

मेरा पकड़ा जाना

1996

मैं अपनी छोटी-सी सुबारू कार में सवार एक सँकरी-सी सड़क पर चला जा रहा था। रमल्लाह शहर (वेस्ट बैंक) के बाहरी हाईवे को जाने वाली इस सड़क पर एक अँधा मोड़ मुड़ते ही मैं चौकन्ना हो गया और मेरा दाँया पाँव खुद-ब-खुद धीरे-धीरे ब्रेक पर दबने लगा। आगे एक जाँच चौकी थी। यरूशलेम को जाने और आने वाले रास्ते पर ऐसी अनगिनत चौकियाँ थीं। मैं धीमी रफ़्तार से चौकी की तरफ बढ़ने लगा।

"इंजन बंद कर! कार रोक!" किसी ने टूटी-फूटी अरबी में चिल्लाकर कहा।

अचानक, बिना किसी चेतावनी के, मशीनगनें लिए हुए छह इज़राइली फ़ौजी जवान झाड़ियों से कूदकर बाहर आ गए और मेरी कार को घेरकर खड़े हो गए। उन सभी की मशीनगनों का निशाना मेरा सिर था।

मेरे मन में दहशत की लहर दौड़ गई। मैंने गाड़ी रोक दी और चाबी निकालकर खिड़की से बाहर फेंक दी।

"बाहर निकल! बाहर निकल!!"

मेरे कुछ सोच-समझ पाने से पहले ही उनमें से एक जवान ने झटके से कार का दरवाज़ा खोला, मुझे खींचकर बाहर निकाला और धूल-भरी ज़मीन पर पटक दिया। फिर मुझे हाथों से अपना सिर ढँकने का भी मौका दिए बिना वे सब के सब मुझ पर पिल पड़े। ज़ाहिर तौर पर मैं सबसे ज़्यादा अपने चेहरे को बचाने की कोशिश कर रहा था, पर इसका और ज़्यादा खामियाज़ा मेरी पसलियों, किडनियों, चूतड़ों, पीठ और खोपड़ी को उठाना पड़ रहा था जो उन सैनिकों के भारी-भरकम जूतों के खतरनाक वारों से बेहाल थी।

जी भरकर मार लेने के बाद उनमें से दो जवानों ने मुझे कॉलर से पकड़कर मेरे पैरों पर खड़ा किया और धकियाते हुए जाँच-चौकी की ओर ले जाने लगे। वहाँ पहुँचकर मुझे एक सीमेंट के बैरिकेड के पीछे ज़बरदस्ती घुटनों के बल बैठा दिया गया। मेरे दोनों हाथ पीठ के पीछे ले जाकर एक तेज़ धार वाली प्लास्टिक ज़िप टाई से बहुत कसकर बाँध दिए गए। आँखों पर भी पट्टी बाँध दी गई। फिर किसी ने मुझे कॉलर से पकड़कर खड़ा किया और धकेलकर किसी जीप के पीछे वाले हिस्से के फर्श पर डाल दिया। डर के साथ-साथ अब मेरे भीतर गुस्सा भी उमड़ने लगा था, क्योंकि मुझे समझ ही नहीं आ रहा था कि मुझे कहाँ ले जाया जा रहा था, क्यों ले जाया जा रहा था और कितने अरसे के लिए ले जाया जा रहा था। मैं सिर्फ अठारह बरस का था और कुछ ही हफ़्तों बाद मेरे हाईस्कूल के इम्तिहान शुरू होने वाले थे। मेरे साथ क्या होने वाला था?

थोड़ी सी दूर जाने के बाद जीप धीमी होकर रुक गई। एक सैनिक ने मुझे खींचकर जीप से बाहर निकाला और मेरी आँखों पर बंधी पट्टी खोल दी। तेज़ धूप में चौंधियाती आँखों को सिकोड़कर मैंने अपने चारों ओर देखा तो मालूम हुआ कि हम ओफ़र फ़ौजी-अड्डे (आर्मी बेस) पर थे। ओफ़र फ़ौजी-अड्डा वेस्ट बैंक में इज़राइल के सबसे बड़े और सबसे सुरक्षित फ़ौजी ठिकानों में से एक था।

मुख्य इमारत की ओर बढ़ते हुए मुझे जगह-जगह तिरपालों से ढंके खड़े बख्तरबंद टैंक दिखाई पड़ रहे थे। इस फ़ौजी-अड्डे के मेन गेट के बाहर से गुज़रते समय जब भी मैं इन ढंके हुए दैत्याकार टैंकों रूपी टीलों को देखता था तो अजीब-से कौतुहल से भर जाता था। बाहर से वे बड़ी-सी चट्टानों की तरह दिखते थे।

इमारत के भीतर पहुँचने पर एक डॉक्टर ने आकर फ़टाफ़ट मेरा मुआयना किया। वे यह पक्का करना चाह रहे थे कि मैं बर्बर पूछताछ का सामना कर पाने के लिए फिट हूँ या नहीं। बिला-शक मुझे फिट पाया गया होगा, क्योंकि कुछ ही मिनटों के भीतर मेरे हाथ फिर से हथकड़ियों में जकड़ दिए गए, आँखों पर फिर से पट्टी बाँध दी गई और फिर से मुझे जीप में पीछे की तरफ फर्श पर पटक दिया गया।

मेरा शरीर उस ज़रा सी जगह में समा नहीं रहा था जो हकीकतन सवारियों के पैर रखने के लिए होती है। मैंने जैसे ही थोड़ा-सा हिल-डुलकर अपने शरीर को उस जगह में समाने की कोशिश की, एक हट्टे-कट्टे जवान ने अपना बूट मेरे कूल्हे पर रख दिया और अपनी एम16 असॉल्ट राइफल की नाल मेरी छाती में भोंक दी। जहाँ मैं पड़ा हुआ था वहाँ पेट्रोल की तीखी गर्म गंध के कारण मेरे लिए साँस लेना

भी मुश्किल हो रहा था। जब कभी भी मैं ज़रा-सा भी हिलने-डुलने की कोशिश करता, वह सैनिक बन्दूक की नाल को और ज़ोरों से मेरे सीने में भोंक देता।

अचानक, बिना किसी चेतावनी के, एक बिजली सी कौंधी और मुझे अपने शरीर में दर्द की इतनी तेज़ लहर दौड़ती महसूस हुई कि मेरे पैर की उंगलियाँ भिंचने लगीं। यह ऐसा था जैसे कोई रॉकेट आकर मेरे सिर से टकराया हो। यह वार आगे की सीट से हुआ था और मैंने अंदाज़ा लगा लिया कि वहाँ बैठे किसी जवान ने अपनी राइफल के हत्थे से मेरे सिर पर वार किया था। इससे पहले कि मैं कुछ और सोच पाता, उसने दुबारा वार कर दिया। इस बार उसने पहले भी ज़्यादा जोर से मारा। इस बार उसका निशाना मेरी आँख थी। मैंने तिलमिलाकर उसकी पहुँच से पीछे हटने की कोशिश की, पर मेरे कूल्हे को पैरदान बनाकर बैठे जवान ने फिर मुझे आगे ठेल दिया और चिल्लाकर बोला, "हिल मत, वर्ना गोली मार दूँगा!"

लेकिन मैं मजबूर था। हर बार जब उसका साथी मेरे सिर पर वार करता, मैं खुद-ब-खुद पीछे हटने की कोशिश कर बैठता।

आँखों पर खुरदुरी बंधी पट्टी के नीचे मेरी आँख सूज कर बंद होने लगी थी और मेरा चेहरा सुन्न हो गया था। मेरे पैरों में खून का दौरा बंद हो गया था। मैं बमुश्किल साँस ले पा रहा था। इससे पहले मैंने कभी इतना ज़्यादा दर्द नहीं झेला था। लेकिन जिस्मानी तकलीफ से भी ज़्यादा बुरा था यह खौफनाक अहसास कि मैं ऐसे लोगों के रहम-ओ-करम पर था जो पूरी तरह बेरहम, जंगली और जुल्म-पसंद थे। मैं समझ नहीं पा रहा था कि ये लोग आखिर मुझसे चाहते क्या थे, इनकी मुझसे दुश्मनी क्या थी? नफरत के चलते, गुस्से के चलते, बदले की भावना के चलते, यहाँ तक कि ज़रूरत के चलते लड़ना और दूसरों को मारना तो मैं समझ सकता था, मगर मैंने तो इन जवानों का कुछ भी नहीं बिगाड़ा था। मैंने तो खुद के इस तरह पकड़े जाने की खिलाफत तक नहीं की थी। मैं तो शुरू से इनकी हिदायतों पर ही चल रहा था। मैं किसी भी तरह से इनके लिए कोई खतरा नहीं था। मेरे हाथ बंधे थे, आँखें बंद थीं, मेरे पास कोई हथियार भी नहीं था। फिर ऐसी कौन सी हैवानियत भरी थी इन लोगों में जो इन्हें मुझे तकलीफ पहुँचाने में इतना मज़ा मिल रहा था? खूँखार से खूँखार जानवर भी बेवजह या शौक के लिए किसी को मारता नहीं है।

मैं सोचने लगा कि जब मेरी अम्मी को मेरे पकड़े जाने का पता चलेगा तो उन पर क्या बीतेगी। मेरे वालिद पहले से ही इज़राइल की एक जेल में बंद थे और इसलिए घर में इकलौता मर्द मैं ही था। क्या मुझे भी मेरे वालिद की तरह महीनों,

सालों तक जेल में बंद रखा जाएगा? ऐसी हालत में मेरी वालिदा अकेली कैसे रहेंगी? अब मुझे समझ आने लगा कि जब मेरे वालिद गिरफ्तार हुए थे तब उनके मन में क्या चल रहा होगा। वह भी इसी फ़िक्र में रहे होंगे कि उनकी गैर-मौजूदगी में हमारा क्या होगा और यह जानकर ग़मगीन हो रहे होंगे कि उनकी फ़िक्र में हम किस कदर हैरान-परेशान रहेंगे। मेरी वालिदा का हैरान-परेशान चेहरा बार-बार मेरी आँखों के सामने आने लगा। मैं अपनी आँखों को आँसुओं से भीगने से रोक नहीं पाया।

यह बात भी मुझे परेशान कर रही थी कि अगर मुझे इज़राइली जेल में बंद कर दिया गया तो फिर मैं अगले महीने होने वाले हाईस्कूल के इम्तिहान नहीं दे पाऊँगा और मेरा साल बर्बाद हो जाएगा। जितनी तेज़ी से वे फ़ौजी जवान लगातार मेरे शरीर पर वार कर रहे थे, उतनी ही तेज़ी से मेरा मन चीत्कार कर रहा था और चीख-चीखकर उनसे पूछना चाह रहा था कि *तुम लोग मेरे साथ ऐसा क्यों कर रहे हो? मेरा कुसूर क्या है? मैं कोई दहशतगर्द नहीं हूँ। मैं तो एक कमसिन लड़का हूँ। फिर क्यों बेवजह मुझे इस तरह बेरहमी से मार रहे हो?*

इस दौरान मैं कई बार बेहोश हुआ, मगर जब भी मेरे होश-ओ-हवास लौटे, मैंने खुद को उन जवानों के हाथों बेरहमी से पिटता हुआ ही पाया। मैं उनके वारों को नहीं रोक सकता था। मैं बस चीख सकता था। फिर अचानक मुझे ज़ोरों की मतली महसूस हुई, मेरा गला कड़वे पित्त से भर गया और मैंने पूरी ताकत से उल्टी कर दी।

आख़िरी बार बेहोश होते समय मुझे अपने भीतर दुःख की गहरी टीस उठती महसूस हुई। क्या मेरा आख़िरी वक़्त करीब था? क्या मैं ज़िन्दगी ठीक से शुरू करने से पहले ही मर जाने वाला था?

अकीदत (आस्था) की सीढ़ी

1955 - 1977

मेरा नाम मोसाब हसन यूसुफ है।

मैं हमास संगठन के सात बानी मेम्बरान (संस्थापक सदस्यों) में से एक शेख हसन यूसुफ का सबसे बड़ा बेटा हूँ। मेरी पैदाइश वेस्ट बैंक के शहर रमल्लाह में हुई थी और मैं मध्य-पूर्व के सबसे ज़्यादा मज़हब-परस्त इस्लामी परिवारों में से एक का सदस्य हूँ।

मेरी दास्तान शुरू होती है मेरे दादाजान शेख यूसुफ दाऊद से, जो कि अल-जानिया गाँव के मज़हबी लीडर, यानि कि इमाम थे। यह गाँव इज़राइल के उस हिस्से में पड़ता है जिसे बाइबल में ज्यूडिया और सामरिया कहा गया है। मैं अपने दादाजान को बहुत चाहता था। जब वह मुझे गले लगाते थे तो उनकी सफ़ेद मुलायम दाढ़ी मेरे गालों को गुदगुदाती थी। और जब वो अपनी मीठी आवाज़ में बाँग-ए-अज़ान (नमाज़ के लिए बुलावा) देते थे तो मुझे अपने कानों में मिठास घुलती-सी महसूस होती थी। मुझे उनकी मीठी आवाज़ में अज़ान सुनने के बहुत मौके मिले क्योंकि मुस्लिमों में दिन में पाँच बार नमाज़ पढ़ी जाती है, इसलिए मेरे दादाजान हर दिन पाँच बार बाँग-ए-अज़ान देते थे। सही तरह से बाँग-ए-अज़ान देना और कुरआन पढ़ना आसान काम नहीं है, मगर जब मेरे दादाजान यह काम करते थे तब सुनने वाले फ़रेफ़्ता (मंत्रमुग्ध) हो जाते थे।

वहीं दूसरी ओर कुछ और लोग बाँग-ए-अज़ान देने या कुरआन पढ़ने का काम इतने खराब ढंग से करते थे कि मन होता था अपने कान बंद कर लूँ। मगर मेरे दादाजान इस काम को पूरे मन से करते थे और सुनने वालों को अज़ान व कुरआन के लफ़्ज़ों की गहराई में उतारकर उनके असल मतलब को समझने के लिए मजबूर

कर देते थे। ऐसा इसलिए हो पाता था क्योंकि वह खुद अज़ान और कुरआन के हरेक लफ्ज़ पर पूरी अकीदत रखते थे।

जॉर्डन की हुकूमत और इज़रायल के कब्जे वाले दिनों में अल-ज़ानिया में लगभग चार सौ लोग रहते थे। हालाँकि यहाँ के लोगों को सियासत से कोई लेना-देना था नहीं। रमल्लाह से कुछ मील उत्तर-पश्चिम में पहाड़ियों के बीच बसा हुआ अल-ज़ानिया अमन-चैन से लबरेज़ निहायत ही ख़ूबसूरती जगह थी। डूबता हुआ सूरज यहाँ की हरेक चीज़ को गुलाबी और बैंगनी रंगत से जगमगा देता था। यहाँ की हवा एकदम साफ़-शुद्ध थी और कई पहाड़ी चोटियों से आप भूमध्य सागर तक का पूरा नज़ारा देख सकते थे।

मेरे दादाजान हर सुबह चार बजे मस्जिद के लिए निकल जाते थे। सुबह की बाँग-ए-अज़ान के बाद वे अपने गधे को लेकर खेत चले जाते थे। वहाँ दिन भर खेती-बाड़ी के काम में लगे रहते थे। अपने जैतून के पेड़ों की देखभाल करते थे और प्यास लगने पर पास की पहाड़ी से बहने वाले झरने पर जाकर पानी पीते थे। उन दिनों फ़ज़ाई-आलूदगी (वायु-प्रदूषण) का नाम-ओ-निशान नहीं था, क्योंकि पूरे अल-ज़ानिया में सिर्फ एक ही आदमी के पास कार हुआ करती थी।

दादाजान जब घर पर होते थे तो उनसे मिलने आने वालों का मजमा लगा रहता था। उनका किरदार इमाम होने तक महदूद (सीमित) नहीं था; उस गाँव के लोगों के लिए वह सबकुछ थे। गाँव में जब भी कोई बच्चा पैदा होता था तो उसे सबसे पहले मेरे दादाजान के पास लाया जाता था, जो उसके कान में फुसफुसाकर कुरआन की आयतें पढ़ते थे। जब गाँव में किसी की मौत हो जाती थी तो दादाजान ही मरने वाले के कफ़न-दफन की सभी रस्में पूरी करते थे। गाँव के लोगों की शादियाँ भी वही करवाते थे और उनके कफ़न-दफ़न का काम भी वही करते थे।

मेरे वालिद हसन उनके पसंदीदा फ़रज़न्द (बेटा) थे। मेरे वालिद बहुत छोटी उम्र से ही दादाजान के साथ हर दिन मस्जिद जाने लगे थे, जबकि उस उम्र में उनके लिए ऐसा करना ज़रूरी नहीं था। उनके बाकी भाइयों में से किसी को भी इस्लाम से ऐसा लगाव नहीं था जैसा उन्हें था।

दादाजान के साथ जा-जाकर मेरे वालिद ने भी बाँग-ए-अज़ान देना सीख लिया और किस्मत से उनकी आवाज़ में भी वैसा ही असर था जैसा दादाजान की आवाज़ में लोग महसूस करते थे। वह भी दादाजान की ही तरह पूरी अकीदत से यह काम करते थे और इसीलिए मेरे दादाजान को उन पर बहुत नाज़ था। जब

मेरे वालिद बारह बरस के हुए तो एक दिन दादाजान ने उनसे कहा, "हसन! तुमने दिखा दिया है कि तुम्हारी अल्लाह और इस्लाम में गहरी दिलचस्पी है। इसीलिए मैं तुम्हें शरीयत सीखने के लिए यरूशलेम भेजूँगा।" शरिया इस्लामी मज़हबी कानून है। इसमें घर-परिवार और साफ़-सफाई से लेकर सियासत और इकोनॉमिक्स तक हर उस मामले के लिए काईदे-क़ानून तय किए हुए हैं,.रोज़मर्रा की ज़िन्दगी से जुड़ा है।

मेरे वालिद हसन का सियासत या इकोनॉमिक्स से कोई लेना-देना नहीं था, वह तो बस अपने वालिद की तरह बनना चाहते थे। उनकी इकलौती ख्वाहिश यही थी कि वे अपनी ज़िन्दगी कुरआन की आयतों को पढ़ते और लोगों की खिदमत करते हुए गुज़ार दें। पर तब उन्हें कहाँ पता था कि उनके वालिद एक भरोसेमंद मज़हबी लीडर और अवाम के चहेते खिदमतगार होने से कहीं ज़्यादा थे।

चूँकि अरब लोगों के लिए मज़हब और कल्चर की की हुई हिदायतें हमेशा ही नज़्म-ओ-ज़ब्त (सरकारी संविधान) और अदालतों से ज़्यादा मायने रखती आई हैं, इसलिए अक्सर मेरे दादाजान जैसे लोगों को हुक्मरानों जैसे इख्तियारात हासिल होते थे। खासकर जिन इलाकों में गैर-मज़हबी (धर्मनिरपेक्ष) लीडरान कमज़ोर या बद-दियानत (भ्रष्ट) थे, वहाँ मज़हबी लीडर की बात को ही कानून माना जाता था।

मेरे वालिद को केवल मज़हबी तालीम हासिल करने के लिए यरूशलेम नहीं भेजा गया था; मेरे दादाजान उन्हें हुकूमत करने के लिए तैयार कर रहे थे। इसी मंसूबे के तहत अगले कुछ बरसों तक मेरे वालिद ओल्ड सिटी ऑफ़ यरूशलेम (जो कि 'डोम ऑफ़ दि रॉक' के करीब था) में रहकर शरिया की तालीम हासिल करते रहे। अठारह बरस की उम्र में उन्होंने अपनी तालीम पूरी की और रमल्लाह चले गए, जहाँ उन्हें फ़ौरन ओल्ड टाउन की मस्जिद का इमाम बना दिया गया। अल्लाह और उसके बन्दों की खिदमत करने को लेकर जुनून की हद तक इल्हामी (प्रेरित) मेरे वालिद इस नए किरदार को उतनी ही शिद्दत से निभाने के लिए तैयार थे जितनी शिद्दत से उन्होंने अपने वालिद को अल-ज़ानिया में निभाते देखा था।

लेकिन रमल्लाह अल-ज़ानिया नहीं था। जहाँ अल-ज़ानिया एक उनींदा-सा रहने वाला छोटा-सा गाँव था, वहीं रमल्लाह हरदम हलचलों से भरा रहने वाला शहर था। मेरे वालिद जब पहली बार उस मस्जिद में पहुँचे तो यह देखकर चौंक गए कि वहाँ कुल मिलाकर पाँच बूढ़े आदमी मौजूद थे। ऐसा मालूम होता था कि

बाकी सभी लोग या तो कॉफ़ीहाउस में बैठकर शराब पीने और जुआ खेलने में मसरूफ थे, या फिर अश्लील फ़िल्में दिखाने वाले थिएटर में घुसे हुए थे। यहाँ तक कि मस्जिद में जिसे अज़ान देने के लिए रखा गया था वह भी पत्ते खेलने में मसरूफ था और उसने एक लम्बा तार लेकर माइक्रोफोन वहीं रख लिया था ताकि अज़ान देने की रस्म-अदायगी के लिए उसे अपना खेल छोड़कर न आना पड़े।

यह सब देखकर मेरे वालिद का दिल टूट गया। उन्हें समझ नहीं आ रहा था कि वह अल्लाह और इस्लाम की बातें इन लोगों तक कैसे पहुँचा सकेंगे। जो पाँच लोग मस्जिद आए थे उन्होंने भी तस्लीम किया कि वे इसलिए आए थे, क्योंकि जानते थे कि किसी भी दिन अल्लाह का बुलावा आ सकता था और मरने के बाद जन्नत में जगह मिल सके इसलिए आ रहे थे। किसी भी वजह से आए हों, पर कम से कम वे मज़हब की बातें सुनने को तैयार तो थे। यही सोचकर मेरे वालिद ने उन्हीं पाँच लोगों को नमाज़ पढ़वाना और कुरआन की तालीम देना शुरू कर दिया। जल्दी ही वे लोग मेरे वालिद को इस तरह चाहने लगे मानो वे जन्नत से भेजे गए कोई फ़रिश्ते हों।

मगर मस्जिद के बाहर कहानी दूसरी थी। कई लोगों को मेरे वालिद की अल्लाह और कुरआन के लिए मुहब्बत और अकीदत भा नहीं रही थी। उनका इन चीज़ों को लेकर जो ढुलमुल रवैया था, वो अचानक से कटघरे में खड़ा होने लगा था, इसीलिए उन्हें परेशानी हो रही थी।

ऐसे लोगों ने मेरे वालिद का मज़ाक बनाना शुरू कर दिया। वे बच्चों जैसी भोली सूरत वाले मेरे वालिद की ओर इशारा करके कहते, "अरे, ये किस बच्चे को रख लिया है अज़ान देने? यह तो यहाँ का है ही नहीं। यह हमें परेशान करने आया है।"

"यह कल का आया छोकरा क्यों हमें नीचा दिखाने पर तुला है? मस्जिद जाना बूढ़े लोगों का काम है, हमारे जैसे जवानों का नहीं।"

"तुम्हारे जैसा बनने से अच्छा है मैं कुत्ता बन जाऊँ," एक आदमी ने उनके मुँह पर कह दिया।

मेरे वालिद चुपचाप सब सहते रहे, मगर कभी पलटकर उन लोगों पर चिल्लाने या अपना बचाव करने की कोशिश नहीं की। लोगों के लिए उनका प्यार और उनकी रहमदिली उन्हें हार नहीं मानने दे रही थी। इसीलिए वे पूरी शिद्दत से उस काम में लगे रहे जिसके लिए उन्हें रखा गया था: लोगों को इस्लाम और अल्लाह की ओर लौटने के लिए राज़ी करने।

मेरे वालिद अक्सर इन हालात का मुज़ाकरा (चर्चा) मेरे दादाजान से करते थे, जिसके चलते जल्द ही दादाजान को अहसास हो गया कि मेरे वालिद में मज़हब को लेकर उससे कहीं ज़्यादा दिलचस्पी और अकीदत थी जितने का अंदाज़ा उन्होंने पहले लगाया था। इसके चलते दादाजान ने मेरे वालिद को ऊँचे दर्जे की इस्लामी तालीम के लिए जॉर्डन भेज दिया। आगे आप देखेंगे कि वहाँ जाकर वह जिन लोगों से मिले उन्होंने आखिरकार मेरे परिवार के अतीत की धारा ही बदल दी, यहाँ तक कि मध्य-पूर्व के संघर्ष के इतिहास पर भी असर डाला। मगर उस दिशा में आगे बढ़ने से पहले मैं आपको इस्लामी अतीत की कुछ मानीखेज़ बातों से रू-ब-रू कराना चाहता हूँ, ताकि आप यह समझ सकें कि क्यों अब तक मध्य-पूर्व में अमन कायम करने के लिए पेश किए गए अनगिनत सिफारती (कूटनीतिक) हल नाकाम साबित हुए हैं और आगे भी उनसे कोई उम्मीद नहीं की जा सकती है।

तुर्की से शुरू हुए इस्लाम ने, जिसकी रहबरी ओटोमन सल्तनत के खलीफा के हाथों में थी, 1517-1923 के बीच तीन महाद्वीपों में अपने पैर फैला लिए थे। मगर कुछ सदियों तक एक अज़ीम मालियाती (आर्थिक) और सियासी ताकत बने रहने के बाद ओटोमन सल्तनत चंद लोगों की जागीर बन गई और बद-दियानत (भ्रष्ट) हो गई और वहीं से इसकी बर्बादी शुरू हो गई।

तुर्कों के राज में मध्य-पूर्व के सभी मुस्लिम गाँव ज़ुल्म और हद से ज़्यादा महसूल-वसूली (टैक्स) से परेशान थे। तुर्की से इस्तांबुल का फासला इतना ज़्यादा था कि खलीफा के लिए इन लोगों को फौजियों और मकामी ओहदेदारों (स्थानीय अधिकारियों) के ज़ुल्म से बचाना मुमकिन नहीं था।

इस सब के चलते बीसवीं सदी आते-आते मुस्लिमों का इस्लाम से मोहभंग होने लगा और वे दूसरे विकल्प तलाशने लगे। कुछ ने उस समय उभर रहे मार्क्सवादियों के नास्तिकतावाद (कुफ्र) को अपना लिया। दूसरों ने अपनी समस्याओं से भागने के लिए शराब, जुए और अश्लील फिल्मों का सहारा लेना शुरू कर दिया। ये सारे साधन उन्हें उन पश्चिमी लोगों द्वारा मुहैया कराए जाते थे जो पश्चिम में बढ़ते हुए औद्योगीकरण की कच्चे माल की ज़रूरतों को इस इलाके की खनिज संपदा से पूरा करने का लालच लेकर आए थे।

यह सब देखकर मिस्र के काहिरा में रहने वाला हसन अल-बन्ना नाम का एक मज़हब-परस्त नौजवान, जो एक प्राइमरी स्कूल में बतौर टीचर काम करता था, अपने गरीब, बेरोज़गार और मज़हब से दूर हो रहे मुल्की लोगों की हालत पर ग़मगीन हो रहा था। मगर उसकी नज़र में इस सब के लिए तुर्की के हुक्मरान नहीं वरन पश्चिम के लोग ज़िम्मेदार थे और उसे लगता था कि उसके लोगों, खासकर नौजवानों की हालत सुधारने का इकलौता ज़रिया था उन्हें इस्लाम की पाकीज़गी और सादगी की ओर लौटा ले जाना।

और इसके लिए उसने अपनी ओर से कोशिशें भी शुरू कर दीं। वह कॉफ़ीहाउसों में जाता और वहाँ रखी कुर्सियों और मेज़ों पर खड़े होकर वहाँ मौजूद लोगों को अल्लाह के बारे में बताने की कोशिश करता। यह देखकर शराबी उसका मज़ाक उड़ाते। सियासी लीडरान उसे चुनौती देते। मगर ज़्यादातर लोग उसे पसंद करने लगे थे क्योंकि वह उनके भीतर एक उम्मीद जगा रहा था।

मार्च 1928 में हसन अल-बन्ना ने 'मुस्लिम ब्रदर्स सोसायटी' बनाई, जिसे आज 'मुस्लिम ब्रदरहुड' के नाम से ज़्यादा जाना जाता है। इस सोसाइटी का मकसद इस्लाम की हिदायतों की बुनियाद पर समाज की नए सिरे से तामीर करना (पुनर्निर्माण) था। एक दशक के भीतर ही मिस्र के हर प्रांत में इस सोसाइटी की ब्रांच खुल गई। अल-बन्ना के भाई ने 1935 में फ़िलिस्तीनी इलाकों में भी एक ब्रांच शुरू कर दी और फिर बीस बरसों के भीतर ही ब्रदरहुड के मेम्बरान की तादाद अकेले मिस्र में ही तकरीबन पाँच लाख को पार कर गई।

मुस्लिम ब्रदरहुड के ज़्यादातर मेम्बरान समाज के उस तबके से आते थे जो सबसे ज़्यादा गरीब और दबा-कुचला था, मगर वे सभी सोसाइटी के लिए खून-पसीना एक करने को तैयार रहते थे। कुरआन में कहा गया है कि अपने भाइयों की हर मुमकिन मदद करो, इसलिए वे लोग इतने गरीब होने के बाद भी अपनी जेब का पैसा लगाकर अपने मुस्लिम भाइयों की मदद करते थे।

पश्चिम के बहुत सारे लोग जो सभी मुसलमानों को दहशतगर्द मानते हैं, वे इस्लाम के उस पहलू के बारे में नहीं जानते जो मुहब्बत और रहम को सबसे ऊपर मानता है। यह पहलू गरीबों, विधवाओं और अनाथों की फ़िक्र करने से जुड़ा है। यह कमज़ोरों को तालीम मुहैया कराने और उनकी बेहतरी के लिए काम करने से जुड़ा है। यह एकता और भाईचारे की बात करता है। इस्लाम का यही पहलू मुस्लिम ब्रदरहुड के शुरुआती नेताओं के लिए इस सोसाइटी को बनाने और चलाने की इल्हाम (प्रेरणा) बना था।

बेशक इस्लाम का एक दूसरा पहलू भी है जो सभी मुसलमानों को जिहाद के लिए उकसाता है, उन्हें तब तक सारी दुनिया के साथ लड़ते रहने की हिदायत देता है जब तक कि सारी दुनिया पर ऐसे खलीफा का राज न कायम हो जाए जो अल्लाह के नुमाइंदे के तौर पर हुकूमत करे और अल्लाह के हुक्मों की तामील कराए। आगे आप जो कुछ भी पढ़ेंगे उसे ठीक तरह समझने के लिए आपको इन बातों को याद रखना पड़ेगा। फिलहाल हम इतिहास की अपनी चर्चा को आगे बढ़ाते हैं...

1948 में मुस्लिम ब्रदरहुड ने मिस्र की सरकार के खिलाफ तख्तापलट की कोशिश की, क्योंकि ब्रदरहुड उसको मुल्क में बढ़ती ला-मज़हबी (धर्मनिरपेक्षता) के लिए कुसूरवार मानता था। मगर यह बगावत किसी अंजाम तक पहुँचे, उससे पहले ही ब्रिटिश हुक्म-बरदारी (शासनादेश) ख़त्म हो गई और इज़राइल ने एक खुदमुख्तार यहूदी मुल्क के तौर पर अपनी आज़ादी का एलान कर दिया, जिसके चलते इस बगावत को रोक दिया गया।

इज़राइल के इस एलान से मध्य-पूर्व की पूरी मुस्लिम आबादी में गुस्सा फ़ैल गया। कुरआन कहता है कि यदि किसी मुस्लिम मुल्क पर कोई विदेशी दुश्मन हमला कर दे तो ऐसे में उस मुल्क के सभी मुसलमानों को आपसी मतभेद भुला देने चाहिए और एकजुट होकर अपनी सरज़मीं की हिफ़ाज़त करनी चाहिए। पश्चिमी देशों की शह पर यहूदियों द्वारा अरब धरती पर आकर बसने को अरबी दुनिया पहले से ही विदेशी हमला मानती थी। अब इज़राइल द्वारा खुद को खुदमुख्तार मुल्क ठहरा दिए जाने को विदेशियों द्वारा फ़िलिस्तीन पर कब्ज़ा किए जाने के रूप में देखा गया। फ़िलिस्तीन मक्का और मदीना के बाद इस्लाम की तीसरी सबसे मुक़द्दस जगह मानी जाती है क्योंकि वहाँ मुक़द्दस अल-अक्सा मस्जिद बनी है। इस मस्जिद के बारे में कहा जाता है कि यह उस जगह पर बनी है जहाँ से मोहम्मद ने फ़रिश्ते गैब्रियल के साथ जन्नत जाकर इब्राहिम, मूसा और यीशु से मुलाकात की थी।

नतीजतन मिस्र, लेबनान, सीरिया, जॉर्डन और इराक ने तुरंत इज़राइल पर हमला कर दिया। मिस्र की दस हज़ार लड़ाकों की फ़ौज में हज़ारों की तादाद में मुस्लिम ब्रदरहुड के लड़ाके शामिल थे। मगर जल्दी ही इज़राइल की फ़ौज अरब गठबंधन की फ़ौज पर भारी पड़ने लगी। एक साल से भी कम समय में इज़राइली फ़ौज ने अरब लड़ाकों को बाहर खदेड़ दिया।

जंग के इस नतीजे के चलते जिन इलाकों को इज़राइल ने अपने में शामिल कर लिया था, उन इलाकों में रह रहे दस लाख के करीब फिलिस्तीनियों में से करीब

तीन-चौथाई या तो खुद ही अपना घर-बार छोड़कर भाग खड़े हुए या फिर उन्हें वहाँ से जबरन खदेड़ दिया गया।

हालाँकि बाद में संयुक्त राष्ट्र ने रिज़ोल्यूशन-194 पारित किया, जिसमें कहा गया कि "जो मोहाजिर (शरणार्थी) घरों को लौटने और अपने पड़ोसियों के साथ अमन-चैन से रहने के तमन्नाई हैं, उन्हें लौटने की इजाज़त दी जानी चाहिए," और यह भी कि "जो वापस लौटने के तमन्नाई न हों उन्हें उनकी जायदाद के लिए मुआवज़ा दिया जाना चाहिए।" मगर इस सिफारिश पर कभी अमल नहीं किया गया। अरब-इज़राइल जंग के दौरान वहाँ से विस्थापित हुए लाखों फिलिस्तीनियों को अपनी ज़मीन और अपने घर कभी वापिस नहीं मिले। इनमें से बहुत सारे मोहाजिर और उनके बाल-बच्चे आज भी संयुक्त राष्ट्र (यूएन) द्वारा बसाई गईं ऐसी मोहाजिर बस्तियों (शरणार्थी शिविरों) में रह रहे हैं जिन्हें इंसानों के रहने लायक नहीं माना जा सकता।

जब मुस्लिम ब्रदरहुड के हथियारबंद मेम्बरान जंग के मैदान से मिस्र लौटे तो मुल्तवी तख्तापलट बगावत को फिर से शुरू करने की योजना पर काम होने लगा। मगर इस प्लानिंग की खबर लीक हो गई और मिस्र सरकार ने ब्रदरहुड पर रोक लगा दी, उसकी जायदाद ज़ब्त कर ली और उसके कई मेम्बरान को कैद कर लिया। जो गिरफ़्तारी से बच गए थे, उन्होंने कुछ हफ़्तों बाद ही मिस्र के वज़ीर-ए-आज़म को क़त्ल कर दिया।

बदले में (संभवतः) मिस्र की सीक्रेट सर्विस ने 12 फरवरी 1949 को हसन अल-बन्ना को मार दिया। मगर इससे ब्रदरहुड ख़त्म नहीं हुआ। महज़ बीस सालों में हसन अल-बन्ना ने इस्लाम को उसकी सुस्ती और बे-परवाई से बाहर निकालकर लड़ाकों की एक ऐसी फ़ौज खड़ी कर दी जो हथियारबंद बगावत में यकीन रखती थी और इसके काबिल भी थी। अगले कुछ बरस ब्रदरहुड ने अपने मेम्बरान की तादाद और मिस्र के साथ-साथ सीरिया व जॉर्डन में भी लोगों के बीच अपना असर बढ़ाने में खर्च किए।

1970 के दशक के बीच के बरसों में जब मेरे वालिद इस्लाम की ऊँची तालीम के लिए जॉर्डन पहुँचे, तब तक मुस्लिम ब्रदरहुड वहाँ अच्छी तरह पैर जमा चुका था और उसे अवाम की भरपूर हिमायत हासिल हो रही थी। इसके मेम्बरान वे सारे काम कर रहे थे जो मेरे वालिद के दिल के करीब थे- जीने के इस्लाम-परस्त तरीके से मुँह मोड़ चुके लोगों के दिलों में इसके लिए फिर से अकीदत (आस्था)

पैदा करना, बीमारों और ज़ख्मियों का इलाज करना और लोगों को समाज में बढ़ते बद-दियानाती असरों (भ्रष्ट प्रभावों) से बचाने की कोशिश करना। इसलिए मेरे वालिद को यकीन हो गया था कि ये लोग मज़हबी-मुजद्दिद (धर्म-सुधारक) थे और इस्लाम के लिए वही काम कर रहे थे जो मार्टिन लूथर और विलियम टिंडेल ने ईसाई मज़हब के लिए किया था और इन लोगों का मकसद लोगों को मारना या तबाही मचाना नहीं बल्कि उन्हें बचाना और उनकी ज़िन्दगी को बेहतर बनाना था। और जब मेरे वालिद की मुलाकात ब्रदरहुड के कुछेक शुरुआती नेताओं से हुई तब तो उन्हें पक्का यकीन हो गया कि "हाँ, मुस्लिम ब्रदरहुड वही सब कर रहा है जो मैं हमेशा से करना चाहता था।"

उन शुरुआती दिनों में मेरे वालिद ने जो देखा वह इस्लाम का वह पहलू था जो मुहब्बत और रहम की बात करता है। मगर जो उन्होंने नहीं देखा, या शायद जो उन्होंने कभी देखना ही नहीं चाहा और अभी तक भी देखने को राज़ी नहीं हुए हैं, वो इस्लाम का दूसरा पहलू है।

इस्लामी ज़िन्दगी एक सीढ़ी की तरह है, जिसमें नमाज़ और अल्लाह की इबादत सबसे नीचे वाला पायदान है। गरीबों और ज़रूरतमंदों की मदद करना, मदरसे बनवाना और दान-धर्म करना क्रमशः ऊपर वाले पायदान हैं। सबसे ऊपर वाला पायदान है जिहाद।

यह सीढ़ी बहुत ऊँची है, इसलिए बहुत कम ही लोग देख पाते हैं कि सबसे ऊपरी पायदान पर क्या है। निचले पायदानों से ऊपरी पायदानों पर पहुँचने की प्रक्रिया बहुत धीमी होती है, इतनी धीमी कि अक्सर पता ही नहीं चलता कि आगे बढ़ भी रहे हैं या नहीं। इसको आप कबूतर पर घात लगाए बैठी बिल्ली की मिसाल से समझने की कोशिश करें। कबूतर एकटक बिल्ली को देख रहा होता है, एक पल के लिए भी उस पर से नज़रें नहीं हटाता। वह देखता है कि बिल्ली थोड़ा आगे आती है, फिर थोड़ा पीछे हटती है। फिर थोड़ा आगे आती है, फिर थोड़ा पीछे हटती है। लेकिन एकटक देखते हुए भी वह नहीं देख पा रहा होता है कि हर बार बिल्ली जब आगे आती है तो वह पिछली बार की बनिस्बत(आपेक्षा) थोड़ा सा और आगे आ गई होती है। यह बात जब तक उसे समझ आती है तब तक बहुत देर हो चुकी होती है और पलक झपकते उसकी गर्दन बिल्ली के पंजे में होती है।

पारंपरिक मुस्लिम लोग सबसे निचले पायदान पर खड़े हैं और हमेशा इस अहसास-ए-गुनाह में जीते हैं कि वे सही मायनों में इस्लाम की तामील नहीं कर पा

रहे हैं। सबसे ऊपरी पायदान पर हैं इंतिहा-पसंद लोग, जो क़ुरआन और अल्लाह के नाम पर औरतों और बच्चों का क़त्ल करने में लगे हैं। जो बीच की पायदानों पर हैं वे उदारवादी (जिन्हें अंग्रेज़ी में 'मॉडरेट' कहते हैं) हैं।

ये बीच की पायदानों वाले मुसलमान हक़ीक़तन इंतिहा-पसंद मुसलमानों से ज़्यादा ख़तरनाक होते हैं, क्योंकि अपनी अभी की हालत में तो वे गैर-नुक़सानदायक मालूम होते हैं, मगर पलक झपकते कब वे एक क़दम आगे बढ़कर सबसे ऊपरी पायदान पर या उसके क़रीब पहुँच जाएँ पता ही नहीं चलता। आत्मघाती हमलावरों में बड़ी तादाद इन बीच की पायदानों वाले मुसलमानों की ही होती है।

मेरे वालिद ने जिस दिन इस सीढ़ी के सबसे निचले पायदान पर क़दम रखा था, उस दिन वह यह तसव्वुर भी नहीं कर पाए होंगे कि एक दिन वह इस सीढ़ी पर ऊपर चढ़ते हुए अपने असल उसूलों से कितनी दूर निकल जाएँगे। और आज पैंतीस बरस बाद, मैं उनसे पूछना चाहता हूँ: क्या आपको याद है कि आपने कहाँ से आगाज़ किया था? आप जब भटके हुए लोगों को देखते थे तो आपका दिल टूट जाता था और आप चाहते थे कि किसी तरह उन लोगों को अल्लाह की सरपरस्ती में लाकर उन्हें बचा लें। और अब, आत्मघाती हमलावर और बेगुनाह लोगों का ख़ून? क्या यही करने निकले थे आप? मगर हमारी तहज़ीब में अपने वालिद से इस तरह की बातें कहना बेअदबी मानी जाती है। इसीलिए मैं कभी नहीं कह पाया। और इसीलिए वह उस ख़तरनाक रास्ते पर आगे बढ़ते रहे।

चैप्टर – 3

मुस्लिम ब्रदरहुड

1977-1987

जब मेरे वालिद जॉर्डन में अपनी इस्लामी तालीम पूरी करके कब्ज़े वाले इलाकों (ऑक्यूपाईड टेरीटरीज़) में लौटे, तो हर जगह के मुस्लिमों के लिए उम्मीद से भरे हुए थे। इस्लाम के उजले पहलू की झंडाबरदारी कर रहे मुस्लिम ब्रदरहुड के बढ़ते असर में उन्हें मुस्लिमों के लिए उजला मुस्तकबिल (उज्जवल भविष्य) दिखाई पड़ रहा था।

वह अकेले नहीं लौटे थे, उनके साथ जॉर्डन में मुस्लिम ब्रदरहुड के बानी मेम्बरान (संस्थापक सदस्यों) में से एक, इब्राहिम अबू सलेम, भी था। अबू सलेम के आने का मकसद था फिलिस्तीन में ब्रदरहुड की थमी हुई गाड़ी को रफ़्तार देना। उसने मेरे वालिद के साथ मिलकर काम करना शुरू कर दिया। उन लोगों ने दोबारा इस्लाम का झंडा बुलंद करने के शैदाई नौजवानों को ब्रदरहुड में भर्ती करके उन्हें छोटे-छोटे एक्टिविस्ट ग्रुप्स में बाँट दिया।

1977 में मेरे वालिद हसन ने इब्राहिम अबू सलेम की बहन सभा अबू सलेम से निकाह कर लिया। उस वक्त उनकी जेब में सिर्फ पचास दीनार थे। अगले बरस मैं पैदा हो गया।

जब मैं सात बरस का था, तब हमारा परिवार रमल्लाह के जुड़वां शहर (ट्विन सिटी) अल-बिरेह में आकर बस गया और मेरे वालिद अल-बिरेह की म्युनिसिपल हदों के भीतर बसाई गई अल-अमारी मोहाजिर बस्ती (शरणार्थी शिविर) के इमाम बन गए। 1949 में बाईस एकड़ में बसाई गई अल-अमारी वेस्ट बैंक में बनीं कुल उन्नीस मोहाजिर बस्तियों में से एक थी। जब यह बसाई गई थी तब यहाँ कैनवास के टेंट थे, जिनकी हालत वक्त के साथ खस्ता होती चली गई। इसीलिए 1957

31

में इन टेंटों की जगह सीमेंट के ऐसे दड़बेनुमा घर(छोटे घर) बनाए गए जिनकी अगल-बगल और पीछे की दीवारें आपस में सटी हुई थीं। सड़कें बस एक कार जितनी चौड़ी थीं। गटर की गंदगी सड़कों पर ऐसे बहती रहती थी जैसे कीचड़ की नदी बह रही हो। बस्ती में जितनी जगह थी उससे ज़्यादा लोगों को रखा गया था। पानी पीने लायक नहीं था। पूरी बस्ती में सिर्फ एक ही पेड़ था, बस्ती के बीचोंबीच। इस बस्ती में रहने वाले तमाम मोहाजिर (शरणार्थी) हरेक चीज़ के लिए (रहना, खाना, कपड़े, दवाइयाँ और तालीम) संयुक्त राष्ट्र के आसरे थे।

मेरे वालिद पहली बार जब उस मस्जिद में पहुँचे तो यह देखकर बेहद मायूस हुए कि वहाँ 20-20 की दो कतारों में कुल 40 लोग नमाज़ पढ़ रहे थे। मगर उनकी कोशिशों से कुछ ही महीनों में हालात बदल गए और मस्जिद में नमाज़ पढ़ने वालों की भारी भीड़ उमड़ने लगी। यहाँ तक कि मस्जिद में जगह न बचने पर लोग गलियों में ही नमाज़ पढ़ने बैठ जाते। अल्लाह के लिए अकीदत के साथ-साथ मेरे वालिद के दिल में मुस्लिम भाई-बहनों के लिए बेपनाह मुहब्बत और दया भी थी। बदले में वे लोग भी अब्बा को उतना ही चाहने लगे थे।

वह सबके चहेते थे, क्योंकि वह सबके जैसे ही थे। लोग भले उन्हें खुदा की तरह मानते थे, मगर उन्होंने कभी भी खुद को औरों से ऊपर नहीं माना और यह बात उनके बर्ताव से साफ़ ज़ाहिर होती थी। उनका रहन-सहन, खान-पान और इबादत के तौर-तरीके; सब वैसे ही थे जैसे बस्ती में रहने वाले आम लोगों के थे। उन्होंने कभी कीमती कपड़े नहीं पहने। इबादतगाहों और मज़हबी अहमियत वाली तमाम जगहों के रखरखाव का खर्च उठाने वाली जॉर्डन सरकार से वह बेहद मामूली तनख्वाह लेते थे, जिसमें बमुश्किल हमारे परिवार का गुज़ारा हो पाता था। सोमवार को उनकी सरकारी छुट्टी रहती थी, मगर उन्होंने वह कभी ली नहीं। वह तनख्वाह के लिए काम करते ही नहीं थे; वह तो अल्लाह को खुश रखने के लिए काम करते थे। उनके लिए यह उनका खुदाई फ़र्ज़ था, ज़िन्दगी का मकसद था।

सितंबर 1987 में अब्बा ने एक और काम हाथ में ले लिया। वेस्ट बैंक के एक निजी ईसाई स्कूल में पढ़ने वाले मुस्लिम स्टूडेंट्स को मज़हबी तालीम देने का काम। ज़ाहिर था कि इसके चलते उनके पास हमारे लिए वक़्त की कमी होने लगी, इसलिए नहीं क्योंकि वह अपने परिवार से प्यार नहीं करते थे, बल्कि इसलिए क्योंकि उनका अल्लाह के लिए प्यार कहीं ज़्यादा था। मगर उस वक़्त हमें इस बात का अहसास नहीं था कि जल्दी ही ऐसा समय भी आने वाला था जब हम उन्हें देखने के लिए ही तरस जाएँगे।

अब्बा की इस कदर मसरूफ़ियत के चलते अम्मी को हम बच्चों की परवरिश की ज़िम्मेदारी अकेले ही उठानी पड़ती थी। उन्होंने ही हमें अच्छा मुसलमान होना सिखाया। जब हम थोड़े बड़े हो गए तो उन्होंने ही हमें सुबह जल्दी उठकर नमाज़ पढ़ने की आदत डाली और उन्होंने ही रमज़ान के पाक महीने के दौरान रोज़ा रखने के लिए हमारी हौसलाअफ़ज़ाई की। हम कुल मिलाकर छह भाई-बहन थे- मेरे भाई सोहेब, सैफ़ और ओवेज़; मेरी बहनें सबीला और तस्नीम; और मैं ख़ुद। अब्बा की दोनों तन्ख़्वाहों को मिलाकर भी हमारे पास इतने पैसे नहीं होते थे कि महीने का खर्च ठीक से चल जाए। इसीलिए अम्मी बहुत हाथ खींचकर खर्च करती थीं।

सबीला और तसनीम ने बहुत छोटी उम्र से ही अम्मी के कामों में हाथ बँटाना शुरू कर दिया था। मेरी ये बहनें इतनी भोली, प्यारी और ज़हीन थीं कि उन्होंने कभी इस बात की शिकायत तक नहीं की कि खेलने-कूदने की उम्र में उन्हें घर-गृहस्थी के कामों में लगना पड़ रहा था। उनके खिलौने पड़े-पड़े धूल खा रहे होते थे, क्योंकि उन्हें उनसे खेलने का वक़्त ही नहीं मिल पाता था; रसोई के बर्तन उनके नए खिलौने बन गए थे।

"बस कर सबीला और कितना काम करेगी! थोड़ा आराम भी कर लिया कर," अम्मी अक्सर मेरी सबसे बड़ी बहन सबीला से कहतीं। सुनकर सबीला मुस्करा देती और फिर काम में लग जाती।

मेरे भाई सोहेब और मैंने भी बहुत छोटी उम्र में ही चूल्हा जलाना और उस पर पतीला चढ़ाना सीख लिया था। हम भी खाना पकाने और बर्तन माँजने में अपनी अम्मी और बहनों की मदद करवाते और सब मिलकर छोटे से ओवेज़ का ध्यान रखते।

हम बच्चों का पसंदीदा खेल था ईनाम के तौर पर ज़्यादा से ज़्यादा 'स्टार' जीतना। अम्मी ने एक कागज़ पर हम सब बच्चों के नाम के अलग-अलग कॉलम बना रखे थे। रात को हम सब बच्चे अम्मी के इर्द-गिर्द गोल घेरा बनाकर बैठ जाते और अम्मी दिन भर में हमारे किए हुए कामों के हिसाब से हमें स्टार देतीं। महीने के आखिर में जिसने सबसे ज़्यादा स्टार पाए होते, वह इस खेल का विजेता माना जाता। अक्सर सबीला ही जीतती। विजेता को ईनाम में कोई नकद रकम मिलने का तो सवाल ही नहीं था, पर हमें इससे कोई फर्क नहीं पड़ता था। हमारे लिए ज़्यादा से ज़्यादा स्टार्स जीतने का मतलब था अम्मी से तारीफ़ और उनकी नज़रों में इज़्ज़त हासिल करना। हमारे लिए यह फ़ख़्र हासिल करना किसी भी ईनाम से

ज़्यादा अहमियत रखता था और हम हमेशा खुद पर फ़ख़्र कर पाने के इन छोटे-छोटे पलों का बेसब्री से इंतज़ार करते थे।

मस्जिद हमारे घर से बमुश्किल आधा मील दूर थी और मुझे खुद चलकर वहाँ जा पाने में बड़ा फ़ख़्र महसूस होता था। मेरे मन में भी अपने वालिद जैसा बनने की वैसी ही दीवानावार चाहत थी जैसी उनके मन में अपने वालिद जैसा बनने की हुआ करती थी।

मस्जिद के सामने वाली सड़क की परली तरफ एक कब्रिस्तान था, बहुत बड़ा कब्रिस्तान। मैंने इतना बड़ा कब्रिस्तान पहले कभी नहीं देखा था। रमल्लाह, अल-बिरेह और मुहाजिर बस्तियों में अल्लाह को प्यारे होने वाले सभी लोगों को आख़िरी पनाह देने वाले इस कब्रिस्तान का दाईरा (क्षेत्रफल) हमारी बस्ती से पाँच गुना बड़ा था और यह चारों ओर से दो-दो फुट ऊँची दीवार से घिरा था। दिन में पाँचों वक़्त की नमाज़ के लिए मस्जिद आते-जाते मैं हज़ारों कब्रों को देखता था। मेरी उम्र के लड़के के लिए यह जगह ज़ाहिर तौर पर खौफ़ज़दा करने वाली थी, खासकर रात में, जब चारों ओर घुप्प अंधेरा हो। मेरा नाज़ुक मन खुद-ब-खुद यह तसव्वुर करने लगता था कि वहाँ जो बड़े-बड़े दरख़्त लगे थे, रात को उनकी जड़ें कब्रों में दफनाई गई लाशों को खा जाती थीं।

एक बार जब दोपहर की अज़ान हुई तो हमेशा की तरह मैंने हाथ-मुँह धोए, साफ़-सुथरे कपड़े पहने, थोड़ा इत्र लगाया और मस्जिद के लिए निकल पड़ा। बहुत ही खुशनुमा दिन था। मस्जिद के करीब पहुँचकर मैंने देखा कि उस दिन मस्जिद के बाहर और दिनों के मुकाबले कहीं ज़्यादा गाड़ियाँ खड़ीं थीं और गेट के पास बहुत सारे लोग इकट्ठा थे। मैं हमेशा की तरह जूते बाहर उतारकर अन्दर चला गया। अन्दर घुसते ही मैंने देखा कि एक खुले हुए ताबूत में सफ़ेद कफ़न में लिपटी एक लाश रखी थी। इससे पहले मैंने कभी कोई मुर्दा शरीर नहीं देखा था। मैं जानता था कि मुझे उसे इस तरह एकटक नहीं तकना चाहिए था, पर मैं उससे नज़रें हटा ही नहीं पा रहा था। उसका केवल चेहरा खुला था, बाकी पूरा शरीर कफ़न में लिपटा था। मैं साँस रोके उसकी छाती को देखता रहा, इस आधी-अधूरी उम्मीद में कि शायद वो फिर से साँस लेने लगे।

तभी इमाम साहब ने सभी को नमाज़-ए-जनाज़ा के लिए कतार में खड़े हो जाने का हुक्म फरमाया। बाकी लोगों के साथ मैं भी नमाज़ वाली जगह की ओर बढ़ने लगा, मगर मैंने मुड़-मुड़कर उस ताबूत और उसमें रखी लाश को देखना नहीं छोड़ा। नमाज़ पूरी होने के बाद इमाम साहब ने उस ताबूत को उठाकर कब्रिस्तान

ले चलने के लिए कहा ताकि उसके कफ़न-दफ़न की रस्में पूरी की जा सकें। आठ लोगों ने उस ताबूत को अपने कन्धों पर उठा लिया और एक आदमी ज़ोर से चिल्लाया, "ला इलाहा इल्लल्लाह!" (अल्लाह के सिवा बाकी सब बेमानी है!) इतना सुनना था कि बाकी सभी लोग भी एक आवाज़ में कहने लगे, "ला इलाहा इल्लल्लाह! ला इलाहा इल्लल्लाह!"

मैंने फ़टाफ़ट अपने जूते पहने और कब्रिस्तान की ओर जा रही भीड़ के पीछे हो लिया। भीड़ में शामिल लोगों के साथ-साथ चल पाने के लिए मुझे उनकी टाँगों के बीच से होकर दौड़ना पड़ रहा था। उससे पहले कभी मेरी कब्रिस्तान के अन्दर दाखिल होने की हिम्मत नहीं पड़ी थी, पर उस दिन चूँकि इतने सारे लोग वहाँ थे, इसलिए मुझे कोई खतरा महसूस नहीं हुआ।

"कब्रों पर पैर मत रखो!" कोई चिल्लाया।

यह सुनकर मैं संभलकर चलने लगा। जल्दी ही हमारा कारवाँ एक जगह आकर रुक गया। मैंने देखा कि सामने एक खुदी हुई खाली कब्र थी। मैंने जब उस आठ फीट गहरी कब्र में झाँक कर देखा तो पाया कि एक बूढ़ा आदमी उसमें खड़ा था। उसका नाम जूमा था और उसके बारे में मैंने अपनी बस्ती के बच्चों से सुना था कि वह कभी मस्जिद नहीं जाता और न ही अल्लाह में यकीन रखता है, पर कब्रिस्तान में आने वाले हर मुर्दे को वही दफनाता है, कभी-कभी तो दिन में दो से तीन मुर्दों को।

क्या इसको मौत से ज़रा भी डर नहीं लगता? मैं सोचकर हैरान था।

लोगों ने मुर्दा शरीर को उठाकर जूमा की मज़बूत बाजुओं के हवाले कर दिया। फिर उन्होंने उसे इत्र की एक शीशी और कोई हरे रंग का तरल (जिसकी गंध ताज़ा और दिलकश थी) भी दिया। जूमा ने मुर्दे पर से कफ़न हटाया और इत्र और उस तरल को उस पर उड़ेल दिया। फिर जूमा ने मुर्दे को दाहिनी करवट लिटा दिया ताकि उसका मुँह मक्का की ओर हो जाए और उसके चारों ओर कंक्रीट के टुकड़ों से एक छोटा बक्सा जैसा बना दिया। फिर वह कब्र से बाहर आ गया और चार लोगों ने फावड़े लेकर कब्र में मिट्टी डालनी शुरू कर दी। इमाम साहब ने उपदेश शुरू कर दिया। उन्हें ऐसा करते देखकर मुझे अपने अब्बा की याद आ गई।

"जाने वाला चला गया," उन्होंने कब्र में लेटे मुर्दे पर गिरती मिट्टी को देखते हुए कहा। "बाकी सब पीछे छूट गया - धन-दौलत, ज़मीं-मकान, बीवी-बच्चे। हम सब की भी यही नियति है।"

उन्होंने वहाँ मौजूद लोगों से कहा कि इस अंजाम को देखकर सबक लें, अब तक किए पापों की निदामत (प्रायश्चित) करें और आगे से कोई भी ऐसा काम करने से तौबा करें जो पाप या कुफ़्र माना जाता हो। इसके बाद उन्होंने कुछ ऐसा कहा जो मैंने अपने अब्बा के मुँह से कभी नहीं सुना था। उन्होंने कहा, "जल्द ही इस आदमी की रूह वापस इसके शरीर में लौटेगी, साथ ही मुनकर और नकीर नाम के दो भयानक फ़रिश्ते भी आसमां से उतरकर आएँगे इसका इम्तिहान लेने के लिए। वे इसके शरीर को झिंझोड़कर इससे पूछेंगे, 'तुम्हारा भगवान कौन है?' अगर इसने गलत जवाब दिया तो वे फ़रिश्ते इसे एक बड़े-से हथौड़े से पीटेंगे और सत्तर सालों के लिए ज़मीन के नीचे भेज देंगे। या अल्लाह, हमारी इल्तज़ा है कि जब हमारी बारी आए तब हमें सही जवाब सुझा देना!"

मैंने डर से चौड़ी हुई जा रहीं आँखों से कब्र में झाँका। कब्र लगभग पूरी भर चुकी थी। मैं यह सोच-सोचकर हैरान होने लगा कि पता नहीं फरिश्तों की पूछताछ शुरू होने में कितना वक़्त लगेगा।

"और अगर इसके जवाब तसल्लीबख़्श नहीं हुए तो इसके ऊपर पड़ी मिट्टी इतनी भारी हो जाएगी कि इसकी पसलियों का चूरमा बन जाएगा। कीड़े धीरे-धीरे इसका सारा माँस खा जाएँगे। निन्यानवे सिरों वाला एक भयानक साँप और ऊँट की गर्दन के आकार वाला एक विषैला बिच्छू क़यामत के दिन तक इसे काटते रहेंगे। फिर शायद अल्लाह को इस पर तरस आ जाए और इसे माफी मिल जाए।"

मुझे यकीन ही नहीं हो रहा था कि मेरे घर के इतने करीब लगभग हर दिन यह सब हो रहा था। इस कब्रिस्तान को देखकर या इसके बारे में सोचकर मुझे कभी भी अच्छा नहीं लगता था; अब तो और भी ज़्यादा बुरा महसूस होने लगा। मैंने तय किया कि मुझे ये सवाल हर हाल में याद रखने हैं, ताकि मरने के बाद जब फ़रिश्ते मुझसे पूछें तो मैं सही-सही जवाब दे सकूँ।

इमाम साहब ने कहा कि जैसे ही हम सब यहाँ से चले जाएँगे, वैसे ही फरिश्तों की पूछताछ शुरू हो जाएगी। मैं घर लौट आया, पर इमाम साहब की कही हुई बातें मेरे ज़ेहन से निकल ही नहीं रही थीं। मैंने तय किया कि मुझे कब्रिस्तान वापस जाकर देखना चाहिए कि फरिश्तों और उस मरे हुए आदमी के बीच क्या बातें हो रही हैं या उसे किस प्रकार की यातना दी जा रही है। मैंने अपने सभी दोस्तों से बात की और उनसे साथ चलने को कहा, पर उन सबने यह कहकर मना कर दिया कि मेरा दिमाग खराब हो गया था। इसलिए मुझे अकेले ही जाना पड़ा। पर सारे रास्ते

मैं डर के मारे काँपता रहा। न तो मैं खुद को वहाँ जाने से रोक पा रहा था और न ही डर के मारे काँपने से। आखिरकार मैं कब्रिस्तान पहुँच गया और खुद को कब्रों के समंदर के बीच खड़ा पाया। मेरा डर के मारे बैठा हुए दिल कह रहा था कि भाग चलो, मगर मेरी उत्सुकता मेरे डर पर भारी थी। मैं देखना-सुनना चाहता था कि क्या सवाल पूछे जाएँगे, क्या जवाब दिए जाएँगे और उसके बाद जब फ़रिश्ते उस आदमी को पीटेंगे तो वह किस तरह चीखेगा-चिल्लाएगा। मगर न तो ऐसा कुछ दिखाई दे रहा था, न सुनाई पड़ रहा था। मैं कब्र के एकदम पास जाकर और कब्र से कान लगाकर बैठ गया। फिर भी सिवाए सन्नाटे के कुछ सुनाई नहीं दिया। एक घंटे तक मैं वहीं बैठा इंतज़ार करता रहा, मगर कुछ नहीं हुआ। आखिरकार ऊबकर मैं घर लौट आया।

घर आकर देखा तो अम्मी रसोई में मसरूफ थीं। मैंने उन्हें बताया कि कैसे मैं कब्रिस्तान गया था जहाँ इमाम साहब ने कहा कि गलत जवाब देने पर मरे हुए आदमी को भयानक यातनाएँ दी जाएँगी।

"फिर...?"

"फिर जब सब लोग कब्रिस्तान से चले गए तब मैं वापस लौट कर गया, पर वैसा तो कुछ नहीं हुआ।"

"फरिश्तों और अल्लाह द्वारा दी जाने वाली यातना केवल पशु-पक्षी सुन सकते हैं, इंसान नहीं," अम्मी ने समझाया।

एक आठ साल के बच्चे के लिए यह एकदम सही मालूम होने वाला बयान था।

उसके बाद से आए दिन मैं देखता रहा कि लोग ताबूतों में लाए जाते, मस्जिद में उनके लिए दुआ की जाती, फिर कब्रिस्तान ले जाकर दफना दिया जाता और इमाम साहब वही सब बातें दोहरा देते। कुछ ही समय में यह सब मेरे लिए आम हो गया। अब जब भी किसी को दफनाया जा रहा होता तो मैं बस यूँ ही वहाँ चला जाता, यह देखने कि आज कौन मरा। कल, एक औरत। आज, एक आदमी। एक दिन दो लोगों को एक साथ लाया गया और उसके कुछ घंटों बाद फिर किसी और को। जिस दिन किसी को नहीं लाया जाता, उस दिन मैं यूँही कब्रों के बीच टहलता रहता और कब्र के पत्थरों पर लिखी इबारतें पढ़ता। मरने वालों के नाम, उनके मरने की तारीख, उनका पता। कब्रिस्तान मेरे लिए खेलने की जगह बन गया था।

मेरी ही तरह मेरे दोस्त भी शुरू-शुरू में कब्रिस्तान के नाम से भी घबराते थे। फिर हमने एक-दूसरे की हिम्मत को ललकारना शुरू किया, एक-दूसरे को रात के समय कब्रिस्तान के अन्दर दाखिल होकर दिखाने की चुनौती देना शुरू किया। चूँकि कोई भी अपने दोस्तों की नज़रों में कायर साबित होना नहीं चाहता था, इसलिए मजबूरी में ही सही पर सभी ने अपने डर को जीत लिया। फिर तो हम लोग कब्रिस्तान में खाली पड़ी जगह में फुटबाल खेलने लगे।

जैसे-जैसे हमारे परिवार की आबादी बढ़ी, उसी निस्बत (अनुपात) में ब्रदरहुड का आकार और पहुँच भी बढ़ती गई। इसकी शुरुआत हुई थी गरीबों और मोहाजिरों के संगठन के रूप में, मगर जल्दी ही पढ़े-लिखे लड़के-लड़कियाँ, बिजनेसमैन और अच्छे ओहदों पर काम करने वाले लोग भी इसमें शामिल होने लगे और स्कूल व अस्पताल बनाने और गरीबों व ज़रूरतमंदों की मदद करने के लिए खुले हाथ से दान देने लगे।

इस तरक्क़ी को देखते हुए इस्लामिक मूवमेंट में शामिल कई नौजवानों (खासकर वे जो गाज़ा में एक्टिव थे) ने फैसला लिया कि ब्रदरहुड को इज़रायली कब्ज़े के खिलाफ आवाज़ बुलंद करनी चाहिए। उनका कहना था कि समाज के लिए तो हम काम कर ही रहे हैं और आगे भी करते रहेंगे, मगर क्या हमने इज़राइली कब्ज़े को हमेशा के लिए मंज़ूर कर लिया है? क्या कुरआन हमें यहूदी हमलावरों को अपनी सरज़मीं से खदेड़ देने का हुक्म नहीं देता? बेशक इन नौजवानों के हाथ में हथियार नहीं थे, मगर उनके पास मरने-मारने का हौसला था और वे लड़ने-मरने को बेताब थे।

लेकिन मेरे अब्बा और वेस्ट बैंक के बाकी लीडरान उनसे इत्तेफाक नहीं रखते थे। वे मिस्र और सीरिया की गलतियों को दोहराने के लिए तैयार नहीं थे, जहाँ ब्रदरहुड ने हथियारों के बल पर तख्तापलट की कोशिश की थी और नाकाम रहा था। इसके बदले उन्होंने जॉर्डन में ब्रदरहुड के अपने साथियों की मिसाल सामने रखी जिन्होंने लड़ने की बजाए आम चुनावों में भाग लेकर समाज पर गहरा असर डालने का रास्ता इख्तियार किया हुआ था। मेरे वालिद खून-खराबे के खिलाफ नहीं थे, मगर उन्हें इस बात का पूरा-पूरा अहसास था कि उनके लोग किसी भी तरह से इज़राइली सेना से भिड़ने की हालत में नहीं थे।

कई सालों तक ब्रदरहुड के भीतर यही बहस जारी रही और वक़्त के साथ किसी कार्रवाई के लिए ज़मीनी स्तर पर दबाव बढ़ता गया। मुस्लिम ब्रदरहुड के इसी ढीले रवैए से मायूस होकर 1970 के दशक के आखिर में फथी शकाकी ने 'पेलिस्टीनियन इस्लामिक जिहाद' नामक संगठन खड़ा कर लिया था। बावजूद इसके मुस्लिम ब्रदरहुड और एक दशक तक खून-खराबे से परहेज़ के अपने रुख पर कायम रहने में कामयाब रहा था।

1986 में बेथलहम के बिल्कुल दक्षिण में बसे हेब्रोन में एक खुफिया और तारीखी (ऐतिहासिक) मीटिंग हुई। मेरे वालिद भी उसमें मौजूद थे, हालाँकि उन्होंने कई सालों तक मुझे इसके बारे में नहीं बताया। इस मीटिंग में कौन-कौन लोग शामिल हुए थे इसको लेकर जो तारीखी वज़ाहत (ऐतिहासिक विवरण) मौजूद है वह सही नहीं है। हकीकतन इस मीटिंग में ये सात लोग शामिल हुए थे:

- शेख अहमद यासीन, जो व्हीलचेयर से उठ नहीं सकते थे पर आगे चलकर नए मुस्लिम ब्रदरहुड के रूहानी लीडर (आध्यात्मिक नेता) बने।
- हेब्रोन से मुहम्मद जमाल अल-नतशेह।
- नाब्लस से जमाल मंसूर।
- शेख हसन यूसुफ (मेरे अब्बा)।
- रमल्लाह से महमूद मुसलिह।
- यरूशलेम से जमील हमामी।
- गाज़ा से अयमान अबू ताहा।

इस मीटिंग में भाग लेने वाले लोग आखिरकार लड़ने को तैयार हो गए। उन्होंने तय किया कि शुरुआत गैर-फौजी नाफ़रमानी (सिविल डिसओबीडियेंस) के कामों से करेंगे, जैसे कि पत्थर फेंकना और टायर जलाना। इन लोगों का मकसद फ़िलिस्तीनी लोगों को जगाना, उन्हें आज़ादी की अहमियत समझाना और आज़ादी हासिल करने के लिए अल्लाह और इस्लाम के झंडे तले उन्हें एकजुट और संगठित करना था।1

हमास वजूद में आ चुका था और मेरे अब्बा इस्लामी अकीदत की सीढ़ी पर कुछ और पायदान चढ़कर सबसे ऊपर वाली पायदान के और करीब आ गए थे।

पत्थरबाज़ी

1987 – 1989

अब हमास को एक मौके की तलाश थी - कोई भी ऐसा मौका जो फिलिस्तीनी लोगों की इज़राइल के खिलाफ बगावत को जायज़ ठहरा सके। वह मौका उसे मिला दिसम्बर 1987 में। इसकी शुरुआत एक छोटी सी गलतफहमी से हुई थी, जो आगे चलकर एक बहुत बड़े हादसे में बदल गई।

गाज़ा में श्लोमो सकल नाम के एक इज़रायली प्लास्टिक सेल्समैन का किसी ने चाकू घोंपकर खून कर दिया। कुछ ही दिनों बाद गाज़ा की जबालिया मुहाजिर बस्ती (शरणार्थी शिविर) के चार लोग एक सड़क हादसे में मारे गए। इस तरह के हादसे आए दिन होते रहते थे, मगर पता नहीं कैसे लोगों ने कयास लगा लिया कि यह हादसा नहीं बल्कि क़त्ल था जो इज़राइलियों ने सकल की मौत का बदला लेने के लिए किया था। इसके चलते जबालिया में दंगा भड़क गया। एक सत्रह बरस के लड़के ने इज़राइली फौजियों पर मोलोतोव कॉकटेल बम फेंका, जिसके चलते एक फ़ौजी ने उसे गोली मार दी। इसके बाद गाज़ा और वेस्ट बैंक में हर कोई सड़कों पर उतर आया। हमास ने गुस्साई भीड़ की अगुआई संभाल ली और दंगों को बढ़ावा देना शुरू कर दिया, जो आगे चलकर इज़राइल में लड़ाई की एक नई शैली बन गई। फिलिस्तीनी बच्चों ने इज़रायली टैंकों पर पत्थर फेंके और दुनिया भर की मैगजीन्स ने उसी हफ्ते उनकी तस्वीरें कवर पर छापीं।

पहला इंतिफ़ादा शुरू हो गया था और फ़िलिस्तीनी लोगों की बगावत का मुद्दा अब दुनिया भर की मीडिया में सुर्खियाँ बटोर रहा था। जब इंतिफ़ादा शुरू हुआ तो हमारे लिए खेल का मैदान बने कब्रिस्तान में सबकुछ बदल गया। दफनाने के लिए लाए जाने वाले लोगों की तादाद हर दिन बढ़ने लगी। जिस निस्बत (अनुपात) में

लोगों में गुस्सा बढ़ रहा था, उसी निस्बत में गम भी बढ़ता जा रहा था। मोहाजिर बस्ती में रहने वाले फ़िलिस्तीनी लोगों ने उन यहूदी लोगों पर पथराव करना शुरू कर दिया जिन्हें वहाँ से एक मील दूर बसी इज़रायली बस्ती (सेटलमेंट) तक पहुँचने के लिए कब्रिस्तान वाली सड़क से होकर गुज़रना पड़ता था। मगर चूँकि ये लोग भारी हथियारों से लैस रहते थे, इसलिए पथराव के चलते इन्हें फिलिस्तीनियों को मनमर्ज़ी से गोली मार देने की छूट हासिल हो गई। और जब कभी ऐसे मौकों पर इज़राइली डिफेन्स फोर्सेस (आईडीएफ) मौका-ए-वारदात पर पहुँच जाती तब तो और ज़्यादा गोलीबारी होती और ज़्यादा खून-खराबा होता।

हमारा घर इस सारे कोहराम के बीचोंबीच था। कितनी ही बार इज़राइली लोगों की गोलिओं से हमारे घर की छत पर रखीं पानी की टंकियाँ चकनाचूर हो जाती थीं। हमारे कब्रिस्तान में लाई जाने वालीं नकाबपोश फिदायीन लड़ाकों (स्वतंत्रता सेनानियों) की लाशें देखकर लोगों का दिल रो पड़ता था, क्योंकि वे केवल उम्रदराज़ लोगों की लाशें नहीं होती थीं, उनमें कितने ही जवान और कमसिन उम्र के लड़के शामिल थे। कभी-कभी तो लाशों को लड़ाई वाली जगह से स्ट्रेचर पर उठाकर सीधे ही दफनाने ले आते थे- बिना कफ़न ओढ़ाए, बिना उनके बदन को नहलाकर साफ़ किए। कई लाशों के घावों से तो तब भी खून रिस रहा होता था। ऐसा करना मजबूरी थी। फिदायीन लड़ाकों की लाशों को तुरंत दफनाना होता था ताकि इज़राइलियों को उन पर कब्ज़ा करने, उनके भीतरी अंगों को निकालने और उसकी जगह उनमें भुस्स भरकर उनके परिवारों को भेज देने का मौका न मिल पाए।

मेरे चारों तरफ इतना ज़्यादा खून-खराबा हो रहा था कि जब कभी कोई ऐसा नायाब मौका आता कि कुछ दिनों तक पूरी तरह अमन कायम रहता तो मैं ऊबने लग जाता। अब मैंने भी अपने दोस्तों के साथ मिलकर पत्थरबाज़ी शुरू कर दी थी। हम भी इस बदअम्नी (उपद्रव) को बढ़ावा देकर आज़ादी के सिपाहियों को मिलने वाली इज़्ज़त पाना चाहते थे। ऊँची-कटीली फेंसिंग तथा गार्ड टॉवर्स से घिरी इज़रायली बस्ती एक ऊँची पहाड़ी चोटी पर बसी हुई थी, इसलिए हम कब्रिस्तान से भी उसे देख सकते थे। वहाँ जो पाँच-सौ लोग रहते थे वे मेरे लिए हमेशा से कौतुहल का विषय रहे थे, क्योंकि वे हमेशा चमचमाती गाड़ियों में आते-जाते थे और उनमें से कईयों के पास हथियार भी रहते थे। हथियार भी छोटे-मोटे नहीं बल्कि ऑटोमेटिक राइफलें। और सबसे बड़ी बात यह कि उन्हें किसी को भी बेवजह जब चाहे तब क़त्ल कर देने का लाइसेंस भी मिला हुआ था। मेरे जैसे एक

दस-साल के बच्चे के लिए तो वे लोग किसी दूसरी दुनिया से आए एलियंस ही मालूम होते थे।

एक शाम सूरज ढलने के वक़्त की नमाज़ से पहले मैं और मेरे दोस्त सड़क के किनारे बनी हुई खंदकों में छिप कर बैठ गए और इज़राइली लोगों को लेकर जाने वाली बस का इंतज़ार करने लगे। हमने तय किया था कि आज कार की बजाए बस को निशाना बनाएँगे, क्योंकि वो ज़्यादा बड़ा शिकार होगा और दूसरे उस पर निशाना लगाना हमारे लिए ज़्यादा आसान भी रहेगा। बस हर दिन उसी समय वहाँ से गुज़रती थी। अभी हम इंतज़ार कर ही रहे थे कि तभी लाउडस्पीकर पर गूँजती इमाम साहब की जानी-पहचानी आवाज़ हमारे कानों में पड़ी- "हय्या अलस-सलाह" (जल्दी करें, नमाज़ का वक़्त हो गया है)। मगर हमारे कान तो किसी और आवाज़ पर लगे हुए थे।"

जैसे ही किसी डीज़ल इंजन की लगातार तेज़ होती आवाज़ सुनाई देनी शुरू हुई, हम सभी ने अपने-अपने हाथों में दो-दो पत्थर ले लिए। चूँकि हम छिपे हुए थे, इसलिए हमें सड़क दिखाई नहीं दे रही थी, मगर इंजन की आवाज़ से हम बखूबी अंदाज़ा लगा सकते थे कि इस समय बस सड़क पर कहाँ थी। जैसे ही बस हमारे निशाने की ज़द में आई, हम सब उछलकर खड़े हुए और पूरी ताकत से पत्थर चला दिए। पत्थरों के लोहे से टकराने की तीखी आवाज़ें हवा में गूँज उठीं, जिससे हमें समझ आ गया कि हमारे सभी नहीं तो कुछ पत्थर तो बराबर निशाने पर जाकर लगे थे।

मगर हमने जिस पर निशाना साधा था वह बस नहीं थी। यह गुस्सैल और हमलावर मिजाज़ के इज़रायली फौजियों से भरा हुआ एक बड़ा फ़ौजी ट्रक था। जैसे ही हमें इस बात का अहसास हुआ, हम तुरंत वापस खंदकों में दुबक गए। ट्रक रुक गया था। न हम फौजियों को देख पा रहे थे और न फ़ौजी हमें। इसलिए वे अंधाधुंध हवा में गोलियाँ चलाने लगे। हम लोग खंदक के रास्ते झुके-झुके ही जल्दी से वहाँ से भाग निकले और जाकर मस्जिद में पनाह ली। वे फ़ौजी कई मिनटों तक उसी तरह हवा में गोलियाँ चलाते रहे।

मस्जिद में नमाज़ शुरू हो चुकी थी, मगर मुझे नहीं लगता कि नमाज़ अदा कर रहे किसी भी आदमी की तवज्जो उस काम में थी। हर किसी के कान मस्जिद के बाहर ऑटोमेटिक हथियारों से की जा रही गोलीबारी की आवाज़ पर टिके थे और हर कोई यही सोच रहा था कि बाहर आखिर चल क्या रहा था! मैं अपने दोस्तों

के साथ जाकर आखिर वाली कतार में शामिल हो गया और नमाज़ अदा करने लगा। हम उम्मीद कर रहे थे कि किसी ने हमें वहाँ आते और कतार में शामिल होते नहीं देखा होगा। पर हम गलत थे। जैसे ही नमाज़ ख़त्म हुई, वहाँ मौजूद हर इंसान की गुस्से भरी आँखें हमारी ओर घूम गईं।

कुछ ही पलों में इज़राइली डिफेन्स फोर्सेस (आईडीएफ) की कई सारी गाड़ियों के तेज़ी से मस्जिद के बाहर आकर रुकने की आवाज़ें सुनाई देने लगीं। देखते ही देखते ढेर सारे फ़ौजी मस्जिद में घुस आए और सभी को फर्श पर उल्टा लेट जाने और अपने-अपने पहचान-पत्र दिखाने के लिए कहने लगे। वे एक-एक आदमी का पहचान-पत्र देखते और उसे बाहर जाने देते। मेरा नंबर सबसे आखिर में आया। यह सोच-सोचकर मेरी जान सूखी जा रही थी कि अगर इन फौजियों ने मुझे पहचान लिया तो फिर आज तो मेरा मरना तय था। मगर उन लोगों ने मुझ पर ज़रा भी ध्यान नहीं दिया। शायद उन्हें लगा होगा कि मेरे जितना छोटा बच्चा इज़राइली डिफेन्स फोर्सेस की गाड़ी पर पत्थर फेंकने की हिमाकत कर ही नहीं सकता था। चाहे जो भी वजह रही हो, मेरे लिए तो यही काफी था कि मेरी जान बच गई थी। उनकी पूछताछ घंटों तक जारी रही और मुझे पूरा-पूरा अहसास था कि वहाँ मौजूद कई सारे लोग मुझसे बेहद खफा थे। भले उन्हें नहीं पता था कि मैंने क्या किया था, पर उन्हें इस बात में कोई शक नहीं था कि इस फसाद की जड़ मैं ही था। मगर मैंने उनकी नाराज़गी की ज़रा भी परवाह नहीं की। बल्कि मैं तो बहुत खुश और जोश में था। मैं और मेरे दोस्त यह सोच-सोचकर चौड़े हुए जा रहे थे कि हमने इजराइली फौजियों को सीधे-सीधे ललकारा था और तब भी वे हमारा बाल बाँका नहीं कर पाए थे। यह अहसास नशे की लत की तरह हम पर हावी हो गया और हमारे हौसले पहले से भी ज़्यादा बुलंद हो गए।

कुछ दिनों बाद मैं फिर से अपने एक दोस्त के साथ सड़क के किनारे छिप कर बैठ गया। इस बार हम सड़क के और करीब थे। जैसे ही एक कार करीब आई, मैं अपनी जगह से उठा और पूरी ताकत से कार पर पत्थर दाग दिया, जो सीधा जाकर कार के सामने के शीशे से टकराया। बम फटने जैसा धमाका हुआ। शीशा भले नहीं टूटा था, मगर ड्राईवर का चेहरा देखकर मैं समझ सकता था कि वो बुरी तरह डर गया था। लगभग 100 फीट आगे जाकर उसने कार रोकी और रिवर्स गीयर लगाकर वापस लौटा।

मैं भागकर कब्रिस्तान में छिप गया। उसने मेरा पीछा किया, मगर बाहर ही रुक गया और अपनी M16 राइफल कब्रिस्तान की दो फुल ऊँची चारदीवारी

पर टिकाकर कब्रों के बीच मुझे तलाशने की कोशिश करने लगा। मेरा दोस्त मुझे अकेले एक गुस्से से भरे हथियारबंद इज़राइली का सामना करने के लिए छोड़कर दूसरी दिशा में भाग निकला था।

मैं दो कब्रों के बीच की खाली जगह में दम साधे लेटा रहा। मैं जानता था कि वो इज़राइली ड्राईवर मेरे सिर बाहर निकालकर देखने का ही इंतज़ार कर रहा था। आखिरकार मेरा सब्र जवाब दे गया; मेरे लिए वहाँ लेटे रहना मुमकिन नहीं रहा, इसलिए मैं झटके से खड़ा हुआ और जितनी तेज़ भाग सकता था, भाग लिया। खुशकिस्मती से, अँधेरा घिरने लगा था और उसे शायद कब्रिस्तान में दाखिल होने से डर लग रहा था।

मैं अभी ज़्यादा दूर नहीं गया था कि अचानक मेरे पैरों तले ज़मीन खिसक गई और मैंने खुद को एक खुली हुई कब्र की तह में पड़ा पाया। यह आने वाले मुर्दों को दफनाने के लिए पहले से खोदकर तैयार रखी गई कब्रों में से एक कब्र थी। *क्या उन मुर्दों में मेरा भी नाम शामिल होने वाला है?* मेरा डरा हुआ दिमाग सोच रहा था। उधर उस इज़राइली आदमी ने कब्रिस्तान में अंधाधुंध गोलीबारी शुरू कर दी थी। आसपास की कब्रों पर लगे पत्थरों के छोटे-बड़े टुकड़े उड़-उड़कर मेरे ऊपर गिर रहे थे।

मैं कब्र में ही दुबका रहा। तकरीबन आधे घंटे बाद जब मुझे लोगों के आपस में बात करने की आवाज़ें सुनाई पड़ीं तो मैं समझ गया कि वह आदमी जा चुका था और मैं अब बाहर निकल सकता था।

इसके दो-एक दिन बाद मैं उसी सड़क पर चला जा रहा था कि तभी वही कार वहाँ से गुज़री। इस बार उसमें दो लोग सवार थे, मगर गाड़ी उसी दिन वाला आदमी चला रहा था। उसने मुझे पहचान लिया और लपककर गाड़ी से बाहर आ गया। मैंने भागने की पूरी कोशिश की, पर इस बार मेरी किस्मत ने साथ नहीं दिया। उसने मुझे पकड़ लिया, मेरे गाल पर कसकर एक झापड़ रसीद किया और मुझे घसीटते हुए कार की ओर ले जाने लगा। उसने मुझे कार की पिछली सीट पर धकेला और गाड़ी आगे बढ़ा दी। न तो मेरे मुँह से एक लफ्ज़ निकला और न ही उसने कुछ कहा। कार इज़राइली बस्ती की ओर जा रही थी। दोनों कार सवार थोड़े घबराए हुए लग रहे थे। दोनों ने अपनी-अपनी पिस्तौलें मज़बूती से थाम रखी थीं और थोड़ी-थोड़ी देर में पीछे मुड़कर मेरी ओर देख रहे थे। मैं कोई दहशतगर्द नहीं था; एक छोटा-सा, डरा-सहमा हुआ बच्चा था। मगर उन्हें देखकर ऐसा लग

रहा था मानो वे बब्बर शेर का शिकार करके लौट रहे हों और बहादुरी की निशानी के तौर पर मुर्दा शेर की लाश साथ ले जा रहे हों।

इज़राइली बस्ती के गेट पर खड़े पहरेदार ने ड्राईवर सीट पर बैठे आदमी का पहचान-पत्र जाँचा और हाथ के इशारे से उसे जाने का इशारा किया। क्या उसे उन लोगों के साथ एक छोटे-से फ़िलिस्तीनी बच्चे को देखकर कुछ भी अजीब नहीं लगा? बेशक उस वक़्त मुझे डर लगना चाहिए था और लग भी रहा था, पर उससे ज़्यादा मुझे उत्सुकता हो रही थी आसपास का माहौल देखने की। मैं अपना डर भूलकर हैरानी से उस इज़राइली बस्ती की हरेक चीज़ को देखने में मशगूल था। और क्यों न हो, इससे पहले मैं कभी यहाँ आया ही नहीं था। यह जगह बेहद खूबसूरत थी। साफ़-सुथरी सड़कें, स्विमिंग पूल और पहाड़ी के ऊपर से नज़र आता घाटी का दिलकश नज़ारा।

गाड़ी चलाने वाला आदमी मुझे बस्ती के अन्दर बने इज़राइली डिफेंस फोर्सेस के बेस ले गया, जहाँ सैनिकों ने मेरे जूते उतरवाकर मुझे फर्श पर बैठा दिया। मुझे लगा कि अब ये लोग मुझे गोली मारकर मेरी लाश को बस्ती से बाहर कहीं फेंक देंगे। पर ऐसा कुछ नहीं हुआ। बैठे-बैठे शाम ढलने लगी। जब शाम का धुंधलका गहरा होने लगा तो उन्होंने मुझे घर जाने के लिए कह दिया।

इस पर मैंने कहा, "मगर मुझे अपने घर का रास्ता नहीं पता, मैं कैसे पहुँचूँगा?"

"चलते बनो, वर्ना गोली मार दूँगा," उनमें से एक सैनिक ने सख़्त लहज़े में कहा।

"मेरे जूते तो दे दो," मैंने रुंआसे होकर कहा।

"नहीं। ऐसे ही जाओ। और अगली बार अगर तुमने पत्थरबाज़ी की तो मैं तुम्हें गोली मार दूँगा।"

हमारी बस्ती वहाँ से तकरीबन एक मील दूर थी। मैंने पूरा रास्ता सिर्फ मोज़े पहनकर तय किया। रास्ते भर मेरे पैरों में कंकड़-पत्थर चुभते रहे और मैं गुस्से से दांत पीसता रहा। मेरी अम्मी दरवाज़े के बाहर ही खड़ीं थीं और जब उन्होंने मुझे आते देखा तो भागकर आईं और मुझे इतनी ज़ोर से गले लगा लिया कि मेरी साँस ही रुकने को हो गई। लोगों ने उन्हें बता दिया था कि मुझे इज़राइली बस्ती के लोग उठाकर ले गए थे और उन्हें लग रहा था कि शायद अब वह मुझे ज़िन्दा नहीं देख पाएँगी। इसीलिए मुझे ज़िन्दा लौटा देखकर वह अपने जज़्बात पर काबू नहीं रख

पा रही थीं; बारम्बार मुझे डाँट लगातीं, बारम्बार मेरा माथा चूमतीं और फिर मुझे कसकर सीने से लगा लेतीं।

आपको लग रहा होगा कि इतना सब होने पर तो मेरी अक्ल ठिकाने आ ही गई होगी। मगर मैं सुधरने वालों में से नहीं था। बल्कि मैं तो मरा जा रहा था अपने डरपोक दोस्तों को अपनी बहादुरी का यह किस्सा सुनाकर उनकी नज़रों में हीरो बनने को।

1989 आते-आते यह हालत हो चुकी थी कि इज़राइली फ़ौजी किसी भी वक़्त हमारे घर आ धमकते थे और ज़बरदस्ती अन्दर भी घुस आते थे। अक्सर वे किसी ऐसे आदमी को तलाश रहे होते थे जो इज़राइली गाड़ियों पर पत्थर फेंककर भागा होता था और जिसे उन्होंने हमारे घर के पिछवाड़े से होकर अन्दर आते या भागते देखा होता था। हम लोग इस बर्ताव के आदी हो चुके थे। मैं यह सोच-सोचकर हैरान होता था कि इतने बड़े-बड़े हथियारों से लैस इन फौजियों को दो-चार पत्थरों से इतनी क्या परेशानी हो सकती थी कि फेंकने वाले को पकड़ने के लिए वे इतनी मशक़्क़त करें!

चूँकि सरहदों पर इज़राइल का पहरा था, इसलिए फ़िलिस्तीनियों के लिए पहले इंतिफ़ादा में हथियार हासिल करना तकरीबन नामुमकिन था। मुझे नहीं याद पड़ता कि इस दौरान मैंने किसी भी फिलिस्तीनी के हाथ में कोई हथियार देखा हो, सिवाए पत्थरों और मोलोतोव कॉकटेल की बोतलों के। इसके उलट इज़राइली फौजी (और आम लोग भी) ऑटोमेटिक हथियारों से लैस थे और उनके निहत्थी भीड़ पर गोलीबारी करने या निहत्थे लोगों को डंडों को पीटने के किस्से बहुत आम थे। कुछ रिपोर्ट्स में बताया गया था कि इस दौरान तकरीबन तीस हज़ार फिलिस्तीनी बच्चे बुरी तरह ज़ख्मी हुए थे। मेरे लिए इज़राइलियों का यह बर्ताव समझ से परे था।

एक रात मेरे वालिद को घर लौटने में कुछ ज़्यादा ही देर हो गई थी। मैं खिड़की के पास खड़ा होकर उनकी छोटी-सी कार के मोड़ पर नज़र आने का बेसब्री से इंतज़ार कर रहा था, क्योंकि मेरे पेट में चूहे भारी उछल-कूद कर रहे थे। अम्मी कई बार मुझे अपने छोटे भाई-बहनों के साथ खाना खा लेने के लिए कह चुकी थीं, मगर मैं ज़िद पर अड़ा था कि अब्बा के साथ ही खाऊँगा। आखिरकार उनकी कार के इंजन की आवाज़ मेरे कानों में पड़ी तो मैं खुशी से चिल्ला उठा, "अब्बा आ गए, अब्बा आ गए!" अम्मी ने तुरंत दस्तरख्वान (खाने की टेबल) पर गरमागरम खाना लगाना शुरू कर दिया।

"माफी चाहता हूँ मुझे इतनी देर हो गई," आते ही उन्होंने मुझसे कहा। "एक परिवार का कुछ झगड़ा था, उसे सुलझाने के लिए शहर से बाहर जाना पड़ा। पर तुमने अभी तक खाना क्यों नहीं खाया?"

उन्होंने जल्दी से अपने कपड़े बदले, हाथ धोए और दस्तरख़्वान पर आकर बैठ गए।

"बड़े ज़ोरों की भूख लगी है भई, दिन भर से कुछ भी नहीं खाया," उन्होंने मुस्कराते हुए कहा। उनके लिए यह कोई नयी बात नहीं थी, क्योंकि बाहर खाना उनकी माली हैसियत गवारा नहीं करती थी। जैसे ही अम्मी ने सब्जी के डोंगे से ढक्कन हटाया, भरवां तोरई की ज़ायकेदार महक से घर भर गया।

खाना खाते-खाते मैं अपने वालिद के चेहरे को गौर से देख रहा था। उनके चेहरे पर दिन भर की थकान दिख रही थी, मगर मैं जानता था कि उन्हें अपने काम से कितना प्यार था। लोगों की मदद के उनके जुनून की बराबरी सिर्फ और सिर्फ अल्लाह की इबादत का उनका जज़्बा कर सकता था। यह सोचते-सोचते मेरा मन उनकी तारीफ़ से भर उठा। वह मेरी अम्मी और हम भाई-बहनों से जिस तरह पेश आते थे, वह ज़्यादातर मुस्लिम आदमियों के बर्ताव से बहुत अलग था। उन्हें घर के कामों में अम्मी का हाथ बँटाने या हम बच्चों को सँभालने में कभी कोई हिचक महसूस नहीं होती थी। हर रात वह अपने मोज़े खुद धोकर डालते थे ताकि अम्मी को यह ज़हमत न उठानी पड़े। जिस कल्चर में औरतें दिन भर थक-हारकर घर लौटे पति के पैर धोने और दबाने को अपनी खुशकिस्मती मानती रही हों, उस कल्चर में एक मर्द का ऐसा बर्ताव ख़ास और काबिल-ए-तारीफ़ ही कहा जाना चाहिए।

दस्तरख़्वान के इर्द-गिर्द बैठकर हम लोग सिर्फ खाना नहीं खा रहे थे बल्कि बारी-बारी से अब्बा को यह भी बता रहे थे कि हमारी पढ़ाई कैसी चल रही थी और हमारा दिन कैसे बीता था। चूँकि मैं सबसे बड़ा था, इसलिए मैं इंतज़ार कर रहा था कि पहले छोटे भाई-बहन बोल लें, फिर मैं कहूँगा। मगर जैसे ही मेरी बारी आई, पीछे के दरवाज़े पर हुई दस्तक ने सब चौपट कर दिया। *इस वक़्त कौन आया होगा?* मैं सोचने लगा। *ज़रूर किसी को कोई बड़ी परेशानी है, जो इस वक़्त मदद माँगने आया है,* मैंने नतीजा निकाला।

मैं भागकर गया और दरवाज़े में लगी छोटी सी खिड़की खोलकर देखने लगा। बाहर खड़ा आदमी मेरे लिए अजनबी था।

"अबूक मावजूद?" उसने अरबी में पूछा, जिसका मतलब था, "तुम्हारे अब्बा घर पर हैं?" उसका पहनावा तो अरबी लोगों जैसा ही था, पर पता नहीं क्यों मुझे वह आदमी गड़बड़ मालूम हो रहा था।

"हाँ हैं, बुलाता हूँ," मैंने कहा, पर दरवाज़ा नहीं खोला।

अब्बा मेरे पीछे ही खड़े थे। जैसे ही उन्होंने दरवाज़ा खोला, कई सारे इज़राइली फ़ौजी अन्दर घुस आए। अम्मी ने जल्दी से हिजाब ओढ़ लिया। बिना हिजाब के बाहरी लोगों के सामने आना उनको कभी गवारा नहीं होता था।

"क्या आप शेख हसन हैं?" अजनबी ने पूछा।

"हाँ, मैं ही शेख हसन हूँ," अब्बा ने कहा।

उस आदमी ने अपना परिचय कैप्टन शाई के रूप में दिया और अब्बा से हाथ मिलाया।

"कैसे हैं आप?" उसने नरमी से पूछा। "सबकुछ कैसा चल रहा है? हम इज़राइली डिफेन्स फोर्सेस से हैं। क्या आप पाँच मिनट के लिए हमारे साथ चल सकते हैं?"

इनको अब्बा से क्या काम हो सकता है? मैं सोचने लगा। मैंने अब्बा की तरफ देखा और उनके चेहरे की इबारत पढ़ने की कोशिश करने लगा। उनके चेहरे पर हमेशा की तरह नेकदिली वाली मुस्कान थी; उनकी आँखों में ज़रा सा भी शुबहा या गुस्सा नहीं दिखा मुझे।

"ठीक है, चलिए," उन्होंने कहा और दरवाज़े की ओर बढ़ते हुए सिर हिलाकर अम्मी को दिलासा दिया।

"तुम यहीं रुको, तुम्हारे अब्बा जल्दी वापस आ जाएँगे," उस कैप्टन शाई ने मुझसे कहा। फिर भी मैं उनके पीछे-पीछे घर से बाहर आ गया और आसपास देखने लगा कि शायद और भी फ़ौजी हों वहाँ। पर कोई नहीं था। मैं दरवाज़े पर ही बैठकर अब्बा के लौटने का इंतज़ार करने लगा। दस मिनट बीत गए। एक घंटा गुज़र गया। दो घंटे। मगर वह नहीं लौटे।

इससे पहले कभी ऐसा नहीं हुआ था कि रात को अब्बा घर पर न हों। दिन भर वह चाहे जितने भी मसरूफ रहें, पर रात को हर हाल में घर लौट आते थे। सुबह तड़के ही वह हमें नमाज़ के लिए उठा देते थे और वही हमें स्कूल छोड़ने जाते थे। अगर *आज रात वह घर नहीं लौटे तो हम क्या करेंगे?* सोचकर मैं सिहर उठा।

आखिरकार मैं उठकर घर के अन्दर आ गया। देखा तो छोटी बहन तसनीम सोफे पर सोयी पड़ी थी। उसके गाल अभी भी आँसुओं से गीले थे। अम्मी रसोई में खुद को मसरूफ रखने की कोशिश कर रही थीं, मगर हर गुज़रते घंटे के साथ उनकी फ़िक्र बढ़ती जा रही थी और दिल डूबता जा रहा था।

अगले दिन हम इस उम्मीद से रेडक्रॉस गए कि वहाँ से अब्बा के गायब होने के बारे में कोई खबर मिल जाए। वहाँ डेस्क पर मौजूद आदमी ने कहा कि यह तो पक्की बात है कि उन्हें गिरफ्तार कर लिया गया है, पर इज़राइली डिफेंस फोर्सेस वाले कम से कम अठारह दिन से पहले उनकी कोई जानकारी रेडक्रॉस को नहीं देंगे।

हमारे पास अठारह दिन इंतज़ार करने के अलावा कोई चारा नहीं था, इसलिए हम घर लौट आए। इस दौरान हमें अब्बा से जुड़ी कोई खबर हासिल नहीं हुई। अठारह दिन बाद मैं फिर से रेडक्रॉस गया, पर उन्होंने कहा कि उनके पास तब तक भी कोई जानकारी नहीं आई थी।

"मगर आपने कहा था अठारह दिन!" मैं बमुश्किल अपनी रुलाई को काबू करते हुए बोला। "बराए मेहरबानी मुझे बताइए मेरे अब्बा कहाँ हैं?"

"बेटा, अभी घर जाओ," वहाँ मौजूद आदमी ने कहा। "अगले हफ्ते आना।"

अगले हफ्ते मैं फिर गया और अगले चालीस दिनों तक हर हफ्ते जाता रहा, मगर हर बार मुझे यही जवाब मिला: "हमारे पास कोई नयी खबर नहीं है। अगले हफ्ते आना।" यह बहुत ही अजीब बात थी। अभी तक होता यह था कि अगर इज़राइली डिफेंस फोर्सेस के लोग किसी फिलिस्तीनी को गिरफ्तार करते थे तो कुछ हफ्तों के भीतर ही उसके घरवालों को इस बात की इत्तिला दे दी जाती थी कि उसे कहाँ कैद करके रखा गया था।

जब भी कोई फिलिस्तीनी इज़राइली कैद से छूटकर आता, हम उससे पूछते कि उसने वहाँ अब्बा को देखा क्या। उन सब को यह तो पता था कि अब्बा गिरफ्तार हुए थे, पर इससे ज़्यादा मालूमात किसी को नहीं थी। यहाँ तक कि अब्बा के वकील को भी कुछ मालूम नहीं था, क्योंकि उसे उनसे मिलने ही नहीं दिया जा रहा था।

वो तो हमें बाद में पता चला कि उन्हें मास्कोबियाह ले जाया गया था। वहाँ इज़रायली फ़ौज का पूछताछ-केंद्र था, जहाँ ले जाकर उन्हें यातनाएँ दी गईं और तरह-तरह के सवाल पूछे गए। इज़राइल की खुफिया एजेंसी 'शिन बेट' को पता था कि मेरे वालिद हमास के बानी मेम्बरान (संस्थापक सदस्य) में से एक थे,

इसलिए उन्हें लगता था कि अब्बा को हमास के आगे-पीछे के तमाम मंसूबों के बारे में सबकुछ पता होगा। और वे उनसे ये सारी मालूमात हासिल करने के लिए मरे जा रहे थे।

बहुत बरसों बाद कहीं जाकर अब्बा ने मुझे बताया कि असल में उस दौरान उनके साथ क्या बीती थी। कई दिनों तक उनके हाथों को हथकड़ियों में जकड़कर उन्हें छत से लटकाए रखा गया था। उन्हें तब तक बिजली के झटके दिए जाते थे जब तक कि वे बेहोश नहीं हो जाते। उन्हें फर्जी कैदियों के साथ रखा गया (जिन्हें 'बर्ड्स' कहते हैं) ताकि बातों-बातों में वह उन्हें कोई भेद की बात बता दें। मगर अब्बा भीतर से बहुत मज़बूत थे। उन्होंने जुबान नहीं खोली, इज़राइलियों को ऐसी कोई जानकारी नहीं दी जिससे हमास या उनके फिलिस्तीनी बहन-भाइयों पर कोई आँच आती।

ज़िन्दा बचना

1989 – 1990

इज़राइलियों ने सोचा था कि अगर हमास के फाउंडर लीडर्स में से एक को पकड़ लिया जाए तो हमास और इंतिफ़ादा पर काबू पाने में आसानी होगी। पर हुआ इसका उल्टा। जिस दौरान मेरे वालिद इज़राइलियों की कैद में थे, उस दौरान इंतिफ़ादा और ज़्यादा खूंरेज़ हो गया। 1989 के आख़िर में रमल्लाह के आमेर अबू सरहान ने कुछ ऐसा काम किया जिससे इंतिफादा का रुख ही बदल गया। निहत्थे फिलिस्तीनियों को हथियारबंद इज़राइलियों के हाथों बेरहमी से मारे जाते देखकर जब उसके सब्र का बाँध टूट गया तो उसने रसोई में काम आने वाला खंजर घोंपकर तीन इज़राइलियों को मौत के घाट उतार दिया। इस तरह पत्थरबाज़ी और टायर जलाने जैसे कामों से शुरू हुई खिलाफत भारी खून-खराबे वाली हथियारबंद बगावत में बदल गई।

सरहान उन फिलिस्तीनियों का हीरो बन गया जिनके दोस्तों या घरवालों को इज़राइलियों ने मार डाला था, या जिनकी ज़मीनों पर कब्ज़ा कर लिया गया था, या जिनके पास कोई भी और वजह थी इज़राइलियों से बदला लेने की। ये लोग मिजाज़ से दहशतगर्द नहीं थे। ये वे लोग थे जिनके पास न तो कोई उम्मीद बची थी और न ही कोई और रास्ता। उनकी पीठ पहले ही दीवार से लगी हुई थी। उनके पास खोने को कुछ बचा ही नहीं था। इसीलिए उन्हें अब न तो अपनी जान की परवाह थी और न ही इस बात की कि दुनिया उनके बारे में क्या सोचेगी।

इस सबके चलते उन दिनों हम बच्चों के लिए स्कूल जाना मुसीबत में पड़ने वाली बात हो गई थी। अक्सर स्कूल की छुट्टी होने पर जब हम बाहर निकलते तो इज़राइली फौजियों की लाउडस्पीकर लगी जीपों को सड़कों पर इधर से उधर

भागते और फ़ौरन से पेश्तर कर्फ्यू लगाए जाने का एलान करते पाते। और उनके लिए फ़ौरन से पेश्तर का मतलब होता फ़ौरन से पेश्तर, एक मिनट की भी देरी किए बिना। और इस कर्फ्यू पर अमल में चूक को बेहद गंभीरता से लिया जाता। ये कर्फ्यू अमरीकी शहरों में लगने वाले कर्फ्यू की तरह नहीं होते थे, जहाँ किसी लड़के को कर्फ्यू के दौरान रात 11 बजे के बाद गाड़ी दौड़ाते पाए जाने पर पुलिस उसके माँ-बाप को बुलाकर समझाइश देती है। फिलिस्तीन में कर्फ्यू लागू होने के एक मिनट बाद भी अगर आप रास्ते पर दिखाई दे जाते थे तो इज़राइली फ़ौजी आपको गोली मार देते थे। न तो आपको कोई चेतावनी दी जाती थी, न ही गिरफ्तार किया जाता था, सीधे मौत के घाट उतार दिया जाता था।

पहली बार जब कर्फ्यू लगा तब मैं स्कूल में था। मुझे समझ ही नहीं आ रहा था कि क्या करूँ। मेरा घर वहाँ से चार मील दूर था, मैं किसी भी सूरत में कर्फ्यू शुरू होने से पहले घर नहीं पहुँच सकता था। सड़कों पर सन्नाटा पसर चुका था और मैं बहुत डर गया था। मैं स्कूल में रुका नहीं रह सकता था, पर मुझे यह भी पता था कि भले मैं स्कूल से घर लौट रहा एक छोटा-सा बच्चा था, लेकिन यदि इज़राइली फौजियों की नज़रों में आ जाता तो वे मुझे गोली मारने से चूकते नहीं। बहुत से फिलिस्तीनी बच्चे इसी तरह मारे जा चुके थे।

मैंने छिपते-छिपाते जाने का हौसला जुटाया और चल पड़ा। घरों की आड़ लेकर, उनके पिछवाड़ों से रेंगते हुए, पेड़ों और झाड़ियों में दुबक-दुबककर, भौंकते हुए कुत्तों और मशीनगन लेकर घूम रहे फ़ौजी जवानों की पहुँच से दूर रहने की भरसक कोशिश करते-कराते आखिरकार जब मैं अपनी गली का मोड़ मुड़कर घर के सामने पहुँचा तो यह देखकर मेरी जान में जान आ गई कि मेरे सभी भाई-बहन पहले ही सही-सलामत घर आ चुके थे।

लेकिन कर्फ्यू वो इकलौता बदलाव नहीं था जो इंतिफादा के चलते हमारी ज़िन्दगी का नामुराद हिस्सा बन गया था। कई बार कोई नकाबपोश आदमी हमारे स्कूल आकर सभी को इत्तला करता कि हड़ताल का एलान हो गया था, इसलिए स्कूल बंद करके सभी लोग अपने-अपने घर चले जाएँ। ये हड़तालें फिलिस्तीन की आज़ादी के लिए लड़ने का दावा करने वाले गुट करते थे और इनका मकसद इज़राइल सरकार द्वारा फिलिस्तीनी दुकानदारों से वसूले जाने वाले सेल्स टैक्स राजस्व में कमी लाकर इज़राइल को माली तौर नुकसान पहुँचाना होता था। अगर दुकानें कम खुलेंगी तो दुकानदारों को टैक्स कर देना पड़ेगा। मगर इज़राइली

बेवकूफ़ तो थे नहीं। उन्होंने टैक्स चोरी के इल्ज़ाम में दुकानदारों को गिरफ्तार करना शुरू कर दिया। तो खुद ही सोचिए कि हड़तालों से नुकसान किसका हुआ?

ऊपर से कोढ़ में खाज वाली बात यह थी कि अब फिलिस्तीनी लोगों की आज़ादी के लिए लड़ने वाले तमाम गुट सत्ता और रसूख के लिए आपस में ही लड़ने-मरने पर उतारू हो चले थे। उनका हाल फुटबॉल के लिए छीना-झपटी करने वाले बच्चों जैसा हो गया था। बावजूद इसके, हमास की ताकत लगातार बढ़ रही थी और उसने अब पेलिस्टाइन लिबरेशन ऑर्गेनाइज़ेशन (पीएलओ) के गलबा (प्रभुत्व) को चुनौती देना शुरू कर दिया था।

पीएलओ की बुनियाद 1964 में फिलिस्तीनी लोगों की नुमाइंदगी करने के लिए रखी गई थी। तीन बड़े गुट इसके मेम्बर थे- पहला था फतह, जो कि एक वामपंथी वतन-परस्त गुट था। दूसरा था, पॉपुलर फ्रंट फॉर दि लिबरेशन ऑफ़ पेलिस्टाइन (पीएफएलपी), जो कि एक साम्यवादी गुट था। और तीसरा था, डेमोक्रेटिक फ्रंट फॉर दि लिबरेशन ऑफ़ पेलिस्टाइन (डीएफएलपी)। सोच में यह भी साम्यवादी था।

पीएलओ की माँग थी कि इज़राइल वो सारी ज़मीन लौटाए जो 1948 से पहले फ़िलिस्तीनी इलाकों के रूप में जानी जाती थी और बाद में उसने हड़प ली थी, साथ ही फ़िलिस्तीन को खुदमुख्तारी (आत्म-निर्णय) का हक़ भी दे। इस माँग को पूरा करवाने के लिए इसने पहले पड़ोसी मुल्क जॉर्डन से और फिर लेबनान और त्यूनीशिया से भी गुरिल्ला युद्ध, दहशतगर्दी और मीडिया-प्रचार का एक ग्लोबल अभियान चलाया।

हमास और इस्लामिक जिहाद के उलट पीएलओ कभी भी बुनियादी रूप से इस्लाम-परस्त संगठन नहीं रहा। इसमें शामिल तीनों गुट वतन-परस्तों के गुट थे और इन वतन-परस्तों में सभी इस्लाम-परस्त मुसलमान नहीं होते थे। बल्कि कई तो काफिर (नास्तिक) होते थे। अपनी नयी उम्र से ही मैं पीएलओ को एक बद-दियानत (भ्रष्ट) और अपनी जेबें भरने वाले संगठन के रूप में देखने लगा था। इसके लीडर्स का एक ही काम था: नयी उम्र के लड़कों को भेजकर साल में एक या दो हाई-प्रोफाइल आतंकवादी हमले कराना, ताकि इज़राइल के खिलाफ लड़ने के नाम पर चंदा उगाहने का धंधा चलता रहे। ये युवा फिदायीन लोगों के दिल-ओ-

दिमाग में गुस्से और नफरत की आग को भड़काए रखने के लिए इस्तेमाल किया जाने वाला ईंधन भर थे, जिनकी मदद से पीएलओ के लीडर्स के निजी खातों में चंदे की भारी-भरकम रकमें जमा होती रहती थीं।2

पहले इंतिफादा के शुरुआती बरसों में अलहदा ख्यालों ने हमास और पीएलओ को बिल्कुल अलग-अलग रास्तों पर रखा। हमास की बुनियाद जहाँ मज़हबी जोश-ए-जुनून और जिहाद की कुरआन-परस्त सोच पर रखी गई थी, वहीं पीएलओ वतन-परस्ती और सत्ता हथियाने की सोच से चल रहा था। इसीलिए होता यह था कि यदि हमास के लोग हड़ताल का एलान करके दुकानदारों को यह धमकी देते थे कि जिस किसी ने भी दुकान खोली उसकी दुकान को आग लगा दी जाएगी, तो उसी समय पीएलओ के लीडर्स सड़कों पर घूम-घूमकर यह चेतावनी जारी करते थे कि जिस किसी ने भी दुकान बंद की उसकी दुकान में आग लगा दी जाएगी।

दोनों संगठनों में यदि कोई समानता थी तो सिर्फ एक: दोनों ही यहूदियों के खिलाफ गहरी नफरत से भरे हुए थे। आखिरकार दोनों संगठन इस बात पर राज़ी हुए कि हमास हर महीने की नौ तारीख को हड़ताल करेगा, जबकि फतह (पीएलओ का सबसे बड़ा गुट) पहली तारीख को। जब भी हड़ताल होती थी, सबकुछ थम जाता था। काम-धंधे, आना-जाना, स्कूल; सभी कुछ। न कोई काम कर सकता था, न कमा सकता था, न पढ़ सकता था।

पूरा वेस्ट बैंक बंद हो जाता था। सड़कों पर सिर्फ धरने-प्रदर्शन करते, टायर जलाते, दीवारों पर नारे वगैरह लिखते और दुकानों और दूसरे पब्लिक प्लेसेस को बंद कराते नकाबपोशों का हुजूम नज़र आता था। लेकिन समस्या यह थी कि कोई भी आदमी चेहरे पर स्की मास्क (नकाब) ओढ़कर कह सकता था कि वह पीएलओ का था। हकीकतन किसी को भी नहीं पता होता था कि मास्क ओढ़कर खुद को पीएलओ बताने वाले लोग कौन थे। और इसीलिए हर कोई इन नकाबों की आढ़ लेकर अपने-अपने ज़ाती मकसद पूरे करने में, अपने-अपने हिस्से के बदले लेने में लगा था। इसके चलते चारों तरफ बे-हुकूमती (अराजकता) फैल गई थी।

इज़राइल ने इस गड़बड़झाले का बखूबी फायदा उठाया। चूंकि कोई भी इंतिफादा लड़ाका बन सकता था, इज़राइली फौजियों ने स्की मास्क लगाकर हड़ताल और प्रोटेस्ट कर रहे फिदायीनों में शामिल होना शुरू कर दिया। इससे उन्हें दिन-दहाड़े किसी भी फिलिस्तीनी शहर में घुसने और नकाबपोश फिदायीनों

के लिबास में मनचाहे कारनामों को अंजाम देने की सहूलियत हासिल हो गई। वे लोगों से जो चाहते वो करा लेते, क्योंकि किसी को पता ही नहीं चल सकता था कि वे इज़राइली जवान थे। लोग यही सोचते कि पीएलओ के फ़िदायीन करवा रहे हैं। फ़िदायीनों की नाफ़रमानी करने की हिम्मत किसी में नहीं थी, क्योंकि ऐसा करने पर बेरहमी से पिटाई होती थी, दुकानों को जलाकर ख़ाक कर दिया जाता था, या फिर इज़राइलियों का हिमायती करार दे दिया जाता था, जिसकी अक्सर एक ही सज़ा होती थी- सरेआम फाँसी।

कुछ अरसे बाद बे-हुकूमती और गड़बड़झाले के ये हालात अहमकाना हरकतों का बहाना बनने लगे। दो-एक बार स्कूल में इम्तिहानों के वक़्त मैंने और मेरे दोस्तों ने बड़े बच्चों को इस बात के लिए राज़ी कर लिया कि वे स्की मास्क पहनकर स्कूल आएँ और कहें कि हड़ताल हो गई है, इसलिए इम्तिहान मुल्तवी करके स्कूल बंद कर दिया जाए। हमारे लिए यह मज़ाक-मस्ती वाला काम था।

कुल मिलाकर, हम खुद ही अपने सबसे बड़े दुश्मन बनते जा रहे थे।

वे बरस हमारे परिवार के लिए ख़ास तौर से कठिन थे। अब्बा अभी भी जेल में थे और लगातार हो रहीं हड़तालों के चलते हम भाई-बहन लगभग साल भर से स्कूल नहीं जा पा रहे थे। मेरे चाचा-मामाओं ने, मज़हबी लीडरान ने, बल्कि मुझे तो लगता है कि हर किसी ने तय कर लिया था कि मुझे बाकाइदगी सिखाने (अनुशासित करने) का ठेका उन्हीं के पास था। चूँकि मैं शेख हसन यूसुफ की सबसे बड़ी औलाद था, इसलिए मुझे हर मायने में आला दर्जा बनाने की मानो उन्होंने कसम खा ली थी। और जब मैं उनके तय किए गए मेयारों (मानकों) पर खरा उतरकर नहीं दिखा पाता था तब वे मेरी जमकर मरम्मत करने से नहीं चूकते थे। और मैं चाहे जो भी कर लूँ, भले मैं नियम से पाँचों वक़्त नमाज़ पढ़ने मस्जिद जाऊँ, फिर भी वे लोग कभी मुझसे खुश या मुतमईन नहीं होते थे।

एक बार मैं मस्जिद में अपने एक दोस्त के साथ पकड़म-पकड़ाई खेल रहा था। इस पर इमाम साहब नाराज़ हो गए और मुझे पकड़ने मेरे पीछे भागने लगे। जैसे ही मैं उनकी पकड़ में आया, उन्होंने मुझे दोनों हाथों से ऊपर उठाकर पीठ के बल ज़मीन पर पटक दिया। मुझे चाँद-तारे नज़र आ गए। इतनी ज़ोर की धमस लगी कि मेरी साँस ही रुक गई और लगा कि मैं मरने वाला हूँ। इससे पहले कि मैं संभल पाता, उन्होंने मुझे लात-घूँसों से नवाज़ना शुरू कर दिया। किसलिए? मैंने ऐसा कुछ भी नहीं किया था जो वहाँ मौजूद दूसरे बच्चे न कर रहे हों। मगर चूँकि

मैं हसन यूसुफ का बेटा था, इसलिए मुझसे उम्मीद की जाती थी कि मैं आम बच्चों की बजाए 'ख़ास' बच्चे की तरह बर्ताव करूँ।

एक मेरा दोस्त था, जिसके वालिद मज़हबी लीडर थे और हमास के रसूखदार लोगों में शुमार होते थे। यह हजरत लोगों को हमारी बस्ती से होकर गुज़रने वाले इज़राइली बाशिंदों पर पत्थर फेंकने के लिए उकसाते थे, मगर अपने इकलौते बेटे, यानी कि मेरे दोस्त को ऐसा करने से मना करते थे। क्यों? क्योंकि उनको मालूम था कि इज़राइली लोग पत्थर फेंकने वालों को गोली मार देते थे। दूसरों के बच्चे मरें तो मर जाएँ, पर अपनी औलाद पर आँच नहीं चाहिए। तो जब उनको पता चला कि उनका बेटा मेरे साथ मिलकर पत्थरबाज़ी करने में लगा था, तो एक दिन उन्होंने हमें घर बुलाया। हमें लगा कि वो हमसे कुछ बात करना चाहते होंगे। मगर जैसे ही हम वहाँ पहुँचे, उन्होंने वहाँ रखे स्पेस हीटर की कॉर्ड निकालकर पूरी ताकत से हमें मारना शुरू कर दिया और तब तक मारते रहे जब तक कि हम दोनों लहूलुहान नहीं हो गए। उन्होंने हमारी दोस्ती तुड़वा दी ताकि उनके बेटे की जान को कोई खतरा न हो। मगर बाद में मेरे उस दोस्त ने अपने वालिद का घर छोड़ दिया क्योंकि उसके मन में उनके लिए बेइंतेहा नफरत घर कर गई थी।

जिस दौरान मेरे अब्बा जेल में थे उस दौरान मुझे बाकाइदगी सिखाने के लिए तो हर कोई उतावला था, मगर हमारे परिवार की मदद करने की फ़िक्र किसी को नहीं थी। उनकी गिरफ्तारी के चलते हमें उस अतिरिक्त कमाई से महरूम होना पड़ा जो अब्बा क्रिश्चियन स्कूल में पढ़ाकर हासिल करते थे। स्कूल ने यह वादा ज़रूर किया था कि अब्बा के वापस आने के बाद उनकी नौकरी बहाल रखी जाएगी, मगर तब तक हमारे लिए रोज़मर्रा के खर्चों का बंदोबस्त करना मुश्किल हो रहा था।

हमारे परिवार में केवल अब्बा के पास ही ड्राइविंग लाइसेंस था, इसलिए हम लोग अपनी कार भी इस्तेमाल नहीं कर पा रहे थे। अम्मी को पैदल ही बाज़ार जाना पड़ता था, जो कि खासा दूर था। अक्सर मैं उनके साथ हो लेता था ताकि लौटते में सामान का थैला उठाने में उनकी मदद कर सकूँ। किल्लत हमें उतना नहीं साल रही थी, जितनी कि मुहताज होने की शर्मिंदगी। बाज़ार में हम ऐसी छटी-छटाई, सड़ी-गली सब्जी-भाजी-फल वगैरह खरीदने को मजबूर थे जिन्हें कोई और लेने को तैयार नहीं होता था और जो हमें एकदम सस्ते दामों में मिल जाती थी। अपनी शर्मिंदगी छिपाने के लिए हम दुकानदार को कहते थे कि यह हम अपने जानवरों

को खिलाने के लिए ले रहे हैं। अम्मी को आज भी हर चीज़ के लिए यही करना पड़ रहा है क्योंकि अब्बा अब तक तेरह बार जेल जा चुके हैं (अभी जब मैं यह किताब लिख रहा हूँ तब भी वह जेल में ही हैं), जबकि हमास का कोई और लीडर इतनी ज़्यादा बार जेल नहीं गया है।

मुझे लगता है कि लोगों ने यह सोचकर हमारी मदद करने की कोशिश नहीं की कि हमारे पास बहुत पैसा होगा, क्योंकि मेरे वालिद इतने मकबूल मज़हबी और सियासी लीडर जो ठहरे और लोगों को इस बात पर भी पूरा ऐतबार रहा होगा कि अगर ज़रूरत पड़ी तो हमारे रिश्तेदार तो हमारी मदद करेंगे ही। और कोई नहीं तो अल्लाह तो देगा ही। मगर हमारे रिश्तेदारों ने हमारी कोई खबर नहीं ली। अल्लाह ने भी कुछ नहीं किया। सबने अम्मी को हम सात भाई-बहनों को ज़िन्दा रखने की ज़िम्मेदारी उठाने के लिए अकेला छोड़ दिया (इस बीच, 1987 में मेरा सबसे छोटा भाई मुहम्मद भी दुनिया में आ चुका था)।

आखिरकार जब हालात हद से ज़्यादा बिगड़ गए तो अम्मी ने अब्बा के एक दोस्त से कुछ पैसे उधार देने की गुज़ारिश की, इसलिए नहीं क्योंकि उन्हें अपने लिए कपड़े और साज-सिंगार का सामान खरीदना था, बल्कि इसलिए ताकि वो अपने बच्चों को कम से कम एक वक़्त का खाना तो खिला पाएँ। लेकिन उस आदमी ने इंकार कर दिया। बजाए मदद करने के उसने अपने मुस्लिम दोस्तों के बीच कहना शुरू कर दिया कि अम्मी उसके पास पैसों की भीख माँगने आई थीं।

यह सुनकर वे लोग अम्मी के बारे में उल्टी-सीधी राय कायम करने लगे, कहने लगे, "अरे, जब उसे जॉर्डन की सरकार से तनख्वाह मिल रही है तो फिर दूसरों से माँगने की क्या ज़रूरत है? यह औरत अपने खाबिन्द के जेल जाने का फायदा उठाकर दौलतमंद होना चाह रही है क्या?"

यह सब देख-सुनकर अम्मी ने दुबारा किसी से किसी भी तरह की मदद माँगने से तौबा कर ली।

एक दिन अम्मी ने मुझसे कहा, "मोसाब! कैसा रहे अगर मैं बकलावा और दूसरी कुछ मिठाइयाँ बनाऊँ और तुम उन्हें ले जाकर सनअती इलाके (औद्योगिक क्षेत्र) में काम करने वाले मज़दूरों को बेच आओ?" इस पर मैंने कहा कि अपने परिवार की मदद के लिए मैं कुछ भी करने को तैयार था। बस फिर, हमारा कारोबार शुरू हो गया। हर दिन स्कूल से आने के बाद मैं हाथ-मुँह धोकर कपड़े बदलता और फिर अम्मी की बनायी हुई मिठाइयों को एक तश्तरी में रखकर बेचने निकल

पड़ता। शुरू-शुरू में मुझे संकोच होता था, पर जल्दी ही मैं बिंदास हो गया और बेहिचक हरेक मज़दूर के पास जा-जाकर उससे मिठाई खरीदने को कहने लगा।

इसी तरह करते सर्दियों का मौसम आ गया। हर रोज़ की तरह एक दिन जब मैं सनअती इलाके में पहुँचा तो देखा कि वहाँ कोई भी नहीं था। उस दिन हद से ज़्यादा सर्दी होने के चलते कोई भी काम पर नहीं आया था। मेरे हाथ भी सर्दी के मारे सुन्न पड़ गए थे, ऊपर से बारिश भी होने लगी। प्लास्टिक शीट से ढँकी तश्तरी को छाते की तरह सिर पर रखकर मैं अभी वहीं खड़ा था कि तभी मुझे सड़क के किनारे एक कार खड़ी दिखाई दी, जिसमें कई सारे लोग सवार थे। ड्राईवर की नज़र जब मुझ पर पड़ी तो उसने खिड़की का शीशा नीचे उतारा और सिर बाहर निकालकर बोला, "अरे सुनो बरखुरदार! क्या बेच रहे हो?"

"बकलावा," मैंने कार की ओर बढ़ते हुए कहा।

मगर जैसे ही मैं कार के करीब पहुँचा तो अन्दर बैठे लोगों को देखकर मेरा कलेजा धक्क से रह गया। अन्दर मेरे मामू इब्राहिम अपने दोस्तों के साथ मौजूद थे। वे लोग भी मुझे उस हालत में देखकर भौचक्के थे। मुझे लगा कि मेरी वजह से मेरे मामू को अपने दोस्तों के सामने नीचा देखना पड़ रहा था। इस शर्मिंदगी के चलते मुझसे कुछ बोला न गया। उन लोगों का भी यही हाल था।

मेरे मामू ने सारा बकलावा खरीद लिया और कहा कि अभी तुम घर जाओ, मैं तुमसे बाद में मिलूँगा। बाद में जब वह घर आए तो उन्होंने माँ को खूब खरी-खोटी सुनाई। उनके बीच क्या बात हुई वो तो मैं नहीं सुन पाया, मगर उनके जाने के बाद अम्मी को रोते देखकर मैं सब समझ गया। अगले दिन स्कूल से आने के बाद मैंने हर रोज़ की तरह हाथ-मुँह धोकर कपड़े बदले और अम्मी से मिठाई की तश्तरी माँगी।

इस पर उन्होंने कहा, "मैं नहीं चाहती कि अब से तुम बकलावा बेचने जाओ।"

"पर क्यों? मैं अब इस काम में होशियार हो गया हूँ। मुझ पर भरोसा रखो।"

अम्मी की आँखों से आँसू बहने लगे। मैं फिर कभी बकलावा बेचने नहीं गया।

मेरा मन गुस्से से भर गया था। मुझे समझ नहीं आता था कि हमारे रिश्तेदारों और आस-पड़ोस के लोगों को हमारी मदद करने में क्या दिक्क़त थी! और तो और, उन्हें यह हक़ किसने दिया था कि यदि हम खुद अपनी मदद करने की कोशिश करें तो वे हमें भला-बुरा कहें! मुझे लगा कि कहीं लोग इस वजह से तो नहीं कतरा रहे

कि हमारी मदद करने पर इज़राइली यह सोचने लगेंगे कि वे एक दहशतगर्द के परिवार की मदद कर रहे थे और इस तरह वे खुद मुसीबत में पड़ जाएँगे? मगर हम दहशतगर्द नहीं थे। मेरे अब्बा भी नहीं थे। अफ़सोस! आगे चलकर मैं ऐसा नहीं कह पाऊँगा।

चैप्टर – 6

'बादशाह' की घर वापसी

1990

डेढ़ साल बाद आखिरकार जब अब्बा जेल से रिहा होकर लौटे तो अचानक से लोगों के हमारे तईं बर्ताव में ज़बरदस्त बदलाव देखने को मिला। डेढ़ बरस तक जिन लोगों ने यह भी जानने की ज़रूरत नहीं समझी थी कि हम ज़िन्दा थे या मर गए, अब अचानक से वे हम से ऐसे पेश आने लगे जैसे हम किसी शाही परिवार का हिस्सा हों। और क्यों न हो, बादशाह जो लौट आया था। मैं अब एक निकम्मा-नाकारा लड़का नहीं रहा, बल्कि बादशाह का वारिस हो गया था। मेरे भाई शहज़ादे हो गए थे, मेरी बहनें शहज़ादियाँ और मेरी अम्मी मलिका। अब किसी की हिम्मत नहीं रही कि हमसे कुछ उल्टा-सीधा बोल जाए।

अब्बा को मस्जिद में इमाम की ज़िम्मेदारी के साथ-साथ क्रिश्चियन स्कूल की नौकरी भी वापस मिल गई। साथ ही अब्बा घर के कामों में भी अम्मी की ज़्यादा से ज़्यादा मदद करने की कोशिश करने लगे। इसके चलते हम बच्चों के कन्धों से काम का काफी सारा बोझ उतर गया। अभी भी हम अमीरों की हैसियत में तो नहीं थे, पर अब हमारे पास इतना पैसा तो था कि हम ढंग का खाना खा पा रहे थे और कभी-कभी स्टार वाले खेल में जीतने वाले को कोई ईनाम भी मिल जाता था। हाँ, इज़्ज़त और अदब पाने के मामले में ज़रूर हम बहुत अमीर हो गए थे। मगर हमारे लिए सबसे कीमती बात यह थी कि हमारे अब्बा हमारे पास वापस लौट आए थे। इससे ज़्यादा हमें और कुछ नहीं चाहिए था।

हमारे लिए जल्दी ही सबकुछ फिर से नॉर्मल हो गया। मेरा मतलब है कि जैसा अब्बा के जेल जाने से पहले था, वैसा ही हो गया। बाकी फिलिस्तीन के हालात तो जस के तस थे। हम अभी भी इज़राइली कब्ज़े में जी रहे थे और हर

60

दिन अपने लोगों को इज़राइलियों के हाथों मरते देख रहे थे। हमारे घर के पास वाला कब्रिस्तान अब भी खून से लथपथ लाशों से पटा हुआ था। अब्बा के पास हमें सुनाने के लिए इज़राइली जेल की भयावह यादें थीं, जहाँ उन्हें एक संदिग्ध दहशतगर्द के तौर पर रखा गया था। और कब्ज़े वाले इलाकों में दिन-ब-दिन जंगल राज बढ़ता जा रहा था।

मुस्लिम अवाम सिर्फ एक ही क़ानून को मानती है और वो है इस्लामिक क़ानून, जो फतवों (किसी मसले पर मज़हबी फैसला) के ज़रिए चलाया जाता है। फतवों का मकसद कुरआन को बुनियाद बनाकर रोज़मर्रा के मामलों में मुस्लिम अवाम की रहबरी करना है। मगर चूँकि इस्लाम में कुरआन की बुनियाद पर क़ानून-काइदे तय करने वाली कोई एक सेंट्रल एजेंसी (केन्द्रीय सत्ता) मौजूद नहीं है, इसलिए अक्सर अलग-अलग शेख एक ही मसले पर अलग-अलग फतवे जारी कर देते हैं। नतीजतन इस्लामी दुनिया में हर कोई अपने अलग काइदे-कानूनों के साथ जी रहा है, जिनमें से किसी-किसी के काइदे-कानून औरों से ज़्यादा सख्त हैं।

एक दोपहर को जब मैं अपने दोस्तों के साथ घर के अन्दर खेल रहा था, तभी बाहर से किसी के चीखने की आवाज़ सुनाई दी। हमारी दुनिया में चीख-ओ-पुकार और लड़ाई-झगड़ा कोई नयी बात नहीं थी, मगर फिर भी हम जब भागकर बाहर गए तो देखा कि हमारा पड़ौसी अबु सलीम हाथ में खंजर लेकर अपने चचेरे भाई को क़त्ल करने पर आमादा था। सारे अड़ौसी-पड़ौसी अबु सलीम को रोकने की कोशिश कर रहे थे, मगर वह सांड की साइज़ का आदमी था। पेशे से कसाई था। मैंने एक बार उसे अपने घर के पिछवाड़े एक सांड को काटते देखा था, जिसके चलते वह सिर से पैर तक चिपचिपे गर्म खून से सन गया था। मुझे लगा कि अगर आज इसका भाई इसके हाथ लग गया तो यह इसका भी हाल उसी सांड जैसा कर देगा।

हाँ, मैंने मन ही मन सोचा, *हम सचमुच जंगल में ही रह रहे हैं।*

पुलिस जैसी कोई चीज़ नहीं थी जिसे हम बुला सकते, न ही क़ानून का राज कायम करने वाली कोई और निजाम थी। हमारे पास चुपचाप देखते रहने के अलावा कोई और चारा था ही नहीं। खुशकिस्मती से उसका भाई उसके चंगुल से निकल भागने में कामयाब हो गया और फिर दुबारा नहीं लौटा।

रात को जब अब्बा आए तो हमने उन्हें पूरा किस्सा सुनाया। मेरे वालिद मामूली डील-डौल वाले आदमी हैं। पाँच फुट सात इंच का कद है उनका। पर बिना डरे वह अबु सलीम के घर पहुँच गए और कहने लगे, "अबु सलीम! यह मैं क्या

सुन रहा हूँ? तुम अपने चचेरे भाई से झगड़ा कर रहे थे?" अबु सलीम ने हरगिज़ भी यह छिपाने की कोशिश नहीं की कि वह अपने चचेरे भाई का क़त्ल करना चाहता था।

इस पर अब्बा ने उसे फटकारने और समझाने के लहज़े में कहा, "तुम्हें पता है न कि हम इज़राइलियों के कब्ज़े में जी रहे हैं? तो तुम्हें यह भी पता होना चाहिए कि हमारे पास इस तरह की बेवकूफियों के लिए वक़्त नहीं है। दोनों भाई बैठकर एक-दूसरे से माफी माँगो और मसले को यहीं ख़तम करो। मुझे इस तरह की समस्याएँ और नहीं चाहिए।"

औरों की तरह अबु सलीम भी अब्बा की बहुत इज़्ज़त करता था। उसे उनकी दानिशमंदी और दूरंदेशी पर पूरा यकीन था, यहाँ तक कि इस तरह के मामलों में भी। इसलिए वह अब्बा के कहे मुताबिक़ मामले को ठंडे दिमाग से सुलझाने के लिए राज़ी हो गया। इसके बाद अब्बा को पड़ौस के ही एक और आदमी से मुलाक़ात करने जाना था, तो अबु सलीम भी उनके साथ चला गया।

वहाँ अब्बा ने उन दोनों से मुखातिब होते हुए कहा, "यह हालत हो गई है अब। चूँकि हमारी अपनी कोई सरकार नहीं है, इसलिए हालात पूरी तरह बेकाबू होते जा रहे हैं। हम आपस में ही लड़-मर रहे हैं, अपने ही भाइयों का खून बहाने पर आमादा हैं। चाहे सड़क पर देख लो, चाहे घर में देख लो और चाहे मस्जिद में देख लो; जहाँ देखो वहाँ हम आपस में लड़ते ही मिलेंगे। बहुत हो गया। अब हमें आपस के झगड़ों को इंसानों की तरह सुलझाने का कोई इंतज़ाम करना ही होगा। हमें चाहिए कि हफ्ते में कम से कम एक दिन मिलकर बैठें और जो भी समस्याएँ हैं उन पर बात करें। हमारे पास पुलिस तो है नहीं और न ही हमारे पास आपस में लड़ने-मरने की ही गुंजाइश है। हम आपस की इन छोटी-मोटी समस्याओं में ही वक़्त और ताकत गँवाते रहेंगे तो उन बड़ी समस्याओं से कैसे और कब निपटेंगे जो हमारे वजूद पर खतरा बनकर मंडरा रही हैं? मुझे आप लोगों में एकता चाहिए। मैं चाहता हूँ कि आप लोग एक-दूसरे की मदद करें। हमें एक परिवार की तरह मिलकर रहने की ज़रूरत है।"

वहाँ मौजूद दोनों आदमी अब्बा की बात से पूरी तरह रज़ामंद थे। उन्होंने तय किया कि अब से हर गुरुवार की रात वे मिल बैठेंगे और स्थानीय समस्याओं व मसलों पर बात करेंगे और लोगों की आपसी समस्याओं का कोई शरीफों वाला हल निकालने की कोशिश करेंगे।

मस्जिद का इमाम होने के नाते लोगों में उम्मीद जगाना और समस्याओं को सुलझाने में उनकी मदद करना अब्बा का फ़र्ज़ था। लोगों के लिए वह सरकार से कम नहीं थे। इस मामले में वह अपने अब्बा की हैसियत और कैफियत हासिल कर चुके थे। मगर अब उनकी बातों में हमास का रौब भी झलकने लगा था। अब वह इमाम की तरह कम और शेख की तरह ज़्यादा पेश आने लगे थे। शेख इमाम से कहीं ज़्यादा रसूखदार होता है। वह मज़हबी आदमी कम और किसी फ़ौज का सिपहसालार (जनरल) ज़्यादा होता है।

अब्बा को वापस लौटे तीन महीने हो गए थे और इस दौरान मैंने उनके साथ ज़्यादा से ज़्यादा वक़्त बिताने की कोशिश की थी। मैं अब अपने स्कूल में इस्लामिक स्टूडेंट मूवमेंट का प्रेसिडेंट बन गया था, इसलिए मेरी कोशिश थी कि इस्लाम और कुरआन के विषय में जितना ज़्यादा जान सकूँ उतना अच्छा। एक गुरुवार की रात मैंने अब्बा से मीटिंग में मुझे भी साथ ले चलने की गुज़ारिश की। मैंने कहा कि मैं अब बड़ा हो चला हूँ, इसलिए मुझे इन सब मामलों में दखल रखना चाहिए।

पर उन्होंने मना कर दिया। बोले, "अभी इतने बड़े भी नहीं हुए हो। घर पर ही रहो। मैं आकर बताऊँगा कि वहाँ क्या हुआ।"

मेरा उत्साह ठंडा पड़ गया, मगर मुझे लगा कि अब्बा सही ही कह रहे होंगे। मेरे दोस्तों को भी इन गुरूवार रात की मीटिंग्स में शामिल होने इजाज़त नहीं मिली थी। मुझे कम से कम इतनी सहूलियत तो थी कि अब्बा के लौटने पर मीटिंग में हुई सारी बातें पता चल जाएँगी।

यह कहकर अब्बा मीटिंग में चले गए। अम्मी रसोई में रात के खाने की तैयारी कर रही थीं। तभी पीछे के दरवाज़े पर दस्तक हुई। मैंने ज़रा सा दरवाज़ा खोलकर बाहर झाँका तो देखा कैप्टन शाई खड़ा था, वही कैप्टन शाई जिसने तकरीबन दो साल पहले अब्बा को गिरफ्तार किया था।

"अबूक मावजूद?"

"नहीं, वो घर पर नहीं हैं।"

"तो दरवाज़ा तो खोलो।"

मुझे समझ नहीं आया कि और क्या करना चाहिए, इसलिए मैंने दरवाज़ा खोल दिया। कैप्टन शाई अन्दर आ गया। वह वैसी ही नरमी से पेश आ रहा था जैसी उसने पिछली बार दिखाई थी, मगर मैं समझ सकता था कि उसे मेरी बात

पर यकीन नहीं हुआ था। उसने मुझसे पूछा कि यदि वह घर में सब जगह देखकर तसल्ली करना चाहे तो कोई हर्ज़ तो नहीं। मुझे मालूम था कि इंकार करने का कोई फायदा नहीं होने वाला था, इसलिए मैं एक तरफ हट गया। कैप्टन शाई ने हरेक कमरे की तलाशी ली, अलमारियाँ खोल-खोल कर देखीं, दरवाज़ों के पीछे देखा। इस दौरान मैं यही मनाता रहा कि अब्बा अभी घर न आएँ। उन दिनों सेल फ़ोन नहीं होते थे, इसलिए मैं चाहकर भी उन्हें खबरदार नहीं कर सकता था। लेकिन फिर मुझे लगा कि अगर मैं खबरदार कर भी देता तो भी अब्बा भागने वालों में से नहीं थे, वे घर वापस ज़रूर आते।

पूरे घर की अच्छी तरह तलाशी ले चुकने के बाद कैप्टन शाई ने बाहर खड़े अपने फ़ौजी जवानों से कहा, "वो घर में नहीं है। सब लोग खामोशी से छिपकर खड़े हो जाओ।" सारे फ़ौजी झाड़-झाड़ियों और इमारतों के पीछे छिपकर अब्बा के लौटने का इंतज़ार करने लगे। मैं बेबसी से मेज़ पर बैठ गया और उन लोगों की बातें सुनने लगा। कुछ देर बाद कोई तेज़ आवाज़ में चिल्लाया, "वहीं रुक जाओ!" फिर बहुत सारे आदमियों के दौड़ने और बातें करने की आवाज़ें आने लगीं। हम जानते थे कि हमारे साथ फिर से कुछ बुरा होने वाला था। *क्या अब्बा को फिर से जेल जाना पड़ेगा?* मैं सोचने लगा।

कुछ ही मिनटों बाद अब्बा अन्दर आए। उनकी आँखों में हमारे लिए फ़िक्र और होठों पर हमसे माफी की गुज़ारिश करती मुस्कान थी।

"वे फिर से मुझे लेकर जा रहे हैं। पता नहीं अबकी बार कितना वक़्त लगे लौटने में। हिफाज़त से रहना। एक-दूसरे का ख़याल रखना," अम्मी और फिर एक-एक करके हम सब बच्चों को चूमते हुए उन्होंने कहा।

फिर उन्होंने अपनी जैकेट पहनी और खाने की मेज़ पर उनकी राह देखती थाली को वैसा ही छोड़कर बाहर निकल गए।

एक बार फिर लोगों ने हमारे साथ मुहाजिरों जैसा बर्ताव करना शुरू कर दिया, यहाँ तक कि आस-पड़ौस के उन लोगों ने भी जिनके कितने ही झगड़े/मसले अब्बा ने सुलझवाए थे, कितनी ही बार जिन्हें आपस में लड़ने-मरने से बचाया था। कुछ लोग अब्बा के बारे में दिखावे की फिक्रमंदी ज़ाहिर करते थे, पर मुझे साफ़-साफ़ समझ आ जाता था कि असल में उन्हें उनकी या हमारी कोई परवाह नहीं थी।

हमें यह तो मालूम था कि अब्बा इज़राइली जेल में थे, मगर कौन सी जेल में थे यह हमें इस बार भी किसी ने नहीं बताया। तीन महीने तक हम जेल-दर-जेल

भटकते रहे। आखिर को हमने सुना कि उन्हें उस ख़ास जेल में रखा गया था जहाँ सबसे खतरनाक और खूँखार मुजरिमों को ही रखा जाता था। *क्यों?* मैंने हैरानी से सोचा। हमास ने कोई आतंकवादी हमले नहीं किए थे। उनके पास तो हथियार भी नहीं थे।

जब हम उस जेल के अफ्सरान के पास पहुँचे तो उन्होंने हमें महीने में एक बार तीस मिनट के लिए अब्बा से मिलने की इजाज़त दे दी। एक बार में सिर्फ दो लोग मिलने जा सकते थे, इसलिए हम सब बच्चे बारी-बारी से अम्मी के साथ जाते। पहली बार जब मैं उनसे मिला तो यह देखकर हैरान हो गया कि उनकी दाढ़ी बहुत लम्बी हो गई थी और वह थके-थके से नज़र आ रहे थे। मगर उस हालत में भी उनको देखकर मैं बहुत खुश था। और उन्होंने भी किसी बात की कोई शिकायत नहीं की। वह तो बस यह जानना चाहते थे कि हम लोग किस हाल में थे, हमारी ज़िंदगियाँ कैसी चल रही थीं।

एक बार जब मैं उनसे मिलने गया तो उन्होंने मुझे टॉफियों से भरी एक थैली दी। पूछने पर बताया कि जेल में कैदियों को हर दूसरे दिन एक टॉफी दी जाती थी। अब्बा ने एक भी टॉफी नहीं खाई बल्कि सब इकट्ठी करते गए ताकि जब हम आएँ तो हमें दे सकें। हमने उन टॉफियों के रैपर्स को उस दिन तक संभालकर रखा जब तक कि अब्बा रिहा होकर वापस नहीं आ गए।

आखिरकार उनकी रिहाई का वो दिन आ ही गया जिसका हम सबको बेसब्री से इंतज़ार था। हम लोगों को तो पता ही नहीं था कि किस दिन उन्हें रिहा किया जाएगा, इसलिए हम लोग तो घर पर ही थे। अचानक से जब वह दरवाज़े से अन्दर आए तो हम सब भौचक्के रह गए, हमें लगा कि हम जागते हुए ख्वाब देख रहे थे। पर फिर जैसे ही हकीकत का अहसास हुआ, हम सब दौड़कर उनसे लिपट गए। उनके लौट आने की खबर जंगल की आग की तरह फैल गई, जिसके चलते अगले छह घंटों तक हमारा घर लोगों से भरा रहा। इतने लोग आए कि उन्हें पानी पिलाते-पिलाते हमारी छत पर रखी पानी की टंकी खाली हो गई। लोगों के दिलों में अब्बा के लिए कितनी चाहत और इज़्ज़त थी यह देखकर मुझे उन पर बहुत फ़ख्र महसूस हुआ, लेकिन साथ ही साथ मेरे मन में लोगों के खिलाफ गुस्सा भी था। जब अब्बा यहाँ नहीं होते थे तब इन लोगों की यह चाहत और इज़्ज़त कहाँ चली जाती थी?

अब्बा ने शायद मेरे मन के भाव पढ़ लिए थे, इसलिए सब लोगों के चले जाने के बाद उन्होंने कहा, "मैं इन लोगों के लिए काम इसलिए नहीं कर रहा हूँ ताकि

बदले में ये मेरी कद्र करें, या मेरा और मेरे परिवार का ख़याल रखें। मैं यह सब कर रहा हूँ अल्लाह के लिए। और मैं जानता हूँ कि तुम लोग भी इसकी उतनी ही भारी कीमत चुका रहे हो जितनी कि मैं। मेरी ही तरह तुम सब भी अल्लाह के नौकर हो, इसलिए सब्र रखो।"

मैं उनकी बात समझ गया, पर मैं सोच रहा था कि क्या उनको पता था कि उनकी गैर-मौजूदगी में हमारे लिए हालात कितने खराब थे?

हम बात कर ही रहे थे कि तभी फिर से पिछले दरवाज़े पर दस्तक हुई। इज़राइलियों ने उन्हें एक बार फिर गिरफ्तार कर लिया।

इंतिहा-पसंदगी (उग्रवाद)

1990 – 1992

अगस्त 1990 में, जबकि मेरे वालिद तीसरी बार जेल में थे, सद्दाम हुसैन ने कुवैत पर हमला कर दिया।

फिलिस्तीनी लोग खुशी से पागल हो उठे। सड़कों पर ख़ुशी से झूमते, नारे लगाते लोगों का जमघट लग गया। हरेक को बेसब्री से इंतज़ार था इज़राइल पर मिसाइलों की बारिश होती देखने का। हर किसी को लगने लगा कि आखिरकार हमारे भाई हमें बचाने आ रहे थे! वे अब इज़राइल को छठी का दूध याद दिला देंगे और जल्दी ही हम इज़राइल के कब्ज़े से आज़ाद होंगे।

इज़राइल को डर था कि 1988 में पाँच हज़ार कुर्दों की मौत का कारण बनने वाले ज़हरीली गैस के हमले जैसा ही हमला फिर एक बार हो सकता था, इसलिए इज़राइलियों ने हरेक शहरी को गैस मास्क बाँटे। पर फिलिस्तीनियों को एक घर के लिए सिर्फ एक मास्क मिला। हमारी अम्मी के पास मास्क था, पर हम सातों भाई-बहनों के पास कोई इंतज़ाम नहीं था। इसलिए हमने अपनी एजादी हिकमत (रचनात्मकता) इस्तेमाल की और अपने लिए अपने हाथ से मास्क बनाए। साथ ही हमने नायलोन शीट्स खरीदकर उन्हें खिड़कियों और दरवाज़ों पर टेप से चिपका दिया। मगर सुबह उठकर देखा तो उमस के कारण सभी जगहों का टेप उखड़ गया था।

सभी लोग इज़राइली टीवी चैनल पर नज़रें गढ़ाए बैठे थे और मिसाइल हमले की हर चेतावनी पर खुशी से झूम उठते थे। हम लोगों ने अपनी छत पर डेरा जमा लिया था ताकि ईराकी स्कड मिसाइलों से तेल अवीव के आग के गोले में बदलने का नज़ारा देख सकें। मगर ऐसा कुछ भी दिखाई नहीं पड़ा।

अल-बिरेह शायद सही जगह नहीं है वह नज़ारा देखने के लिए, मैंने खुद ही खुद को समझाया। इसलिए मैंने अल-जानिया में अपने चाचा दाऊद के घर जाने का फैसला किया, जहाँ से हम भूमध्यसागरीय तट का ज़्यादा अच्छा नज़ारा कर सकते थे। मेरा छोटा भाई सोहैब भी साथ हो लिया। चाचा की छत से हमने पहली मिसाइल देखी। खाली एक छोटी सी लपट दिखाई दी थी, मगर फिर भी आँखों को कितना सुकून देने वाला नज़ारा था वह!

हमें जब यह खबर मिली कि तकरीबन चालीस स्कड मिसाइलें इज़राइल तक पहुँची थीं और उसमें महज़ दो इज़राइली बाशिंदे मारे गए थे, तो हमें लगा कि सरकार पक्का झूठ बोल रही थी। मगर बाद में मालूम हुआ कि सरकार ने सच कहा था। ईराकियों ने मिसाइलों को ज़्यादा लम्बी दूरी तक हमले करने लायक बनाने में इस बात का ध्यान नहीं रखा कि इससे मिसाइलों की ताकत और सही निशाना लगाने की उनकी काबिलियत कम हो गई थी।

हम तब तक अपने चाचा दाऊद के घर पर ही रुके रहे जब तक कि यूनाइटेड नेशंस (संयुक्त राष्ट्र) की फौजों ने सद्दाम हुसैन को बग़दाद वापस लौटने पर मजबूर नहीं कर दिया। इस सब से मैं बहुत मायूस था। मुझे बहुत गुस्सा आ रहा था।

"लड़ाई बंद क्यों हो गई? इज़राइल अभी ख़त्म नहीं हुआ। अब्बा अभी भी इज़राइल की कैद में हैं। ईराकियों को अभी लगातार मिसाइलें दागते रहना होगा!"

मैं अकेला ही मायूसी और गुस्से से भरा नहीं था, हरेक फिलिस्तीनी की यही हालत थी। दशकों के कब्ज़े के बाद अब जाकर तो सही मायनों में इज़राइल के खिलाफ कोई जंग शुरू हुई थी, जिसमें तबाह-कुन (विनाशकारी) हथियारों से इज़राइल के ऊपर हमले किए जा रहे थे। मगर तब भी हालत जस के तस थे, कुछ भी नहीं बदल पाया था।

<hr>

खाड़ी-युद्ध ख़त्म होने के बाद जब मेरे वालिद रिहा होकर घर वापस आए तो अम्मी ने उनसे कहा कि वह अपने दहेज़ में मिले सोने के ज़ेवरों को बेचकर और थोड़ा लोन लेकर एक प्लॉट खरीदना चाहती थीं, ताकि अपना खुद का मकान बनाया जा सके। अभी तक हम किराए के मकानों में ही रहते आ रहे थे और जब भी अब्बा जेल जाते थे तो मालिक-मकान धोखेबाज़ी पर उतर आता था और अम्मी के साथ बदज़ुबानी और बदसलूकी करता था।

अब्बा अम्मी की फ़िक्र से इत्तेफाक रखते थे और इस बात से भी बहुत मुतमईन हुए थे कि इस फ़िक्र को दूर करने के लिए अम्मी अपनी इतनी अज़ीज़ चीज़ कुर्बान करने को तैयार थीं, मगर साथ ही उन्हें इस बात का भी अहसास था कि उनके लिए लोन की बदस्तूर वापसी कर पाना शायद मुमकिन न हो पाए क्योंकि वह किसी भी वक़्त फिर से गिरफ्तार हो सकते थे। मगर आखिरकार अम्मी की फ़िक्र की जीत हुई और अब्बा ने अल्लाह पर भरोसा करके कदम आगे बढ़ा दिया और 1992 में हमने रमल्लाह के पास बेतुनिया में अपना खुद का मकान बना लिया। उस समय मैं चौदह बरस का था। मेरा परिवार आज भी उसी मकान में रहता है।

बेतुनिया अल-बिरेह या रमल्लाह की बनिस्बत खामोश जगह थी। यहाँ इतना खून-खराबा नहीं होता था। यहाँ मैं अपने घर के पास बनी एक मस्जिद में जाने लगा और *जलसा* में शिरकत करना शुरू कर दिया। *जलसा* एक ग्रुप था जिसमें हमें कुरआन को ज़बानी याद करने के लिए ताईद (प्रोत्साहन) की जाती थी और वे काइदे सिखाए जाते थे जो लीडरान के दावों के मुताबिक़ आगे चलकर दुनिया भर में कायम होने वाली इस्लामी हुकूमत की बुनियाद बनने वाले थे।

हमें नए घर में आए कुछ ही महीने हुए थे कि अब्बा फिर से गिरफ्तार हो गए। ये गिरफ्तारियाँ किसी ख़ास इल्ज़ाम के तई नहीं की जाती थीं। हम कब्ज़े वाले इलाके में थे, जहाँ लागू होने वाले इमरजेंसी क़ानूनों के चलते इज़राइली सरकार को यह इख्तियार मिला हुआ था कि वह दहशतगर्दी में शामिल होने के शक की बिनाह पर जिसे चाहे उसे गिरफ्तार कर ले। एक मज़हबी (और इस नाते सियासी भी) लीडर की हैसियत के चलते मेरे वालिद को गिरफ्तार करना उनके लिए बहुत आसान था।

अब्बा की गिरफ्तारी, फिर रिहाई, फिर गिरफ्तारी; यह एक ऐसा सिलसिला बनता जा रहा था जो आगे कई बरसों तक जारी रहने वाला था। हर बार जब अब्बा गिरफ्तार होते थे तो पिछली बार के मुकाबले हमें पहले से ज़्यादा दुश्वारियों का सामना करना पड़ता था। हर बार हमें पिछली बार की बनिस्बत ज़्यादा दवाब झेलना पड़ता था। शायद यह हमें (और हमारे ज़रिए अब्बा को) तोड़ने की उनकी साजिश थी। इस बीच हमास लगातार पहले से ज़्यादा खूंरेज़ और हमलावर होता जा रहा था। उसकी निचली पायदानों पर जो नयी पीढ़ी के नौजवान आ गए थे, वे लगातार ऊपर के लीडर्स पर और ज़्यादा हमलावर होने का दबाव बना रहे थे।

वे पूरी ताकत से अपनी आवाज़ बुलंद करते हुए कहते, "इज़राइली हमारी आँखों के सामने हमारे बच्चों को मार रहे हैं! हम सिर्फ पत्थर फेंकते हैं, बदले में वे हमें मशीनगनों से भून डालते हैं। हम उनके कब्ज़े में रह रहे हैं। संयुक्त राष्ट्र, पूरी अंतरराष्ट्रीय बिरादरी, दुनिया का हर आज़ाद शख़्स मानता है कि हमें अपनी आज़ादी के लिए लड़ने का पूरा हक़ है। और अल्लाह भी तो यही चाहता है। तो फिर हम किस बात का इंतज़ार कर रहे हैं?"

उन दिनों हमास के नाम पर जो हमले होते थे वे एक गुट के तौर पर कम और ज़ाती तौर पर ज़्यादा होते थे। हमास के लीडर्स का इसके मेम्बरान पर कोई कण्ट्रोल नहीं था। इसके मेम्बरान अपने-अपने हिसाब से अपने-अपने लिए एजेंडा तय करके उस पर अमल कर रहे थे। मेरे वालिद का मकसद था इस्लामी आज़ादी और वो इसी आज़ादी को हासिल करने के लिए इज़राइल के खिलाफ लड़ रहे थे। मगर हमास के नौजवान मेम्बरान के लिए लड़ना अपने आप में मकसद बन गया था।

गाज़ा अब वेस्ट बैंक से भी ज़्यादा खतरनाक जगह बन चुकी थी। जुगराफिए (भौगोलिक स्थिति) के चलते गाज़ा में सबसे ज़्यादा असर मिस्र में एक्टिव मुस्लिम ब्रदरहुड के इंतिहा-पसंद मेम्बरान का था। मुहाजिर बस्ती (शरणार्थी शिविर) बनने के चलते यहाँ आबादी के घनेपन में जो हद से ज़्यादा इज़ाफा हुआ था, उससे हालात और भी ज़्यादा खराब हो गए थे। गाज़ा पहले से ही धरती की सबसे घनी आबादी वाली जगहों में से एक थी, ऊपर से 139 वर्ग मील की मुहाजिर बस्ती में दस लाख से ज़्यादा लोगों के रहने आ जाने के चलते कोढ़ में खाज वाली बात हो गई।

यहाँ के लोग अपनी दीवारों पर निशानी और सबूत के तौर पर उन खेतों व रिहायशी ज़मीनों के कागज़ात और घरों की चाबियाँ टाँगकर रखते थे जो कभी उनके होते थे और जिन्हें पिछली लड़ाइयों में इज़राइल ने उनसे छीन लिया था। इंतिहा-पसंद लोगों को नयी भर्तियाँ करने के लिए इससे उम्दा माहौल कहाँ मिल सकता था। मुहाजिर आबादी ऐसे ही मौके के लिए उधार बैठी थी। वे न सिर्फ इज़राइलियों के सताए हुए थे बल्कि उनके अपने फिलिस्तीनी भाई भी उन्हें दोयम दर्जे के शहरी के तौर पर देखते थे। बल्कि वे तो इन्हीं को हमलावर मानते थे क्योंकि इनकी मुहाजिर बस्ती उन्हीं की ज़मीन पर बनाई गई थी।

हमास के ज़्यादातर बेसब्र नौजवान कारिंदे मोहाजिर बस्तियों से ही आए थे। इन्हीं में से एक था इमाद अकेल। तीन भाइयों में सबसे छोटा इमाद फार्मासिस्ट

बनने के लिए पढ़ाई कर रहा था, इसी बीच पता नहीं क्या हुआ मगर नाइंसाफी और मायूसी की हद के चलते आख़िरकार उसके सब्र का प्याला छलक गया। उसने एक राइफल हथियाई और कई सारे इज़राइली फौजियों को मौत के घाट उतार दिया, फिर उनके हथियार भी कब्ज़ा लिए। यह देखकर दूसरे नौजवानों ने भी यही राह पकड़ ली और इस तरह इमाद का असर बढ़ने लगा। अकेले के बलबूते ही इमाद ने एक छोटी सी फ़ौजी टुकड़ी खड़ी कर ली और गाज़ा छोड़कर वेस्ट बैंक चला गया, जहाँ उसे बड़ा इलाका, बड़ी तादाद में लड़ाके और मारने के लिए ज़्यादा इज़राइली हासिल हुए। लोगों की बातों से मुझे पता चला कि हमास को इमाद पर बहुत फ़ख़्र था, हालाँकि अभी तक इमाद का हमास से कोई ताल्लुक नहीं था। हमास के नेता उसे हमास में शामिल करना तो चाहते थे, पर वह जो कर रहा था उसके तार हमास की बाकी सरगर्मियों से जोड़ना नहीं चाहते थे, इसलिए उन्होंने 'एज़ेदीन अल-कासम ब्रिगेड' के नाम से एक अलग फ़ौजी दस्ता तैयार किया और इमाद को इसका लीडर बना दिया। जल्दी ही इमाद इज़राइल में 'मोस्ट वॉन्टेड' फिलिस्तीनी बन गया।

हमास अब हथियारबंद हो गया था। अब जब पत्थरों, मोल्तोव कॉकटेल बमों और दीवारों पर नारों की जगह बंदूकों ने ले ली तो इज़राइल के सामने एक ऐसी समस्या खड़ी हो गई जिससे उसका पहले कभी सामना नहीं हुआ था। जॉर्डन, लेबनान और सीरिया से होने वाले पीएलओ के हमलों से निपटना एक बात थी, मगर अब हमले उसकी अपनी सरहदों के भीतर से हो रहे थे।

आग की लपटों का भड़कना

1992 – 1994

13 दिसंबर 1992 को अल-क़सम के पाँच लोगों ने तेल अवीव के पास बॉर्डर पर तैनात इज़रायली पुलिसकर्मी निसिम टोलेडानो को अगवा कर लिया। उसे छोड़ने के बदले उन्होंने शेख अहमद यासीन की रिहाई की माँग रखी। पर इज़राइल ने माँग मानने से इंकार कर दिया। दो दिन बाद टोलेडानो की लाश बरामद हो गई। बदले में इज़राइल हमास पर मानो टूट पड़ा; बड़े पैमाने पर उस पर कार्रवाई शुरू कर दी। फ़ौरन सोलह-सौ से ज़्यादा फ़िलिस्तीनी गिरफ़्तार कर लिए गए। इतना ही नहीं, इज़राइल ने हमास, इस्लामिक जिहाद और मुस्लिम ब्रदरहुड के कुल 415 नेताओं को गुपचुप तरीके से मुल्क-बदर (निर्वासित) करने का फैसला कर लिया। इन 415 लोगों में मेरे वालिद (जो उस वक़्त जेल में ही थे) और तीन चाचा/मामा भी शामिल थे।

उस वक़्त मैं सिर्फ चौदह बरस का था और हम में से किसी को भी नहीं पता था कि ऐसा कुछ होने जा रहा था। जैसे ही यह खबर फ़ैली, हमने फ़ौरन यहाँ-वहाँ से मालूमात जुटाकर यह पता लगाने में कामयाबी हासिल कर ली कि मेरे वालिद शायद टीचर्स, मज़हबी लीडर्स, इंजीनियर्स और सोशल-वर्कर्स के उस बड़े ग्रुप में शामिल थे जिन्हें हथकड़ियों में जकड़कर और आँखों पर पट्टी बाँधकर बसों में चढ़ा दिया गया था। इस खबर के फैलने के कुछ ही घंटों के भीतर वकीलों और मानवाधिकार संगठनों ने अर्ज़ियाँ दाखिल करना शुरू कर दिया। इन सब अर्ज़ियों और मुल्क-बदर से जुड़ीं कानूनी चुनौतियों पर गौर करने के लिए इज़राइली हाई कोर्ट ने सुबह 5 बजे सुनवाई रखी, जिसके चलते बसों की रवानगी रोक दी गई। अदालत में लगातार चौदह घंटे तक बैहस चली और इस दौरान मेरे वालिद और

दूसरे सभी लोगों को बस में ही रखा गया। आँखों पर पट्टी और हाथों में हथकड़ियों के साथ। न खाना मिला, न पानी और न ही बाथरूम जाने की छूट। आखिर में अदालत ने इज़राइली सरकार के फैसले को सही ठहराया। तत्काल बसें उत्तर की ओर चल पड़ीं। उस वक़्त किसी को नहीं पता था कि इन लोगों को कहाँ ले जाया जा रहा था। बाद में पता चला कि उन्हें दक्षिणी लेबनान में एक ऐसी वीरान जगह ले जाकर छोड़ा गया था जो बर्फ से ढँकी हुई थी और जहाँ आदमियों की कोई बस्ती नहीं थी। तब सर्दियों का मौसम चल रहा था, कड़कड़ाती ठण्ड पड़ रही थी और ऐसे में इन लोगों को ऐसी जगह ले जाकर छोड़ दिया गया था जहाँ न ढंग से सिर छुपाने की जगह थी और न ही ठण्ड से बचने का कोई इंतज़ाम। इज़राइल और लेबनान दोनों ने ही राहत एजेंसियों को इन लोगों तक खाना या दवाई पहुँचाने की इजाज़त नहीं दी। बेरूत ने बीमारों और ज़ख्मियों को अपने अस्पतालों में ले जाने से इंकार कर दिया।

18 दिसंबर को यूनाइटेड नेशंस सिक्योरिटी काउंसिल (संयुक्त राष्ट्र सुरक्षा परिषद) ने रेज़ोल्यूशन 799 के ज़रिए मुल्क-बदर लोगों की 'बा-खैरियत और फ़ौरी वापसी' का करारदाद (प्रस्ताव) पारित किया। पर इज़राइल ने इसे ठुकरा दिया। अब्बा जब भी जेल में होते थे तो हमें हर महीने उनसे मिलने की सहूलियत हासिल होती थी, पर चूँकि लेबनान की बॉर्डर बंद थी, इसलिए हमारे पास कोई रास्ता ही नहीं बचा था मुल्क-बदर झेल रहे अब्बा से मिलने या उन्हें देखने का। कुछ हफ़्तों बाद आखिरकार हमें उनकी सूरत देखनी नसीब हुई। वो भी टीवी पर आने वाली ख़बरों में। असल में हमास के मुल्क-बदर मेम्बरान ने उन्हें कैंप का सेक्रेटरी-जनरल नामज़द किया था और वह वहाँ अब्देल अज़ीज़ अल-रंतीसी (हमास का ही एक और लीडर) के बाद दूसरे नंबर के लीडर हो गए थे। यही खबर टीवी पर चलाई गई थी।

तब से हम लोग हर दिन टीवी पर ख़बरें देखने लगे, इस उम्मीद में कि शायद फिर अब्बा के दीदार हो जाएँ। और हुए भी। बीच-बीच में वह हमें लाउड स्पीकर लेकर मुल्क-बदर लोगों को समझाइश देते दिखाई पड़ जाते थे। जब बसंत का मौसम आया तो वह हमें ख़त और अखबारनवीसों व राहत कार्यों में लगी संस्थाओं के मेम्बरान द्वारा खींची गई तस्वीरें भी भिजवाने में कामयाब होने लगे। आखिरकार जब मुल्क-बदर लोगों को सेलफोन का इस्तेमाल करने की इजाज़त मिली, तब जाकर हमारा हर हफ्ते कुछ मिनटों के लिए अब्बा से बात कर पाना मुमकिन हुआ।

मुल्क-बदर लोगों के लिए दुनिया भर में हमदर्दी का माहौल पैदा करने की उम्मीद में मीडिया ने उनके घर के लोगों के इंटरव्यू लिए। मेरी बहन तसनीम ने जब कैमरे पर चिल्लाकर कहा, "बाबा! बाबा!" तो दुनिया भर के लोगों की आँखों में आँसू आ गए। पता नहीं कैसे, मगर हमारी फैमिली सभी मुल्क-बदर लोगों की फैमिलीज़ की बाकायदा नुमाइंदगी करने लगी। हमें हर प्रोटेस्ट में शामिल होने के लिए बुलाया जाने लगा। यरूशलेम में इज़रायली वज़ीर-ए-आज़म के दफ्तर के सामने चल रहे प्रोटेस्ट में भी हम शामिल हुए। यह सब देखकर अब्बा को हम पर बहुत फ़ख़्र महसूस हुआ और हमें भी यह देखकर थोड़ी तसल्ली मिली कि दुनिया भर के लोग, यहाँ तक कि अमन-चैन के पैरोकार इज़राइली भी हमारी तरफदारी कर रहे थे। तकरीबन छह महीने बाद हमें खबर मिली कि 101 मुल्क-बदर लोगों को घर जाने की इजाज़त दे दी गई थी। सभी परिवारों की तरह हम भी यही दुआ कर रहे थे कि हमारे अब्बा भी उन 101 लोगों में शामिल हों।

मगर वह नहीं थे।

अगले दिन हम लेबनान से लौटकर आए बहादुरों से मिलने गए, इस उम्मीद में कि शायद उनसे अब्बा के बारे में कोई मालूमात हासिल हो जाए। मगर वे लोग बस इतना ही बता पाए कि अब्बा ठीक थे और जल्द ही लौट आने वाले थे। तीन महीने और बीत गए, तब जाकर इज़राइल बाकी के लोगों को भी छोड़ने को राज़ी हुआ। इस खबर से हमारी खुशी का ठिकाना नहीं रहा।

तयशुदा दिन हम रमल्लाह जेल के बाहर खड़े बेसब्री से बाकी मुल्क-बदर लोगों के बाहर आने का इंतज़ार कर रहे थे। दस लोग आए। बीस। पर अब्बा इनमें नहीं थे। आख़िरी आदमी भी बाहर निकल आया और गार्ड्स ने कह दिया कि बस अब और कोई नहीं है। पर न अब्बा आए और न उनकी कोई खबर। बाकी परिवार अपने-अपने लोगों को लेकर ख़ुशी-ख़ुशी घर चले गए, पीछे रह गए अकेले हम - आधी रात को जेल के बाहर खड़े, अब्बा की कोई खोज-खबर न मिलने से हैरान-परेशान। मन में एक साथ फ़िक्र, नाउम्मीदी और गुस्सा लिए हम घर लौट आए। दिमाग में यह सवाल हथौड़े की तरह बज रहा था कि बाकी लोगों के साथ उन्हें भी रिहा क्यों नहीं किया गया? वह थे कहाँ?

अगले दिन अब्बा के वकील ने हम लोगों को बुलवाया और बताया कि मेरे वालिद और कुछ और मुल्क-बदर लोगों को वापस जेल भेज दिया गया था। उसने

बताया कि इतने लोगों को मुल्क-बदर करने की चाल इज़राइल को उल्टी पड़ गई थी। मुल्क-बदर काटते वक़्त अब्बा और हमास के दूसरे नेता दुनिया भर में ख़बरों की सुर्खियाँ बन गए थे। उन्हें दुनिया के हर कोने से लोगों की हमदर्दी हासिल होने लगी थी, क्योंकि सब लोगों का यही मानना था कि मुल्क-बदर की सज़ा ज़रूरत से ज़्यादा सख्त और बतौर इंसान उन्हें हासिल इख्तियारात की खिलाफ-वर्ज़ी (मानवाधिकारों का हनन) थी। अब पूरी अरब दुनिया में इन लोगों को अपने लोगों के लिए लड़ने वाले बहादुरों की नज़र से देखा जाने लगा था, जिसके चलते वे पहले से ज़्यादा असरदार और एहम हो गए थे।

इज़राइल के नज़रिए से मुल्क-बदर की कार्रवाई का एक और गैर-इरादी (अनपेक्षित) और तबाह-कुन (विनाशकारी) असर हुआ। मुल्क-बदर काट रहे हमास के नेताओं को इस दौरान हमास और हिज़बुल्लाह (जो कि लेबनान में इस्लाम की झंडाबरदारी करने वाला सबसे बड़ा और असरदार सियासी व अर्धसैनिक/पैरामिलिट्री गुट था) के बीच एक बेमिसाल रिश्ता कायम करने का ज़बरदस्त मौका मिल गया। आगे चलकर इस रिश्ते ने तारीखी (ऐतिहासिक) और जुग़राफ़ियाई सियासत (भू-राजनीतिक) की तई बहुत गहरी छाप छोड़ी। अब्बा और हमास के दूसरे नेताओं को अक्सर प्रेस के लोगों की नज़रों से बचकर कैंप से निकलने और हिज़बुल्ला के नेताओं से मुलाक़ात करने का मौका मिल जाता था, जो कि इज़राइली जेलों में रहने के दौरान मुमकिन नहीं था।

अब्बा सहित हमास के दूसरे बड़े लीडर जब लेबनान में मुल्क-बदर काट रहे थे तब भी हमास के सबसे कमउम्र और सबसे ज़्यादा इंतेहा-पसंद मेम्बरान आज़ाद थे और अपनी सरगर्मियों में पहले से कहीं ज़्यादा इंतिहाई (उग्र) हो उठे थे। अब चूँकि फौरी तौर पर हमास की कमान उन्हीं के हाथ में आ गई थी, तो हमास और पीएलओ के बीच का फासला और ज़्यादा बढ़ गया।

लगभग उसी दौरान इज़राइल और यासिर अराफात के बीच खुफिया तौर पर गुफ्त-ओ-शुनीद (समझौता-वार्ता) चल रही थी, जिसके नतीजे में 1993 का ओस्लो समझौता हुआ। 9 सितंबर को अराफात ने इज़रायली वजीर-ए-आज़म यित्ज़ाक राबिन को एक ख़त लिखा जिसमें उसने बा-ज़ाब्ता तौर पर (आधिकारिक तौर पर) 'इज़राइल के अमन-चैन और हिफ़ाज़त से रहने के हक़' को तस्लीम किया और 'दहशतगर्दी और खून-खराबे वाले बाकी सभी कामों से तौबा करने' का एलान किया।

इसके बदले राबिन ने बा-ज़ाब्ता तौर पर पीएलओ को 'फ़िलिस्तीनी लोगों के नुमाइंदे' के रूप में तस्लीम किया और अमरीकी सदर (राष्ट्रपति) बिल क्लिंटन ने पीएलओ के साथ अमरीकी ताल्लुकात पर लगी पाबंदी हटा ली। 13 सितंबर को जब दुनिया भर के अखबारों में अराफात और राबिन की व्हाइट हाउस में खड़े होकर एक-दूसरे से हाथ मिलाते हुए तस्वीर छपी तो पूरी दुनिया हैरानी से देखती रह गई। उस समय एक सर्वे में बताया गया कि वेस्ट बैंक और गाज़ा की ज़्यादातर फिलिस्तीनी आबादी समझौते की शर्तों, जिसे 'डिक्लेरेशन ऑफ़ प्रिंसीपल्स' (डीओपी) के तौर पर भी जाना जाता है, की हिमायती थी। 'डिक्लेरेशन ऑफ़ प्रिंसीपल्स' (डीओपी) जारी होने से चार अहम काम हुए: फिलिस्तीनी प्राधिकरण (पेलिस्टीनियन अथॉरिटी - पीए) बना; गाज़ा और जेरिको से इज़रायली फ़ौज की वापसी हुई; इन इलाकों को खुदमुख़्तारी (स्वायत्तता) का हक़ दिया गया; और ट्यूनीशिया में मुल्क-बदर काट रहे अराफात और पीएलओ की वापसी का रास्ता खुल गया।

लेकिन अब्बा 'डिक्लेरेशन ऑफ़ प्रिंसीपल्स' (डीओपी) के खिलाफ थे। उनको इज़राइल या पीएलओ पर भरोसा नहीं था, इसलिए उन्होंने अमन कायम करने की उनकी इस कवायद पर भी भरोसा नहीं किया। अब्बा ने बताया कि हमास के बाकी नेता भी अलग-अलग वजहों से इसके खिलाफ थे। इनमें से कुछ नेताओं को डर था कि कहीं इस समझौते के चलते सचमुच अमन न कायम हो जाए! उन्हें अंदेशा था कि अगर फिलिस्तीनी और इज़राइली लोग मिल-जुल कर रहने लगे तो हमास तो ख़तम हो जाएगा, क्योंकि अमन-चैन के माहौल में हमास के लिए कोई काम होगा ही नहीं। इसी तरह इज़राइल के खिलाफ लड़ रहे बाकी गुटों को भी इस लड़ाई के जारी रहने में ही अपनी भलाई नज़र आ रही थी। अब जहाँ इतने सारे गुटों के अपने-अपने मकसद और अपने-अपने स्वार्थ हों, वहाँ अमन-चैन कायम हो भी तो कैसे!

और इसलिए हमले जारी रहे:

- 24 सितंबर को बसरा के पास एक बागीचे में हमास के एक फिदायीन ने एक इज़रायली आदमी को खंजर घोंपकर मौत के घाट उतार दिया।

- इसके दो हफ्ते बाद ही जूडियन रेगिस्तान में दो इज़राइलियों का क़त्ल हो गया, जिसकी ज़िम्मेदारी ली 'दि पॉपुलर फ्रंट फॉर दि लिबरेशन ऑफ़ पेलिस्टाइन' और 'इस्लामिक जिहाद' गुटों ने।

- और दो हफ़्ते बाद हमास ने गाज़ा में एक यहूदी बस्ती के बाहर इज़राइली डिफेन्स फोर्सेस (आईडीएफ) के दो फौजियों को गोली मार दी।

लेकिन इनमें से क़त्ल की किसी भी वारदात ने दुनिया भर के लोगों की उतनी तवज्जो हासिल नहीं की जितनी 25 फरवरी 1994 को जुम्मे के रोज़ हुए हेब्रोन क़त्ल-ए-आम को हासिल हुई।

यहूदी त्यौहार 'पूरीम' और मुस्लिमों का पाक महीना 'रमज़ान' चल रहा था जब 25 जनवरी को जुम्मे के रोज़ बरूक गोल्डस्टीन नाम का एक अमरीकी नस्ल का डॉक्टर हेब्रोन की अल-हरम अल-इब्राहिमी मस्जिद में दाखिल हुआ। यह वही मस्जिद है जिसके बारे में माना जाता है कि वहाँ आदम और हव्वा, इब्राहिम और सारा, इसहाक और रिबका और याकूब और लिआ दफ्न हैं। बहरहाल, मस्जिद में दाखिल होने का बाद गोल्डस्टीन ने बिना किसी चेतावनी के अंधाधुंध गोलियाँ चलानी शुरू कर दीं। गुस्से और सदमे से पगलाई भीड़ ने आखिरकार उसे पीट-पीटकर मार डाला, मगर उससे पहले वह वहाँ नमाज़ पढ़ने और सजदा करने आए इक्कीस फिलिस्तीनियों को मौत के घाट उतार चुका था जबकि सौ से भी ज़्यादा को बुरी तरह ज़ख़्मी कर चुका था।

जब मस्जिद से खून सनी लाशों को एक-एक करके बाहर लाया जा रहा था तो हम लोग अपने-अपने घरों में टीवी पर यह हौलनाक नज़ारा देख रहे थे। मैं सदमे में था। मुझे सबकुछ स्लो मोशन में चलता हुआ मालूम हो रहा था। अचानक मुझे अपने भीतर गुस्से की ऐसी ज़बरदस्त लहर उठती महसूस हुई जैसी पहले कभी नहीं हुई थी। मगर एक मिनट बाद ही सबकुछ थम गया और सन्नाटा-सा छा गया। मारे गम के मैं बुत बन गया। ज़रा देर बाद फिर गुस्से की वैसी ही ज़बरदस्त लहर उठी। अगले ही मिनट फिर गम ने जकड़ लिया। ऐसा सिर्फ मेरे साथ ही नहीं हो रहा था बल्कि कब्ज़े वाले इलाकों के सभी बाशिंदों का यही हाल था; गुस्से और ग़ामज़दगी का यह ज्वार-भाटा सभी के दिलों में तूफ़ान मचाए हुए था। सभी बेहाल थे।

चूँकि गोल्डस्टीन ने अपनी इज़रायली फ़ौजी वर्दी पहनी हुई थी और अब गाज़ा में आईडीएफ की मौजूदगी पहले से कम हो गई थी, इसलिए फ़िलिस्तीनियों को लगा कि हो न हो उसे इज़राइली सरकार ने ही भेजा था, या नहीं तो उसकी मदद तो ज़रूर ही की थी। हमारे लिए हमेशा ही हमारे खून के प्यासे रहने वाले इज़राइली फौजियों और किसी दिमागी खलल के चलते कभी कोई खूनी वारदात

कर बैठने वाले इज़राइली बाशिंदों के बीच कोई फर्क नहीं था; हमारे लिए वे एक ही थे। हमास को ऐसे ही किसी मौके की तलाश थी। वह ज़ोर-ओ-शोर से इज़राइल को मुँहतोड़ जवाब देने और बदला लेने की बात करने लगा। उसके हिसाब से इस दगाबाज़ी और वादाखिलाफी का जवाब भयानक बदले के सिवाए और कुछ हो ही नहीं सकता था।

6 अप्रैल को अफुला में एक कार बम धमाके में एक बस के परखच्चे उड़ गए। इस हमले में आठ लोग मारे गए और चवालीस ज़ख्मी हुए। हमास ने इसे हेब्रोन का बदला करार दिया। उसी दिन अशदोद के पास एक बस स्टॉप पर हमास ने दो इज़राइलियों को गोली से उड़ा दिया और चार और लोग ज़ख़्मी हुए।

इसके एक हफ्ते बाद कुछ ऐसा हुआ जो तारीखी (ऐतिहासिक) भी था और भयानक भी और जिसके चलते इज़राइल के सब्र का बाँध टूट गया। इज़राइल पर पहला आत्मघाती (मानव-बम) हमला हुआ। 13 अप्रैल 1994 दिन बुधवार की सुबह (इसी दिन लेबनान में मुल्क-बदर की सज़ा काटने के बाद से जेल में कैद अब्बा को रिहा किया गया था) इक्कीस बरस का अमार सलाह दीब अमरना सेंट्रल इज़राइल में हाइफ़ा और तेल अवीव के बीच पड़ने वाले हदेरा बस स्टेशन में दाखिल हुआ। उसके पास एक बैग था जिसमें कीलों और बॉल बेयरिंग से भरा घर पर बनाया गया चार पाउंड से ज़्यादा वज़नी एसीटोन पेरॉक्साइड आतशगीर (विस्फोटक) था। सुबह 9.30 पर वह तेल अवीव की ओर जाने वाली बस में चढ़ गया। दस मिनट बाद, जैसे ही बस स्टेशन से बाहर निकली, उसने बैग को फर्श पर रखा और धमाका कर दिया।

इस धमाके में छह लोगों की मौत हो गई जबकि तीस ज़ख्मी हुए। बचावकर्मियों के मौका-ए-वारदात पर पहुँचते ही दूसरा पाइप बम फटा। बाद में हमास द्वारा जारी किए गए एक पैम्फलेट में कहा गया कि यह हेब्रोन का बदला लेने के लिए किए जाने वाले 'पाँच हमलों की कड़ी में दूसरा हमला' था।

मुझे हमास पर फ़र्ख़ महसूस हुआ और मैंने इन हमलों को इज़रायली कब्ज़े के खिलाफ एक बड़ी जीत के रूप में देखा। मैं उस वक़्त पंद्रह बरस का एक जवानी की दहलीज़ पर खड़ा लड़का था, जो हर चीज़ को स्याह और सफ़ेद (ब्लैक एंड वाइट) के तौर पर ही देखता था। मेरे लिए यह अच्छे और बुरे लोगों के बीच की जंग थी और मुझे लगता था कि बुरे लोगों के साथ जो भी बुरा किया जा रहा था, वो सही था; वे उसी के लायक थे। मैंने देखा कि कीलों और बॉल बेयरिंग से भरा दो

किलोग्राम का बम कैसे इंसानों के परखच्चे उड़ा सकता था और मुझे लगा कि यह धमाका इज़राइली लोगों को दहला देगा।

ऐसा ही हुआ।

हर आत्मघाती हमले के बाद पारंपरिक यहूदी रज़ाकार (स्वयंसेवक), जिन्हें ZAKA (डिज़ास्टर विक्टिम आइडेंटिफिकेशन) के नाम से जाना जाता है, फ्लोरोसेंट पीले रंग की जैकेट पहनकर वारदात की जगह पर पहुँच जाते थे। उनका काम था वारदात की जगह पर बिखरे पड़े खून और इंसानी जिस्मों के टुकड़ों को इकट्ठा करना। इसमें वे यह भेदभाव नहीं करते थे कि कौन से टुकड़े यहूदी लोगों के हैं और कौन से गैर-यहूदियों के। यहाँ तक कि हमलावर के शरीर के टुकड़ों को भी वे समेटकर ले जाते थे। बाद में इन सभी टुकड़ों को जाफ़ा के फोरेंसिक सेण्टर में भेजा जाता था, जहाँ काम करने वाले पैथोलॉजिस्ट उन टुकड़ों को आपस में जोड़कर उन्हें पहचाने जाने योग्य लाशों में बदलने की कोशिश करते थे। अक्सर उनके पास डीएनए टेस्ट के अलावा कोई और तरीका नहीं होता था किसी शरीर के अलग-अलग टुकड़ों का आपस में रिश्ता जोड़ पाने का।

हमलों के शिकार हुए लोगों के घरवाले जब लोकल अस्पतालों में भर्ती ज़ख्मियों में अपने लोगों को नहीं तलाश पाते थे तो उन्हें जाफ़ा के फोरेंसिक सेण्टर भेज दिया जाता था। यहाँ अक्सर पैथोलॉजिस्ट इन लोगों को सलाह देते थे कि अपने लोगों को ऐसी बुरी हालत में देखने से अच्छा है उनकी तस्वीर देखकर या अपने मन में बसी उनकी सूरत को याद करके खुद को तसल्ली दे लेना। लेकिन ज़्यादातर लोग हर हाल में अपने करीबियों के शरीर को (चाहे शरीर के नाम पर एक टांग ही क्यों न बची हो) एक आख़िरी बार छू लेने देने की ज़िद करते थे।

यहूदी क़ानून के मुताबिक़ यह ज़रूरी था कि जिस दिन आदमी की मौत हो उसी दिन उसे दफ़ना दिया जाए, इसलिए आत्मघाती बम धमाकों में मारे गए लोगों के घरवाले उनके शरीर के बड़े हिस्सों को (जिनकी पहचान देखकर की जा सकती हो) पहले दफ़ना देते थे। छोटे हिस्सों को डीएनए टेस्ट से साबित होने के बाद फिर से कब्र खोदकर दफ़नाया जाता था। यह एक तरह से ग़मगीन लोगों के घावों को दोबारा कुरेदने जैसा होता था।

हदेरा पर हुआ आत्मघाती हमला अपनी तरह का पहला बा-ज़ाब्ता (आधिकारिक) हमला था, लेकिन हकीकतन यह तीसरी कोशिश थी। हमास के लिए बम बनाने वाले याह्या अय्याश ने इससे पहले भी दो कोशिशें की थीं, पर

कामयाबी नहीं मिली थी। उन्हीं दो कोशिशों में हुई गलतियों को सुधारकर उसने तीसरी बार में इस कारनामे को अंजाम दिया था। अय्याश बिरज़िट यूनिवर्सिटी में इंजीनियरिंग का स्टूडेंट था। वह न तो कोई कट्टर मुसलमान था और न ही कोई कट्टर वतन-परस्त। उसके मन में इज़राइली सरकार के लिए कड़वाहट सिर्फ इस वजह से थी क्योंकि वह आगे की पढ़ाई के लिए विदेश जाना चाहता था, मगर इज़राइली सरकार ने इजाज़त नहीं दी। बस इसलिए उसने बम बनाना शुरू कर दिया और फिलिस्तीनी लोगों के लिए हीरो जबकि इजराइल के लिए 'मोस्ट वॉन्टेड' बन गया।

दो नाकाम कोशिशों और 6 तथा 13 अप्रैल को हुए हमलों के अलावा अय्याश आगे चलकर और पाँच हमलों में कम से कम 39 और लोगों की मौत के लिए ज़िम्मेदार साबित हुआ। साथ ही उसने और लोगों को भी, जैसे कि अपने दोस्त हसन सलामेह को बम बनाना सिखाया।

खाड़ी-युद्ध में यासिर अराफात ने सद्दाम हुसैन के कुवैत पर हमले की तरफदारी की थी, जिसके चलते अमरीका और अमरीकी-सरपरस्ती वाले फ़ौजी इत्तिहाद (गठबंधन) के हिमायती अरब मुल्कों; दोनों के साथ उसके रिश्तों में दरार आ गई थी। इस वजह से इन मुल्कों ने पीएलओ को दी जाने वाली माली इमदाद (वित्तीय सहायता) का रुख हमास की ओर मोड़ दिया था। मगर ओस्लो समझौते की कामयाबी के बाद एक बार फिर यासिर अराफात की तूती बोलने लगी थी। और अगले बरस उसे इज़रायल के वज़ीर-ए-आज़म यित्ज़ाक राबिन तथा वज़ीर-ए-ख़ारिजा (विदेश मंत्री) शिमोन पेरेज़ के साथ नोबेल पीस प्राइज़ (शांति पुरस्कार) भी मिल गया।

ओस्लो समझौते की शर्तों के मुताबिक़ अराफ़ात को वेस्ट बैंक और गाज़ा पट्टी में पेलिस्टीनियन नेशनल अथॉरिटी की बुनियाद रखनी थी। इसलिए 1 जुलाई 1994 को वह मिस्र की राफा सीमा से गाज़ा में दाखिल हुआ और दुबारा इसे अपना ठिकाना बना लिया।

वहाँ उसने मुल्क-बदर से उसकी वापसी का जश्न मना रही भीड़ से कहा, "कौमी एकता हमारी ढाल है... हमारे लोगों की ढाल है। एकता। एकता। एकता।"3 मगर फिलिस्तीनी इलाकों में एकता होना इतना आसान कहाँ था।

हमास और उसके हिमायती इस बात से नाराज़ थे कि अराफ़ात ने गुपचुप इज़राइल से मिलकर यह वादा कर दिया था कि फिलिस्तीनी लोग अब खुदमुख्तारी के हक़ (आत्मनिर्णय के अधिकार) के लिए नहीं लड़ेंगे। हमारे लोग अभी भी इज़राइली जेलों में थे। आज़ाद और खुदमुख्तार फिलिस्तीनी मुल्क जैसी कोई चीज़ थी ही नहीं। आज़ादी और खुदमुख्तारी के नाम पर हमारे पास ले-देकर वेस्ट बैंक का जेरिको शहर (एक छोटा सा शहर, जहाँ कुछ भी नहीं था) और गाज़ा (साहिली इलाके में बसी घनी आबादी वाली एक मुजाहिर बस्ती) ही था।

और अब अराफात ने भी इज़राइल से हाथ मिला लिया था। हमारे लोग एक-दूसरे से पूछ रहे थे, "अब तक हमारे लोगों का जो इतना खून बहा है, उसका क्या? क्या अराफात ने उस खून को इतना सस्ता समझ रखा है?"

दूसरी तरफ कुछ फिलिस्तीनी ऐसे भी थे जिनका मानना था कि पेलिस्टीनियन अथॉरिटी ने हमें कम से कम जेरिको और गाज़ा तो दिलवा दिया था। उनका कहना था, "हमास ने हमें क्या दिलवाया है? क्या उन्होंने आज तक एक छोटा-सा फिलिस्तीनी गाँव भी आज़ाद करवाया है?"

उनकी बात में दम तो था। मगर हमास को अराफात पर भरोसा नहीं था, खासकर इसलिए क्योंकि वह उन सभी इलाकों को जो इज़राइल बसने के पहले फिलिस्तीन के इख़्तियार में हुआ करते थे, इज़राइल के कब्ज़े से आज़ाद कराने की बजाए इज़राइल के भीतर ही फिलिस्तीन मुल्क के लिए समझौता करने को राज़ी हो गया था।

इस बात को लेकर जब भी अराफात और उनके नुमाइंदों से पूछा जाता तो वे कहते, "आप हमसे और क्या करने की उम्मीद रखते हैं? दशकों तक हमने इज़राइल के खिलाफ जंग लड़ी और हमें समझ आ गया कि जीतने का कोई रास्ता नहीं था। उन्होंने हमें जॉर्डन और लेबनान से बाहर निकाल दिया और हमें एक हज़ार मील दूर ट्यूनीशिया जाना पड़ा। पूरी अंतरराष्ट्रीय बिरादरी हमारे खिलाफ थी। हमारे पास कोई ताकत नहीं थी। सोवियत संघ के ढहने के बाद अमरीका दुनिया की इकलौती सुपरपॉवर बन गया है। वही अमरीका इज़राइल के साथ खड़ा है। इसी बीच हमें मौका दिया गया कि हम 1967 में सिक्स-डे वॉर से पहले जो कुछ भी हमारे पास था उसे वापस पा लें और खुदमुख्तारी हासिल कर लें। और हमने उस मौके को भुना लिया।"

गाज़ा आने के कई महीनों बाद अराफात पहली बार रमल्लाह आया। दर्जनों मज़हबी, सियासी और बिज़नेस लीडरान के साथ मेरे अब्बा भी उसके इस्तकबाल के लिए कतार में खड़े थे। पीएलओ के मुखिया के तौर पर अराफात जब शेख हसन यूसुफ़ (मेरे अब्बा) से मिला तो उसने उन्हें एक मकबूल मज़हबी और सियासी लीडर तस्लीम करते हुए उनका हाथ चूम लिया।

अगले एक बरस तक मेरे वालिद और हमास के बाकी नेताओं ने पेलिस्टीनियन अथॉरिटी और हमास को एकजुट करने की कोशिशों के मद्देनज़र गाज़ा शहर में अराफात से कई दौर की मीटिंग्स कीं। मगर यह बातचीत तब नाकाम हो गई जब आखिरकार हमास ने अमन कायम करने की कवायद में शरीक होने से इनकार कर दिया। हमारी सोच और मकसदों में एका होना अभी भी बहुत दूर की कौड़ी थी।

अब हमास एक खालिस दहशतगर्द गुट में तब्दील हो चुका था। इसके कई सारे मेम्बरान इस्लामिक अकीदत (आस्था) की सीढ़ी पर आगे बढ़ते हुए सबसे ऊपर की पायदान पर पहुँच चुके थे। मेरे वालिद समेत सभी उदारवादी सियासी नेताओं ने इंतिहा-पसंद मेम्बरान को यह बताना बंद कर दिया था कि वे जो कर रहे थे वह गलत था। बताते भी कैसे; किस बुनियाद पर इसे ग़लत ठहराते वे? इंतिहा-पसंद लोगों के पास अपने किए को सही साबित करने के लिए कुरआन की ताकत थी।

इस तरह देखें तो भले मेरे वालिद ने खुद कभी कोई क़त्ल नहीं किया, मगर चूँकि उन्होंने इन हमलों की खिलाफत भी नहीं की, इसलिए इन हमलों में उनकी खामोश भागीदारी तो मानी ही जाएगी। और चूँकि खूँरेज़ी पर उतारू इंतिहा-पसंद नौजवान फिदायीन इज़राइल की पकड़ में आ नहीं रहे थे, इसलिए उसने मेरे वालिद जैसे लोगों को निशाना बनाना जारी रखा। इज़राइल को यह गलतफहमी थी कि चूँकि मेरे वालिद इन हमलों को अंजाम देने वाले हमास के कद्दावर लीडर थे, इसलिए उनको गिरफ्तार करके जेल में डाल देने से ये हमले बंद हो जाएँगे। मगर उसने कभी भी यह पता लगाने की कोशिश नहीं की कि हकीकत में हमास क्या था या कौन लोग इसे चला रहे थे। और कई बरसों तक ऐसे ही तबाह-कुन (विनाशकारी) हमले झेलने के बाद कहीं जाकर उनको यह समझ आना शुरू हुआ कि हमास उन मायनों में संगठन था ही नहीं जिन मायनों में लोग संगठन को तस्लीम करते हैं। संगठन का मतलब यही होती है न कि उसको कुछ ख़ास नियम-कायदों

के तहत चलाया जाता है और नीचे से ऊपर तक अलग-अलग ओहदों पर बैठे लोग अलग-अलग ज़िम्मेदारियाँ संभालते हैं। मतलब, एक कायदे की निजाम (व्यवस्था) होती है। हमास में ऐसा कुछ भी नहीं था। हमास तो एक प्रेत की तरह था। एक ख़याल था। और आप किसी ख़याल को ख़त्म नहीं कर सकते; जितना आप इसे ख़त्म करने की कोशिश करेंगे, उतना यह और मज़बूत होगा। हमास फ़्लैटवर्म (चपता कृमि) की तरह था। चाहे जितनी भी बार इसका सिर काटो, यह हर बार नया उगा लेता था।

समस्या यही थी कि हमास के साथ कुछ भी हकीकी नहीं था। इसकी सोच, इसका निजाम और इसका मकसद; सभी कुछ एक छलावे जैसा था। सीरिया, लेबनान, ईराक, जॉर्डन और मिस्र; इन सभी ने इज़रायलियों को समंदर में धकेलने और उनके कब्ज़े वाली ज़मीन को फिलिस्तीन बनाने की कई-कई बार कोशिशें की थीं, पर हर बार नाकाम हुए थे। यहाँ तक कि सद्दाम हुसैन और उसकी स्कड मिसाइलें भी यह काम नहीं कर पायीं थीं। लाखों फ़िलिस्तीनी मुहाजिरों को उनके तकरीबन आधी सदी पहले छीने गए घर, खेत और जायदाद तभी वापस मिल सकते थे जबकि इज़राइल अपने कब्ज़े वाला पूरा इलाका खाली करने को राज़ी होता। और चूँकि ऐसा कभी होना नहीं था, इसलिए हमास की हालत ग्रीक माइथोलॉजी के किरदार सिसिफ़स की तरह थी जो एक ऐसे काम को करते रहने के लिए मजबूर था जिसका पूरा होना नामुमकिन था।

मगर हमास से जुड़े लोगों को अपनी इस नियति का या तो पता ही नहीं था, या जिनको पता था भी वे इस भरोसे इससे जुड़े हुए थे कि एक न एक दिन अल्लाह इज़राइल को ज़रूर हराएगा, भले इसके लिए उसे उस पर कोई आसमानी कहर ही क्यों न बरपाना पड़े।

इज़राइल के लिए पीएलओ के वतन-परस्त मेम्बरान महज़ एक सियासी समस्या रहे थे, एक ऐसी समस्या जिसे महज़ एक सियासी हल की ज़रूरत थी। पर हमास ने फिलिस्तीनी समस्या का इस्लामीकरण करके इसे एक मज़हबी समस्या बना दिया था। अब इस समस्या का सिर्फ मज़हबी समाधान ही हो सकता था, जिसका मतलब था कि यह समस्या कभी सुलझ ही नहीं सकती थी क्योंकि हमारा मानना था कि यह पूरी ज़मीन अल्लाह की थी। बात ख़त्म। किसी भी हल की गुंजाइश ख़त्म। इस तरह देख जाए तो हमास के लिए असल समस्या इज़राइल की नीतियाँ नहीं थीं; असल समस्या इज़राइल का होना था।

और मेरे वालिद का क्या? क्या वह भी दहशतगर्द बन चुके थे? एक दिन मैंने अखबार में एक आत्मघाती बम-धमाके (जिसे हमास में कुछ लोग 'अल्लाह के लिए कुर्बान होना' कहते हैं) की खबर पढ़ी, जिसमें कि औरतों और बच्चों समेत कई सारे आम इज़राइली शहरी मारे गए थे। मेरे लिए अपने वालिद के रहमदिली, अल्लाह-परस्ती और उसके बन्दों के लिए फिक्रमंदी वाले किरदार का एक ऐसे संगठन के लीडर के तौर पर तसव्वुर कर पाना मुमकिन मालूम नहीं हुआ जो इस तरह के हैवानी हमलों के लिए ज़िम्मेदार था, मैंने अखबार अब्बा के सामने करते हुए उनसे पूछा कि इस तरह के हमलों के बारे में वह क्या राय रखते थे?

उन्होंने जवाब में कहा, "एक बार मैं घर से बाहर निकला तो सामने एक कीड़ा दिखा। मैंने दो बार सोचा कि उसे मारूँ या नहीं। पर नहीं मार पाया।" इस पुर-फरेब जवाब की मार्फ़त वह कहना चाह रहे थे कि वह कभी भी इस तरह की क़त्ल-ए-आम वारदातों में सीधे तौर पर शामिल नहीं हो सकते थे। मगर इज़राइली बाशिंदे कीड़े-मकोड़े तो नहीं थे।

ठीक बात है कि मेरे वालिद ने कभी बम नहीं बनाए, न ही उन्हें आत्मघाती हमलावरों के शरीर पर बाँधा और न ही यह तय किया कि कहाँ धमाका करना है। मगर कई बरसों बाद जब मैंने ईसाईयों की बाइबिल में स्टीफन नाम के एक बेगुनाह मुबल्लिग़ (धर्म-प्रचारक) नौजवान की पत्थर मार-मारकर जान लिए जाने की दास्तान पढ़ी, तब मैं अपने वालिद के इस जवाब पर नए सिरे से और नयी नज़र से सोचने को मजबूर हो गया। उस दास्तान में कहा गया है, "सौल वहाँ मौजूद था और जो कुछ भी वहाँ हो रहा था (स्टीफन का क़त्ल) उसे होने दे रहा था" (एक्ट्स 8:1)।

मैं अपने वालिद को बहुत शिद्दत से चाहता था और अब से पहले तक उन्होंने अल्लाह और उसके बन्दों के लिए जो कुछ भी किया था उसके लिए मैं उनका शैदाई था। मगर जो आदमी खुद को एक कीड़े को भी नुकसान पहुँचाने के लिए राज़ी न कर पाया हो, उस आदमी का बेकसूरों के आए दिन हो रहे कत्लों के बारे में यह सोचना मेरे गले नहीं उतर रहा था कि 'मैं तो अपने हाथ किसी के खून से नहीं रंग रहा हूँ, पर अगर कोई और ऐसा करे तो मुझे उससे कोई ऐतराज़ नहीं।'

उस दिन से मेरी अपने वालिद के बारे में राय बदलने लगी।

बंदूकें

1995 की सर्दियों से 1996 के बसंत तक

ओस्लो समझौते के बाद अंतरराष्ट्रीय समुदाय को उम्मीद थी कि पेलिस्टीनियन अथॉरिटी (फिलिस्तीनी प्राधिकरण) हमास को काबू में रखेगी। शनिवार 4 नवम्बर, 1995 को जब मैं टेलीविज़न देख रहा था, तभी बीच में एक खबर चलने लगी। तेल अवीव के किंग्स स्क्वायर में आयोजित एक पीस-रैली (अमन का पैगाम देने वाली सभा) के दौरान किसी ने यित्ज़ाक राबिन को गोली मार दी थी! मामला संजीदा मालूम हो रहा था। दो-एक घंटे बाद सरकार की तरफ से कह दिया गया कि राबिन की मौत हो गई थी।

जोश में भरकर मैं चिल्ला उठा, "क्या बात है! कोई फ़िलिस्तीनी गुट अब भी इज़रायल के वज़ीर-ए-आज़म का क़त्ल करने का दम रखता है! यह तो बहुत पहले हो जाना चाहिए था।" मैं राबिन के मारे जाने और इसके चलते पीएलओ और उसके इज़राइल के साथ समझौते के मंसूबों को नुकसान पहुँचने की संभावना से बहुत खुश था।

तभी फोन की घंटी बजी। फोन करने वाले की आवाज़ को मैं तुरंत पहचान गया। यासिर अराफात। उसने अब्बा से बात कराने को कहा।

मैं अब्बा को फोन पर बात करते देखता रहा। उन्होंने ज़्यादा कुछ कहा नहीं; दूसरी तरफ से अराफात जो कुछ भी कह रहा था, अब्बा अदब और नरमी से उससे रज़ामंदी जताते रहे।

"मैं समझता हूँ। खुदा हाफ़िज़।" कहते हुए उन्होंने फोन रख दिया।

फिर वह मुझसे मुखातिब हुए और बोले, "अराफात चाहते हैं कि हम हमास को राबिन की मौत का जश्न मनाने से रोकने की कोशिश करें। राबिन का मारा जाना अराफात के लिए बहुत बड़ा नुकसान है। पीएलओ के साथ मिलकर अमन कायम करने की कोशिशों के लिए राज़ी होकर राबिन ने बड़ा सियासी हौसला दिखाया था।"

बाद में हमें पता चला कि राबिन को किसी फिलिस्तीनी ने नहीं मारा था। उसे पीठ में गोली मारने वाला कोई इज़राइली स्टूडेंट था। इस खबर से हमास के कई लोगों को बड़ी मायूसी हुई। किसी ने सपने में भी नहीं सोचा था कि तमाम फिलिस्तीनी गुटों की दिली तमन्ना को एक यहूदी इंतेहा-पसंद पूरी करेगा!

इस क़त्ल ने दुनिया को सकते में डाल दिया और अराफात पर फिलिस्तीनी इलाकों में हालात काबू करने का दबाव बढ़ गया। इसके चलते उसने हमास पर चौतरफा कार्रवाई शुरू कर दी। पेलिस्टीनियन अथॉरिटी पुलिस हमारे घर आई, अब्बा को तैयार होने के लिए कहा और फिर उन्हें ले जाकर अराफात के परिसर में बंद कर दिया। इस पूरी कार्रवाई के दौरान पुलिस उनके साथ पूरे अदब और नर्मदिली से पेश आई।

लेकिन तब भी यह पहली बार ही हो रहा था कि फिलिस्तीनी लोग ही फिलिस्तीनियों को कैद कर रहे थे। बड़ी बेहूदा बात थी यह, पर यही गनीमत थी कि वे अब्बा के साथ बहुत अदब से पेश आए थे। और नेताओं के उलट उन्हें एक आरामदायक कमरा दिया गया था, जहाँ अराफात समय-समय पर उनसे ज़रूरी मसलों पर बात करने आता था।

जल्दी ही हमास के सभी बड़े नेता और हज़ारों मेम्बरान फिलिस्तीन की जेलों में बंद कर दिए गए। इनमें से कई को ज़रूरी जानकारियाँ उगलवाने के लिए यातनाएँ भी दी गईं। कुछ मर भी गए। जो मेम्बरान गिरफ्तारी से बचकर भागने में कामयाब हो गए थे उन्होंने छिप-छिपकर इज़राइल पर हमले करना जारी रखा।

अब मेरी नफरत के निशाने पर कई सारे लोग आ गए थे। अब मुझे पेलिस्टीनियन अथॉरिटी और यासिर अराफात से नफरत थी, इज़राइल से नफरत थी और ला-मज़हबी (धर्मनिरपेक्ष) फिलिस्तीनियों से भी नफरत थी। मेरे मन में इस बात को लेकर गुस्सा था कि मेरे अब्बा जैसे अल्लाह-परस्त और उसके बन्दों से इतना लगाव रखने वाले इंसान को इतनी बड़ी कीमत क्यों चुकानी पड़ रही थी, जबकि अराफात जैसे काफिर इंसान और उसके पीएलओ को इज़राइलियों को

(जिनकी तुलना कुरआन सुअरों और बंदरों से करता है) इतनी बड़ी जीत तोहफे में देने का मौका मिला गया था। और उधर सारी अंतरराष्ट्रीय बिरादरी इस बात के लिए इज़राइल की वाहवाही कर रही थी कि उसने दहशतगर्दों से एक आज़ाद और खुदमुख्तार मुल्क के तौर पर अपना वजूद कबूल करवा लिया था।

मैं सत्रह बरस का हो गया था और मेरी हाईस्कूल की पढ़ाई पूरी होने में कुछ ही महीने बाकी थे। मैं जब भी अब्बा से मिलने या उन्हें घर का खाना या कुछ और सामान देने जेल जाता तो वे मेरी हौसलाअफ़ज़ाई करते और कहते, "तुम्हें हर हाल में परीक्षा में पास होकर दिखाना है। अपना ध्यान सिर्फ पढ़ाई में लगाओ। मेरी फ़िक्र मत करो। इस सब से तुम्हारी ज़िन्दगी पर कोई असर नहीं पड़ना चाहिए।" लेकिन मेरे लिए ज़िन्दगी अब बेमानी हो गई थी। मेरे दिमाग में पूरा समय बस हमास के फ़ौजी दस्ते में भर्ती होने और इज़राइल और पेलिस्टीनियन अथॉरिटी से बदला लेने का ही ख़याल घूमता था। बचपन से अब तक मैंने इज़राइल के खिलाफ फिलिस्तीनियों का जो भी संघर्ष देखा था, वो सब मेरी अंदरूनी आँखों के सामने चलता रहता था और मैं यह सोच-सोचकर परेशान होता रहता था कि क्या उस सारे संघर्ष और सारी कुर्बानियों का यही हासिल होगा- इज़राइल से भीख में मिली नाममात्र की आज़ादी? इससे तो अच्छा होगा कि मैं फिलिस्तीन की आज़ादी के लिए लड़ते हुए मर जाऊँ, कम से कम वो एक शहीद की मौत होगी और मुझे जन्नत नसीब होगी।

अब्बा ने कभी मुझे नफरत करना नहीं सिखाया था, फिर भी यह मेरे दिल में घर कर गई थी और मैं इसे ऐसा करने से रोकने में नाकाम था। बेशक वह इज़राइली कब्ज़े के खिलाफ पूरी शिद्दत से लड़ रहे थे और बेशक मुझे इस बात में कोई शक नहीं था कि यदि उनके पास परमाणु बम होता तो वह उसे इज़राइल पर गिराने का हुक्म देने में ज़रा भी नहीं हिचकिचाते, लेकिन फिर भी उन्होंने कभी यहूदी लोगों के खिलाफ उस तरह की ज़हर-बुझी ज़बान नहीं बोली जैसी हमास के कुछ नस्लवादी नेता बोलते थे। उनकी दिलचस्पी सियासत में कम और कुरआन और अल्लाह में ज़्यादा थी। अल्लाह ने हमें यहूदियों को ख़त्म करने की ज़िम्मेदारी दी थी और अब्बा ने कभी इस पर सवाल नहीं उठाया, पर ज़ाती तौर पर उनके मन में इज़राइलियों के खिलाफ कोई कड़वाहट या नफरत नहीं थी।

मैं जब भी उनसे मिलने जेल जाता तो वह मुझसे पूछते, "अल्लाह के साथ तुम्हारा रिश्ता कैसा चल रहा है? आज तुमने सजदा किया? नमाज़ पढ़ी? दुआ

की? उसके साथ समय बिताया?" उन्होंने कभी नहीं कहा कि "मैं तुम्हें एक अच्छा *मुजाहिद* (गुरिल्ला लड़ाका) बनते देखना चाहता हूँ।" अपने सबसे बड़े बेटे के रूप में उनकी मुझे हमेशा यही सलाह रहती थी कि "अपनी अम्मी, अल्लाह और अपने लोगों के प्रति हमेशा अच्छे और वफादार रहना।"

अब्बा का स्वभाव देखकर मुझे समझ नहीं आता था कि कोई इंसान इतना रहमदिल और इतना गफूर (क्षमाशील) कैसे हो सकता था, यहाँ तक कि उन फौजियों के साथ भी जो उन्हें बार-बार गिरफ्तार करने आते थे। वह उन फौजियों को अपने बच्चों की तरह देखते थे। मैं जब उनके लिए खाना लेकर पेलिस्टीनियन अथॉरिटी के परिसर में जाता था तो अक्सर वह वहाँ तैनात गार्ड्स को भी बुला लेते थे और बड़े प्यार से उन्हें अम्मी के हाथों का बना ख़ास गोश्त और चावल खिलाते थे। इस सबके चलते कुछ ही महीनों में पेलिस्टीनियन अथॉरिटी के गार्ड्स भी उन्हें चाहने लगे थे। वह मेरे अब्बा थे इस नाते उनसे प्यार करना मेरे लिए आसान था, मगर एक इंसान के तौर पर उन्हें समझ पाना मुझे बहुत मुश्किल मालूम होता था।

अपने दिल में सुलग रही गुस्से और नफरत की आग को ठंडा करने के लिए मैंने बंदूक का जुगाड़ करना शुरू कर दिया। कब्ज़े वाले इलाकों में हथियार मिलने तो लगे थे लेकिन बहुत महँगे थे और मेरे जैसे लड़के के पास, जिसने अभी अपनी पढ़ाई भी ख़त्म नहीं की थी, इतने पैसे कहाँ से आते भला।

मेरे साथ पढ़ने वाला एक लड़का था, इब्राहिम किसवानी नाम का, जो यरूशलेम के करीब के एक गाँव का रहने वाला था। उसके दिल में भी वैसी ही आग धधक रही थी जैसी मेरे सीने में थी। उसने मुझसे कहा कि वह उतने पैसों का बंदोबस्त कर लेगा जितने में हम दोनों के लिए हथियार आ जाएँगे- मशीनगनें न सही, सस्ती-सी राइफल्स या फिर पिस्टल ही सही। मैंने अपने चचेरे भाई यूसुफ दाऊद से भी इस बाबत जानने की कोशिश की कि मुफ्त में बंदूकों का इंतज़ाम कहाँ से हो सकता था।

यूसुफ़ और मेरा कोई बहुत करीबी याराना नहीं था, पर मुझे पता था कि उसके इस तरह के लोगों से ताल्लुकात थे कि वह इंतज़ाम करवा सकता था।

उसने कहा, "नाब्लस में मेरे कुछ दोस्त हैं जो काम आ सकते हैं। लेकिन तुम्हें बंदूकों का करना क्या है?"

मैंने झूठ बोल दिया। "सभी घरों में लोगों के पास अपने-अपने हथियार हैं। मुझे भी अपने परिवार की हिफ़ाज़त के लिए चाहिए।"

हालाँकि यह पूरी तरह झूठ नहीं था। इब्राहिम जिस गाँव में रहता था वहाँ वाकई सभी लोग अपनी और अपने परिवार की सुरक्षा के लिए अपने-अपने घरों में हथियार रखते थे और इब्राहिम मेरे लिए भाई जैसा ही था।

बदला लेने की इच्छा के अलावा मेरे पास एक और वजह भी थी बन्दूक के लिए मचलने की। मुझे लगता था कि अगर मेरे पास बन्दूक होगी तो मैं 'कूल' लगूँगा, क्योंकि मेरी उम्र के किसी लड़के के लिए यह बहुत बड़ी बात होती। स्कूल की तो अब मुझे ख़ास परवाह थी नहीं। मैं मानने लगा था कि ऐसे डाँवाडोल मुस्तकबिल वाले देश में स्कूल जाने का कोई फायदा नहीं था।

आखिरकार एक दोपहर को मेरे चचेरे भाई यूसुफ का फोन आया।

उसने कहा, "हम नाब्लस चल रहे हैं। वहाँ मैं एक ऐसे आदमी को जानता हूँ जो पेलिस्टीनियन अथॉरिटी की सिक्योरिटी फोर्सेस में काम करता है। मेरा ख़याल है कि वह हमारे लिए कुछ हथियारों का बंदोबस्त कर सकता है।"

नाब्लस में हम लोग एक छोटे से घर के बाहर पहुँचे। वो आदमी हमें दरवाज़े पर ही खड़ा मिल गया। दुआ-सलाम के बाद वह हमें अन्दर लेकर गया, जहाँ उसने हमें स्वीडिश कार्ल गुस्ताव एम45 सबमशीन गन्स और एक पोर्ट सईद (Port Said) दिखायी, जो कि कार्ल गुस्ताव का ही इजिप्शियन वर्शन था। फिर वो हमें पहाड़ों में दूर एक जगह ले गया और इन हथियारों को चलाकर दिखाया। जब उसने मुझसे पूछा कि क्या मैं चलाकर देखना चाहूँगा, तो मेरा दिल ज़ोरों से धड़कने लगा। मैंने पहले कभी मशीनगन नहीं चलाई थी, इसलिए अचानक से मुझे डर लगने लगा।

पर अपना डर छिपाते हुए मैंने उससे कहा, "नहीं, ज़रूरत नहीं है, मुझे तुम पर भरोसा है।" फिर मैंने उससे दो कार्ल गुस्ताव और एक हैण्डगन खरीद ली। वापसी में मैंने उन हथियारों को अपनी कार के दरवाज़े में छिपा लिया और रास्ते में पड़ने वाली जाँच-चौकियों पर मौजूद इज़राइली फ़ौज के खोजी कुत्तों की नाक को धोखा देने के लिए उन पर काली मिर्च का पावडर छिड़क दिया।

रास्ते में मैंने इब्राहिम को फोन लगाया।

"इब्राहिम! सामान मिल गया!"

"सच में?"

"सच में।"

मैंने जानबूझकर बंदूकों या हथियारों की बजाए 'सामान' शब्द का इस्तेमाल किया था, क्योंकि इस बात की पूरी संभावना थी कि हमारे बीच हो रही बातचीत का हरेक शब्द इज़राइलियों द्वारा सुना जा रहा हो। आगे हमने तय किया कि किस वक़्त इब्राहिम आकर अपना 'सामान' अपने कब्ज़े में करेगा और फिर जल्दी से ख़ुदा हाफ़िज़ कहकर बात ख़त्म की।

यह 1996 का बसंत था। मैं बस अभी-अभी अठारह का हुआ था और हथियारबंद हो चुका था।

एक रात इब्राहिम का फोन आया और उसकी आवाज़ से मुझे अंदाज़ा लग गया कि वह बहुत गुस्से में था।

"ये बंदूकें तो चलती ही नहीं हैं!" उसने ज़ोर से चिल्लाकर कहा।

"क्या कह रहा है?" मैंने भी उसके लहज़े से लहज़ा मिलाते हुए कहा।

"ये बंदूकें काम नहीं करतीं," उसने दुबारा कहा। "हमारे साथ धोखा हुआ है।"

"मैं अभी बात नहीं कर सकता," मैंने उससे कहा।

"ठीक है, तो फिर मैं तेरे घर आ रहा हूँ।"

जैसे ही वो आया, मैं तुरंत उसे अन्दर ले गया।

"तू पगला गया है क्या? फोन पर बंदूकों की बातें करने का अंजाम नहीं पता?"

"पता है, पर बंदूकें काम नहीं कर रही हैं। हैण्डगन तो ठीक है, पर सबमशीनगन्स चल ही नहीं रही हैं।"

"तुझे ठीक से चलाना तो आता है न?"

उसने यकीन दिलाया कि उसे सबमशीन-गन चलाना अच्छी तरह आता था। मैंने भी उसे यकीन दिलाया कि मैं सबकुछ संभाल लूँगा। दो हफ्ते बाद ही मेरे आख़िरी इम्तिहान थे, मेरे पास इन सब बातों के लिए बिल्कुल वक़्त नहीं था, मगर फिर भी मैंने अपनी ज़िम्मेदारी मंज़ूर करते हुए उन बंदूकों को इब्राहिम के पास से उठाकर यूसुफ़ के पास ले जाने का इंतज़ाम किया।

"यह तो सरासर बेईमानी है," मैंने यूसुफ से कहा, "सिर्फ हैण्डगन काम करती है, मशीन गन्स तो चलती ही नहीं हैं। नाब्लस के अपने दोस्तों को फोन लगाओ

ताकि कम से कम हमारे पैसे तो वापस मिल जाएँ।" उसने पूरी कोशिश करने का वादा किया।

अगले दिन मेरे भाई सोहेब ने मुझे एक 'खतरनाक' समाचार दिया।

"कल रात इज़राइली फ़ौज के लोग घर आए थे, तुम्हें तलाश करते हुए।" उसकी बात से मेरे लिए फिक्रमंदी झलक रही थी।

मेरे दिमाग में जो पहला ख़याल आया वो यही था कि *हमने तो अभी तक किसी को मारा भी नहीं!* मुझे डर तो ज़रूर लग रहा था, पर साथ ही यह भी लग रहा था कि मैं कोई अहमतरीन आदमी हो गया था, कोई ऐसा आदमी जो इज़राइल के लिए खतरा बनने लगा था। अगली बार जब मैं अब्बा से मिलने गया तो उनके पास यह खबर पहले ही पहुँच चुकी थी कि इज़राइली मेरी फिराक़ में थे।

"क्या चल रहा है?" उन्होंने सख्त लहज़े में पूछा। मैंने उन्हें सबकुछ सच-सच बता दिया। सुनकर वह बहुत नाराज़ हो गए। पर मैं साफ़ देख सकता था कि उनके गुस्से में मेरे लिए फ़िक्र और मेरी तरफ से नाउम्मीदी ही ज़्यादा थी।

"यह बहुत ही गंभीर बात है," उन्होंने मुझे चेताते हुए कहा। "तुम इस पचड़े में क्यों पड़े? तुम्हारा काम अपनी अम्मी और अपने बहन-भाइयों का ख़याल रखना है, न कि इज़राइलियों से भागते फिरना। वे तुम्हें गोली मार देंगे, तुम समझते क्यों नहीं।"

मैं घर गया, अपने कुछ कपड़े और किताबें एक बैग में भरीं और मुस्लिम ब्रदरहुड के कुछ स्टूडेंट्स से कहा कि जब तक मैं इम्तिहान नहीं दे लेता और मेरा स्कूल ख़त्म नहीं हो जाता, तब तक मुझे अपने पास छिपा लें।

लेकिन इब्राहिम हालात को समझ ही नहीं रहा था। वो बराबर मुझे फोन लगाता रहा, अक्सर अब्बा के फोन पर।

"आखिर चल क्या रहा है भाई? तुम हो कहाँ? कर क्या रहे हो? मैंने सारा पैसा तुम्हें दिया था। मुझे मेरा पैसा वापस चाहिए।" हर बार उसका बस यही राग होता।

मैंने जब उसे इज़राइली फ़ौज के लोगों के मेरी तलाश में घर आने वाली बताई तो वह चिल्ला-चोंट करने लगा और ऐसी बातें कहने लगा जो फोन पर करना बेहद खतरनाक था। वह खुद को या मुझे किसी बड़ी मुसीबत में फँसाए, उससे पहले ही मैंने फोन काट दिया। लेकिन अगले ही दिन इज़राइली फ़ौज

(आईडीएफ) के लोग इब्राहिम के घर पहुँच गए, घर की तलाशी ली और हैण्डगन बरामद कर ली। तत्काल इब्राहिम गिरफ्तार हो गया।

मुझे काटो तो खून नहीं। मैंने बहुत गलत इंसान पर भरोसा कर लिया था। अब्बा जेल में थे और मुझसे बुरी तरह नाउम्मीद थे। अम्मी मेरी फ़िक्र में बीमार हुई जा रहीं थीं। मुझे इम्तिहान की तैयारी करनी थी। और अब मैं इज़राइल की 'वॉन्टेड' लिस्ट में था।

इससे ज़्यादा बुरा और क्या हो सकता था किसी के साथ।

चैप्टर – *10*

कसाईखाना

1996

हालाँकि मैंने अपनी तरफ से पूरी कोशिश की थी होशियारी बरतने की, मगर फिर भी इज़राइली डिफेंस फोर्सेस ने मुझे पकड़ ही लिया। उन्होंने फोन पर इब्राहिम के साथ मेरी सारी बातें सुन ली थीं, जिसके चलते आज मेरी यह दुर्दशा हो रही थी कि मेरे हाथों को हथकड़ी में जकड़कर और आँखों पर पट्टी बाँधकर मिलिट्री जीप के पिछ्वाड़े फ़ौजी जवानों के पैर रखने वाली जगह पटक दिया गया था, जहाँ मैं राइफलों के पिछले हिस्सों से अपने सिर पर लगातार हो रहे दर्दनाक वारों से बचने की भरसक कोशिश में लगा था।

आखिरकार जीप के पहिए थम गए। पता नहीं कितने घंटों तक लगातार चलते रहने के बाद। फौजियों ने जब मुझे बाँहों से पकड़कर जीप से बाहर निकाला तो हथकड़ियाँ मेरी कलाइयों में गहरे तक धँस गईं। उसी हालत में वे मुझे खींच कर सीढ़ियों से ऊपर ले गए। मुझे पता ही नहीं चल रहा था कि मेरे हाथ मेरे जिस्म पर थे भी या नहीं। अपने चारों तरफ मुझे लोगों की आवाजाही और हिब्रू में ज़ोर-ज़ोर से कुछ कहने की आवाज़ें सुनाई दे रही थीं।

एक छोटे से कमरे में ले जाकर उन्होंने मेरी हथकड़ियाँ और आँखों पर बंधी पट्टी खोल दी। चुँधियाती आँखों से मैं अपने होश-ओ-हवास काबू करने की कोशिश करने लगा। कोने में रखी एक छोटी सी मेज़ को छोड़कर बाकी पूरा कमरा खाली था। मैं अंदाज़ा लगाने की कोशिश करने लगा कि आगे मेरे साथ क्या किया जाने वाला था। पूछताछ? और मारपीट? टॉर्चर? पर मुझे ज़्यादा देर अपने दिमाग को तकलीफ नहीं देनी पड़ी। कुछ ही मिनटों में एक नौजवान फ़ौजी अन्दर आया। उसने नाक में एक रिंग पहन रखी थी। उसके बोलते ही उसके रूसी

तलफ्फुस (उच्चारण) से मैं पहचान गया कि यह उन्हीं फौजियों में से एक था जिन्होंने जीप में मुझे बंदूकों के बेंटों से मारा था। उसने मुझे बाँह से पकड़ा और लम्बे घुमावदार गलियारों में से घसीटता हुआ एक दूसरे छोटे कमरे में ले गया। वहाँ एक पुरानी मेज़ के ऊपर एक ब्लड-प्रेशर कफ (बीपी नापने के लिए बाँह पर बाँधा जाने वाला पट्टा) और मॉनिटर, एक कंप्यूटर और एक छोटा टीवी रखा हुआ था। कमरे में दाखिल होते ही एक इतनी भयानक बदबू मेरे नथुनों में भर गई कि मैंने दोनों हाथों से अपना मुँह बंद कर लिया, क्योंकि मैं पक्का फिर से उल्टी करने वाला था।

हमारे पीछे-पीछे डॉक्टर का लिबास पहने एक और आदमी भी भीतर दाखिल हुआ, जो देखने से थका हुआ और नाखुश मालूम होता था। बंदूकों के हत्थों से घायल मेरे चेहरा और आँख देखकर (जो अब तक सूजकर डबल हो चुके थे) उसके चेहरे पर हैरानी के अक्स उभरे। पर अगर उसे मेरी सलामती की चिंता हुई भी हो तो भी उसने उसे ज़ाहिर नहीं होने दिया। उसने मेरा मुआयना शुरू किया। मैं कहूँगा कि मैंने जानवरों के डॉक्टरों को भी जानवरों का मुआयना या इलाज करते समय इतना बेदिल रवैया अपनाते नहीं देखा, जितना इस डॉक्टर ने मेरे साथ अपनाया हुआ था।

मुआयना होने के बाद पुलिस की वर्दी पहने एक गार्ड अन्दर आया। उसने मुझे कंधे से पकड़कर घुमाया, मेरे हाथों को दुबारा हथकड़ियों में जकड़ दिया और मुझे एक गहरे हरे रंग का नकाब ओढ़ा दिया। मुझे तुरंत समझ आ गया कि कमरे में घुसते ही जिस बदबू से मुझे मतली आने को हुई थी, वो बदबू कहाँ से आ रही थी। ऐसा लगता था कि वह नकाब कभी धोया ही नहीं गया था। यह सैकड़ों कैदियों के बिना ब्रश किए दाँतों और बदबूदार साँसों की सड़ी हुई बास समेटे हुए था। मुझे ज़ोरों से उबकाई आने लगी और मैंने साँस रोकने की कोशिश की। मगर जब भी मैं दुबारा साँस लेने के लिए मुँह खोलता तो वह गंदा नकाब हवा के साथ खिंचकर मेरे मुँह में घुस आता। मैं बुरी तरह बेचैन हो गया और मुझे लगा कि अगर मैं इस नकाब से बाहर नहीं निकल सका तो मेरा दम घुट जाएगा।

गार्ड ने मेरी तलाशी ली और बेल्ट तथा जूतों के तसमों समेत सभी कुछ अपने कब्ज़े में कर लिया। फिर वह मुझे नकाब से पकड़कर गलियारों में घसीटता हुआ कहीं ले जाने लगा। एक दाँया मोड़ आया। फिर एक बाँया। फिर एक और बाँया। दाँया। फिर दाँया। मुझे नहीं पता था कि मैं कहाँ था या कहाँ ले जाया जा रहा था।

आखिरकार हम रुके और मैंने उसके जेब में चाबियाँ टटोलने की आवाज़ सुनी। उसने एक दरवाज़ा खोला। आवाज़ से लगा कि वह कोई भारी-भरकम और मोटा दरवाज़ा था। "सीढ़ियाँ," उसने कहा। मैं कई सीढ़ियाँ उतरता चला गया। नकाब में से मुझे एक चमकदार रोशनी-सी दिखाई दे रही थी, वैसी ही जैसी हम पुलिस जीप के ऊपर लगी देखते हैं।

गार्ड ने मेरा नकाब हटा दिया। मैंने देखा कि हमारे सामने पर्दों की एक मोटी दीवार थी। दायीं ओर नकाबों से भरी एक टोकरी रखी थी। कुछ मिनटों तक हम ऐसे ही खड़े रहे। फिर पर्दों के पीछे से किसी ने हमें भीतर आने के लिए कहा। गार्ड ने मेरे पैरों को भी हथकड़ियों में जकड़ दिया और मेरे चेहरे को एक दूसरे नकाब से ढँक दिया। फिर उसी नकाब को आगे से पकड़कर खींचते हुए वह मुझे पर्दों के पार ले गया।

मुझे एसी वेंट्स से आती ठंडी हवा का अहसास हुआ और दूर कहीं संगीत बजता हुआ सुनाई दिया। हम ज़रूर किसी बहुत ही सँकरे गलियारे से होकर गुज़र रहे थे क्योंकि मैं बारम्बार अगल-बगल की दीवारों से टकरा रहा था। मुझे चक्कर से आ रहे थे और थकान भी महसूस हो रही थी। आखिरकार हम वहाँ पहुँच गए जहाँ जाना था। गार्ड ने एक दरवाज़ा खोला और मुझे भीतर ठेल दिया। फिर उसने मेरा नकाब हटाया, मुझे वहीं छोड़ा, वापस मुड़ा और दरवाज़ा बंद करके चला गया।

मैंने चारों ओर नज़रें घुमाकर जानने की कोशिश की कि मैं कहाँ था। वह जेल की कोठरी थी। छह गुणा छह फीट की कोठरी, जिसमें बस इतनी ही जगह थी कि एक छोटा सा गद्दा और दो कम्बल रखे जा सकें। मुझसे पहले जो भी इस कोठरी में रह रहा था उसने एक कम्बल को मोड़कर तकिया बना लिया था। मैं गद्दे पर बैठ गया। कभी धुला न होने की वजह से यह बेहद चिपचिपा हो गया था और कम्बलों से वैसी ही बदबू आ रही थी जैसी उस नकाब में थी। मैंने अपनी शर्ट की कॉलर से नाक बंद करनी चाही, पर मेरे कपड़े तो खुद उल्टी की बास से भरे हुए थे।

कमज़ोर-सी रोशनी करने वाला एक बल्ब छत से लटक रहा था, जिसे बंद या चालू करने के लिए स्विच मुझे कहीं नहीं दिखा। दरवाज़े में बना एक छोटा सा झरोखा उस कोठरी में हवा आने का एक मात्र ज़रिया था। हवा सीलन भरी थी, फर्श गीला था और दीवारों पर फफूंद की परत चढ़ी हुई थी। हर जगह कीड़े-मकौड़ों के झुण्ड रेंग रहे थे। सभी कुछ बहुत ही गंदा, सड़ांध भरा और बदसूरत था।

बड़ी देर तक मैं यूँही बैठा रहा। समझ ही नहीं आ रहा था कि क्या करूँ। तभी मुझे टॉयलेट जाने की इच्छा हुई। कोठरी के कोने में एक टूटा-फूटा सा टॉयलेट था, मैं उठकर वहाँ गया। टॉयलेट करने के बाद मैंने फ्लश का हैंडल दबा दिया, पर तुरंत ही मुझे अपने किए पर पछतावा हो आया। फ्लश चलाने से गंदगी कमोड में भीतर जाने की बजाए उबलकर बाहर फर्श पर बह आई। फर्श के साथ-साथ गड्ढा भी उस गंदगी के सैलाब की चपेट में आ गया।

मैं कोठरी के अकेले सूखे बचे एक कोने में बैठकर सोचने की कोशिश करने लगा। *इस जगह कोई पूरी रात कैसे बिता सकता है!* मैं सोच-सोचकर किलप रहा था। मेरी चोटिल आँख बुरी तरह दर्द कर रही थी, जल रही थी। कोठरी की बदबूदार, दमघोंटू हवा में साँस लेना दुश्वार हो रहा था। कोठरी किसी भट्टी की तरह गर्म थी, इतनी गर्म कि पसीने में भीगने के कारण मेरे कपड़े मेरे शरीर से चिपक गए थे।

सुबह अम्मी के घर से निकलते समय मैंने बकरी का थोड़ा-सा दूध पिया था, उसके बाद से अब तक मेरे पेट में कुछ भी नहीं गया था। और वो दूध भी मितली के साथ बाहर निकलकर मेरे कपड़ों पर फैल गया था, जिसकी खट्टी बदबू मेरे नथुनों में घुस रही थी। दीवार से एक पाइप निकला हुआ था और मैंने इस उम्मीद में उसका हैंडल घुमा दिया कि शायद उससे पानी निकले। पानी तो निकला, पर इतना गंदा और गाढ़ा कि उसे पीने की बजाए मैंने प्यासा रहना बेहतर समझा।

क्या वक़्त हुआ होगा अभी? क्या वे मुझे सारी रात यहीं रखने वाले हैं?

मेरा सिर चकरा गया। यहाँ मुझे नींद आने वाली नहीं थी। यहाँ मैं बस एक ही काम कर सकता था- अल्लाह से दुआ।

मैं बोल उठा, "या खुदा! मुझे बचा ले। मुझे सही सलामत जल्दी से जल्दी मेरे घरवालों के पास पहुँचा दे।"

दरवाज़े के पार दूर से तेज़ आवाज़ में कोई गाना बजने की आवाज़ आ रही थी। एक ही गाना बार-बार बजे जा रहा था। दिमाग को सुन्न कर देने वाले उस दोहराव से मैं समय का अंदाज़ा लगाने की कोशिश करने लगा।

लियोनार्ड कोहेन बारम्बार गाए जा रहा था:

दे सेंटेंस्ड मी टु ट्वेंटी इयर्स ऑफ़ बोरडम
फॉर ट्राइंग टु चेंज दि सिस्टम फ्रॉम विदिन

आई ऍम कमिंग नाउ, आई ऍम कमिंग टु रिवॉर्ड देम
फर्स्ट वी टेक मेनहेट्टन, देन वी टेक बर्लिन4

दूर कहीं बहुत सारे दरवाज़ों के खुलने और बंद होने की आवाज़ें सुनाई दीं। धीरे-धीरे ये आवाज़ें नज़दीक आने लगीं। फिर किसी ने मेरी कोठरी का दरवाज़ा खोला, एक नीले रंग की ट्रे अन्दर सरकाई और भड़ाक से दरवाज़ा बंद कर दिया। मैंने टॉयलेट से निकले गंदगी भरे पानी से भीगे फर्श पर रखी उस ट्रे को देखा। ट्रे में एक उबला अंडा, ब्रेड का एक स्लाइस, लगभग चम्मच भर खट्टा दही और तीन जैतून रखे थे। एक प्लास्टिक के बर्तन में पानी भी था। लेकिन जब मैंने उस बर्तन को उठाकर होठों से लगाया तो उसकी गंध से मुझे लगा कि वह पीने लायक नहीं था। मैंने थोड़ा सा पीया और बाकी से हाथ धो लिए। ट्रे में जो कुछ भी था वो सब मैंने खा लिया था, पर उतने से खाने से किसी का पेट कैसे भर सकता था भला। क्या यह नाश्ता था? वक़्त क्या हुआ था? मेरे ख़याल से दोपहर हुई होगी।

अभी मैं यह हिसाब लगाने की कोशिश कर ही रहा था कि मुझे इस दोजख में आए कितना वक़्त हो गया होगा कि तभी मेरी कोठरी का दरवाज़ा खुला। वहाँ कोई खड़ा था। या खुदा! यह इंसान ही था या कोई और? कद में छोटा और उम्र में तकरीबन 75 बरस का मालूम होने वाला वह शख़्श इंसान कम और झुक कर चलने वाला कोई वनमानव ज़्यादा लग रहा था। वह अपने रूसी लहज़े में मुझ पर चिल्लाया, मुझे कोसा, गॉड को कोसा और मेरे चेहरे पर थूक दिया। मैं इससे ज़्यादा घिनौनी किसी चीज़ का तसव्वुर नहीं कर सकता था।

असल में वह वहाँ का गार्ड था। उसने फिर से मुझे एक बदबूदार नकाब पहना दिया और हिदायत दी कि मैं उसे उतारने की कोशिश न करूँ। फिर उसी नकाब को आगे की तरफ से पकड़कर वह मुझे बेरहमी से घसीटता और झिंझोड़ता, तंग गलियारों से गुज़ारता कहीं ले जाने लगा। एक दफ्तर के सामने पहुँचकर उसने उसका दरवाज़ा खोला, मुझे भीतर धकेला और फिर ज़बरदस्ती एक छोटी और नीची प्लास्टिक की कुर्सी पर बैठा दिया। यह कुर्सी उतनी ही छोटी थी जितनी नर्सरी स्कूल के क्लासरूम्स में रखी होती हैं। इसके पाए ज़मीन में गढ़े हुए थे।

फिर उसने हथकड़ी की मदद से मेरा एक हाथ कुर्सी के पायों के बीच जबकि दूसरा बाहर की तरफ जकड़ दिया। फिर पैरों में भी बेड़ियाँ डाल दीं। जिस कुर्सी पर मुझे बैठाया गया था वो तिरछी थी, इसलिए मुझे आगे की ओर झुककर बैठना

पड़ा। जेल की उस कोठरी के उलट यह कमरा बर्फ की तरह ठंडा था। मेरे हिसाब से उन लोगों ने एयरकंडीशनर ज़ीरो डिग्री के आसपास सेट कर रखा था।

पता नहीं कितने घंटे मैं वहीं बैठा रहा। ठण्ड के मारे मेरा बदन बुरी तरह काँपने लगा था। ऊपर से तिरछी कुर्सी के कारण मुझे जिस स्थिति में बैठना पड़ रहा था वह बहुत तकलीफदेह थी। मैं खुलकर साँस भी नहीं ले सकता था, क्योंकि अगर मैं ऐसा करता तो वह गंदा बदबूदार नकाब मेरे मुँह में घुस जाता। मैं भूख और थकान से बेहाल था, ऊपर से मेरी आँख अभी भी खून से सनी और सूजी हुई थी।

आखिरकार दरवाज़ा खोलकर कोई अन्दर आया और उसने मेरा नकाब उतार दिया। मैं यह देखकर हैरान हुआ कि वह कोई फ़ौजी या गार्ड नहीं बल्कि कोई सिविलियन था। वह मेरी कुर्सी के सामने रखी मेज़ की किनार पर बैठ गया। नीची कुर्सी के कारण मेरा सिर उसके घुटनों तक आ रहा था।

“नाम क्या है तुम्हारा?” उसने पूछा।

“मैं मोसाब हसन यूसुफ हूँ।”

“जानते हो इस वक़्त कहाँ हो?”

“नहीं।”

“कुछ लोग इसे ‘डार्क नाईट’ (अंधेरी रात) कहते हैं, तो कुछ ‘स्लॉटरहाउस’ (कसाईखाना)। तुम बहुत बड़ी मुसीबत में हो मोसाब।”

मैंने अपने चेहरे को जितना हो सके उतना बेहिस (भावहीन) रखने की कोशिश की और उससे नज़रें मिलाने की बजाए उसके सिर के पीछे दीवार पर लगे एक धब्बे को देखता रहा।

“पेलिस्टीनियन अथॉरिटी की कैद में तुम्हारे वालिद की ज़िन्दगी कैसी कट रही है? इज़राइली जेल से ज़्यादा मज़ा आता है क्या वहाँ उनको?” उसने पूछा।

मैंने कुर्सी पर बैठे-बैठे थोड़ा सा पहलू बदला, पर इस बार भी कोई जवाब नहीं दिया।

“तुम्हें पता है तुम इस वक़्त उसी जगह हो जहाँ तुम्हारे वालिद को पहली बार गिरफ्तार करके लाया गया था?”

तो यहाँ था मैं! पश्चिमी यरूशलेम के मास्कोबियाह डिटेंशन सेंटर (हिरासत-केंद्र) में। अब्बा ने इस जगह के बारे में बताया था। पहले यह एक रूसी ऑर्थोडॉक्स चर्च हुआ करता था, जिसका इतिहास तकरीबन छह-सौ साल पुराना था। इज़राइल

सरकार ने इसे एक हाई-सिक्योरिटी डिटेंशन सेंटर में बदल दिया था, जहाँ पुलिस मुख्यालय, बाकी के दफ्तर और शिन बेट (इज़राइली सुरक्षा एजेंसी) का एक इंटेरोगेशन सेंटर (पूछताछ-केंद्र) बनाया गया था।

इसी चर्च के नीचे काफी गहरे में बहुत सारे आपस में जुड़े हुए तंग गलियारों और दड़बेनुमा कोठरियों का एक जाल बिछा था (ठीक वैसा ही जैसे ज़मीन के नीचे खरगोशों के बिल होते हैं) जो पुराने समय में पता नहीं किस काम आता होगा, पर अब इसे जेल की तरह काम में लिया जा रहा था। पूरी तरह अँधेरे, सीलन, गंदगी, बदबू और चूहों व कीड़े-मकोड़ों से भरी यह जगह फिल्मों में दिखाई जाने वालीं मध्ययुगीन काल-कोठरियों जैसी ही थी और इसीलिए लोग इसके नाम से भी डरते थे।

अब मैं भी उसी सज़ा से गुज़र रहा था जो मेरे वालिद ने भुगती थी। यहाँ मुझ पर ज़ुल्म करने वाले ये लोग भी वही थे जिन्होंने उस समय अब्बा पर ज़ुल्म किया था। ये लोग अब्बा को बहुत अच्छी तरह जानते थे। अपने ज़ुल्मों से अब्बा को तोड़ने की बहुत लम्बी कोशिशें की थीं इन लोगों ने, पर फिर भी तोड़ नहीं पाए थे। अब्बा चट्टान की तरह मज़बूत बने रहे, बल्कि वक़्त के साथ और भी मज़बूत होते गए।

"बताओ, तुम यहाँ क्यों लाए गए हो?"

"मुझे नहीं पता।" बेशक मुझे इल्म था कि उन कबाड़ बंदूकों को खरीदने के चक्कर में ही मैं धरा गया था। मेरा दिमाग मारे टेंशन के फटने को हो गया।

सामने बैठे आदमी ने मेरी ठोड़ी पकड़कर मेरा चेहरा ऊपर उठाया और मेरी आँखों में आँखें डालकर सख्त लहज़े में बोला, "तो तुम भी अपने बाप की तरह सख्त बनकर दिखाना चाहते हो? तुम्हें अंदाज़ा भी नहीं है कि इस कमरे से बाहर निकलकर तुम्हारे साथ क्या होने वाला है। तुम्हारी खैरियत इसी में है कि शराफत से मुझे हमास के बारे में वह सब बता दो जो तुम्हें पता है। उसके कौन-कौन से राज़ पता हैं तुम्हें? इस्लामिक स्टूडेंट मूवमेंट के बारे में बताओ! मैं सबकुछ जानना चाहता हूँ!"

क्या वह वाकई मुझे इतना खतरनाक समझ रहा था? मुझे यकीन नहीं हुआ। लेकिन जितना मैंने इस बारे में सोचा उतना मुझे लगा कि शायद वह सच में मुझे इतना ही खतरनाक मान रहा था। और अगर उसकी नज़र से देखा जाए तो मेरा शेख हसन यूसुफ का बेटा होना और ऑटोमेटिक हथियार खरीदना मुझे शक के दायरे में लाने के लिए काफी था।

ये लोग मेरे वालिद को कैद करके भयानक यातनाएँ दे चुके थे और अब मुझे देने वाले थे। क्या वाकई इन्हें लगता था कि इससे मैं इनकी गुलामी मंज़ूर कर लूँगा, हमारे मादर-ए-वतन पर इनके कब्ज़े को सही मान लूँगा? मेरा नज़रिया बहुत अलग था। मेरे लोग अपनी आज़ादी के लिए लड़ रहे थे, अपनी ज़मीन के लिए लड़ रहे थे।

मेरे किसी भी तरह मुँह न खोलने पर वह आदमी भड़क गया और गुस्से से मुट्ठी भींचकर मेज़ पर दे मारी।

फिर एक बार उसने मेरी ठोड़ी ऊँची की और बोला, "मैं अपने बीवी-बच्चों के साथ चैन की नींद सोने घर जा रहा हूँ। तुम यहाँ मज़े करो।" इतना कहकर वह चला गया।

उसके बाद मुझे और कई घंटे उसी कुर्सी पर उसी तकलीफदेह हालत में बैठाए रखा गया। आखिरकार एक गार्ड अन्दर आया। उसने मेरी हथकड़ियाँ और बेड़ियाँ खोलीं, मेरे सिर पर फिर से नकाब डाला और फिर से मुझे गलियारों की भूल-भुलैया में ठेलता-घसीटता ले जाने लगा। जैसे-जैसे हम आगे बढ़ रहे थे, लियोनार्ड कोहेन के गाने की आवाज़ और तेज़ होती जा रही थी।

आखिरकार हम रुके। गार्ड ने चिल्लाकर मुझे बैठने को कहा। गाने की आवाज़ इतनी तेज़ थी कि मुझे अपने कान के पर्दे फटते मालूम होने लगे। यहाँ भी मुझे वैसी ही छोटी-सी और नीची कुर्सी पर बैठाया गया और मेरे हाथ-पैरों को उसी तरह हथकड़ियों और बेड़ियों के सहारे कुर्सी से बाँध दिया गया। गाने का वॉल्यूम इतना तेज़ था कि पूरी कुर्सी थरथरा रही थी।

घंटों तक शून्य डिग्री तापमान और तकलीफदायक कुर्सी पर बैठे रहने के चलते मेरी माँसपेशियाँ अकड़ गई थीं। नकाब की दुर्गन्ध से साँस लेना मुश्किल हो रहा था। मगर मैंने महसूस किया कि इस बार मैं अकेला नहीं था। लियोनार्ड कोहेन की ऊँची आवाज़ के बावजूद मैं अपने आसपास कई सारे लोगों को दर्द से रोते-कराहते सुन पा रहा था।

"वहाँ कोई है?" मैंने नकाब के अन्दर से चिल्लाकर पूछा।

"तुम कौन हो?" करीब से किसी के चिल्लाकर पूछने की आवाज़ सुनाई दी।

"मैं मोसाब हूँ।"

"यहाँ कब से हो?"

"दो दिन से।"

दो-एक मिनट वह खामोश रहा, फिर बोला, "मैं तीन हफ़्तों से बैठा हूँ इस कुर्सी पर। वे हर हफ्ते सिर्फ चार घंटे सोने देते हैं मुझे।"

मैं सन्न रह गया। ऐसे हैवानियत भरे टॉर्चर की तो मैंने कल्पना भी नहीं की थी। एक दूसरे कैदी ने बताया कि उसे भी लगभग उतना ही अरसा हुआ था वहाँ आए जितना कि मुझे। मैंने अंदाज़ा लगाया कि उस कमरे में तकरीबन बीस कैदी तो थे ही।

अभी हमारी बातचीत चल ही रही थी कि तभी किसी ने पीछे से मेरे सिर पर बहुत ज़ोरों का वार किया। मेरा पूरा सिर दर्द से झनझना उठा और मेरी आँखों से आँसू बह निकले।

"बात नहीं!" एक गार्ड चिल्लाया।

हरेक मिनट एक घंटे जैसा मालूम हो रहा था। पर सच तो यह था कि मुझे अब यह याद ही नहीं रहा था कि एक घंटा क्या होता था। मेरी दुनिया थम गयी थी। बाहर की दुनिया में लोग अब भी सुबह सोकर उठ रहे थे, काम पर जा रहे थे और शाम को वापस अपने घरवालों के पास लौट आ रहे थे। मेरे दोस्त इम्तिहान की तैयारी में मसरूफ थे। मेरी अम्मी खाना बना रही थीं, घर की साफ़-सफाई कर रही थीं और मेरे भाई-बहनों को प्यार से गले लगाकर चूम रही थीं।

लेकिन उस कमरे में, हर कोई अपनी-अपनी कुर्सी से बंधा बैठा था। किसी को हिलने-डुलने का हक़ नहीं था।

फर्स्ट वी टेक मेनहेट्टन, देन वी टेक बर्लिन! फर्स्ट वी टेक मेनहेट्टन, देन वी टेक बर्लिन! फर्स्ट वी टेक मेनहेट्टन, देन वी टेक बर्लिन!

आस-पास बैठे कुछ कैदी दर्द, हताशा और गुस्से के चलते ज़ोर-ज़ोर से रो रहे थे, पर मैंने ठान लिया था कि चाहे जो हो जाए मैं रोऊँगा नहीं। मुझे यकीन था कि अब्बा भी कभी नहीं रोए होंगे। उन्होंने कभी हार नहीं मानी थी।

"शोटर! शोटर! (गार्ड! गार्ड!)," कोई कैदी चिल्लाया। पर शायद ऊँची आवाज़ में बजते गाने की वजह से किसी ने सुना नहीं, इसलिए किसी ने कोई जवाब भी नहीं दिया। कुछ देर बाद आखिरकार एक शोटर आया।

"क्या चाहिए?"

"मुझे पाखाना जाना है। मुझे पाखाना जाने दो!"

"कोई पाखाना-वाखाना नहीं अभी। अभी टॉयलेट का टाइम नहीं हुआ।" यह कहकर वह चला गया।

"शोटर! शोटर!" वह आदमी बुरी तरह चीत्कार कर उठा।

आधे घंटे बाद शोटर लौटा। उस आदमी के लिए अब हाजत रोकना नामुमकिन हो गया था। शोटर ने गालियाँ बकते हुए उसकी हथकड़ियाँ और बेड़ियाँ खोलीं और घसीटता हुआ कमरे से बाहर ले गया। कुछ ही मिनटों बाद उसे लेकर लौटा, वापस कुर्सी से बाँधा और चला गया।

"शोटर! शोटर!" अब एक दूसरा आदमी चिल्लाया।

मैं बुरी तरह थक गया था और मेरा जी मतली करने जैसा हो रहा था। मेरी गर्दन बुरी तरह दुःख रही थी। आज से पहले मुझे नहीं पता था कि मेरा सिर इतना भारी था। मैंने पास की दीवार से गर्दन टिकाकर उसे थोड़ा आराम देने की कोशिश की। मगर जैसे ही मेरी आँख लगने को हुई, एक गार्ड ने आकर मेरे सिर पर मारकर मुझे जगा दिया। ऐसा मालूम होता था कि उस गार्ड का इकलौता काम यही देखना था कि कोई भी कैदी न तो सो सके और न ही किसी से बात कर सके। मुझे ऐसा लग रहा था मानो मुझे ज़िन्दा कब्र में दफना दिया गया था और गलत जवाब देने के बाद मुनकर और नकीर फरिश्तों के हाथों यातना दी जा रही थी।

शायद सुबह का समय रहा होगा जब मैंने एक गार्ड के चलने-फिरने की आवाज़ें सुनीं। वह एक-एक करके सभी कैदियों को हथकड़ियों और बेड़ियों से आज़ाद कराता, बाहर लेकर जाता और फिर वापस लाकर बाँध देता। आखिर में वो मेरे पास आया।

मेरी हथकड़ियाँ और बेड़ियाँ खोलने के बाद वह मुझे नकाब से पकड़कर खींचता हुआ, गलियारों से गुज़ारता हुआ ले गया। आखिर में उसने एक कोठरी का दरवाज़ा खोला और मुझे अन्दर जाने को कहा। जब उसने मेरा नकाब हटाया तो मैंने देखा कि यह वही पहले वाली कोठरी थी और वह वही वनमानुष जैसा दिखने वाला गार्ड था। उसके हाथ में नाश्ते की ट्रे थी, जिसमें कल ही की तरह अंडा, ब्रेड, दही और जैतून थे। कोठरी के फर्श पर करीब एक इंच पानी भरा हुआ था, वही कल वाला टॉयलेट का गंदा पानी। उसने वह ट्रे कोठरी के बाहर से ही पैरों से अन्दर धकिया दी, जिसके चलते वह पानी उछलकर ट्रे में चला गया। मैंने सोच लिया कि मैं इसे खाने की बजाए भूखा रहना पसंद करूँगा।

"तुम्हारे पास सिर्फ दो मीनट हैं खाने और टॉयलेट जाने के लिए," उसने गुर्राते हुए कहा।

मैं न तो खाना चाहता था और न ही टॉयलेट जाना, मैं बस दो मिनट के लिए हाथ-पैर सीधे करके लेटना और सोना चाहता था। मगर मैं अपनी जगह से हिल ही नहीं पाया। वहीं खड़े-खड़े मुझे दो मिनट बीत गए।

"चलो! चलो!"

मुझे एक कौर भी खाने का मौका दिए बिना उस गार्ड ने दोबारा मुझे नकाब ओढ़ा दिया और उन्हीं गलियारों से गुज़ारता हुआ वापस ले आया। और फिर से उसी कुर्सी से बाँध दिया।

फर्स्ट वी टेक मेनहेट्टन, देन वी टेक बर्लिन! फर्स्ट वी टेक मेनहेट्टन, देन वी टेक बर्लिन! फर्स्ट वी टेक मेनहेट्टन, देन वी टेक बर्लिन!

पेशकश

1996

पूरा दिन हमारे कमरे का दरवाज़ा खुलता रहा, बंद होता रहा। कभी इस कैदी को तो कभी उस कैदी को उनके चेहरे पर डले बदबूदार नकाबों से पकड़कर घसीटते हुए कभी इस पूछताछकर्ता (इन्टेरोगेटर) के पास तो कभी उस पूछताछकर्ता के पास लाया-ले जाया जाता रहा। हथकड़ियाँ और बेड़ियाँ खुलतीं रहीं, बंद होतीं रहीं, सवालात किए जाते रहे, जानवरों की तरह मारा-पीटा जाता रहा। कभी-कभी कोई पूछताछकर्ता किसी कैदी को ज़ोरों से झिंझोड़ डालता। हद से हद दस बार वह ऐसा करता और हैवानी यातनाओं से पहले ही जर्जर हो चुका कैदी अपने होश खोकर बेहोश हो जाता। हर दिन यही होता। हथकड़ियाँ और बेड़ियाँ खुलतीं, बंद होतीं, सवालात किए जाते, जानवरों की तरह मारा-पीटा जाता। दरवाज़ा खुलता, बंद होता।

हर सुबह हमें दो मिनट के लिए काल-कोठरियों में रखे नीली ट्रे वाले नाश्ते तक ले जाया जाता और फिर शाम को दो मिनट के लिए उन्हीं कोठरियों में रखे नारंगी ट्रे वाले डिनर तक। घंटे दर घंटे। दिन दर दिन। नाश्ते की नीली ट्रे। डिनर की नारंगी ट्रे। सुबह और शाम के इन दोनों मौकों का मैं बेसब्री से इंतज़ार करने लगा था, खाने में दिलचस्पी के चलते नहीं बल्कि सीधा खड़ा होने का मौका मिलने के कारण।

रात को डिनर के बाद कमरे के दरवाज़े का खुलना और बंद होना रुक जाता। पूछताछकर्ता घर चले जाते। कामकाजी दिन ख़त्म हो जाता। और शुरू हो जाती न ख़तम होने वाली रात। लोग रोते रहते, कराहते रहते, चीखते-चिल्लाते रहते। उनका रोना, कराहना और चीखना-चिल्लाना सबकुछ अजीब हो गया था; कुछ

भी इंसानों-सा नहीं रह गया था। कुछ को तो पता भी नहीं होता था कि वे क्या कह रहे थे। उनमें से जो मुस्लिम थे वे कुरआन की आयतें बोलते थे, इस ज़ुल्म को झेलने के लिए अल्लाह से ताकत माँगते थे। मैंने भी दुआ की, पर मुझे इससे कोई ताकत नहीं मिली। मैं रह-रहकर उस बेवकूफ़ इब्राहिम के बारे में सोचता, उन कबाड़ बंदूकों के बारे में सोचता और इब्राहिम ने अब्बा के फोन पर जो बेवकूफाना कॉल्स की थीं उनके बारे में सोचता।

मैं अब्बा के बारे में सोचता। अब जब मुझे पता चल रहा था कि कैद के दिनों में उन्होंने क्या-कुछ भुगता था, तो उनकी तकलीफ के बारे में सोच-सोचकर मेरे दिल में ज़ोरों की हूक उठती। मगर मैं अपने अब्बा की शख़्सियत से अच्छी तरह वाकिफ था। ये सारी यातनाएँ और बेइज़्ज़तियाँ झेलकर भी उन्होंने अल्लाह से कोई शिकायत नहीं की होगी, बल्कि इसे अल्लाह की मर्ज़ी मानकर चुपचाप और राज़ीखुशी मंज़ूर कर लिया होगा। बल्कि मुझे तो लगता है कि उन्होंने उन गार्ड्स से भी दोस्ती कर ली होगी जिनके ऊपर उन्हें पीटने और यातनाएँ देने की ज़िम्मेदारी रही होगी। वह उन्हें गार्ड्स की तरह नहीं बल्कि इंसानों की तरह देखते होंगे और उनसे उनके घर-परिवार, उनके हाल-चाल, उनके शौक वगैरह के बारे में पूछते होंगे। भले ही अब्बा का कद सिर्फ पाँच फुट सात इंच का था, मगर उनका रहमदिली, मुहब्बत और दीनदारी (समर्पण) का जज़्बा इतना ऊँचा था कि उनके आगे बाकी सब छोटे मालूम पड़ते थे। मैं उनके जैसा बनने के लिए बेकरार था, मगर जानता था कि इसके लिए मुझे अभी लम्बा रास्ता तय करना पड़ेगा।

एक दोपहर कुछ ऐसा हुआ जो मेरे रोज़ाना के रूटीन से अलग और हैरानी भरा था। एक गार्ड अन्दर आया और उसने मेरी हथकड़ियाँ व बेड़ियाँ खोल दीं। मुझे अंदाज़ा था कि अभी डिनर में बहुत समय बाकी था, पर मैंने कोई सवाल नहीं किया। मैं तो बहुत खुश था कि चाहे वह मुझे कहीं भी ले जाए, दोजख में ही सही, पर इस बहाने उस मनहूस कुर्सी से उठने का मौका तो मिल रहा था। मुझे एक छोटे से दफ्तर में ले जाया गया। गार्ड ने फिर से मुझे कुर्सी से बाँध दिया, मगर इस बार कुर्सी न तो छोटी थी और न ही आगे को झुकी हुई; वह एक नॉर्मल कुर्सी थी। कुछ ही मिनटों में शिन बेट का एक अफसर अन्दर आया। उसने मेरा ऊपर से नीचे तक मुआयना किया। भले अब उतना दर्द नहीं था, पर मेरे चेहरे की चोटें अब भी साफ़ नज़र आ रही थीं।

“कैसे हो तुम? और यह तुम्हारी आँख को क्या हुआ?” उस अफसर ने पूछा।

“उन्होंने मारा ।”

“किसने?”

“जो फ़ौजी मुझे यहाँ लेकर आए थे उन्होंने ।”

“यह तो कानूनन गलत है । उन्हें इसकी इजाज़त नहीं है । मैं इस मामले की तहकीकात करके पता करूँगा कि ऐसा क्यों हुआ ।”

वह बहुत आश्वस्त लग रहा था और मुझसे बहुत रहमदिली और तमीज़ से बात कर रहा था । मैं सोचने लगा कि कहीं यह इनकी कोई चाल तो नहीं थी मुझसे जानकारी हासिल करने की ।

“तुम्हारे तो इम्तिहान सिर पर हैं । तुम यहाँ क्या कर रहे हो?”

“मुझे नहीं पता ।”

“बिल्कुल पता है । न तो तुम बेवक़ूफ़ हो और न ही हम । मेरा नाम लोई है और मैं तुम्हारे इलाके का शिन बेट कैप्टेन हूँ । मैं तुम्हारे घर-परिवार और तुम्हारे इलाके के बारे में सबकुछ जानता हूँ । मैं तुम्हारे बारे में भी सबकुछ जानता हूँ ।”

वह सच कह रहा था, वह सच में सबकुछ जानता था । असल में उसके ऊपर मेरे इलाके के हरेक बाशिंदे का पूरा रिकॉर्ड रखने की ज़िम्मेदारी थी । कौन कहाँ काम करता था, कौन स्कूल जाता था, स्कूल में क्या पढ़ता था, किसकी बीवी को अभी-अभी बच्चा हुआ था और बिला शक यह भी कि पैदाइश के वक़्त उस बच्चे का वज़न कितना था; उसे सबकुछ पता था ।

“तुम्हारे पास एक मौका है । मैं आज यहाँ इतनी दूर सिर्फ इसीलिए आया हूँ ताकि बैठकर तुम से बात कर सकूँ । मुझे पता है कि दूसरे पूछताछकर्ताओं का रवैया इतना अच्छा नहीं रहा होगा ।”

मैंने उसके चेहरे को ध्यान से देखा और उसकी बातों में छिपा मतलब समझने की कोशिश करने लगा । उजली रंगत और सुनहरी बालों वाला वह अफसर बहुत ही इत्मीनान और भरोसे से बात कर रहा था । कहने की ज़रूरत नहीं कि मैंने वहाँ किसी और अफसर को ऐसा करते नहीं देखा था । उसके हाव-भाव से रहमदिली झलक रही थी, बल्कि मुझे लगा कि शायद वह मेरे लिए थोड़ा फिक्रमंद भी था । मुझे हैरानी हुई कि क्या यह इज़राइली रणनीति का हिस्सा था कि एक पल कैदियों को जमकर मारो, यातना दो और अगले पल उनके साथ रहमदिली से पेश आकर दिखाओ?

"क्या जानना चाहते हो?" मैंने पूछा।

"देखो, तुम्हें अच्छी तरह पता है कि तुम्हें यहाँ क्यों लाया गया है। तो मैं चाहता हूँ कि तुम इस बारे में सबकुछ खुलकर बताओ।"

"मुझे नहीं पता तुम किस बारे में बात कर रहे हो?"

"चलो, मैं तुम्हारे लिए बात को आसान बनाए देता हूँ।"

वह उठा और मेज़ के पीछे टंगे एक वाइटबोर्ड की ओर बढ़ा। उस पर उसने तीन शब्द लिखे : हमास, हथियार, गुट।

"चलो अब मुझे हमास के बारे में बताओ। तुम हमास के बारे में क्या जानते हो? तुम हमास में किस तरह शामिल हो?"

"मुझे नहीं पता।"

"क्या तुम जानते हो कि उनके पास कौन-कौन से हथियार हैं, कहाँ से आते हैं, किस तरह उन्हें हासिल होते हैं?"

"नहीं।"

"इस्लामिक यूथ मूवमेंट के बारे में कुछ जानते हो?"

"नहीं।"

"ठीक है। जैसा तुम चाहो। मुझे समझ नहीं आ रहा कि तुमसे क्या कहूँ, पर तुम वाकई गलत रास्ता चुन रहे हो...। तुम्हारे लिए कुछ खाने को मंगवाऊँ?"

"नहीं, मुझे कुछ नहीं चाहिए।"

लोई कमरे से बाहर निकल गया और कुछ मिनटों बाद जब लौटा तो उसके हाथों में खाने की ट्रे थी, जिसमें गरमागरम चिकन और चावल और एक कटोरा सूप रखा था। लाजवाब खुशबू थी उसकी, न चाहते हुए भी मेरे पेट में चूहे कूदने लगे। बेशक वह खाना पूछताछकर्ताओं के लिए बनाया गया था।

"लो मोसाब, खाओ, प्लीज़। बेवजह सख्त और अड़ियल बनने की कोशिश मत करो। खाओ और थोड़ा रिलैक्स हो जाओ। मैं तुम्हारे अब्बा को बहुत समय से जानता हूँ। वह अच्छे आदमी हैं। वह कट्टरपंथी या इंतिहा-पसंद नहीं हैं, इसलिए हमें समझ नहीं आया कि तुमने खुद को इस मुसीबत में क्यों डाला। हम तुम्हें यातनाएँ देना नहीं चाहते, पर तुम्हें समझना होगा कि यदि तुम इज़राइल की खिलाफत करोगे तो हम मजबूर हो जाएँगे। इज़राइल एक छोटा सा देश है और हमें अपनी हिफ़ाज़त को लेकर फिक्रमंद रहना पड़ता है। हम किसी को भी इज़राइली बाशिंदों को नुकसान पहुँचाने की इजाज़त नहीं दे सकते। हमने ज़िन्दगी

भर बहुत ज़ुल्म और यातनाएँ भोगी हैं, लेकिन अब हम उन लोगों के साथ कोई रियायत नहीं बरतेंगे जो हमारे लोगों को चोट पहुँचाना चाहते हैं।"

"मैंने कभी किसी इज़राइली को चोट नहीं पहुँचाई। तुम हमें चोट पहुँचाते हो। तुमने मेरे अब्बा को गिरफ्तार किया है।"

"हाँ। वह अच्छे इंसान हैं, पर वह भी इज़राइल के खिलाफ हैं। वह लोगों को इज़राइल के खिलाफ लड़ने को उकसाते हैं। इसीलिए हमें उन्हें जेल में डालना पड़ा है।"

मैं यकीन के साथ कह सकता था कि लोई वाकई मुझे खतरनाक मान रहा था। इज़राइली जेलों में रह चुके बहुत-से फिलिस्तीनियों से बात करके मुझे पता चला था कि अक्सर वहाँ फिलिस्तीनियों के साथ उतनी बेरहमी से पेश नहीं आया जाता था जितनी बेरहमी से मेरे साथ आया जा रहा था। न ही उनके साथ इतने लम्बे समय तक इतनी तगड़ी पूछताछ की जाती थी।

पर उस समय मुझे यह नहीं पता था कि हसन सलामेह को भी लगभग उसी दौरान गिरफ्तार किया गया था जबकि मैं गिरफ्तार हुआ था।

सलामेह वह शख्स था जिसने हमास के लिए बम बनाने वाले याह्या अय्याश के क़त्ल का बदला लेने के लिए कई सारे हमले किए थे। और जब शिन बेट ने मुझे अपने वालिद के सेल फोन पर इब्राहिम से हथियारों के बारे में बात करते सुना, तो उन्होंने मान लिया कि मैं अकेले काम नहीं कर रहा था। बल्कि उन्हें पक्के तौर पर यकीन था कि मैं अल-कसम के लिए काम कर रहा था।

आखिर में लोई ने कहा, "मैं आख़िरी बार यह पेशकश रख रहा हूँ तुम्हारे सामने, इसके बाद मैं चला जाऊँगा। मेरे पास और बहुत सारे काम हैं। तुम चाहो तो हम अभी और इसी वक़्त इस समस्या का हल निकाल सकते हैं। कुछ ऐसा कर सकते हैं जिसमें हम दोनों का फायदा हो। फिर तुम्हें और पूछताछ से नहीं गुज़रना पड़ेगा। तुम अभी बच्चे हो और तुम्हें मदद की ज़रूरत है।"

बेशक मैं खतरनाक बनना चाहता था और मेरे दिमाग में खतरनाक आईडिया भी थे। लेकिन इस पूरे घटनाक्रम ने साबित कर दिया था कि मुझमें एक अच्छा दहशतगर्द बनने की लायकियत नहीं थी। मैं चौबीसों घंटे उस ज़रा-सी कुर्सी से बंधे रहकर और उस बदबूदार नकाब को ओढ़-ओढ़कर तंग आ चुका था। इज़राइली खुफिया-तंत्र मुझे उससे ज़्यादा श्रेय दे रहा था जितने का मैं हकदार था। इसलिए मैंने उन्हें सबकुछ बता देना ही ठीक समझा। हालाँकि, पूरी कहानी बताने के

बावजूद मैंने यह बात छिपा ली कि मैं वे हथियार इज़राइलियों को मारने के लिए खरीदना चाहता था। मैंने कहा कि वे हथियार मैंने अपने दोस्त इब्राहिम को उसके परिवार की हिफ़ाज़त में मदद के लिए खरीदे थे।

"मतलब, वाकई तुमने हथियार खरीदे थे।"

"हाँ।"

"अब कहाँ हैं वे हथियार?"

काश कि वे हथियार मेरे ही पास रखे होते तो मैं खुशी-ख़ुशी उन्हें इज़राइलियों को सौंप देता। मगर हथियार तो यूसुफ के पास थे। न चाहते हुए भी मुझे यूसुफ़ को इस सब में शामिल करना पड़ा।

"बात ऐसी है कि हथियार उस शख्स के पास हैं जिसका इस सब से कोई लेना-देना ही नहीं है।"

"कौन है वो?"

"मेरा चचेरा भाई यूसुफ़। उसने एक अमरीकी औरत से शादी की है और उनको अभी-अभी बच्चा हुआ है।" मैं उम्मीद कर रहा था कि वे उसके परिवार का लिहाज़ करके उसके साथ रियायत करेंगे और बस हथियारों की बरामदगी करके मामला ख़त्म कर देंगे। पर चीज़ें कभी भी इतनी आसान कहाँ होती हैं।

दो दिन बाद, जब मैं अपनी कोठरी में बैठा था तो मुझे बगल की कोठरी से किसी के चलने-फिरने और कुछ बड़बड़ाने की आवाज़ सुनाई दी। मैं उस जंग लगे पाइप के पास दीवार से कान लगाकर सुनने लगा जो मेरी कोठरी को बगल वाली कोठरी से जोड़ता था।

"हैलो! कोई है क्या?" मैंने धीरे से कहा।

खामोशी।

फिर...

"मोसाब?"

या अल्लाह! एक बारगी तो मुझे अपने कानों पर यकीन नहीं हुआ। यह तो यूसुफ़ था!

"यूसुफ़? तुम हो?"

उसकी आवाज़ सुनकर खुशी के मारे मेरा दिल बल्लियों उछलने लगा। यह यूसुफ़ था! अपना यूसुफ़! मगर मेरी ख़ुशी तब काफूर हो गई जब यूसुफ़ ने गालियाँ देना और मुझे लानत भेजना शुरू कर दिया।

"क्यों किया तुमने ऐसा? तुम्हें तो पता है न कि मेरे बीवी-बच्चे हैं...!"

मैं रोने लगा। उस काल-कोठरी के अकेलेपन से मैं आजिज़ आ चुका था और किसी इंसान से बात करने के लिए मरा जा रहा था। और अब मेरे ही परिवार का एक इंसान दीवार के दूसरी तरफ मौजूद था, लेकिन मेरा दुःख बाँटने की बजाए वह मुझ पर चीख-चिल्ला रहा था। तभी अचानक मेरे दिमाग में बिजली की तरह यह ख़याल कौंधा कि हो न हो इज़राइली इस बातचीत को सुन रहे थे। उन्होंने जानबूझकर यूसुफ़ को मेरी बगल वाली कोठरी में रखा था ताकि हम दोनों के बीच होने वाली बातचीत सुनकर वे यह तय कर सकें कि मैंने उन्हें जो कहानी सुनाई थी वो सच्ची थी या झूठी। पर मुझे इससे कोई दिक्क़त नहीं होने वाली थी क्योंकि मैंने तो यूसुफ़ से यही कहा था कि मुझे हथियार अपने परिवार की हिफ़ाज़त के लिए चाहिए।

जैसे ही शिन बेट को यह यकीन हो गया कि मेरी कहानी सच्ची थी, मुझे दूसरी कोठरी में भेज दिया गया। मैं फिर से अकेला रह गया। अकेले बैठे-बैठे मैं यही सोचता रहता कि कैसे मैंने अपने चचेरे भाई की ज़िन्दगी बर्बाद कर दी थी, कैसे मैंने अपने परिवार की मुश्किलें बढ़ा दीं थीं और कैसे मैंने अपनी बारह सालों की पढ़ाई पर पानी फेर दिया था। और यह सब इसलिए हुआ था क्योंकि मैंने इब्राहिम जैसे अक्ल के अंधे पर भरोसा किया!

अगले कई हफ्ते मैंने उसी कोठरी में गुज़ारे- बिल्कुल तन्हा। खाने का समय होता तो गार्ड्स दरवाज़े के नीचे से ट्रे सरका जाते, पर मुँह से कोई एक शब्द न बोलता। अब तो मुझे लियोनार्ड कोहेन के गाने की आवाज़ की कमी भी खलने लगी थी। मेरे पास पढ़ने को भी कुछ नहीं था और समय बीतने का पता मुझे सिर्फ इस बात से चलता था कि कब किस रंग की ट्रे में खाना आ रहा था। मेरे पास सोचने और दुआ करने के अलावा और कोई काम नहीं था।

आख़िरकार एक दिन फिर मुझे एक दफ्तर में ले जाया गया और फिर से मैंने वहाँ लोई को अपना इंतज़ार करते पाया।

"देखो मोसाब, अगर तुम हमारा साथ देने का फैसला करो तो मैं इस बात की पूरी कोशिश करूँगा कि तुम्हें अब इस जेल में और न रहना पड़े।"

मेरे मन में उम्मीद जगी और मैंने सोचा कि यदि मैं इसे यह यकीन दिला सकूँ कि मैं साथ देने के लिए राज़ी हूँ तो हो सकता है कि यह मुझे यहाँ से आज़ाद करवा दे।

पहले हमने थोड़ी देर आम मसलों पर बात की। फिर लोई बोला, "अगर मैं तुम्हें हमारे लिए काम करने का ऑफर दूँ तो? तुम देख ही रहे हो कि अब इज़राइली नेता फिलिस्तीनी नेताओं के साथ बैठकर बात करने लगे हैं। लम्बे अरसे तक लड़ चुकने के बाद अब आखिरकार उन्होंने हाथ मिलाने का फैसला कर लिया है।"

"इस्लाम मुझे तुम लोगों के साथ काम करने की इजाज़त नहीं देता।"

"मोसाब! एक वक़्त आएगा जब तुम्हारे अब्बा भी आकर हमारे साथ बैठेंगे और बात करेंगे और हम मिलकर सब समस्याओं का हल निकालेंगे। साथ काम करके ही हम इस पूरे इलाके में अमन कायम कर सकते हैं।"

"इस तरह कैसे अमन कायम होगा? अमन तो तभी कायम हो सकता है जब हमारी ज़मीन पर तुम्हारा कब्ज़ा ख़त्म हो।"

"नहीं, हम उन बहादुर लोगों की मदद से अमन कायम करेंगे जो बदलाव लाना चाहते हैं।"

"मैं नहीं मानता। यह बेकार की बात है।"

"कहीं तुम्हें इस बात का डर तो नहीं कि अगर तुम हमारे लिए काम करोगे तो तुम्हारे लोग तुम्हें मार डालेंगे?"

"वो बात नहीं है। तुम लोगों के कारण हम लोगों ने जो कुछ भुगता है, उसके बाद तुम्हारे लिए काम करना तो छोड़ो, तुम्हारे साथ दोस्तों की तरह बैठना और बात करना भी मेरे लिए मुमकिन नहीं है। मुझे इसकी इजाज़त नहीं है। यह हर उस चीज़ के खिलाफ है जिसमें मैं यकीन रखता हूँ।"

मेरे मन में अब भी अपने आसपास की हरेक चीज़ के लिए नफरत थी। इज़राइली कब्ज़ा। पेलिस्टीनियन अथॉरिटी। मैं दहशतगर्द बनना ही इसलिए चाहता था क्योंकि मैं ये सबकुछ तबाह करना चाहता था। और मेरी इस सनक ने ही आज मुझे इतनी बड़ी मुसीबत में डाल रखा था। इसी की वजह से आज मैं इज़राइली जेल में बैठा था और इसी के चलते अब यह आदमी मेरे सामने अपने लिए काम करने की पेशकश रख रहा था। मैं जानता था कि अगर मैं इसके लिए राज़ी हो गया तो मुझे इसकी बहुत भारी कीमत चुकानी पड़ेगी- इस जन्म में भी और अगले जन्म में भी।

'ठीक है, मुझे थोड़ा वक़्त दो सोचने का," मैंने कहा।

अपनी कोठरी में वापस आकर मैं लोई की पेशकश के बारे में सोचने लगा। मैंने ऐसे लोगों के बारे में सुन रखा था जो इज़राइल के लिए काम करने को राज़ी

तो हो गए थे पर असल में जिन्होंने डबल एजेंट्स का काम किया था। उन्होंने मौका मिलते ही अपने आकाओं को मार डाला, चोरी-छिपे इज़राइली हथियार इकट्ठे कर लिए और इज़राइलियों को और भी गहरी चोट पहुँचाने के हरेक मौके को भरपूर भुनाया। मैंने सोचा कि अगर मैंने लोई को हाँ बोल दिया, तो यकीकन वह मुझे कैद से आज़ाद करवा देगा। और हो सकता है कि उसकी वजह से इस बार मुझे असली हथियार भी मिल जाएँ और उन्हीं हथियारों से मैं उसका क़त्ल करने में कामयाब हो जाऊँ।

मेरे भीतर एक बार फिर नफरत की आग भड़क उठी। मैं उस फ़ौजी से बदला लेना चाहता था जिसने जीप में मुझे इतनी बेरहमी से मारा था। मैं इज़राइल से बदला लेना चाहता था। और इस काम में अगर मेरी जान भी चली जाती तो भी मुझे परवाह नहीं थी।

लेकिन मुझे पता था कि शिन बेट के लिए काम करना हथियार खरीदने से भी ज़्यादा जोखिम भरा काम था। मैंने सोचा इससे तो बेहतर होगा कि मैं इस पेशकश के बारे में भूल जाऊँ, चुपचाप जेल में अपनी बाकी की सज़ा काटूँ, उसके बाद घर लौटकर पढ़ाई में ध्यान लगाऊँ, अम्मी के करीब रहूँ और अपने भाई-बहनों का ध्यान रखूँ।

अगले दिन गार्ड फिर से मुझे उसी छोटे से दफ्तर में ले गया। एक आख़िरी बार। कुछ ही मिनटों बाद लोई भी आ गया।

"कैसे मिज़ाज हैं आज तुम्हारे? पहले से बहुत बेहतर हालत में मालूम हो रहे हो। कुछ पीना चाहोगे?"

फिर हमने इस तरह साथ बैठकर कॉफ़ी पी जैसे बड़े पुराने दोस्त हों।

"अगर मैं मारा गया तो?" मैंने पूछा। नहीं, मुझे सचमुच इसकी चिंता नहीं थी। पर मैं चाहता था कि उसे ऐसा लगे कि मुझे इस बात की चिंता है, ताकि उसे मेरे राज़ी होने पर कोई शक न हो।

इस पर लोई बोला, "एक बात बताऊँ? मैं पिछले अठारह सालों से शिन बेट के लिए काम कर रहा हूँ और इतने लम्बे अरसे में मैंने ऐसा सिर्फ एक मामला देखा है जब हमारे लिए काम करने वाले किसी आदमी को पहचान लिया गया हो। जिन भी लोगों को तुमने इस शक के चलते मारे जाते देखा है, उनमें से किसी का भी हमारे साथ कोई ताल्लुक नहीं था। लोगों को उन पर शक इसलिए हुआ क्योंकि वे बेघर लोग थे और उनकी हरकतें शक पैदा करने वाली थीं। मेरा यकीन करो, कोई

कभी नहीं जान पाएगा कि तुम हमारे लिए काम कर रहे हो। हम हमेशा तुम्हारी पहचान छिपाकर रखेंगे, तुम्हारी हिफाज़त करेंगे और तुम्हारा ख़याल रखेंगे।”

मैं देर तक उसके चेहरे को ध्यान से देखता रहा।

आखिर में मैंने कहा, “ठीक है। मैं करूँगा। क्या अब तुम मुझे आज़ाद कर दोगे?”

“बहुत बढ़िया!” यह कहते हुए लोई के चेहरे पर एक बड़ी-सी मुस्कान तैर गई। लेकिन फिर चेहरे पर थोड़ी लाचारी के भाव लाते हुए बोला, “बदकिस्मती से हम तुम्हें अभी के अभी आज़ाद नहीं कर सकते। चूँकि तुम्हें और तुम्हारे चचेरे भाई को सलामेह के पकड़े जाने के फ़ौरन बाद गिरफ्तार किया गया था, इसलिए यह खबर अल-कुद्स (अहम फ़िलिस्तीनी अखबार) के पहले पन्ने पर छपी थी, जिसके चलते हर कोई यही समझता है कि तुम्हें बम बनाने वालों के साथ ताल्लुक रखने के चलते गिरफ्तार किया गया है। अब अगर हम तुम्हें इतनी जल्दी छोड़ दें तो लोगों को शक हो जाएगा और फिर तुम्हारा भेद खुलने का खतरा रहेगा। तुम्हें हिफाज़त से रखने का सबसे अच्छा तरीका यही है कि तुम्हें अभी कुछ दिनों के लिए जेल भेज दिया जाए। फ़िक्र मत करो, ज़्यादा दिन नहीं रहना पड़ेगा तुम्हें वहाँ। जल्दी ही हम किसी प्रिज़नर एक्सचेंज (कैदी विनिमय) या रिलीज़ अग्रीमेंट (रिहाई समझौते) के सहारे तुम्हें बाहर निकाल लेंगे। जेल में तुम्हें कोई तकलीफ नहीं होगी क्योंकि मुझे यकीन है कि वहाँ हमास तुम्हारा अच्छी तरह ख़याल रखेगा, ख़ास तौर से इसलिए भी क्योंकि तुम हसन यूसुफ के साहबज़ादे हो। तुम्हारे जेल से छूटने के बाद हम तुमसे संपर्क करेंगे।”

मुझे वापस मेरी कोठरी में पहुँचा दिया गया, जहाँ मैं और दो हफ्ते रहा। मैं मास्कोबियाह से बाहर निकलने के लिए बेसब्र हुआ जा रहा था। आखिर को वो सुबह आ गई जब एक गार्ड ने आकर मुझसे कहा कि मेरे वहाँ से जाने का वक़्त आ गया था। उसने मेरे हाथों को हथकड़ियों में जकड़ दिया, पर इस बार हाथ पीछे करके नहीं बल्कि आगे करके। और इस बार उसने वह बदबूदार नकाब भी नहीं ओढ़ाया। आखिरकार, पिछले पैंतालीस दिनों में पहली बार मैंने सूरज की रोशनी देखी और खुली हवा महसूस की। मैंने एक गहरी साँस लेते हुए अपने फेफड़ों को ताज़ी हवा से भर लिया। चेहरे पर महसूस होती हवा की छुअन से मेरा रोम-रोम ख़ुशी से खिल उठा। इस बार मैं खुद चलकर एक फोर्ड वैन में पीछे की ओर सवार हुआ और इस बार मैं वहीं बैठा जहाँ सवारियों को बैठना चाहिए, यानी कि सीट

पर। भीषण गर्मी के चलते लोहे की वह सीट तपने लगी थी, लेकिन मुझे ज़रा भी तकलीफ महसूस नहीं हो रही थी। आज़ादी के अहसास ने सारी तकलीफें भुला दी थीं!

दो घंटे बाद हम मैगिद्दो जेल पहुँच गए, मगर भीतर जाने की इजाज़त मिलने में एक घंटा लग गया और तब तक हमें वैन में ही इंतज़ार करना पड़ा। आखिर को जब हम अन्दर पहुँचे तो जेल के डॉक्टर ने मेरा मुआयना किया और बताया कि मैं जिस्मानी रूप से तंदरुस्त था। फिर मैं नहाने गया। कितने दिनों के बाद मुझे साबुन से नहाना नसीब हुआ था! नहाने के बाद मुझे साफ़ कपड़े और टॉयलेट में काम आने वाली बाकी सब चीज़ें दी गईं। जब खाने का समय हुआ तो मुझे गरमागरम खाना मिला - पता नहीं कितने हफ़्तों बाद।

मुझसे पूछा गया कि मैं किस गुट से जुड़ा था।

"हमास," मैंने जवाब दिया।

इज़राइली जेलों में सभी गुटों को अपने-अपने मेम्बरान की निगरानी करने की इजाज़त मिली हुई थी। ऐसा इस उम्मीद में किया गया था कि इससे या तो जेलों में कैदियों के बीच पैदा होने वालीं सामाजिक समस्याओं में कमी आएगी, या फिर अलग-अलग गुटों की आपसी रंजिश और बढ़ जाएगी। दूसरी बात, यदि कैदी अपना गुस्सा एक-दूसरे पर उतारते रहेंगे और आपस में लड़ते रहेंगे तो उनके पास इज़राइल से लड़ने के लिए उतनी ताकत नहीं बचेगी।

किसी भी जेल में पहली बार जाने पर कैदियों को बताना पड़ता था कि वे किस गुट से जुड़े थे- हमास से, फतह से, इस्लामिक जिहाद से, पॉपुलर फ्रंट फॉर द लिबरेशन ऑफ पेलिस्टाइन (पीएफएलपी) से, दि डेमोक्रेटिक फ्रंट फॉर द लिबरेशन ऑफ पेलिस्टाइन (डीएफएलपी) से, या फिर किसी और से। कोई भी यह नहीं कह सकता था कि वह किसी से भी नहीं जुड़ा था। जो कैदी वाकई किसी भी गुट से नहीं जुड़े होते थे उन्हें कुछ दिनों का वक्त दिया जाता था यह सोचने के लिए कि वे किससे जुड़ना पसंद करेंगे।

मैगिद्दो जेल के भीतर पूरी तरह से हमास का सिक्का चलता था। हमास वहाँ सबसे बड़ा और सबसे मज़बूत गुट था। हमास ही वहाँ के नियम-कायदे तय करता था और सभी को उन्हीं के हिसाब से चलना पड़ता था।

जब मैं भीतर पहुँचा तो बाकी कैदियों ने गर्मजोशी से मेरा इस्तकबाल किया और अपनी ज़मीन और अपने लोगों के लिए लड़ने वालों में शामिल होने के लिए

मेरी पीठ ठोककर मुझे मुबारकबाद दी। शाम को सब लोग एक साथ बैठे और अपने-अपने किस्से सुनाने लगे। लेकिन कुछ देर बाद मुझे कुछ खटकने लगा। मैंने गौर किया कि उनमें से एक कैदी बाकी कैदियों का नेता जैसा मालूम हो रहा था और वह मुझसे बहुत सवाल कर रहा था- ज़रूरत से ज़्यादा। भले ही वह एमीर था - जेल के भीतर हमास का नेता- पर मुझे उस पर भरोसा नहीं हुआ। मैंने 'बर्ड्स' (जेल में कैदियों के बीच कैदी बनकर रहने वाले जासूस) को लेकर काफी सारी कहानियाँ सुन रखी थीं।

मैं सोचने लगा कि 'अगर यह शिन बेट का जासूस है तो यह मेरी बातों पर भरोसा क्यों नहीं कर रहा? उसके लिए तो अब मैं उन्हीं में से एक हूँ।' मैंने एहतियात बरतना ही ठीक समझा और उसे उतना ही बताया जितना मास्कोबियाह में पूछताछकर्ताओं को बताया था।

मैगिद्दो जेल में मैं दो हफ्ते रहा और इस दौरान मेरा समय अल्लाह की इबादत करते, रोज़े रखते और कुरआन पढ़ते बीता। इस दौरान जब नए कैदी जेल में आए, तो मैं उन्हें एमीर पर जासूस होने के अपने शक से वाकिफ कराना नहीं भूला।

मैंने उनसे कहा, "ज़रा होशियार रहना। मुझे ऐसा मालूम होता है कि यह एमीर और इसके दोस्त 'बर्ड्स' हो सकते हैं।" लेकिन उन नए कैदियों ने फ़ौरन यह बात एमीर को बता दी और अगले दिन ही मुझे वापस मास्कोबियाह भेज दिया गया। अगली सुबह मुझे लोई से मिलाने दफ्तर ले जाया गया।

लोई ने पूछा, "मैगिद्दो में कैसी गुज़री?"

"मज़े में," मैंने तंज भरे लहज़े में कहा।

"वैसे हर किसी में इतनी काबिलियत नहीं होती जो वो पहली मुलाक़ात में किसी 'बर्ड' को पहचान ले। जाओ और जाकर आराम करो। जल्दी ही हम फिर कुछ समय के लिए तुम्हें वहाँ भेजेंगे। और फिर एक दिन हम साथ में कुछ काम करेंगे।"

'हाँ क्यों नहीं, एक दिन मैं तुम्हारे सिर में गोली मारूँगा,' मैंने मन ही मन सोचा। इस तरह के इंकलाबी ख़याल रखने को लेकर मुझे खुद पर फ़ख़्र महसूस हुआ।

अगले पच्चीस दिन मुझे मास्कोबियाह में ही बिताने पड़े, पर इस बार मुझे एक ऐसी कोठरी में रखा गया जिसमें मेरे चचेरे भाई यूसुफ़ समेत तीन और कैदी

भी थे। इस बार अकेलेपन की कोई समस्या नहीं थी। हम लोगों ने आपस में बातें करते और अपने-अपने कारनामों का बखान करते हुए समय बिताया। एक कैदी ने बताया कि किस तरह उसने किसी इज़राइली की जान ली थी। दूसरे कैदी ने बताया कि किस तरह उसने आत्मघाती हमलावर भेजकर धमाका कराया था। हर किसी के पास कोई न कोई दिलचस्प किस्सा था सुनाने को। हम साथ समय बिताते, अल्लाह की इबादत करते, गाते-बजाते, खुश रहने की कोशिश करते, हर वो काम करते जिससे अपने दिल-ओ-दिमाग को उस दोजख जैसी जगह के असर से बचाया जा सके। वह जगह इंसानों के रहने लायक नहीं थी।

आखिरकार हम सब को, सिवाए मेरे चचेरे भाई के, मैगिद्दो भेज दिया गया। लेकिन इस बार 'बईंस' वाली जेल में नहीं बल्कि असली जेल में। अब कुछ भी पहले जैसा नहीं रहने वाला था।

नंबर 823

1996

मास्कोबियाह में हमारी वो हालत हो गई थी कि जेल के लोग दूर से ही सूंघकर जान गए होंगे कि हम आ रहे थे।

तीन महीनों से कैंची और उस्तरे के दीदार न होने के चलते हमारे बाल और दाढ़ियाँ खासी लम्बी हो गई थीं। कपड़े एकदम मैले-कुचैले हो रहे थे। अपने बदन और अपनी रूह से डिटेंशन सेंटर की बदबू हटाने में हमें लगभग दो हफ्ते लग गए। यह तत्काल होने वाला काम नहीं था; दाग इतने गहरे थे कि धीरे-धीरे ही हटाए जा सकते थे।

ज़्यादातर कैदियों को सज़ा काटने की शुरुआत कुछ समय *मिवार* में रहकर करनी पड़ती थी। *मिवार* एक अलग यूनिट थी जहाँ नए कैदियों को कुछ दिन रखा जाता था और जेल में रहने के तौर-तरीके सिखाए व समझाए जाते थे, इसके बाद ही उन्हें बाकी कैदियों की बड़ी आबादी के बीच रहने की इजाज़त मिलती थी। कुछ कैदियों को कैदियों की आम आबादी के साथ रहने के लिहाज़ से इतना खतरनाक समझा जाता था कि उन्हें बरसों-बरस *मिवार* में ही रखा जाता था। कोई ताज्जुब नहीं कि ऐसे सभी कैदी हमास से ही जुड़े होते थे। इनमें से कुछ कैदियों ने मुझे पहचान लिया और हमारा इस्तकबाल करने आ गए।

शेख हसन के बेटे के तौर पर मैं हर जगह लोगों द्वारा पहचाने जाने का आदी था। अगर वह बादशाह थे, तो मैं शहज़ादा था - उनका वारिस। और लोग मेरे साथ उसी तरह पेश आते भी थे।

"हमने सुना था कि महीने भर पहले भी तुम यहाँ थे। तुम्हारे मामूजान भी यहीं हैं। जल्दी ही तुमसे मिलने आएँगे।"

दोपहर को गरमागरम और भरपेट खाना मिला। हालाँकि उतना लज़ीज़ नहीं था जितना पिछली बार 'बर्ड्स' के साथ रहने पर मिल रहा था। लेकिन तब भी मैं खुश था। भले ही मैं जेल में था, पर असल में आज़ाद महसूस कर रहा था। जब भी मुझे अकेले रहने का मौका मिलता, मैं शिन बेट के बारे में सोच-सोचकर हैरान होने लगता। मैंने उनके साथ काम करने का वादा किया था, लेकिन उन्होंने मुझे कुछ कहा ही नहीं था। उन्होंने यह भी नहीं बताया था कि हमारे बीच बातचीत कैसे होगी या हम किस तरह साथ मिलकर काम करेंगे। उन्होंने बस मुझे मेरे हाल पर छोड़ दिया था, बगैर कोई भी इशारा दिए कि मुझे आगे क्या करना था। मुझे कुछ भी समझ नहीं आ रहा था। मुझे नहीं पता था कि मैं अब था कौन। कई बार मेरे मन में यह आशंका उठती कि कहीं मेरे साथ कोई जालसाज़ी या फरेब तो नहीं हुआ था।

मिवार को दो रहवासों (डॉरमिटरीज़) में बाँटा गया था- कमरा नंबर 8 और कमरा नंबर 9। ये दोनों ही रहवासें अंग्रेज़ी के L अक्षर के आकार में बनी हुई थीं और हरेक में 20-20 पलंग बिछे थे। मतलब हरेक रहवास में 20 कैदियों को रखा जाता था। L आकार जहाँ कोण बनाता था उस जगह को अखाड़े का रूप दिया गया था। उतनी जगह के कंक्रीट फर्श को रंग दिया गया था और वहाँ एक टूटी-फूटी सी पिंग-पोंग टेबल रख दी गई थी (जो कि रेडक्रॉस से दान में मिली थी)। हमें दिन में दो बार वहाँ आकर कसरत करने का मौका दिया जाता था।

मेरा पलंग कमरा नंबर 9 के परले सिरे पर था। गुसलखाने से लगा हुआ। उस गुसलखाने में दो टॉयलेट और दो शावर थे। टॉयलेट के नाम पर बस ज़मीन में एक गड्ढा था और हमें उसी पर खड़े होकर या उकड़ू बैठकर फारिग होना होता था। फारिग होने के बाद पास में रखी बाल्टी का पानी खुद पर उड़ेलकर हमारा नहाना हो जाता था। गुसलखाने में बेहिसाब गर्मी और उमस होती थी और बदबू के मारे हाल बेहाल हो जाता था।

बल्कि पूरी रिहाइश का यही हाल था। इसीलिए वहाँ रहने वाले ज़्यादातर कैदी बीमार थे, खाँसते रहते थे। कई तो ऐसे थे जिन्होंने पता नहीं कब से नहाया नहीं था। हरेक के मुँह से बदबू आती थी। पूरी रिहाइश सिगरेट के धुँए से भरी रहती थी। मरा-मरा सा चलने वाला पंखा उस धुँए को फैलाने या बाहर फेंकने में खुद को नाकाम पाता था। और पूरी रिहाइश में हवा के आने-जाने के लिए कोई खिड़की नहीं थी।

हमें हर सुबह चार बजे जगा दिया जाता था ताकि सूरज उगने से पहले की नमाज़ के लिए तैयार हो सकें। उठकर हम अपना-अपना तौलिया लेकर गुसलखाने

की लाइन में लग जाते थे। इस वक़्त हम जानवरों से कम नहीं दिख रहे होते थे और हमारे बदन से आने वाली गंध भी बिल्कुल वैसी ही होती थी। बिना पंखे या बिना वेंटिलेशन वाले कमरे में रात गुज़ारने के बाद और क्या हाल हो सकता था भला। इसके बाद बारी आती थी वुज़ू करने की। वुज़ू का मतलब होता है नमाज़ अदा करने से पहले शरीर को साफ़-सुथरा करने की रस्म। सबसे पहले कलाईयों तक हाथ धोते, फिर मुँह में पानी भरकर कुल्ला करते और फिर नाक के दोनों छेदों में पानी भरकर उनको साफ करते। इसके बाद दोनों हाथों से चेहरा धोते- माथे से ठोढ़ी तक और एक कान से दूसरे कान तक। फिर कोहनियों तक हाथ धोते। फिर गीले हाथों को माथे से लेकर गर्दन के पीछे तक फेरकर सिर को साफ़ करते। इसके बाद अपनी उँगलियों को गीला करके अपने कानों को अन्दर-बाहर से साफ़ करते, गर्दन को पोंछते और आखिर में दोनों पैरों को टखनों तक धोते। इस पूरी कवायद को हम दो और बार दोहराते।

4.30 तक जब सब लोग इस पूरी कवायद से फारिग हो चुके होते, तब इमाम साहब (लम्बी दाढ़ी और ऊँची-पूरी कदकाठी वाले सख्त आदमी) बाँग-ए-अज़ान देते। फिर वह अल-फ़ातिहा (कुरआन का शुरुआती सूरह/अध्याय) पढ़ते और फिर हम चार बार रकात की रस्म (नमाज़ पढ़ने, खड़े होने, घुटनों के बाल बैठने और फिर सजदे में झुकने की चार स्टेप्स को एक के बाद करना) दोहराते। हममें से ज़्यादातर कैदी मुस्लिम थे, हमास और इस्लामिक जिहाद से जुड़े थे, इसलिए हमारे लिए तो यह हमेशा से रोज़मर्रा की बात रही थी। मगर जो कैदी ला-मज़हबी (धर्मनिरपेक्ष) या साम्यवादी संगठनों से जुड़े थे वे बेशक वुज़ू और नमाज़ में शामिल नहीं होते थे, पर उन्हें भी हमारे चक्कर में सुबह चार बजे उठना पड़ता था। और इस बात को लेकर वे नाखुश थे।

इन्हीं में एक पंद्रह बरस की सज़ा भुगत रहा कैदी था, जिसे तकरीबन सात साल हो चुके थे वहाँ रहते। वह इस इस्लामिक दिनचर्या से बहुत ज़्यादा परेशान था और उसे सुबह चार बजे उठाने में लोगों को पसीना आ जाता था। लोग उसे हिलाते, झिंझोड़ते, धकियाते, लतियाते, मुक्के मारते, ज़ोर-ज़ोर से आवाज़ें लगाते, पर उसके कान पर जूँ नहीं रेंगती। आखिर में उन्हें उसके मुँह पर पानी डालना पड़ता, तब कहीं जाकर वह उठता। मुझे उसके लिए बहुत बुरा लगता। बहरहाल, सुबह का यह पूरा रूटीन तकरीबन घंटे भर चलता। इसके बाद सभी वापस सोने चले जाते। कोई बातचीत नहीं। हर तरफ खामोशी।

मेरे लिए दुबारा सो पाना हमेशा ही मुश्किल होता था और मेरी आँख लगते-लगते अक्सर सात बज जाते थे। तो जब तक मैं गहरी नींद में पहुँचता था तब तक कोई चिल्लाने लगता था, "अदाद! अदाद! (गिनती! गिनती!)"। यह सभी कैदियों को इस बात की हिदायत देने के लिए होता था कि कैदियों की गिनती का वक़्त होने वाला था।

सभी कैदी अपने-अपने पलंग पर दीवार की ओर मुँह करके बैठ जाते थे और एक इज़राइली फ़ौजी आकर पीछे से उनकी गिनती करता था। दीवार की ओर मुँह इसलिए करवाया जाता था क्योंकि वह फ़ौजी निहत्था होता था। इस काम में बमुश्किल पाँच मिनट लगते थे, उसके बाद हम फिर से सो सकते थे।

पर 8.30 पर एमीर चिल्लाने लगता था, "जलसा! जलसा!" यह हमास और इस्लामिक जिहाद द्वारा दिन में दो बार आयोजित की जाने वालीं बैठकों का बुलावा होता था। टुकड़ों-टुकड़ों में सोने की यह व्यवस्था मेरी समझ से बाहर थी। कितना अच्छा होता अगर वे ये सारे काम एक साथ कर लेते और हमें एक बार में ही दो-ढाई घंटे की नींद लेने का मौका देते। बहरहाल, एमीर के आवाज़ लगाने के बाद सब लोग उठकर एक बार फिर गुसलखाने की लाइन में लग जाते ताकि नौ बजे होने वाले जलसे के लिए तैयार हो सकें।

हमास द्वारा आयोजित दिन के पहले जलसे के दौरान हम कुरान पढ़ने के काइदे सीखते। अब्बा के कारण मैं तो यह सब पहले ही सीख चुका था, पर ज़्यादातर कैदी इन काइदों के बारे में कुछ भी नहीं जानते थे। दिन के दूसरे जलसे में ज़्यादातर हमास के बारे में बातें होती थीं, जेल में रहने के तौर-तरीकों और नियम-कायदों की बातें होती थीं, नए आए कैदियों के बारे में जानकारी दी जाती थी और जेल से बाहर घटने वालीं अहमतरीन घटनाओं से जुड़ी ख़बरों पर गुफ्तगू होती थी। किसी तरह की खुफिया बातों या मंसूबों की चर्चा नहीं होती थी, सब आम ख़बरें ही होती थीं।

जलसे के बाद अमूमन हम टीवी देखकर वक़्त बिताते थे। दोनों रिहाइशों में गुसलखाने के सामने की तरफ एक-एक टीवी सेट रखे हुए थे। एक दिन सुबह के जलसे के बाद मैं बैठकर टीवी पर कार्टून देख रहा था। तभी बीच में इश्तिहार आने लगे।

"धड़ाम!"

एक बड़ा-सा लकड़ी का बोर्ड हवा में लहराता हुआ धड़ाम से टीवी की स्क्रीन के सामने दीवार की तरह आ गिरा।

मैं उछलकर खड़ा हो गया और आसपास देखने लगा।

ये क्या हुआ?!

मैंने देखा कि वह बोर्ड एक मोटी रस्सी से बंधा था, वह रस्सी छत पर एक हुक से लटकी हुई थी और उस रस्सी का दूसरा सिरा कमरे में एक तरफ बैठे एक कैदी ने कसकर थाम रखा था। असल में उस कैदी को यह काम सौंपा गया था कि जैसे ही वह टीवी पर कोई 'नापाक' चीज़ आती देखे, वैसे ही बोर्ड को टीवी के सामने दीवार की तरह गिराकर हमें उसके नापाक असर से बचा ले।

"तुमने यह बोर्ड क्यों गिराया?" मैंने उससे पूछा।

"तुम्हारी ही हिफ़ाज़त के लिए," उसने रुखाई से जवाब दिया।

"हिफ़ाज़त? किससे?"

"इश्तिहार में दिखाई पड़ने वाली लडकी से। उसने बुरखा नहीं पहना था न।"

मैंने एमीर से पूछा, "यह मज़ाक कर रहा है या सच में ऐसा ही है?"

"सच में ऐसा ही है," एमीर ने जवाब दिया।

"हम सब के घरों में टीवी हैं, पर वहाँ तो हम ऐसा नहीं करते। तो फिर यहाँ क्यों?"

"जेल में हमारे सामने अलग तरह की चुनौतियाँ पेश आती हैं," उसने समझाते हुए कहा। "यहाँ औरतें तो हैं नहीं। टीवी पर जो चीज़ें दिखाते हैं उनकी वजह से कैदियों के भीतर अगर गलत जज़्बात पैदा होने लगे तो उनके बीच गलत संबंध पनपने का खतरा पैदा हो सकता है, जो कि हम नहीं चाहते। हमारा यही नज़रिया है और इसलिए हमने यह इंतज़ाम किया है।"

ज़ाहिर था कि यह नज़रिया सभी का नहीं हो सकता था। हमें क्या और कितना देखने की इजाज़त मिलेगी यह रस्सी का सिरा थामकर बैठे कैदी के नज़रिए पर निर्भर था। अगर वह कैदी हेब्रोन से होता, तो वह बिना हिजाब ओढ़े महिला कार्टून करैक्टर के आने पर भी बोर्ड गिरा देता; लेकिन अगर वह उदार रमल्लाह से होता तो हमें और भी बहुत कुछ देखने को मिल जाता। सभी कैदियों को बारी-बारी से रस्सी पकड़कर बैठने की ज़िम्मेदारी लेनी होती थी, मगर मैंने कभी ऐसा नहीं किया; मैंने उस अहमकाना रस्सी को हाथ तक लगाने से इंकार कर दिया।

दोपहर के खाने के बाद फिर से इबादत का वक़्त होता था। उसके बाद शाम तक कोई और काम नहीं रहता था और ज़्यादातर कैदी इस वक़्त को सोकर गुज़ारते थे। पर मैं इस दौरान कोई किताब लेकर बैठ जाता था। शाम को हमें कसरत वाली जगह जाकर थोड़ी देर टहलने, खेलने, घूमने, या गप्पें मारने का मौका दिया जाता था।

हमास के लोगों के लिए जेल में ज़िन्दगी खासी उबाऊ थी। हमें पत्ते खेलने की इजाज़त नहीं थी। कुरआन या दूसरी इस्लामिक किताबों के अलावा कुछ और पढ़ने की मनाही थी। दूसरे गुटों से जुड़े लोगों के पास हमसे कहीं ज़्यादा आज़ादी थी।

एक दोपहर को आखिरकार मेरा चचेरा भाई यूसुफ़ भी आ गया, जिसे देखकर मेरा दिल बागबाग हो गया। इज़राइलियों ने हमें कुछ उस्तरे दिए, जिनकी मदद से हमने उसका सिर मूँड दिया ताकि उसे और हमें मास्कोबियाह कसाईखाने की बदबू से निजात मिल सके।

यूसुफ़ हमास नहीं था; वह सोशलिस्ट (समाजवादी) था। वह अल्लाह में यकीन नहीं रखता था, पर गॉड के वजूद से इंकार नहीं करता था। इसके चलते उसे 'डेमोक्रेटिक फ्रंट फॉर द लिबरेशन ऑफ़ पेलिस्टाइन' से जुड़ने के लिए सही उम्मीदवार मान लिया गया। डीएफएलपी और हमास तथा इस्लामिक जिहाद के बीच बुनियादी अंतर यही था कि हमास और इस्लामिक जिहाद जहाँ एक 'इस्लामिक मुल्क' कायम करने के लिए लड़ रहे थे, वहीं डीएफएलपी 'फिलिस्तीनी मुल्क' के लिए।

यूसुफ के आने के कुछ दिनों बाद मामा इब्राहिम अबू सलेम हमसे मिलने आए। वह दो बरसों से प्रशासनिक हिरासत में थे। हालाँकि आधिकारिक रूप से उनके खिलाफ कभी कोई आरोप नहीं लगाया गया था, पर चूँकि इज़राइली उन्हें इज़राइल के लिए खतरा समझते थे, इसलिए उनका लम्बे समय तक हिरासत में रहना लगभग तय था। हमास के बेहद ख़ास लोगों (वीआईपी) में शुमार होने के चलते मामू इब्राहिम को मनमर्ज़ी से मिवार और असली जेल परिसर के बीच तथा जेल परिसर के एक भाग से दूसरे भाग में आने-जाने की आज़ादी मिली हुई थी। इस आज़ादी का इस्तेमाल करके ही वह अपने भाँजे का हालचाल जानने और यह पक्का करने आए थे कि मैं ठीक था। साथ में मेरे लिए कुछ कपड़े भी लाए थे, यह दिखाने के लिए कि उन्हें मेरी कितनी फ़िक्र थी। लेकिन उनका यह काम उनके करैक्टर से मेल नहीं खाता था। वे वही आदमी थे जिसने मेरे अब्बा के जेल में होने के वक़्त मुझे पीटा था और हमारे परिवार को बेसहारा छोड़ दिया था।

लगभग छह फीट लंबे इब्राहिम अबू सलेम लोगों को चुम्बक की तरह अपनी ओर खींचने की काबिलियत रखते थे। अपनी बड़ी सी तोंद (जो उनके जुनून की हद तक खाने का शौक़ीन होने की गवाही देती थी) के चलते वह लोगों को एक खुशमिज़ाज इंसान नज़र आते थे। मगर मैं उनकी हकीकत से अच्छी तरह वाकिफ था। मेरे मामू इब्राहिम एक मौकापरस्त, मतलबपरस्त, झूठे और पाखंडी इंसान थे- मेरे अब्बा के बिल्कुल उलट।

लेकिन फिर भी मैगिद्दो जेल में उन्हें एक बादशाह का रुतबा हासिल था। उनकी उम्र, पढ़ाने की उनकी काबिलियत, यूनिवर्सिटीज़ में उनके काम और उनके सियासी और अकादमिक हासिलों के चलते सभी कैदी, चाहे वे किसी भी गुट के हों, उनका एहतराम करते थे। अमूमन उनके मिवार आने पर हमास या अन्य गुटों के नेता इस मौके का फायदा उठाते थे और उनसे कैदियों को लेक्चर देने की गुज़ारिश करते थे।

उनके लेक्चर सुनने को हर कोई उत्सुक रहता था। असल में उनका अपनी बातें कहने का तरीका ख़ासा दिलचस्प था। वह अपनी बातों से लोगों को हँसाने की ज़बरदस्त कुव्वत रखते थे। और जब इस्लाम की बात करनी होती थी तो वह इतनी सीधी-सरल ज़बान में बताते थे कि हर किसी को आसानी से समझ आ जाती थी।

लेकिन उस दिन जब वह लेक्चर दे रहे थे, तब कोई नहीं हँस रहा था। बल्कि सारे कैदी हैरत से आँखें चौड़ी किए खामोशी से उन्हें सुन रहे थे। उस दिन वह इस्लाम के बारे में नहीं बल्कि उन 'अपने' लोगों के खिलाफ बोल रहे थे जिन्होंने इज़राइल के लिए काम करना कुबूल कर लिया था। इन लोगों को फिलिस्तीन का दुश्मन बताते हुए वह इन्हें जमकर लानतें भेज रहे थे और इन्हें अपने परिवारों के साथ धोखा करने वाले, शर्मसार करने वाले बता रहे थे। जिस तरह से वह बोल रहे थे, मुझे लग रहा था मानो वह मुझसे कह रहे हों, "मोसाब! अगर तुम्हारे दिल में कोई ऐसी बात है जो तुम मुझसे छिपा रहे हो, तो अच्छा होगा कि अभी बता दो।"

ज़ाहिर है कि मैंने नहीं बताई। क्या हुआ जो इब्राहिम को शिन बेट के साथ मेरे ताल्लुकात पर शक था, पर उसकी हिम्मत नहीं हो सकती थी शेख हसन यूसुफ के बेटे के बारे में सीधे तौर पर ऐसा कहने की।

जाने से पहले मामूजान ने मुझसे कहा, "अगर किसी चीज़ की ज़रूरत पड़े तो मुझे बताना। मैं कोशिश करूँगा तुम्हें अपने करीब रखवाने की।"

यह 1996 की गर्मियों का वक़्त था। भले मेरी उम्र केवल अठारह की थी, पर मुझे ऐसा लग रहा था जैसे पिछले कुछ महीनों में ही मैंने कई जन्म जी लिए हों। मामूजान के मुलाकात करके जाने के कुछ हफ़्तों बाद एक 'शावीश' (कैदियों का नुमाइंदा) कमरा नंबर 9 में आया और उसने ज़ोर से पुकारा, "आठ-सौ तेईस!" अपना नंबर सुनकर मैं चौंक गया और मैंने सिर उठाकर देखा कि कौन पुकार रहा था। इसके बाद उसने तीन-चार नंबर और पुकारे और फिर हम सबसे अपना-अपना सामान समेट लेने के लिए कहा।

जैसे ही हमने मिवार से बाहर रेगिस्तान में कदम रखा, गरम लपट मुझसे ड्रैगन की आग उगलती साँस की तरह आकर टकराई और एक पल के लिए मुझे चक्कर से आ गए। सामने जहाँ तक हम देख सकते थे, भूरे रंग के विशाल शामियानों (टेंट) की छतों के अलावा और कुछ भी नज़र नहीं आ रहा था। पैदल चलते हुए हम पहले, दूसरे और फिर तीसरे सेक्शन को पार कर गए। नए आए हुए लोगों को देखने के लिए सैकड़ों कैदी दौड़-दौड़कर ऊँची जालीदार फेंस की ओर आ रहे थे। हम सेक्शन पाँच के गेट पर आकर रुके। गेट खुल गया और हमने भीतर कदम रखा। पचास से भी ज़्यादा कैदियों ने हमें घेर लिया। वे हमें गले लगाने लगे, हमसे हाथ मिलाने लगे।

हमें एक दफ्तरनुमा शामियाने में ले जाया गया और एक बार फिर से हमसे वही पूछा गया कि हम किस गुट से जुड़े थे। इसके बाद मुझे हमास के शामियाने में ले जाया गया, जहाँ एमीर ने मेरा इस्तकबाल किया, मुझसे हाथ मिलाया।

"खुशामदीद!" उसने कहा। "तुम्हें देखकर अच्छा लगा। हम सब को तुम पर बहुत नाज़ है। अभी थोड़ी देर में हम तुम्हारा बिस्तर लगवा देंगे और तुम्हें तौलिए और जो भी तुम्हारी ज़रूरत की चीज़ें हैं वो मुहैया करा देंगे।" फिर उसने ठेठ जेल वाले मज़ाकिए अंदाज़ में कहा, "इसे अपना ही घर समझो और मज़े से रहो।"

जेल परिसर के हरेक सेक्शन में बारह शामियाने थे। हरेक शामियाने में बीस पलंग थे। इस तरह हरेक सेक्शन में ज़्यादा से ज़्यादा 240 कैदी रखे जा सकते थे। सेक्शन-5 को चार बराबर भागों में बाँटा गया था। जैसे किसी स्कायर को चार बराबर हिस्सों में बाँटा जाता है, वैसे ही। यह काम एक ऊँची दीवार, जिसके ऊपर रेज़र वायर लगा हुआ था और एक नीची बाड़ (फेंसिंग) के ज़रिए किया गया था। दीवार उत्तर से दक्षिण की ओर खिंची थी, जबकि बाड़ पूरब से पश्चिम की ओर।

चौखाना-1 और चौखाना-2 (ऊपर का दाँया और ऊपर का बाँया) में हमास के तीन-तीन शामियाने थे। चौखाना–3 (नीचे का दाँया) में चार शामियाने थे- एक हमास का, एक फतह का, एक डीएफएलपी और पीएफएलपी का और एक इस्लामिक जिहाद का। चौखाना-4 (नीचे का बाँया) में दो शामियाने थे- एक फतह का और एक डीएफएलपी और पीएफएलपी का। चौखाना-4 में एक रसोईघर, एक पाखाना, एक गुसलखाना, एक शावीश और खानसामों की जगह और वुज़ू के लिए बेसिन भी थे।

पूरब से पश्चिम की ओर खिंची हुई बाड़ में चौखाना-1 और चौखाना-3 के बीच और चौखाना-2 और चौखाना-4 के बीच गेट भी थे। ज़्यादातर वक़्त वे खुले ही रहते थे, सिर्फ कैदियों की गिनती के वक़्त बंद कर दिए जाते थे ताकि गिनती करने वाले अफसर एक बार में आधे सेक्शन को बाकी आधे से अलग कर सकें।

मुझे चौखाना-1 में बने हमास के एक शामियाने में दायीं ओर से तीसरा पलंग दिया गया था। कैदियों की पहली गिनती के बाद हम सब कैदी साथ बैठकर बातें कर रहे थे कि तभी दूर किसी के चिल्लाने की आवाज़ सुनाई दी, "*बरीद या मुजाहिदीन! बरीद! (मुजाहिदीनों का ख़त! ख़त!)*"

यह अगले सेक्शन में मौजूद एक *सवाएद* था, जिसकी ऊँची आवाज़ ने हम सबको चौंका दिया था। *सवाएद* दो अरबी शब्दों का मिला-जुला रूप है जिसका मतलब होता है 'फेंकने वाली बाज़ू' (थ्रोइंग आर्म)। ये *सवाईद* जेल में हमास के सुरक्षा दस्ते (सिक्योरिटी विंग) के एजेंट्स होते थे जो एक सेक्शन से दूसरे सेक्शन में खुफिया ख़बरें और पैगाम पहुँचाने का काम करते थे।

उस *सवाएद* के इस पैगाम को सुनकर कुछेक लोग भागकर अपने शामियानों से बाहर आए और अपने हाथों को किसी पोशीदा गेंद को लपकने के अंदाज़ में फैलाकर आसमान की ओर देखने लगे। और तभी पता नहीं कहाँ से एक गेंद आकर उनके लपकने को तैयार हाथों में समा गई! यह वह तरीका था जिसकी मदद से हमारे सेक्शन के हमास नेता दूसरे सेक्शनों के नेताओं से ख़ुफ़िया ख़बरों और पैगामों की अदला-बदली करते थे। सिर्फ हमास ही नहीं बल्कि जेल में मौजूद सभी फिलिस्तीनी गुट यही तरीका अपनाते थे। सभी ने अलग-अलग लफ़्ज़ों को संकेत बनाया हुआ था। जब जिसके संकेत लफ़्ज़ों को चिल्लाकर सुनाया जाता था, तब उस गुट के नेता भागकर उस जगह पहुँच जाते थे जहाँ पैगाम रूपी गेंद गिरने वाली होती थी।

ये गेंदें ब्रेड से बनायी जाती थीं। ब्रेड को पानी की मदद से नरम करके आटे की तरह गूंथ लिया जाता था। फिर पैगाम या जानकारी को उसमें भरकर उसको एक गेंद का आकार दे दिया जाता था। फिर इसे सुखाकर कड़क कर लिया जाता था। ज़ाहिर तौर पर ऐसे लोगों को ही इन गेंदों को फेंकने और लपकने के लिए चुना जाता था जो इन कामों में सबसे ज़्यादा माहिर होते थे। इस घटना ने जिस तरह एकदम से सभी का ध्यान खींचा था, उसी तरह एकदम से सबकी दिलचस्पी ख़त्म भी हो गई। इसके बाद दोपहर के खाने का वक़्त हो गया।

चैप्टर – 13

किसी का भरोसा नहीं

1996

इतने लम्बे अरसे तक ज़मीन के नीचे अँधेरे में कैद रखे जाने के बाद अब जब खुला आसमान देखने को मिला तो दिल खुश हो गया। रात को जब आसमान ने सितारों की चादर ओढ़ी तो ऐसा लगा मानो मैं सालों बाद यह नज़ारा देख रहा था। जेल परिसर में नकली रोशनी की भारी चकाचौंध ने भले सितारों की असल रोशनी को थोड़ा मद्धम कर रखा था, मगर तब भी वे कितने खूबसूरत लग रहे थे! पर तारे दिखाई पड़ने लगने का मतलब था कि हमारा अपने-अपने शामियानों में लौट जाने का वक़्त हो गया था, जहाँ थोड़ी देर में ही कैदियों की गिनती होने वाली थी और उसके बाद सबको सो जाना था; किसी को भी अपने शामियाने से बाहर निकलने की इजाज़त नहीं थी। सोने की बात जब आई तो मैं थोड़ा चक्कर में पड़ गया।

मेरी कैदी संख्या 823 थी और इन संख्याओं के क्रम में ही यह तय होता था कि कौन कैदी किस चौखाने में रहेगा। इस हिसाब से मुझे चौखाना-3 के हमास शामियाने में जगह मिलनी चाहिए थी। पर चूँकि वह शामियाना पूरा भरा हुआ था, इसलिए मुझे चौखाना-1 के कोने वाले हमास शामियाने में पलंग दे दिया गया था।

मगर जब कैदियों की गिनती का समय हुआ तो मुझे वापस से चौखाना-3 के हमास शामियाने के कैदियों की लाइन में जाकर खड़ा होना पड़ा, ताकि गिनती करने वाला अफसर जब अपने पास मौजूद कैदियों की फेहरिस्त से कैदियों का मिलान करे तब उसे यह न याद रखना पड़े कि निजाम को दुरुस्त रखने के लिए कैदियों ने अपने तईं क्या-क्या बदलाव किए थे।

कैदियों की गिनती का काम एकदम तयशुदा तरीके से होता था।

127

25 फौजियों का जत्था आया, M16 मशीनगनों से लैस। सबसे पहले वे चौखाना-1 में गए। एक-एक करके उसके सभी शामियानों में गिनती की। सभी को शामियानों की कैनवास की दीवार की ओर मुँह करके खड़ा किया जाता था, ताकि फौजियों की तरफ उनकी पीठ रहे। इतनी सारी मशीनगनों के डर से किसी की एक इंच भी अपनी जगह से हिलने की हिम्मत नहीं थी।

चौखाना-1 में काम पूरा होने पर वे चौखाना-2 में पहुँचे। जब वहाँ की गिनती भी पूरी हो गई तब उन्होंने छोटी फेंस में लगे दोनों गेट बंद कर दिए ताकि चौखाना-1 और चौखाना-2 का कोई कैदी चौखाना-3 या चौखाना-4 में जाकर वहाँ से गायब किसी कैदी की जगह न ले पाए।

सेक्शन-5 में अपनी पहली रात को मैंने देखा कि वहाँ कुछ गोलमाल चल रहा था। जब मैं कैदियों की गिनती के वक़्त चौखाना-3 के हमास शामियाने में अपनी जगह जाकर खड़ा हुआ तो मैंने देखा कि मेरी बगल में जो कैदी खड़ा था वह बहुत ही ज़्यादा बीमार मालूम पड़ रहा था, ऐसा जैसे बस मरने ही वाला हो। उसका सिर घुटा हुआ था; उसे देखने से ही समझ आ रहा था कि उसमें बहुत थोड़ी सी जान बाकी थी। उसने एक पल के लिए भी मुझसे या किसी और से नज़रें नहीं मिलाईं। मैं हैरत में पड़कर सोचने लगा कि *यह है कौन और इसे हुआ क्या है?*

जैसे ही फौजियों के दस्ते ने चौखाना-1 की गिनती पूरी करके चौखाना-2 में कदम रखा, कोई आया और मेरी बगल में खड़े उस बीमार कैदी को पकड़कर शामियाने से बाहर ले गया और उसकी जगह पर एक दूसरा कैदी आकर खड़ा हो गया। बाद में मुझे पता चला कि कैदियों ने चौखाना-1 और चौखाना-3 के बीच की फेंस में एक छोटा-सा छेद कर लिया था, जहाँ से कैदियों की अदला-बदली की जा सकती थी।

ज़ाहिर बात थी कि कोई था जो नहीं चाहता था कि गिनती करने वाला फौजी दस्ता उस गंजे सिर वाले बीमार कैदी को देखे। पर क्यों?

उस रात, अपने बिस्तर पर लेटे हुए, मैंने दूर से किसी के कराहने की आवाज़ सुनी, कोई ऐसा आदमी जो ज़ाहिर तौर पर बहुत दर्द में था। हालाँकि यह ज़्यादा देर तक नहीं चला और फिर जल्दी ही मेरी नींद लग गई।

हमारी सुबह हमेशा ही बहुत जल्दी हो जाती थी। उस दिन भी हमें सुबह-सवेरे की इबादत के लिए साढ़े चार बजे ही उठा दिया गया। सेक्शन-5 के कुल 240 कैदियों में से 140 उठकर उन 6 पाखानों (टॉयलेट्स) की लाइन में लग गए

जो हकीकतन एक ही पाखाने में बने 6 गड़्ढे थे, जिनके बीच में एक-एक पर्दा जैसा लगा दिया गया था। वुज़ू के लिए आठ बेसिन थे। और इन सब कामों से फारिग होने के लिए कुल तीस मिनट का वक़्त था।

इसके बाद सब लोग नमाज़ के लिए कतारों में खड़े हो गए। यहाँ भी डेली रूटीन वैसा ही था जैसा *मिवार* में होता था। लेकिन यहाँ *मिवार* की तुलना में बारह गुना ज़्यादा कैदी थे। तब भी यहाँ सबकुछ कितनी अच्छी तरह चलता था, किसी से कोई गलती या गड़बड़ी नहीं होती थी। यह देखकर मुझे हैरानी भी हो रही थी और कुछ-कुछ अजीब सा भी लग रहा था।

यहाँ हर कोई डरा-डरा सा मालूम पड़ता था। नियम-कायदों को तोड़ने की हिमाकत कोई नहीं दिखाता था। पाखाने में ज़्यादा देर तक रुकने की हिम्मत कोई नहीं करता था। अंडर ट्रायल (विचाराधीन) कैदियों और इज़राइली सिपाहियों से नज़रें मिलाने की जुर्रत कोई नहीं करता था। कोई भी फेंस के ज़्यादा करीब खड़ा नहीं होता था।

हालाँकि मुझे ज़्यादा वक़्त नहीं लगा इस सबकी वजह जानने में। जेल अफ्सरान की निगरानी में हमास ने यहाँ अपनी ख़ुद की हुकूमत कायम की हुई थी और वे सब कैदियों का हिसाब रख रहे थे। जो कोई भी नियम तोड़ता, उसे एक लाल अंक (रेड पॉइंट) दे दिया जाता। जिस किसी को ज़रूरत से ज़्यादा लाल अंक मिल जाते, उसे हमास के सुरक्षा दस्ते (सिक्योरिटी विंग) *माजीद* के सामने पेश होकर उनके सवालों का सामना करना पड़ता। *माजीद* में ऐसे सख्त मिज़ाज लोग शामिल थे जो न कभी मुस्कराते थे और न कभी हँसी-मज़ाक करते थे।

माजीद के लोग ज़्यादातर वक़्त हमारी नज़रों से ओझल रहते थे क्योंकि उनकी मसरूफियत ख़ुफ़िया जानकारियाँ इकट्ठी करने में होती थी। ब्रेड की गेंदों के ज़रिए एक सेक्शन से दूसरे सेक्शन में जो ख़ुफ़िया ख़बरों और पैगामों का लेन-देन होता था, वो इन्हीं लोगों के द्वारा किया जाता था।

एक दिन मैं अपने पलंग पर बैठा हुआ था कि तभी *माजीद* का एक आदमी भीतर आया और ज़ोर से चिल्लाकर बोला, "सब लोग बाहर हो जाओ, इस शामियाने को खाली कर दो!" किसी ने मुँह से एक शब्द नहीं निकाला। कुछ ही सेकण्ड्स में पूरा शामियाना खाली हो गया। वे (*माजीद* के लोग) एक आदमी को उस खाली शामियाने में ले गए, शामियाने का कैनवास का पर्दा गिरा दिया

और बाहर दो गार्ड खड़े कर दिए। भीतर किसी ने टीवी चालू करके उसका वॉल्यूम फुल कर दिया। बाकी लोगों ने ज़ोर-ज़ोर से गाना और हल्ला मचाना शुरू कर दिया।

मुझे नहीं पता था कि शामियाने में अन्दर क्या चल रहा था, मगर मैंने किसी इंसान को इतनी बुरी तरह रोते-चीखते नहीं सुना था जितनी बुरी तरह वह आदमी रो-चीख रहा था जिसे *माजीद* के लोग अन्दर लेकर गए थे। *उसने ऐसा क्या किया होगा जिसके बदले उसके साथ यह सब किया जा रहा है?* मैं सोचने लगा। टॉर्चर का यह दौर तकरीबन आधा घंटा चला। फिर दस्ते के दो लोग उसे लेकर बाहर आए और एक दूसरे शामियाने में ले गए, जहाँ एक बार फिर से उससे पूछताछ शुरू हो गई।

जब हम सब बाहर खड़े होकर यह तमाशा देख रहे थे, तब मैंने इस बारे में अपने एक साथी कैदी अकेल सोरौर से बात की। वह रमल्लाह के करीब एक गाँव का रहने वाला था।

"अन्दर क्या चल रहा है?" मैंने उससे पूछा।

"वो एक बुरा आदमी है," उसने बड़ी सरलता से कहा।

"मैं जानता हूँ कि वो बुरा आदमी है, पर ये लोग उसके साथ कर क्या रहे हैं? और उसने ऐसा किया क्या है?"

"उसने जेल में कुछ नहीं किया। मगर वे कहते हैं कि जब वह हेब्रोन में था तो उसने इज़राइलियों को हमास के एक मेम्बर के बारे में खबर दी थी और ऐसा लगता है कि वह इज़राइलियों से काफी दिनों से और काफी सारी बातें कर रहा था। इसलिए ये लोग बीच-बीच में उसे टॉर्चर करते रहते हैं।"

"कैसे?"

"उसके नाखूनों के अन्दर सुइयाँ घुसाकर, खाना परोसने वाली प्लास्टिक की ट्रे को उसके शरीर पर पिघलाकर, या फिर उसके शरीर के बालों को जलाकर। कभी-कभी वे उसके घुटनों के पीछे एक बड़ा डंडा रख देते हैं और फिर उसे घंटों उकड़ू बैठाए रखते हैं, सोने भी नहीं देते।"

तब जाकर मुझे समझ आया कि क्यों यहाँ हर कोई हमास की खींची हुए लाइन पार करने से इतना डरता था और उस गंजे आदमी को क्या हुआ था जिसे मैंने यहाँ आने वाले दिन कैदियों की गिनती के दौरान अपने बगल में खड़े देखा था। *माजीद* को इज़राइलियों का साथ देने वालों से नफरत थी और जब तक हम

यह साबित नहीं कर देते कि हम इज़राइली जासूस नहीं थे, तब तक उनकी नज़रों में हम सब संदिग्ध थे।

चूँकि हमास के लोगों को पहचानने और पकड़ने में इज़राइल को इतनी कामयाबी हासिल हो रही थी, इसलिए *माजीद* ने यह मान लिया था कि हमास के भीतर भीतरघातियों और जासूसों की भरमार थी और वे किसी भी कीमत पर उन्हें पकड़ने को बेकरार थे। इसलिए हमारी हर हरकत पर उनकी पूरी नज़र रहती थी। हमारा हर हाव-भाव वे गौर से देखते थे और हमारे मुँह से निकलने वाली हरेक बात उनके कानों में पड़ रही होती थी। और इसकी बिनाह पर वे हमें नंबर देते थे और उन नंबरों का पूरा हिसाब रखते थे। हम उन्हें तो जानते थे, पर उनके जासूसों को नहीं। मुमकिन था कि जिसे मैं अपना दोस्त समझकर मन की बात बता रहा होऊँ वह उन्हीं के लिए काम करता हो और अगले दिन मेरी भी पेशी हो जाए उनके सामने।

मैंने तय किया कि मेरे लिए बेहतर यही होगा कि मैं जितना हो सके अपने काम से काम रखूँ और किसी पर भी भरोसा करने से पहले चार बार सोचूँ। जेल की आब-ओ-हवा में फ़ैली शक-ओ-शुबहे और गद्दारी और दगाबाज़ी की खबर लगने के बाद से मेरी ज़िन्दगी एकदम से बदल गई। ऐसा लगने लगा जैसे मैं किसी और ही जेल में आ गया था - किसी ऐसी जेल में जहाँ मैं न आज़ादी से घूम सकता था, न आज़ादी से बातें कर सकता था, न किसी पर भरोसा कर सकता था और न किसी से दोस्ती कर सकता था। मैं हरदम यह सोचकर डरा हुआ रहता कि कहीं कोई गलती न हो जाए, कहीं किसी काम के लिए देरी न हो जाए, जागने की पुकार लगाए जाने पर भी कहीं मैं सोता न रह जाऊँ, या जलसा के दौरान कहीं मैं ऊँघने न लगूँ।

जिस किसी को *माजीद* द्वारा इज़राइली जासूस होने का गुनहगार घोषित कर दिया जाता, उसकी ज़िन्दगी समझो ख़तम हो जाती। उसके परिवार की ज़िन्दगी ख़तम हो जाती। उसके बच्चे, उसकी बीवी; सब उसे छोड़ देते। इज़राइली जासूस ठहराए जाने से बड़ा दाग किसी फिलिस्तीनी के दामन पर कोई दूसरा नहीं हो सकता था। 1993 से 1996 के बीच हमास ने इज़राइली जेलों में 150 से भी ज़्यादा फिलिस्तीनी कैदियों की संदिग्ध जासूसों के तौर पर तहकीकात की थी। इनमें से 16 को अपनी जान से हाथ धोना पड़ा था।

चूँकि मेरी लिखावट बहुत साफ़ थी और लिखने की रफ़्तार खासी तेज़, इसलिए *माजीद* ने मुझसे उनके लिए क्लर्क के तौर पर काम करने के लिए पूछा। उन्होंने बताया कि जिन ख़बरों/जानकारियों को लिखा जाना था वे बहुत ख़ुफ़िया

मिज़ाज की थीं, साथ ही खबरदार भी किया कि मैं इन्हें अपने तक ही रखूँ।

मेरे पास राज़ी होने के सिवाए कोई और चारा था ही नहीं। अब मैं दिन भर संदिग्ध कैदियों से टॉर्चर भरी पूछताछ के ज़रिए जुटाई गई जानकारियों और तैयार की गई रिपोर्ट्स के दस्तावेज़ीकरण में मसरूफ रहने लगा। हमें इन जानकारियों को जेल अफ्सरान के हाथ लगने से बचाने के लिए बहुत एहतियात बरतनी पड़ती थी। हम कैदियों के नाम नहीं लिखते थे; हर कैदी के लिए एक ख़ुफ़िया नंबर तय किया गया था। ये जानकारियाँ एकदम झीने कागज़ पर लिखी हुई होती थीं और इनको पढ़कर ऐसा लगता था मानो हम सबसे घटिया किस्म का अश्लील साहित्य पढ़ रहे हों। कितनों ने ही अपनी माँ के साथ सेक्स करने की बात कबूल की थी। एक का कहना था कि वह गाय के साथ भी सेक्स कर चुका था। एक और था जिसने कहा कि उसने अपनी बेटी के साथ सेक्स किया था। एक ने बताया कि किस तरह उसने अपनी पड़ोसन के साथ सेक्स किया और एक खुफिया कैमरा से उस काम की तस्वीरें लेकर इज़राइली अफ्सरान को दे दीं। फिर इज़राइलियों ने वे तस्वीरें पड़ोसन को दिखाई और कहा कि यदि उसने उनके जासूस के साथ काम करने से मना किया तो वे तस्वीरें उसके घरवालों को भी दिखा दी जाएँगी। मजबूरन पड़ोसन राज़ी हो गई। वे दोनों आपस में बराबर सेक्स करते रहे और ख़ुफ़िया जानकारियाँ जुटाते रहे। साथ ही फिर उन्होंने दूसरों के साथ सेक्स करके उसकी तस्वीरें उतारना भी शुरू कर दिया। इस तरह जल्दी ही पूरा गाँव ही इज़राइलियों के लिए काम करने पर मजबूर हो गया। बाप रे! और यह तो पहली ही फाइल थी जो मुझे कॉपी करने के लिए दी गई थी।

मुझे यह सब पागलपन मालूम हो रहा था। पर जैसे-जैसे मैं एक के बाद एक फाइल्स को कॉपी करता गया, वैसे-वैसे मुझे समझ आने लगा कि कैदियों को टॉर्चर करके उनसे ऐसी-ऐसी बातें पूछी जाती थीं जिनके बारे में उन्हें जानकारी होना शायद मुमकिन नहीं था, इसलिए वे ऐसे जवाब देते थे जो उन्हें लगता था कि उन्हें टॉर्चर करने वाले सुनना चाहते थे। कोई भी समझ सकता था कि ऐसी हालत में आदमी वो सबकुछ कहने को तैयार हो जाएगा जिससे टॉर्चर बंद हो सकता हो। मुझे यह भी लगने लगा कि इस तरह की अजीब-ओ-गरीब और बेमतलब की तहकीकातों के पीछे असल कारण था *माजीद* के लोगों की यौन फंतासियाँ या सेक्सुअल फैंटेसीज़।

फिर एक दिन मेरा दोस्त अकेल सोरौर उनका शिकार बन गया। वह हमास

सेल का मेम्बर था और कई बार गिरफ्तार हो चुका था, पर पता नहीं क्यों शहरी हमास कैदियों ने उसे कभी अपनाया नहीं। वह एक सीधा-सादा किसान आदमी था। उसके बोलने और खाने-पीने का तरीका शहरी कैदियों को गँवारू मालूम होता था और वे उसका मज़ाक उड़ाया करते थे। उसके सीधेपन का नाजायज़ फायदा उठाने से वे लोग बाज़ नहीं आते थे। वह उनका भरोसा जीतने और उनकी नज़रों में ऊँचा उठने की भरसक कोशिशों में लगा रहता था, यहाँ तक कि उनके लिए खाना पकाने और उनके कपड़े धोने जैसे कामों के लिए भी हमेशा तैयार रहता था, पर फिर भी वे लोग उसकी भारी नाकद्री करते थे क्योंकि उन्हें पता था कि वह यह सब डर के कारण कर रहा था।

और अकेल के पास डरने के तमाम कारण भी मौजूद थे। उसके वालिद और वालिदा अल्लाह को प्यारे हो चुके थे। परिवार के नाम पर बस एक बहन बाकी रही थी। इस चीज़ ने उसे टॉर्चर करने वालों के लिए आसान शिकार बना दिया था, क्योंकि वे जानते थे कि उस पर किए जाने वाले ज़ुल्म का बदला लेने के लिए कोई नहीं था। इसके अलावा, कुछ ही दिनों पहले उसी की सेल के उसके एक दोस्त से *माजीद* वालों ने पूछताछ की थी, मतलब टॉर्चर किया था, जिससे बचने के लिए उसने अकेल का नाम ले दिया। मुझे उसके लिए बेहद अफ़सोस हुआ। लेकिन मैं चाहकर भी उसकी कोई मदद न कर सका। मेरे हाथ में कुछ भी नहीं था। न मेरी कोई हैसियत थी, न कोई ताकत। मैं खुद उनके ज़ुल्म से सिर्फ इसलिए बचा हुआ था क्योंकि मैं शेख हसन का बेटा था।

हमारे घरवालों को महीने में एक बार हमसे मिलने आने की इजाज़त थी। चूँकि जेल का खाना तो जेल जैसा ही होता था, इसलिए कैदियों के घरवाले उनसे मिलने आते वक़्त घर से काफी सारी खाने की चीज़ें बनाकर ले आते थे, साथ में ज़रूरत का और दूसरा जो भी सामान हम मँगवाते थे वो भी ला देते थे। चूँकि अकेल और मैं एक ही इलाके के थे, इसलिए हमारे घरवाले एक साथ ही आते थे।

एक लंबी आवेदन प्रक्रिया के बाद मिली इजाज़त के तहत रेड क्रॉस वाले एक तयशुदा दिन एक तयशुदा इलाके के कैदियों के घरवालों को इकट्ठा करके उन्हें बसों में बैठाकर जेल लेकर आते थे। कहने को तो हमारे इलाके से मैगिद्दो की दूरी महज़ दो घंटे की थी, मगर चूँकि रास्ते में पड़ने वाली हर जाँच-चौकी पर बस को रोककर हरेक मुसाफिर की जाँच की जाती थी, इसलिए हमारे घरवाले सुबह चार बजे घर से निकलने के बाद दोपहर तक यहाँ आ पाते थे।

एक दिन अपनी बहन से मिलने के बाद अकेल जब ख़ुशी-ख़ुशी सेक्शन-5

में वापस लौटा तो उसके हाथों में खाने-पीने का ढेर सारा सामान था। उसकी बहन उसके लिए बहुत सारी चीज़ें बनाकर लाई थी। पर वह नहीं जानता था कि उसके साथ क्या होने वाला था। मामू इब्राहिम हमारे सेक्शन में आए हुए थे, लेक्चर देने। यह अच्छा संकेत नहीं था। इतने दिनों में मुझे समझ आ गया था कि मामू इब्राहिम का किसी सेक्शन में जाकर वहाँ के सभी कैदियों को इकट्ठा करके लेक्चर सुनाने बैठ जाना हकीकतन उनकी और *माजीद* वालों की मिलीभगत होती थी। जब भी *माजीद* वालों को पूछताछ के नाम पर किसी के साथ हैवानियत करनी होती थी तो वे मामू इब्राहिम को लेक्चर देने भेज देते थे। इधर सब लोग चुपचाप लेक्चर सुनते रहते थे, उधर *माजीद* वाले बेखटके हैवानियत को अंजाम दे लेते थे। इस बार उनकी हैवानियत का निशाना अकेल था। *माजीद* वालों ने उसके हाथ से खाने का सारा सामान छीन लिया और उसे एक शामियाने में ले गए, जहाँ उसकी ज़िन्दगी का सबसे बुरा तजुर्बा उसका इंतज़ार कर रहा था।

जब वे लोग अकेल को ले जा रहे थे तो मैं मुड़-मुड़कर मामू इब्राहिम की ओर देख रहा था और सोच रहा था कि वह उन लोगों को रोक क्यों नहीं रहे थे। मामू कितनी ही बार अकेल के साथ जेल में रह चुके थे। साथ-साथ उन्होंने कितनी ही सज़ाएँ काटी थीं। अकेल ने उन्हें अपने हाथों से खाना बनाकर खिलाया था, उनकी सहूलियतों का कितना ख़याल रखा था। वह अकेल को अच्छी तरह जानते थे, उन्हें पता था कि वह इज़राइली जासूस नहीं था। फिर उन्होंने उन लोगों को अकेल के साथ गलत करने से रोका क्यों नहीं? क्या इसलिए क्योंकि अकेल गाँव का एक सीधा-साधा गरीब किसान था जबकि मामू इब्राहिम शहर के रहने वाले थे?

वजह चाहे जो भी रही हो, पर मैंने देखा कि लेक्चर के बाद मामू इब्राहिम *माजीद* वालों के साथ बैठकर हँसी-ठट्टा करते हुए अकेल की बहन का लाया हुआ खाना खा रहे थे। और वहीं पास में हमास के उनके हिमायती पिट्टू अकेल के नाखूनों के अन्दर सुइयाँ घुसेड़ रहे थे।

अगले कई हफ़्तों में मुझे अकेल दो-चार बार ही दिखाई दिया। उसका सिर और दाढ़ी मूंड दी गई थी। उसकी आँखें हरदम ज़मीन से ही चिपकी रहती थीं। उसका शरीर सूखकर काँटा हो गया था और वह मरने की कगार पर पहुँच चुके जर्जर बूढ़े आदमी की तरह दिखने लगा था।

बाद में मुझे उसकी फाइल दी गई दस्तावेज़ीकरण के लिए। उसमें लिखा था कि उसने अपने गाँव की तकरीबन हर औरत के साथ सेक्स किया था। यहाँ तक कि गधियों और दूसरे तमाम जानवरों के साथ भी। मुझे पता था कि उस फाइल का

हरेक लफ्ज़ झूठ था, पर फिर भी मैंने उस फाइल को अपनी लिखाई में तैयार कर दिया और *माजीद* वालों ने वह फाइल अकेल के गाँव भेज दी। नतीजतन उसकी बहन ने उससे नाता तोड़ लिया। उसके गाँव वालों ने उससे किनारा कर लिया।

मेरी नज़र में *माजीद* के लोग इज़राइल का साथ देने वाले लोगों से कहीं ज़्यादा गए गुज़रे थे। लेकिन बदक़िस्मती से जेल के अन्दर उन्हीं की हुकूमत चलती थी। उनकी खिलाफत करने की ताकत और हिम्मत किसी के पास नहीं थी। मुझे लगा कि अगर मैं अक्ल से काम लूँ तो अपने इरादों में कामयाब होने के लिए इनका इस्तेमाल कर सकता था।

अनस रसरास *माजीद* लीडर्स में से एक था। उसके वालिद वेस्ट बैंक में एक कॉलेज प्रोफेसर और मामू इब्राहिम के करीबी दोस्त थे। मेरे मैगिद्दो आने के बाद मामू इब्राहिम ने अनस से मुझे यहाँ ठीक तरह एडजस्ट होने और यहाँ के कायदे-क़ानून समझने में मदद करने के लिए कहा था। अनस हेब्रोन का रहने वाला था। उम्र तकरीबन चालीस बरस। बहुत पर्देदारी रखने वाला, बहुत ही आलादिमाग और बेहद खतरनाक। जितना समय वह जेल से बाहर होता था, हर पल शिन बेट की निगाहें उस पर टिकी रहती थीं। जेल में उसके कुछेक ही दोस्त थे, पर वह कभी माजीद के हैवानियत भरे कामों में शिरकत नहीं करता था। इसी के चलते मेरे मन में उसके लिए इज़्ज़त पैदा हो गई थी और मैं उस पर भरोसा भी करने लगा था।

इसी भरोसे के चलते एक दिन मैंने उसे बता दिया कि मैंने इज़राइलियों का सहयोगी बनने की हामी भरी थी ताकि मैं डबल एजेंट बन सकूँ, उनसे खतरनाक हथियार हासिल कर सकूँ और उन्हीं के बीच रहकर उन्हीं को ठिकाने लगा सकूँ। यह सब बताने के बाद मैंने उससे पूछा कि क्या वह इस काम में मेरी मदद करने को तैयार था?

"मुझे देखना पड़ेगा," उसने कहा। "मैं किसी को कहूँगा नहीं, पर मैं देखूँगा।"

"देखूँगा का क्या मतलब है? सीधा-सीधा बताओ कि तुम मेरी मदद कर सकते हो या नहीं?"

मुझे उस पर भरोसा करने से पहले उसे अच्छी तरह जान लेना चाहिए था। बजाए मेरी मदद करने के उसने फ़ौरन जाकर मामू इब्राहिम और *माजीद* के कुछ लोगों को मेरे प्लान के बारे में बता दिया।

अगली सुबह मामू इब्राहिम मेरे पास आए।

"तुम्हें पता भी है तुम क्या कर रहे हो?"

"इतना भड़किए मत। ऐसा कुछ नहीं हुआ है। मेरे दिमाग में एक प्लान है। आपको उस प्लान में शामिल होने की ज़रूरत नहीं है।"

"देखो मोसाब, यह तुम्हारी, तुम्हारे अब्बा की और तुम्हारे पूरे अहल-ओ-अयाल (परिवार) की साख के लिए बहुत खतरनाक है। और लोग करते हैं ऐसा तो उन्हें करने दो, पर तुम नहीं करोगे।"

फिर उन्होंने मेरे सामने सवालों की झड़ी लगा दी। क्या शिन बेट ने जेल के अन्दर किसी से मिलने को कहा है? क्या तुम फलां-फलां इज़राइली आदमी से या फलां-फलां सिक्योरिटी वाले से मिले हो? शिन बेट ने तुमसे क्या कहा है? तुमने इस बारे में किस-किस से क्या-क्या कहा है?

जितनी उनके सवालों की फेहरिस्त लम्बी होती गई, उतना ही मेरा गुस्सा बढ़ता गया। आखिरकार मैं फट पड़ा।

"आप सिर्फ अपने मज़हबी मसलों से मतलब रखिए न, बेवजह सिक्योरिटी वाले मसलों में क्यों दखल देते हैं! ये हमास वाले बेवजह लोगों को टॉर्चर कर रहे हैं। उन्हें नहीं पता कि वे क्या कर रहे हैं। देखिए, मुझे और कुछ नहीं कहना है। मैं वही करूँगा जो मुझे करना है और आपको जो करना हो वो आप करो।"

मुझे पता था कि जो कुछ भी हुआ था वो मेरे लिए अच्छा नहीं था। मुझे इस बात का तो यकीन था कि अब्बा के चलते वे लोग मुझे टॉर्चर करने या मुझसे पूछताछ करने की कोशिश तो नहीं करेंगे, मगर मुझे यह भी समझ आ रहा था कि मामू इब्राहिम नहीं जान पाए थे कि मैं सच कह रहा था या झूठ।

वैसे उस वक़्त तो मैं खुद भी पक्के तौर पर कुछ कहने की हालत में नहीं था।

मुझे समझ आ चुका था कि *माजीद* पर भरोसा करके मैंने बड़ी गलती की थी। पर कहीं मैंने इज़राइलियों पर भरोसा करके भी तो गलती नहीं कर दी थी? उन्होंने अब तक मुझे कुछ भी नहीं बताया था। किसी से मिलने को भी नहीं कहा था। कहीं वे मेरे साथ कोई खेल तो नहीं खेल रहे थे?

ज़ेहनी और जज़्बाती तौर पर इस घटना का यह असर हुआ कि मैंने अपने दिल-ओ-दिमाग के दरवाज़े सभी के लिए बंद कर लिए। मुझे किसी का एतबार नहीं रहा। मेरे साथी कैदियों को साफ़ तौर पर नज़र आ रहा था कि मेरे साथ कुछ गड़बड़ थी, पर क्या गड़बड़ थी यह कोई नहीं जानता था। *माजीद* वालों ने मेरे राज़ को औरों पर ज़ाहिर तो नहीं किया था, मगर उनकी आँखें हरदम मेरी निगरानी में लगी रहने लगी थीं। हर किसी को मैं काबिल-ए-शक नज़र आ रहा था। उसी तरह

हर कोई मेरे शक के दायरे में था। लेकिन फिर भी हम सब एक खुले पिंजरे में एक साथ रहने को मजबूर थे। किसी के पास कोई और चारा नहीं था।

वक़्त गुज़रता गया। शक-ओ-शुबहा बढ़ता गया। हर दिन किसी न किसी की चीत्कार गूँजती; हर रात कोई न कोई टॉर्चर किया जाता। हमास अपने ही लोगों को टॉर्चर कर रहा था! और मैं किसी भी तरह से उसकी इस करतूत को सही नहीं ठहरा पा रहा था।

जल्दी ही हालात और भी खराब हो गए। अब एक बार में एक की बजाए तीन-तीन लोगों को पूछताछ के नाम पर टॉर्चर किया जाने लगा। एक सुबह चार बजे के करीब मैंने एक आदमी को तमाम सेक्शंस पार करके बाहर भागते देखा। देखते ही देखते वह जेल परिसर की रेज़र वायर से बनी फेंस पर चढ़ गया और सिर्फ बीस सेकण्ड्स बाद वह जेल परिसर से बाहर था। रेज़र वायर में उलझने के कारण उसके कपड़े और उसके शरीर का माँस जगह-जगह से उधड़ गया था। जैसे ही ऊपर टॉवर पर तैनात इज़राइली गार्ड ने उसे देखा, तत्काल अपनी मशीनगन उसकी ओर तानकर निशाना लगाने लगा।

"गोली मत चलाना!" वह कैदी चिल्लाया। "गोली मत चलाना! मैं भागने की कोशिश नहीं कर रहा हूँ। मैं उनसे दूर जाने की कोशिश कर रहा हूँ।" कहकर उसने फेंस की दूसरी तरफ खड़े होकर हाँफते और उसे ही घूरते एक *माजीद* की ओर उंगली से इशारा किया। गेट खोलकर कई सारे गार्ड्स भागते हुए आए, उस कैदी को ज़मीन पर पटक दिया, उसकी अच्छी तरह तलाशी ली और फिर उसे अन्दर ले गए।

क्या यही था हमास? क्या यही था इस्लाम?

दंगे

1996 – 1997

मेरे लिए मेरे अब्बा ही इस्लाम थे। अगर मुझे उन्हें अल्लाह की बंदगी के पैमाने पर तौलना हो तो वे किसी भी और मुस्लिम से भारी साबित होंगे। मैंने कभी नहीं देखा कि वह कभी एक वक़्त की भी नमाज़ से चूके हों। यहाँ तक कि जब उन्हें घर लौटने में बहुत देर हो जाती थी और वह थकान से चूर होते थे, तब भी वह सबसे पहले अल्लाह की इबादत करते थे, भले उस समय आधी रात का ही वक़्त क्यों न हो रहा हो। मैं खुद इसका गवाह रहा हूँ। वह अम्मी के साथ, हम बच्चों के साथ और यहाँ तक कि अजनबियों के साथ भी बहुत ही नरमी से, रहमदिली से, प्यार से पेश आते थे। लोगों की बड़ी से बड़ी गलतियों को माफ़ कर दिया करते थे।

अब्बा सिर्फ कथनी से इस्लाम के हिमायती नहीं थे, उनकी खुद की ज़िन्दगी इस बात की जीती-जागती मिसाल थी कि एक मुसलमान को कैसा होना चाहिए। वह इस्लाम के रहमदिल और खूबसूरत पहलू के नुमाइंदे थे, न कि उस बदसूरत और बेरहम पहलू के जो अपने मानने वालों को दुनिया फतह करने और पूरी धरती को अपना गुलाम बनाने के लिए कहता है।

लेकिन मेरा जेल का सफ़र शुरू होने के बाद के दस सालों में मैंने उन्हें एक भीतरी कशमकश (जो मेरी नज़र में बिल्कुल बेमानी थी) में फँसा हुआ पाया। एक तरफ वह उन मुसलमानों को गलत नहीं ठहराते थे जो इज़राइली बाशिंदों, सैनिकों, बेक़सूर औरतों और बच्चों को मार रहे थे। उनका मानना था कि ये लोग अल्लाह की मर्ज़ी और फरमान से ही ये सब कर रहे थे। वहीं दूसरी तरफ उन्हें खुद ये सब करने से परहेज़ भी था। उनकी रूह उन्हें ऐसा करने की इजाज़त नहीं दे रही थी।

जिसे वह अपने लिए सही नहीं ठहरा पा रहे थे, उसी को उन्होंने दूसरों के लिए जायज़ बना दिया था।

एक बच्चे के तौर पर मैंने सिर्फ उनके बर्ताव की अच्छाईयाँ देखीं और यह मान लिया कि वे उनकी तालीम-ओ-तरबियत का नतीजा थीं। चूँकि मैं बिल्कुल उनके जैसा बनना चाहता था, इसलिए मैंने बिना कोई सवाल किए उनकी तालीम-ओ-तरबियत को जस का तस अपना लिया। लेकिन उस वक़्त मुझे यह नहीं पता था कि अल्लाह की बंदगी के पैमाने पर हम चाहे जितने भी वज़नदार हों, पर हमारी सारी मज़हब-परस्ती, सारे नेक काम गॉड के लिए गंदे चिथड़ों के मानिंद थे।

मैगिद्दो में मेरा वास्ता जिन मुसलमानों से पड़ा, वे किसी भी तरह मेरे वालिद से मेल नहीं खाते थे। वे इस तरह दूसरों को नीचा दिखाते थे, बात-बात पर गलत ठहराते थे मानो वे खुद अल्लाह से भी ऊपर हों। वे निहायती खुदगर्ज़ और इतनी छोटी सोच वाले थे कि हमें बिना सिर ढँकी अदाकारा को देखने से रोकने के लिए टेलीविज़न स्क्रीन के सामने दीवार खड़ी कर देते थे। वे मोतासिब (धर्मांध) और पाखंडी थे और अपने ही लोगों पर ज़ुल्म करते थे - सिर्फ उन लोगों पर जो हर तरह से कमज़ोर थे और किसी भी तरह उनका कुछ बिगाड़ने की हालत में नहीं थे। पर जिन कैदियों के ऊँचे ताल्लुकात थे या जो किसी और वजह से ताकतवर थे, उनका बाल भी बाँका नहीं होता था; अगर आपके बाप का नाम शेख हसन यूसुफ हो तो आप इज़राइली जासूस होने की बात कबूलने के बाद भी बेफिक्र घूम सकते थे।

पहली बार मैंने उन चीज़ों पर सवाल खड़े करना शुरू किया जिनमें मैं हमेशा से यकीन करता आया था।

"आठ-सौ तेईस!"

छह महीने जेल में बिता चुकने के बाद आखिरकार अदालत में मुझ पर मुकदमा शुरू होने का वक़्त आ गया था। आईडीएफ (इज़राइल डिफेन्स फोर्सेस) वाले मुझे यरूशलेम ले गए, जहाँ सरकारी वकीलों ने जज से मुझे सोलह महीने की सज़ा दिए जाने की सिफारिश की।

सोलह महीने! पर शिन बेट कैप्टेन ने तो वादा किया था कि मुझे बहुत थोड़े वक़्त के लिए ही जेल में रखा जाएगा! मैंने ऐसा किया क्या था जिसके लिए मुझे इतनी कड़ी सज़ा दी जा रही थी? मानता हूँ कि मेरे दिमाग में एक बचकाना ख़याल आया और मैं कुछ बंदूकें खरीदने की नादानी कर बैठा। पर वे बंदूकें किसी काम की थीं ही नहीं, चलती तक नहीं थीं!

"सोलह महीने।"

अदालत ने सोलह महीनों में से वे छह महीने कम कर दिए जो मैं पहले ही जेल में बिता चुका था और बाकी के दस महीनों की सज़ा काटने दुबारा मैगिद्दो भेज दिया।

मैंने मन ही मन ऊपरवाले से कहा, *अच्छा ठीक है, मैं और दस महीने काट लूँगा, मगर बराए मेहरबानी वहाँ नहीं! उस दोज़ख में नहीं!* लेकिन ऐसा कोई नहीं था जिससे मैं इस बारे में शिकायत कर सकता, कम से कम इज़राइली सिक्योरिटी के उन लोगों से तो हरगिज़ नहीं जिन्होंने पहले तो मुझे काम पर रखा और फिर छोड़ दिया।

यही गनीमत थी कि मैं महीने में एक बार अपने घरवालों से मिल सकता था। अम्मी हर महीने परेशानी उठाकर भी मुझसे मिलने मैगिद्दो ज़रूर आती थीं। उनको अपने साथ सिर्फ तीन बच्चों को लाने की इजाज़त थी, इसलिए मेरे भाई-बहन बारी-बारी से मुझसे मिलने आते थे। और हर बार अम्मी मेरे लिए लज़ीज़ और ताज़ा बनी हुई पालक पैटीज़ और बकलावा लेकर आती थीं। इन सोलह महीनों में एक बार भी उन्होंने नागा नहीं किया।

भले मैं उन्हें नहीं बता सकता था कि फेंस के इस तरफ और शामियानों के पर्दों के पीछे क्या-क्या हो रहा था, मगर फिर भी उनसे मिलकर मुझे बहुत राहत महसूस होती थी। और मुझे देखकर उनका ग़म भी शायद थोड़ा हल्का हो जाता होगा। जब मैं घर पर था तब अपने छोटे भाई-बहनों के लिए मैं उनका बरादर (भाई) कम और वालिद ज़्यादा था। मैं उनके लिए खाना पकाता था, उन्हें नहला-धुलाकर, कपड़े पहनाकर तैयार करता था, फिर उन्हें स्कूल छोड़ने और लेने जाता था। अब जब मैं जेल में था तो उनके लिए आज़ादी की लड़ाई में भाग लेने वाला हीरो बन गया था। उन सबको मुझ पर बहुत नाज़ था।

एक बार जब अम्मी मिलने आईं तो साथ में यह खबर भी लाईं कि पेलिस्टीनियन अथॉरिटी ने अब्बा को रिहा कर दिया था। मैं जानता था कि अब्बा की हमेशा से तमन्ना थी हज करने के लिए मक्का जाने की और अम्मी ने बताया कि जेल से वापस लौटने के कुछ ही अरसे बाद वह सऊदी अरब के लिए निकल गए थे। हज इस्लाम का पाँचवा खम्बा है और जिस्मानी और माली तौर से काबिल हरेक मुसलमान के लिए ज़िन्दगी में कम से कम एक बार हज करना ज़रूरी बताया गया है। इसीलिए हर बरस बीस लाख से भी ज़्यादा लोग मक्का-मदीना जाते हैं।

लेकिन अब्बा कभी न जा सके। इज़राइल और जॉर्डन के बीच एलेनबी ब्रिज को पार करते वक़्त उन्हें फिर से गिरफ्तार कर लिया गया - इस बार इज़राइलियों द्वारा।

एक दिन दोपहर के वक़्त मैगिद्दो के हमास वाले धड़े ने जेल अफ्सरान को कुछ बेमतलब-सी माँगों की एक फेहरिस्त सौंपी और उनसे कहा कि अगर चौबीस घंटों के अन्दर-अन्दर उन माँगों को पूरा नहीं किया गया तो हम जेल में दंगा कर देंगे।

ज़ाहिर बात थी कि जेल अफ्सरान जेल में किसी तरह की कोई बदअम्नी (उपद्रव) नहीं चाहते थे। उनका सोचना था कि अगर कैदियों ने कोई बलवा किया तो उन्हें गोली चलानी पड़ सकती थी, कुछेक कैदियों की जान जा सकती थी। और अगर ऐसा होता तो रेड क्रॉस और बाकी सारे मानवाधिकार संगठन बड़ा बवाल खड़ा कर देते। और यरूशेलम में बैठे इज़राइली नौकरशाह ऐसे किसी बवाल से निपटने के बिल्कुल तमन्नाई नहीं थे। मतलब, जेल में दंगे सभी के लिए नुकसानदायक थे। इसलिए इज़राइलियों ने उस शावीश से जो हमारे ही सेक्शन में ठहरा हुआ था, मुलाक़ात की।

"हम इस तरह काम नहीं कर सकते," जेल अफ्सरान ने उससे कहा। "हमें थोड़ा और वक़्त दो, हम कुछ करते हैं।"

"हरगिज़ नहीं," शावीश ने जवाब दिया। "आपके पास सिर्फ चौबीस घंटे हैं।"

ज़ाहिर बात है कि इस तरह के अल्टीमेटम के आगे झुककर इज़राइली खुद को कमज़ोर साबित नहीं होने देना चाहते थे और ईमानदारी से कहूँ न, तो मुझे समझ ही नहीं आ रहा था कि ये सारा फसाद हो किसिलिए रहा था। बेशक यहाँ हमारी हालत बहुत अच्छी नहीं थी, मगर बाकी जेलों के बारे में मैंने जो बातें सुनी थीं उनसे तुलना करके देखा जाता तो मैगिद्दो को एक पाँच-सितारा जेल ही माना जाना चाहिए था। हमास ने जो माँगें रखी थीं वे भी मुझे अहमकाना और फ़िज़ूल मालूम हो रही थीं, मसलन फोन इस्तेमाल करने का वक़्त बढ़ाया जाए, घर वालों से मिलने का वक़्त बढ़ाया जाए; इस तरह की चीज़ें।

सुबह से दोपहर और दोपहर से शाम हो गई हमें इंतज़ार करते-करते। चौबीस घंटों की मोहलत भी बीत गई। हमास ने हमसे कहा, "दंगा करने के लिए तैयार हो जाओ।"

"हमें करना क्या होगा?" हमने पूछा।

"जितना उत्पात मचा सको, मचाओ। जमकर तोड़फोड़ करो। तारकोल की छत को तोड़कर उसके टुकड़े सैनिकों पर फेंक मारो। साबुन फेंककर मारो। खौलता पानी फेंको उन पर। जो भी चीज़ उठाकर फेंक सको, फेंको!"

कुछ लोगों ने कंटेनरों में पानी भरकर रख लिया, ताकि अगर सैनिक हम पर आँसू गैस या किसी और गैस के गोले फेंकें तो उन्हें हवा में ही लपककर पानी में डाल दिया जाए। हमने सबसे पहले कसरत के लिए बनी जगह पर तोड़फोड़ मचानी शुरू की। तुरंत पूरी जेल में सायरन बजने लगे और माहौल एकदम से बेहद खतरनाक हो उठा। सैकड़ों की तादाद में सिर से पैर तक जिरहबख्तर ओढ़े इज़राइली सैनिक जेल भर में फैल गए। फेंस के दूसरी तरफ खड़े होकर उन्होंने अपनी मशीनगनें हमारी ओर तान दीं।

मेरे दिमाग में लगातार यही चल रहा था कि 'हम यह पागलपन क्यों कर रहे थे? इसकी ज़रूरत क्या थी? यह खुदकशी की कोशिश किसलिए? सिर्फ उस झक्की शावीश की सनक के कारण?' मैं कायर नहीं था, मगर इस तरह की बेवकूफाना लड़ाई मेरी समझ से बाहर थी। इज़रायली सैनिक भारी हथियारों से लैस और जिरहबख्तरों में महफूज़ थे और हम उनका मुकाबला तारकोल के टुकड़े फेंककर करना चाह रहे थे!

हमास ने दंगा शुरू करने का इशारा किया और हर सेक्शन से कैदियों ने सैनिकों पर लकड़ी के टुकड़े, तारकोल के टुकड़े और साबुन फेंकना शुरू कर दिया। कुछ ही पलों में आँसू गैस के सैकड़ों काले गोले हवा में लहराते हुए आए और तमाम सेक्शनों की ज़मीन से टकरा-टकराकर फटने लगे। पूरा जेल परिसर गाढ़े सफ़ेद धुँए से भर गया। मुझे कुछ भी दिखाई नहीं दे रहा था। गैस की बदबू नाकाबिल-ए-बर्दाश्त थी। हवा में ऑक्सीजन कम होने के चलते मेरे आसपास के सभी कैदी ज़मीन पर गिर पड़े। सबकी साँसें धौंकनी की तरह चल रही थीं। सब आतंक की गिरफ्त में थे।

यह सब होने में सिर्फ तीन मिनट लगे थे। और यह तो सिर्फ शुरुआत थी।

सैनिकों ने हमारी तरफ बड़े-बड़े पाइप तान दिए, जो पीली गैस (यलो गैस) उगल रहे थे। यह गैस आँसू गैस की तरह हवा में नहीं फैल रही थी; हवा से भारी होने के चलते यह ज़मीन से आ लगी और वहाँ की सारी ऑक्सीजन को इसने दूर

धकेल दिया। नीचे पड़े कैदियों को मिल रही रही-सही ऑक्सीजन भी नहीं रही, नतीजतन कैदी बेहोश होने लगे।

मैं साँस लेने की जद्दोजहद कर ही रहा था कि तभी मुझे आग की ऊँची-ऊँची लपटें उठती दिखाई दीं।

चौखाना-3 में इस्लामिक जिहाद का शामियाना धधक रहा था। कुछ ही पलों में आग इतनी बढ़ गई कि लपटें बीस फीट ऊपर तक उठने लगीं। शामियानों पर किसी किस्म की पेट्रोलियम-बेस्ड वॉटरप्रूफिंग की गई थी और वे ऐसे जल रहे थे मानो पेट्रोल से भीगे हुए थे। लकड़ी के खंभे और तख्ते, गद्दे, फुटलॉकर; सभी लपटों की चपेट में आ गए। हवा के कारण आग डीएफएलपी/पीएफएलपी और फतह के शामियानों तक फैल गई और दस सेकण्ड्स के अन्दर उन्हें भी आग की लपटों और शोलों ने अपने आगोश में ले लिया।

सबकुछ तबाह करती हुई आग बहुत तेज़ी से हमारी ओर बढ़ रही थी। एक शामियाने का एक बहुत बड़ा जलता हुआ टुकड़ा हवा में उड़ता हुआ रेज़र वायर वाली फेंस पर जा गिरा। सैनिकों ने हमें घेर लिया। बचकर भागने का और कोई रास्ता नहीं था सिवाए आग की लपटों में से होकर गुज़रने के।

और कोई चारा न देख हमने दौड़ लगा दी।

मैंने एक तौलिए से अपना चेहरा ढँका और रसोई की ओर दौड़ लगा दी। जलते शामियानों और दीवार के बीच केवल दस फीट की जगह थी। हम लगभग दो-सौ लोगों में एक साथ उतनी सी जगह से निकलने की होड़ मच गई। इधर इज़राइली सैनिक लगातार सेक्शन-5 को पीली गैस से भरे जा रहे थे।

कुछ ही मिनटों में आधा सेक्शन-5 खत्म हो गया। जो कुछ भी थोड़ा-बहुत सामान हमारे पास था, सब स्वाहा हो गया। राख के सिवाए कुछ नहीं बचा।

बहुत सारे कैदी ज़ख़्मी हुए थे। हालाँकि यह चमत्कार ही कहा जाएगा कि कोई मरा नहीं था। एम्बुलेंस आईं और ज़ख्मियों को अस्पताल ले गईं। हम में से जिन लोगों के शामियाने जल गए थे, उन्हें दूसरे शामियानों में भेज दिया गया। मुझे चौखाना-2 के बीच वाले हमास शामियाने में भेजा गया था।

मैगिद्दो में हुए दंगों का इकलौता अच्छा नतीजा यह निकला कि हमास नेताओं द्वारा किया जाने वाला टॉर्चर बंद हो गया। निगरानी जारी रही, मगर टॉर्चर का डर ख़त्म होने से सभी लोग थोड़ा खुलकर जीने लगे, थोड़ा आराम और इत्मीनान महसूस करने लगे। मैंने भी कुछेक ऐसे दोस्त बना लिए जिनके बारे में मुझे लगता

था कि उन पर भरोसा किया जा सकता था। लेकिन फिर भी हर दिन मेरा ज़्यादातर वक़्त अकेले यूँ ही यहाँ-वहाँ टहलते ही बीत रहा था।

"आठ-सौ तेईस!"

1 सितम्बर 1997 को एक जेल गार्ड ने मेरा सामान लौटाया, गिरफ्तार होते वक़्त मेरे पास जो थोड़ा बहुत पैसा था वो लौटाया, मेरे हाथों में हथकड़ियाँ डालीं और मुझे एक वैन में बिठा दिया। वैन सीधी फिलिस्तीनी इलाके में पड़ने वाली पहली जाँच-चौकी (वेस्ट बैंक की जेनिन जाँच-चौकी) पर जाकर रुकी। फ़ौजी जवानों ने मेरी हथकड़ियाँ खोलीं और फिर वैन का दरवाज़ा खोल दिया।

"तुम जहाँ चाहो वहाँ जाने के लिए आज़ाद हो," उनमें से एक ने कहा। फिर वैन मुझे वहीं सड़क किनारे अकेला खड़ा छोड़कर वापस उसी दिशा में चली गई जिधर से आई थी।

मुझे यकीन ही नहीं हुआ! मैं आज़ाद था! मैं जेल से बाहर था! मैं अम्मी और अपने भाई-बहनों से मिलने के लिए बेकरार हो उठा। मैं अभी अपने घर से तकरीबन दो घंटे की दूरी पर था, मगर फिर भी मैं तेज़-तेज़ नहीं चलना चाहता था। मैं अपनी आज़ादी का पूरा-पूरा मज़ा लेना चाहता था।

खुली हवा में खुलकर साँस लेते और अपने कानों को मीठी खामोशी का स्वाद चखाते हुए तकरीबन दो मील मैं पैदल-पैदल चला। फिर जब मैं दुबारा खुद को इंसान महसूस करने लगा तो मैंने एक टैक्सी पकड़ ली, जिसने मुझे एक कस्बे के बीचोंबीच छोड़ा। वहाँ से दूसरी टैक्सी पकड़कर मैं नाब्लस पहुँचा। वहाँ से रमल्लाह और फिर घर।

रमल्लाह के रास्तों से गुज़रते हुए जानी-पहचानी दुकानों-मकानों और लोगों को देखकर मेरा मन किया कि मैं टैक्सी से बाहर कूद जाऊँ और दौड़-दौड़ कर इन सबको अपने आगोश में ले लूँ। घर के सामने पहुँचकर जैसे ही मैं टैक्सी से उतरने को हुआ, मेरी नज़र दरवाज़े पर खड़ीं अम्मी पर पड़ी। उन्होंने भी मुझे देख लिया था। मुझे पुकारते हुए उनके दिल की ख़ुशी उनकी आँखों के रास्ते बह निकली। वह भागकर टैक्सी तक आईं और मुझसे लिपट गईं। वह दीवानों की तरह मेरी पीठ, मेरे कन्धों, मेरे चेहरे और मेरे सिर को सहलाने लगीं, मुझे यूँ छूकर देखने लगीं मानो उन्हें लग रहा हो कि कहीं ये ख्वाब तो नहीं था। और जब उन्हें यकीन हो गया

कि यह ख्वाब नहीं बल्कि हकीकत थी, तो तकरीबन डेढ़ साल से सीने में दबा दर्द आँसुओं के सैलाब की शक्ल में बाहर उमड़ पड़ा।

"हम सब बेताबी से तुम्हारी वापसी के दिन गिन रहे थे," आखिरकार उन्होंने कहा। "हमें यह डर खाए जा रहा था कि शायद अब हम तुमसे कभी नहीं मिल पाएँगे। हमें तुम पर बहुत ज़्यादा नाज़ है मोसाब। तुम एक सच्चे हीरो हो।"

मुझे पता था कि अब्बा की ही तरह मैं भी अम्मी और अपने भाई-बहनों को यह नहीं बता सकता था कि पिछले डेढ़ साल में मुझ पर क्या गुज़री थी। उनके लिए वह सब सुनना बहुत दर्दनाक होता। उनके लिए मैं एक हीरो था जो और दूसरे हीरोज़ के साथ डेढ़ साल एक इज़राइली जेल में बिताकर लौटा था। उनके हिसाब से तो यह मेरी एक बड़ी कामयाबी थी और मुझे अल्लाह का शुक्रगुज़ार होना चाहिए था कि उन्होंने मुझे यह तजुर्बा कराया। क्या अम्मी को बंदूकों के बारे में पता चल गया था? हाँ। क्या उन्हें भी लगता था कि यह अहमकाना काम था? शायद, पर उन्होंने इसे इज़राइली कब्ज़े की खिलाफत के मेरे जज़्बे के रूप में लिया था और इसलिए इसे गलत नहीं ठहरा रहीं थीं।

जिस दिन मैं घर लौटा उस दिन हम दिन भर जश्न के मूड में रहे। हमने खूब अच्छा-अच्छा खाना खाया, खूब मज़ाक-मस्ती की, जैसी हम मेरे जेल जाने से पहले करते थे। ऐसा लग रहा था मानो मैं कभी कहीं गया ही नहीं था। अगले कई दिन मेरे दोस्तों और अब्बा के दोस्तों का हमारी ख़ुशी में शरीक होने के लिए हमारे यहाँ आना-जाना लगा रहा।

अम्मी और अपने भाई-बहनों के प्यार-दुलार की बारिश में नहाने और अम्मी के हाथ के बने लज़ीज़ खाने का जी-भरकर लुत्फ़ उठाने की चाह में कुछ हफ़्तों तक मैं घर में ही रहा। उसके बाद मैंने बाहर निकलकर उन नज़ारों, आवाज़ों और खुशबुओं का मज़ा लेना शुरू किया जिनके लिए मैं पिछले डेढ़ बरस से तरस रहा था। मेरी शामें दोस्तों के साथ बाज़ार की रौनक देखते हुए, *मेस अल रीम* में फलाफेल खाते हुए और *किट कैट* जाकर उसके मालिक बासम हुरी के साथ कॉफी पीते हुए मज़े में बीत रहीं थीं। शहर में बेरोकटोक घूमते और दोस्तों के साथ गप्पें लड़ाते हुए मुझे पहली बार समझ आया कि आज़ादी की क्या अहमियत होती है और अपनी तमाम सादगी के बावजूद क्यों वो इतनी कीमती होती है।

अब्बा के पेलिस्टीनियन अथॉरिटी की कैद से छूटने और इज़राइलियों द्वारा दुबारा गिरफ्तार किए जाने के बीच अम्मी फिर पेट से हो गई थीं। अम्मी-अब्बा

दोनों के लिए यह एक सरप्राइज़ था, क्योंकि सात साल पहले मेरी सबसे छोटी बहन अनहर की पैदाइश के बाद उन लोगों ने तय कर लिया था कि अब और बच्चे नहीं करने थे। मेरे घर लौटने तक अम्मी को गर्भवती हुए छह महीने हो चुके थे और उनका पेट लगातार बड़ा होता जा रहा था। तभी एक दिन उनका टखना टूट गया। उनके ठीक होने की रफ़्तार बहुत धीमी थी क्योंकि उनके पेट में जो बच्चा था वह उनके शरीर का सारा कैल्शियम सोख ले रहा था। चूँकि हमारे पास व्हीलचेयर नहीं थी, इसलिए अम्मी को जहाँ भी जाना होता मैं उन्हें गोद में उठाकर ले जाता। वह बेहद दर्द में थीं और उन्हें इस तरह दर्द में देखना मुझे ज़रा भी अच्छा नहीं लग रहा था। आखिरकार मैंने भाग-दौड़ करके ड्राइविंग लाइसेंस हासिल किया, ताकि हम कहीं भी आने-जाने के लिए कार का इस्तेमाल कर सकें। और जब नासेर पैदा हुआ तो मैंने उसे खिलाने-पिलाने, नहलाने-धुलाने और उसकी नैपियाँ बदलने की ज़िम्मेदारी ले ली। वह यही समझते हुए बड़ा हो रहा था कि मैं ही उसका अब्बा था।

कहने की ज़रूरत नहीं कि मैं अपने स्कूल के इम्तिहान नहीं दे पाया था और इसलिए मेरा हाईस्कूल पूरा नहीं हो पाया था। हालाँकि जेल में हमें मौका मिला था इम्तिहान देने का (एजुकेशन मिनिस्ट्री के नुमाइंदों ने जेल में आकर इम्तिहान लिया था) और मैंने दिया भी था, पर मैं फेल हो गया था। अकेला मैं ही फेल हुआ था, बाकी जितनों ने भी मेरे साथ इम्तिहान दिया था वे सभी पास हो गए थे। मुझे इसकी कोई वजह समझ में नहीं आई। ऐसे-ऐसे लोग पास हो गए जिन्हें खुद से लिखना भी नहीं आता था, पर मैं फेल हो गया। मैं सच कह रहा हूँ। मेरे साथ साठ साल के एक ऐसे कैदी ने भी इम्तिहान दिया था जिसे लिखना नहीं आता था और जिसके बोले हुए जवाबों को कॉपी में लिखने के लिए अलग से एक आदमी का इंतज़ाम करना पड़ा था। वह भी पास हो गया! मेरे पास भी सारे जवाब थे और मैंने बारह साल स्कूल में पढ़ाई की थी, जिसके चलते मैं उन सब सबकों से वाकिफ था जिनमें से सवाल पूछे गए थे, पर फिर भी नतीजों में मुझे फेल करार दिया गया। मुझे इसका एक ही कारण समझ आया कि अल्लाह नहीं चाहता था कि मैं बेईमानी करके पास होऊँ।

घर लौटने के बाद मैंने रमल्लाह के एक कैथोलिक स्कूल अल-अहलिया में रात में लगने वाली क्लासेज़ में दाखिला ले लिया। वहाँ ज़्यादातर स्टूडेंट पारंपरिक मुस्लिम थे, जिन्होंने वहाँ दाखिला सिर्फ इसलिए लिया था क्योंकि वह शहर का सबसे अच्छा स्कूल था। रात की क्लासेस में दाखिला मैंने इसलिए लिया था ताकि

दिन में काम करके घर के लिए चार पैसे कमा सकूँ। रमल्लाह में ही चेकर्स हैमबर्गर करके एक दुकान थी, वहीं मुझे काम मिल गया था।

इम्तिहान में मुझे सिर्फ 64% नंबर मिले, मगर पास होने के लिए इतना काफी था। मैंने इससे ज़्यादा नंबर लाने के लिए कोशिश भी नहीं की थी, क्योंकि पढ़ाए जाने वाले सब्जेक्ट्स में मेरी ज़्यादा दिलचस्पी नहीं थी। इसलिए मुझे नतीजों से कोई दिक्कत नहीं हुई, मैं तो इसी में खुश था कि मेरा हाईस्कूल पूरा हो गया था और अब मुझे पढ़ाई की चिंता करने की ज़रूरत नहीं रही थी।

दमिश्क रोड

1997 – 1999

जेल से छूटने के दो महीने बाद मेरे सेल फोन की घंटी बजी।

"मुबारक हो," किसी ने अरबी में कहा।

मैं बोलने के लहज़े से पहचान गया कि यह मेरा 'शुभचिंतक' शिन बेट कैप्टेन लोई था।

उसने कहा, "हमें तुमसे मिलकर अच्छा लगेगा, मगर हम फोन पर ज़्यादा देर बात नहीं कर सकते। क्या हम मिल सकते हैं?"

"ज़रूर।"

उसने मुझे एक फोन नंबर, एक पासवर्ड और कुछ हिदायतें दीं, मेरे भीतर सचमुच का जासूस होने की फीलिंग आने लगी। उसने मुझे एक जगह बताई, जहाँ से मुझे एक दूसरी जगह पहुँचना था और फिर वहाँ से उसे फोन लगाना था।

उसकी हिदायतों पर अमल करते हुए मैंने तय जगह पर पहुँचकर उसे फोन लगाया तो मुझे कुछ और हिदायतें मिलीं कि फलां-फलां दिशा में चलना शुरू करो। मैं तकरीबन बीस मिनट चला होऊँगा कि तभी एक कार मेरी बगल में आकर रुकी। कार में बैठे एक आदमी ने मुझे कार में बैठने के लिए कहा। मैं बैठ गया। पहले मेरी तलाशी ली गई, फिर मुझे गाड़ी के फर्श पर लेटने को कहा गया और फिर मेरे ऊपर एक कम्बल डाल दिया गया।

हम घंटे भर तक चलते रहे और इस दौरान कोई कुछ नहीं बोला। आखिरकार जब कार रुकी और हम उतरे तो मैंने देखा कि हम किसी मकान के गराज में थे। मुझे ख़ुशी हुई कि इस बार मुझे किसी मिलिट्री कैंप या डिटेंशन सेण्टर नहीं ले

जाया गया था। बाद में मुझे पता चला कि वास्तव में वह एक इज़राइली रिहाइश (सैटलमेंट) का कोई सरकारी मिल्कियत वाला मकान था। वहाँ पहुँचने के बाद एक बार फिर मेरी तलाशी ली गई, इस बार ज़्यादा करीने से। इसके बाद मुझे एक सजे-धजे लिविंग रूम में ले जाया गया, जहाँ कुछ देर इंतज़ार कराने के बाद लोई 'साहब' तशरीफ़ लाए। आते ही उसने मुझसे हाथ मिलाया और मेरे गले लगा।

"कैसा चल रहा है सबकुछ? और जेल में वक़्त कैसा बीता?"

मैंने उसे बताया कि अभी सबकुछ बढ़िया चल रहा था, मगर यह भी कहा कि जेल में मेरा वक़्त ज़्यादा अच्छा नहीं बीता था, ख़ास तौर से इसलिए क्योंकि उसने मुझसे वादा किया था कि मुझे बहुत थोड़े से वक़्त के लिए ही वहाँ रहना पड़ेगा।

"उसके लिए मैं माफी चाहता हूँ, मगर तुम्हारी हिफ़ाज़त के लिए हमें ऐसा करना पड़ा।"

मैं सोचने लगा कि मैंने *मजीद* के लोगों को जो डबल एजेंट वाली बात बताई थी, वो कहीं लोई को मालूम तो नहीं पड़ गई होगी? अगर मैंने झूठ कहा और लोई को सच पता हुआ तो मैं तो गया काम से। मैंने साफ़ रास्ता अपनाने का फैसला किया।

"देखिए," मैंने कहा, "जेल में वे लोग उन कैदियों को टॉर्चर कर रहे थे जिन पर उन्हें इज़राइली जासूस होने का शक था। मेरे पास उन्हें यह बता देने के अलावा कोई और रास्ता नहीं था कि मैं आप लोगों के साथ काम करने के लिए रज़ामंद हो गया था। अपनी आँखों के सामने लोगों को बुरी तरह टॉर्चर होते देखकर मैं डर गया था। जेल के अन्दर यह सब होगा इसको लेकर आप लोगों ने मुझे कभी खबरदार नहीं किया था। आपने कभी मुझे नहीं बताया कि वहाँ मुझे अपने ही लोगों से खतरा होगा। आपने मुझे इस तरह के हालत से निपटने की कोई ट्रेनिंग नहीं दी थी, इसलिए मैं घबरा रहा था। और इसलिए मैंने कह दिया कि मैं आप लोगों के साथ काम करने को इसलिए राज़ी हुआ हूँ ताकि डबल एजेंट बनकर आप लोगों को मार सकूँ।"

यह सब सुनकर लोई हैरान मालूम हुआ, मगर नाराज़ नहीं था। यह तो मुमकिन नहीं था कि उनकी जेल में यह सब हो रहा था और उन्हें इसके बारे में खबर ही न हो। वे इसे रोकना न चाहते हों यह अलग बात थी। पर चूँकि उन्हें पता था, इसलिए वे समझ सकते थे कि क्योंकिर मैं इतना डर गया होऊँगा।

लोई ने अपने अफसर को बुलाया और उसे वह सब कह सुनाया जो मैंने

उससे कहा था। शायद इज़राइल के लिए हमास के लोगों को बतौर इज़राइली जासूस भर्ती करना बहुत मुश्किल काम था, या फिर शेख हसन यूसुफ का बेटा होने के नाते मैं उनके लिए ख़ास तौर से एक बेशकीमती ईनाम था; वजह चाहे जो भी रही हो, पर उन्होंने मेरी उस 'खता' को नज़रअंदाज़ करने का फैसला लिया।

ये इज़राइली वैसे तो बिल्कुल भी नहीं थे जैसी मैंने इनके होने की उम्मीद की थी।

लोई ने मुझे कुछ सौ डॉलर्स दिए और कहा कि मैं अपने लिए कुछ कपड़े खरीद लूँ, अपना ख्याल रखूँ और ज़िन्दगी का लुत्फ़ उठाऊँ।

आखिर में उसने कहा, "हम फिर कॉन्टेक्ट करेंगे तुम से।"

क्या? कोई खुफिया मिशन या असाइनमेंट नहीं? कोई गन नहीं? बस नोटों की एक गड्डी और एक झप्पी? इसका तो कोई मतलब नहीं हुआ।

तकरीबन दो हफ़्तों बाद हम फिर से मिले, इस बार बीच यरूशलेम में बने शिन बेट के एक मकान में। शिन बेट के हर ठिकाने पर तमाम सहूलियतें मयस्सर थीं। चारों ओर अलार्म लगे रहते थे और चप्पे-चप्पे पर गार्ड्स तैनात रहते थे। और इस कदर राज़दारी बरती जाती थी कि अड़ोस-पड़ोस वालों को भी यह भनक नहीं लग पाती थी कि अन्दर क्या हो रहा था। ज़्यादातर कमरे लोगों से मुलाक़ात करने के हिसाब से ही सजाए गए थे। मुझे कभी भी अकेले एक कमरे से दूसरे कमरे में जाने की इजाज़त नहीं मिली। साथ में कोई न कोई ज़रूर होता था। इसलिए नहीं कि उन्हें मुझ पर भरोसा नहीं था, बल्कि इसलिए क्योंकि वे नहीं चाहते थे कि मैं शिन बेट के दूसरे लोगों की नज़र में आऊँ। 'एक्स्ट्रा' एहतियात कह लीजिए इसे।

इस दूसरी मुलाक़ात में शिन बेट के लोगों का मेरे साथ बर्ताव बहुत ही दोस्ताना था। वे लोग बहुत अच्छी अरबी बोलते थे और उनकी बातों से साफ़ था कि वे मुझे, मेरे परिवार को और मेरे कल्चर को बहुत अच्छी तरह समझते थे। मेरे पास हमास से जुड़ी कोई जानकारी नहीं थी और न ही उन्होंने माँगी। हमने खाली ज़िन्दगी के आम पहलुओं के बारे में वैसी ही बातें कीं जैसी दोस्तों के बीच होती हैं।

उनका यह बर्ताव मेरी समझ से परे था। मैं यह जानने के लिए बेताब था कि आखिर वे मुझसे क्या काम लेना चाहते थे। जेल में मैंने जिस तरह की फाइल्स पढ़ीं और कॉपी की थीं, उनके चलते मुझे यह भी डर लग रहा था कि कहीं वे मुझसे वैसे ही काम करने को न कहने लगें। मसलन, जाकर अपनी बहन के साथ या अपनी पड़ोसन के साथ सेक्स करो और उसका वीडियो बनाकर हमें दो। लेकिन ऐसा कुछ

कभी नहीं हुआ।

इस दूसरी मुलाक़ात के आखिर में लोई ने मुझे पिछली बार से दुगनी रकम पकड़ा दी। महीने भर के अन्दर मैं उससे तकरीबन आठ-सौ डॉलर्स पा चुका था। उन दिनों एक बीस साल के लड़के के लिए यह बहुत बड़ी रकम थी। और वो भी तब जबकि इसके बदले मैंने शिन बेट को कुछ भी नहीं दिया था। बल्कि सच बात तो यह थी कि शिन बेट एजेंट के रूप में काम करते हुए पहले कुछ महीनों में मैंने उन्हें बताया कम और उनसे जाना ज़्यादा।

मेरी ट्रेनिंग की शुरुआत कुछ बुनियादी नियम-कायदे समझाए जाने से हुई। मुझे बदफेली (व्यभिचार) नहीं करनी थी, क्योंकि इससे मेरी पहचान उजागर हो सकती थी। सख्त हिदायत देकर कहा गया कि जब तक मैं उनके लिए काम कर रहा था तब तक मैं अपनी बीवी को छोड़कर किसी और औरत से (चाहे वो इज़राइली हो या फिलिस्तीनी) ताल्लुकात बनाने के बारे में सोचूँ भी नहीं। अगर मैंने ऐसा किया तो मेरा काम तमाम हो जाएगा। और यह भी हिदायत दी गई कि मैं अपनी डबल-एजेंट वाली कहानी किसी और को न सुनाऊँ।

जब भी हम मिले, मुझे उनसे ज़िन्दगी, इन्साफ और हिफ़ाज़त के बारे में और ज़्यादा जानने-सीखने को मिला। शिन बेट वाले मुझसे बुरे काम करवाने के लिए मुझे भीतर से तोड़ने या कमज़ोर करने की कोशिश नहीं कर रहे थे। उल्टा वे तो मेरी शख्सियत को मज़बूत करने, मुझे पहले से ज़्यादा लायक और दानिशमंद बनाने की जीतोड़ कोशिशों में लगे थे।

जैसे-जैसे वक़्त बीता, मैं इज़राइलियों को मारने के अपने मंसूबे पर सवालिया निशान खड़े करने लगा।

ये लोग कितने रहमदिल थे! इन्हें मेरी कितनी परवाह थी! *मैं क्यों इन्हें मारना चाहूँगा?* मुझे हैरानी हुई यह देखकर कि मेरे मन में अब उनको मारने की इच्छा थी ही नहीं।

ठीक बात है कि हमारी ज़मीन पर इज़राइल का कब्ज़ा ख़त्म नहीं हुआ था। अल-बिरेह के कब्रिस्तान में अभी भी इज़रायली सैनिकों द्वारा मारे गए फ़िलिस्तीनी आदमियों औरतों और बच्चों की लाशें उतनी ही तादाद में दफनाई जा रही थीं। न ही मैं जेल ले जाए जाते समय की मार भूला था और न ही एक ज़रा-सी कुर्सी पर चौबीसों घंटे बंधे रहने वाले दिन मेरे ज़ेहन से निकले थे।

मगर भूला तो मैं मैगिद्दो के शामियानों में गूँजने वाली दर्द भरी चीखें भी नहीं

था। भूला तो मैं उस आदमी को भी नहीं था जो हमास के आतताइयों से बचने के लिए रेज़र वायर की फेंस को फाँदते समय कपड़ों के साथ-साथ अपने बदन को भी जगह-जगह से उधड़वा चुका था और इज़राइली गार्ड की मशीनगन का निशाना बनने से बाल-बाल बचा था। मेरी समझ और ज़हनियत (बुद्धिमानी) बढ़ रही थी। और मुझे समझदार और ज़हीन बनाने वाले लोग कौन थे? मेरे दुश्मन! लेकिन क्या वे वाकई मेरा भला चाहते थे? या फिर वे ऐसा सिर्फ मेरा इस्तेमाल करने की गरज से कर रहे थे? मैं पहले से कहीं ज़्यादा उलझन में पड़ गया था।

एक मुलाक़ात के दौरान लोई ने मुझसे कहा, "चूँकि तुम हमारे साथ काम कर रहे हो, इसलिए हम तुम्हारे वालिद को रिहा करने का सोच रहे हैं, ताकि तुम उनके करीब रह सको और यह देख सको कि कब्ज़े वाले इलाकों (फिलिस्तीनी क्षेत्र) में क्या चल रहा है।" मुझे नहीं पता था कि इसकी कोई सूरत भी थी, मगर मैं अब्बा को वापस पाने के ख़याल से खुश था।

बाद के सालों में मैंने और अब्बा ने जेल के अपने-अपने तजुर्बे आपस में बाँटे। उन्होंने वहाँ जो कुछ भी भुगता उसके बारे में वह ज़्यादा तफ्सील से बात करना पसंद नहीं करते थे, मगर उन चीज़ों की जानकारी देना ज़रूरी समझते थे जो उन्होंने मैगिद्दो में रहने के दौरान सही की थीं। उन्होंने बताया कि एक दिन वह *मिवार* में बैठे टीवी देख रहे थे कि तभी किसी ने टीवी के सामने वह लकड़ी का फट्टा गिरा दिया।

इस पर उन्होंने एमीर से कहा, "अगर आप लोग इसी तरह टीवी के सामने यह फट्टा गिराते रहेंगे तो मैं टीवी देखना छोड़ दूँगा।" मजबूरन उन लोगों को वह फट्टा उतारना पड़ा और उस दिन के बाद से वह अहमकाना सिलसिला ख़त्म हो गया। और जब उन्हें असली जेल परिसर में भेजा गया तो उन्होंने वहाँ चल रहे टॉर्चर के खेल को बंद कराने में भी कामयाबी हासिल की। उन्होंने *माजीद* वालों से उनकी सारी फाइलें हासिल कीं, उनको ध्यान से पढ़ा और पाया कि तकरीबन 60% संदिग्ध लोग बेगुनाह थे। तब उन्होंने उन लोगों के घरवालों, जात-बिरादरी वालों और गाँव या शहर वालों को इस बात की खबर भिजवाई कि उन लोगों पर लगाए गए इल्ज़ामात झूठे थे। इन बेक़सूर लोगों में अकेल सोरौर भी शामिल था। उसकी बेगुनाही का जो सर्टिफिकेट अब्बा ने उसके गाँव भिजवाया वह बेशक दरिंदगी की उन यादों को नहीं मिटा सकता था जो अकेल के ज़ेहन में दर्ज हो चुकी थीं, मगर कम से कम अब वह बाकी की ज़िन्दगी इज़्ज़त और इत्मीनान से तो बसर

कर सकता था।

अब्बा के जेल से रिहा होने के बाद मामू इब्राहिम उनसे मिलने आए। अब्बा ने उनको भी बताया कि कैसे उन्होंने मैगिद्दो में हो रहे टॉर्चर को बंद करा दिया था और कैसे उन्होंने पाया था कि *माजीद* के द्वारा जासूस होने का इल्ज़ाम आयद किए गए ज़्यादातर लोग, जिनकी ज़िंदगियाँ और परिवार इसके चलते बर्बाद हो गए थे, बेगुनाह थे। मामू इब्राहिम ने ऐसा जताया जैसे उन्हें इस बात का पता ही नहीं था। और जब अब्बा ने अकेल का ज़िक्र किया तो वह कहने लगे कि उन्होंने तो अकेल को बचाने की बहुत कोशिश की थी और *माजीद* से कहा भी था कि अकेल जासूस हो ही नहीं सकता था।

"अल्लाह का लाख-लाख शुक्र है कि तुमने उसे उस मुसीबत से निकाल लिया!" मामू इब्राहिम ने भला बनकर दिखाते हुए कहा।

मैं उनके इस पाखंड को बर्दाश्त नहीं कर सका और कमरे से बाहर चला गया।

अब्बा ने यह भी बताया कि मैगिद्दो में रहने के दौरान उन्हें पता चला था कि कैसे मैंने *माजीद* वालों को अपनी डबल एजेंट बनने वाली बात बताई थी। पर वो इससे खफा नहीं थे। उन्होंने बस इतना कहा कि यह मेरी बेवकूफी थी जो मैंने उनसे इस बारे में बात करने की भी सोची।

"मैं जानता हूँ अब्बा," मैंने कहा। "और मैं आपसे वादा करता हूँ कि आपको मेरी चिंता करने की ज़रूरत नहीं पड़ेगी। मैं अपना ख़याल खुद रख सकता हूँ।"

"सुनकर अच्छा लगा," उन्होंने कहा। "पर अब से थोड़ी ज़्यादा एहतियात बरतना। तुमसे ज़्यादा भरोसा मुझे और किसी पर नहीं है।"

उसी महीने जब मैं लोई से मिला तो उसने कहा, "अब तुम्हारे काम शुरू करने का वक़्त आ गया है। अब मैं तुम्हें बताता हूँ कि हम तुमसे क्या करवाना चाहते हैं।"

आखिरकार, मैंने सोचा।

"तुम्हारा असाइनमेंट है कॉलेज जाना और स्नातक (बेचलर) की डिग्री हासिल करना।"

फिर उसने मुझे पैसों से भरा एक लिफाफा थमाया।

"ये पैसे तुम्हारी पढ़ाई-लिखाई के खर्च और बाकी ज़रूरतों के लिए काफी होंगे। कम पड़ें तो मुझे बता देना"

एकबारगी तो मुझे यकीन ही नहीं हुआ। मगर फिर मुझे लगा कि इज़राइलियों

की नज़र से देखा जाए तो इसमें उनका ही फायदा था। मुझे लिखाना-पढ़ाना, काबिल बनाना उनके लिए फायदे का सौदा था। इज़राइल की सुरक्षा एजेंसी के लिए किसी ऐसे आदमी के साथ काम करना अक्लमंदी नहीं होती जो कम पढ़ा-लिखा हो या जिसमें किसी भी काम में कामयाब होने की काबिलियत न हो। इसके अलावा एक बात यह भी थी कि नाकामयाब या नाकारा या लूज़र समझा जाना मेरी अपनी सेहत के लिए भी खतरनाक साबित हो सकता था, क्योंकि फिलिस्तीनी इलाकों में यह माना जाता था कि लूज़र किस्म के लोग ही इज़राइलियों के साथ काम करने को राज़ी होते थे। हालाँकि यह सोच सिरे से गलत थी, क्योंकि ऐसे लोग शिन बेट के भी किसी काम के नहीं थे।

इसलिए मैंने बिरज़िट यूनिवर्सिटी में अप्लाई कर दिया। पर उन्होंने मुझे दाखिला देने से मना कर दिया क्योंकि हाई स्कूल में मेरे नंबर बहुत कम थे। मैंने उन्हें बताया कि मैं पढ़ने में हमेशा से ही अच्छा रहा था, पर हाई स्कूल इम्तिहान से ऐन पहले किन्हीं नाकाबिल-ए-तस्सव्वुर (अकल्पनीय) हालात के चलते मुझे जेल जाना पड़ गया था, जिसकी वजह से मेरी पढ़ाई पर से तवज्जो हट गयी थी। मैंने उन्हें यकीन दिलाने की भरसक कोशिश की कि यदि वे मुझे दाखिला दे दें तो मैं एक काबिल स्टूडेंट बनकर दिखाऊँगा। मगर उन्होंने कहा कि वे अपने कायदे किसी के लिए नहीं बदल सकते। नतीजतन मेरे पास अल-कुद्स ओपन यूनिवर्सिटी में दाखिला लेने और घर पर पढ़ाई करने के अलावा कोई और चारा नहीं बचा।

इस बार मैंने अच्छे से पढ़ाई की। मैं पहले से ज़्यादा दानिशमंद हो गया था और पढ़ाई को लेकर पहले से ज़्यादा ख्वाहिशमंद भी था। और इसका श्रेय किसको जाता था? मेरे दुश्मनों को।

मैं जब भी शिन बेट के अपने हैंडलरों (अफसरान) से मिलता तो वे मुझसे कहते, "तुम्हें किसी भी चीज़ की ज़रूरत पड़े तो हमें बोलना। तुम्हें वूजु करना है, कर लो। नमाज़ पढ़ना है, पढ़ लो। किसी भी चीज़ से डरने की ज़रूरत नहीं है।" वे मुझे जो कुछ भी खाने-पीने को देते थे वह इस्लामिक नियम-कायदों के खिलाफ नहीं होता था। वे इस बात का बहुत ध्यान रखते थे कि कोई ऐसा काम या बर्ताव न करें जो मुझे नागवार गुज़र सकता हो, मसलन वे मेरे सामने शॉर्ट्स नहीं पहनते थे। वे कभी भी डेस्क पर पैर रखके, यानी कि मेरे चेहरे की तरफ पैर करके नहीं बैठते थे। उनका बर्ताव हमेशा ही बहुत अदब वाला होता था। और इसी वजह से मैं उनसे ज़्यादा से ज़्यादा सीखने का तमन्नाई रहता था। वे मुझसे फ़ौजी मशीनों की तरह पेश नहीं आते थे। वे इंसान थे और मुझे भी इंसान ही मानते थे। हर बार जब मैं

उनसे मिलता था तो दुनिया को देखने के मेरे नज़रिए की बुनियाद थोड़ी और दरक जाती थी, मेरी सोच-समझ का दायरा थोड़ा और बढ़ जाता था।

मेरे कल्चर ने (मेरे अब्बा ने नहीं) मुझे सिखाया था कि इज़राइल डिफेन्स फोर्सेस के फ़ौजी जवान और इज़राइली लोग मेरे दुश्मन थे। मेरे अब्बा इज़राइली फ़ौजी जवानों को दुश्मनों की तरह नहीं बल्कि उन इंसानों की तरह देखते थे जो एक फ़ौजी के तौर पर सिर्फ अपना फ़र्ज़ निभा रहे होते थे। उन्हें समस्या इज़राइली लोगों से नहीं थी वरन उन लोगों को फिलिस्तीनी लोगों को दुश्मनों की तरह देखने और उनसे नफरत करने को उकसाने वाले ख्यालों और मंसूबों से थी।

लोई बहुत कुछ मेरे अब्बा जैसा था। अब्बा से इतनी समानता तो मैंने किसी फिलिस्तीनी में भी नहीं देखी थी जितनी मुझे लोई में दिखती थी। वह अल्लाह में यकीन नहीं रखता था, फिर भी उसके दिल में मेरे और मेरे यकीन के लिए पूरी-पूरी इज़्ज़त थी।

तो अब मेरा दुश्मन कौन था?

मैंने मैगिद्दो में होने वाले टॉर्चर के बारे में जब शिन बेट से बात की तो उसने बताया कि उन्हें इस बारे में सबकुछ पता था। कैदियों की हर हरकत, उनकी कही गई हर बात रिकॉर्ड होती थी। शिन बेट को ब्रेड की लोई से बनाई गईं गेंदों के ज़रिए लिए-दिए जाने वाले पैगामों, टॉर्चर की वारदातों और सेक्शन-1 और सेक्शन-3 के बीच फेंसिंग में किए गए छेद के बारे में भी सबकुछ पता था।

"तो फिर आप लोगों ने कभी इसे रोका क्यों नहीं?"

"पहली बात तो यह कि हम इस तरह की ज़ेहनियत को नहीं बदल सकते। हमास के लोगों को एक-दूसरे से मुहब्बत से पेश आना सिखाना हमारा काम नहीं है। हमारे बीच में पड़कर यह कहने से कि 'एक-दूसरे को टॉर्चर करना बंद करो; एक-दूसरे को मारना बंद करो,' सब ठीक नहीं हो जाएगा। दूसरी बात, हमास भीतर से खुद को जितना नुकसान पहुँचाता है उतना इज़राइल उसे बाहर से नहीं पहुँचा सकता।"

दुनिया की मेरी जो समझ थी वो धीरे-धीरे बदल रही थी। मेरे सामने एक नयी ही दुनिया उजागर हो रही थी, जिसे समझने की दिशा में मैं कदम-दर-कदम आगे बढ़ रहा था। हर बार शिन बेट से मिलने पर मैं कुछ न कुछ नया सीखता था - अपनी ज़िन्दगी के बारे में, दूसरों के बारे में। नहीं, यह किसी बात को बारम्बार दुहराकर या भूखा रखकर या नींद से महरूम रखकर किसी को अपनी सोच बदलने

के लिए मजबूर करने वाला काम नहीं था। इज़राइली मुझे जो सिखा और बता रहे थे वो मेरे अपने लोगों द्वारा बताई और सिखाई गईं बातों से कहीं ज़्यादा माकूल और असल था।

मेरे अब्बा मुझे ये सब नहीं सिखा पाए थे क्योंकि उनका ज़्यादातर वक़्त जेल में बीतता था। वैसे ईमानदारी से कहूँ तो मुझे नहीं लगता कि वे अगर मेरे साथ होते तब भी मुझे ये सब सिखा पाते, क्योंकि इनमें से ज़्यादातर बातें उन्हें खुद ही नहीं पता थीं।

ओल्ड यरूशलेम सिटी में दाखिल होने के लिए इसकी चारदीवारी में जो सात अतीक (प्राचीन) दरवाज़े हैं, उनमें से एक दरवाज़ा बाकियों की तुलना में कहीं ज़्यादा नक़्क़ाशीदार (अलंकृत) है। इसे 'दमिश्क गेट' के नाम से जाना जाता है। तकरीबन पाँच सौ साल पहले 'सुलेमान द मैग्निफ़िसेंट' (ओटोमन सल्तनत का महान सुल्तान) द्वारा बनवाया गया यह विशाल दरवाज़ा उत्तरी दीवार के लगभग बीच में बना है। गौरतलब है कि यह दरवाज़ा लोगों को उस जगह से ओल्ड यरूशलेम सिटी में दाखिल कराता है जिस जगह तारीखी (ऐतिहासिक) मुस्लिम क्वार्टर और क्रिश्चियन क्वार्टर की सीमाएँ आपस में मिलती हैं।

पहली सदी में *साऊल ऑफ़ टॉरसस* नाम का एक आदमी दमिश्क जाते हुए इस दरवाज़े (उस समय इसका रूप अलग था) से गुज़रा था। दमिश्क जाने के पीछे उसका मकसद वहाँ पनप रहे एक नए यहूदी फिर्के (संप्रदाय) का बेरहमी से दमन करना था, क्योंकि वह इस फिर्के के लोगों को काफिर (विधर्मी) मानता था। जिन लोगों को वह इस दमन का शिकार बनाना चाहता था, वे ही आगे चलकर क्रिश्चियन या ईसाई कहलाए। लेकिन इस दरवाज़े से गुज़रते समय उसकी किसी से एक हैरतअंगेज़ मुलाक़ात हुई, जिसके चलते वह अपनी मंज़िल तक नहीं पहुँच पाया, साथ ही उसकी ज़िन्दगी भी हमेशा-हमेशा के लिए बदल गई।

इस तारीखी जगह की फिज़ाओं में रची-बसीं इन तारीखी कहानियों से वाकिफ होने के चलते मुझे शायद इस बात से हैरान नहीं होना चाहिए था कि एक दिन मुझे भी यहीं एक ऐसी हैरतअंगेज़ मुलाक़ात का मौका मिलेगा जिससे मेरी ज़िन्दगी भी हमेशा-हमेशा के लिए बदल जाएगी। हुआ यूँ कि एक दिन मैं अपने जिगरी दोस्त जमाल के साथ दमिश्क गेट से गुज़र रहा था कि अचानक किसी ने

मुझे आवाज़ लगाई।

मैंने देखा कि करीब ही एक लड़का खड़ा था। तीस के आसपास की उम्र का लग रहा था। "तुम्हारा नाम क्या है?" उसने मुझसे अरबी में पूछा, हालाँकि वह अरब नहीं था।

"मेरा नाम मोसाब है।"

"कहाँ जा रहे हो मोसाब?"

"घर जा रहे हैं। हम लोग रमल्लाह में रहते हैं।"

"मैं यूनाइटेड किंगडम (ब्रिटेन) से हूँ," अबकी बार उसने अंग्रेज़ी में कहा। आगे उसने और भी बहुत कुछ कहा, पर चूँकि उसका अंग्रेज़ी बोलने का लहज़ा ठेठ ब्रिटिश था, इसलिए मुझे उसकी बातें थोड़ी-थोड़ी ही समझ में आईं। उस थोड़े-थोड़े से मैंने यह जाना कि वह जो कुछ भी कह रहा था उसका रिश्ता ईसाईयत और उस स्टडी ग्रुप (अध्ययन समूह) से था जिसके मेम्बरान वेस्ट यरूशलेम में बने किंग डेविड होटल के करीब वाईएमसीए बिल्डिंग में इकट्ठे हुए थे।

मुझे इस बिल्डिंग का पता मालूम था। उस समय चूँकि मेरे पास करने को ख़ास कुछ था नहीं, इसलिए मैं थोड़ा ऊबा हुआ था ही, तो मुझे लगा कि ईसाईयत के बारे में जानना एक दिलचस्प काम होगा। जब मुझे इज़राइलियों से इतना कुछ सीखने को मिल रहा था, तो हो सकता था कि दूसरे 'काफ़िरों' के पास भी मुझे सिखाने के लिए कोई कीमती बात हो। और फिर यह भी था कि मैं अब तक इतने अलग-अलग किस्म के लोगों के साथ रह चुका था- कहने भर के मुसलमान, कट्टर मुसलमान, काफ़िर, पढ़े-लिखे, अनपढ़, दक्षिणपंथी, वामपंथी, यहूदी, गैर-यहूदी- कि अब मुझे किसी के भी साथ उठने-बैठने में कोई दिक्कत नहीं मालूम होती थी। और यह जो लड़का मुझसे बात कर रहा था, यह मुझे एक सीधा-सादा बंदा मालूम हुआ जो मुझे कुछ लोगों के साथ बैठकर ईसाईयत पर कुछ बातें करने भर को कह रहा था, न कि अगले चुनाव में जीसस को वोट देने के लिए।

"क्या कहते हो?" मैंने जमाल से पूछा। "चलना चाहिए?"

जमाल और मैं बचपन से ही एक-दूसरे को जानते थे। हम साथ-साथ स्कूल जाते थे, साथ-साथ पत्थरबाज़ी करते थे और साथ-साथ ही मस्जिद में नमाज़ पढ़ते थे। जमाल छः फीट तीन इंच की कदकाठी वाला एक बाँका नौजवान था, पर बोलता बहुत कम था। शायद ही कभी उसने खुद से कोई बात शुरू की हो। पर वो श्रोता बहुत अच्छा था। शायद इसीलिए हमारे बीच आज तक कभी किसी बात

को लेकर कोई बहस नहीं हुई थी, एक बार भी नहीं।

साथ-साथ बड़े होने के अलावा हम लोग मैगिद्दो जेल में भी साथ ही थे। दंगों के दौरान सेक्शन-5 के आग में जल जाने के बाद जमाल और मेरे चचेरे भाई यूसुफ़ को सेक्शन-6 में भेज दिया गया था और वहीं से दोनों की रिहाई हुई थी।

जेल ने उसे बहुत बदल दिया था। उसने मस्जिद जाना और इबादत करना छोड़ दिया था और सिगरेट पीने लगा था। असल में वो डिप्रेशन का शिकार हो गया था, दिन भर घर में पड़ा-पड़ा टीवी देखता रहता था। जब हम मुश्किल दौर से गुज़रते हैं तो हमारी जो अकीदत (आस्था) होती है किसी ऐसी ताकत में जो इस पूरी कायनात को संभाले हुए है और हर मुश्किल को झेल जाने में हमारी मदद करती है, उसके सहारे हम खुद को टूटने और बिखरने से बचाने में कामयाब हो जाते हैं। मेरे पास तो यह अकीदत थी, पर जमाल एक ऐसे ला-मज़हबी (धर्मनिरपेक्ष) परिवार से था जो इस्लाम पर अमल नहीं करता था, इसीलिए उसके पास ऐसा कोई सहारा नहीं था जो उसे जेल में बिताए मुश्किल समय में टूटने से बचा पाता।

मेरे सवाल के जवाब में जमाल ने जब मेरी तरफ देखा तो मुझे साफ़ समझ में आया कि उसका भी मन था बाइबिल स्टडी के लिए जाने का। वो भी इसके लिए उतना ही उत्सुक था जितना कि मैं। वो भी उतना ही ऊबा हुआ था, जितना कि मैं। लेकिन पता नहीं किस चीज़ ने उसके बढ़ते क़दमों को रोक लिया।

"तुम अकेले ही हो आओ," उसने कहा। "घर लौटकर फोन करना।"

बहरहाल, वाईएमसीए इमारत के ग्राउंड फ्लोर के एक पुराने स्टोरफ्रंट (दुकान का सामने का हिस्सा) में उस शाम हम तकरीबन पचास लोग इकट्ठा हुए थे, जिनमें से ज़्यादातर स्टूडेंट ही थे। मेरी ही उम्र के, मगर अलग-अलग मज़हबों और नस्लों के। वहाँ जो भी कुछ कहा जा रहा था वो अंग्रेज़ी में था, पर वहाँ मौजूद कुछेक लोग उसका अरबी और हिब्रू में अनुवाद करके बता रहे थे।

घर लौटकर मैंने जमाल को फोन किया।

"कैसा था?" उसने पूछा।

"बहुत ही बढ़िया," मैंने कहा। "उन्होंने मुझे 'न्यू टेस्टामेंट' की दो कॉपीज़ तोहफे में दीं, एक अंग्रेज़ी में है और दूसरी अरबी में। नए लोग, नया कल्चर; मज़ा आया मुझे।"

इस पर जमाल बोला, "मोसाब, मुझे नहीं पता कि जो तुम कर रहे हो वो ठीक

है या नहीं, लेकिन अगर हमारे लोगों को पता चला कि तुम ईसाईयों के साथ इस तरह मेलजोल बढ़ा रहे हो तो तुम्हारे लिए खतरनाक हो सकता है।”

मुझे पता था कि जमाल मेरे भले की ही सोच रहा था, मगर मैं इसे लेकर ज़्यादा फिक्रमंद नहीं था। अब्बा ने हमेशा हमें अपने दिल-ओ-दिमाग खुले रखना सिखाया था। उनका हमेशा कहना रहता था कि हमें सभी के साथ मुहब्बत से पेश आना चाहिए, यहाँ तक कि उन लोगों के साथ भी जिनके मज़हबी ख़याल हमसे जुदा हैं। मैंने अपनी गोद में रखी बाइबिल को देखा। मेरे अब्बा के पास एक बड़ी-सी लाइब्रेरी थी, जिसमें पाँच हज़ार से भी ज़्यादा किताबें थीं। उनमें एक बाइबिल भी शामिल थी। बचपन में मैंने उस बाइबिल में से ‘साँग ऑफ़ सोलोमन’ के कुछ कामुक अंश पढ़े थे, मगर उससे ज़्यादा कभी नहीं पढ़ा। यह ‘न्यू टेस्टामेंट’ मगर तोहफा था। चूँकि अरब कल्चर में तोहफे में मिली चीज़ों की बहुत कद्र की जाती है, इज़्ज़त की जाती है, इसलिए मैंने सोचा कि मुझे कम से कम इसे पढ़ तो लेना ही चाहिए।

मैंने शुरू से पढ़ना शुरू किया और ‘सरमॉन ऑन दि माउंट’ तक पहुँचते-पहुँचते मैं सोचने लगा, *वाह यार, यह बंदा जीसस तो सच में कमाल है! कितनी अच्छी-अच्छी बातें कही हैं इसने।* मैंने एक बार जो किताब खोली तो फिर उसे बंद करके रखने का मन ही नहीं हुआ। इसका हरेक लफ़्ज़ मानो मेरी ज़िन्दगी के किसी गहरे घाव को छू रहा था। इसका पैगाम बहुत ही सीधा-सरल था, मगर फिर भी इसमें मेरी ज़ख़्मी रूह को शिफा बख़्शने (उपचारित करने) और मुझमें उम्मीद जगाने की ताकत थी।

फिर मैंने यह पढ़ा: “अभी तक तुमने लोगों को यह कहते सुना होगा कि ‘अपने पड़ोसी से प्यार करो और अपने दुश्मन से नफरत।’ मगर मैं तुमसे कहता हूँ: अपने दुश्मनों से प्यार करो और जिन्होंने तुम्हें सताया है उनके लिए दुआ करो कि उनके गुनाह बख़्श दिए जाएँ, ताकि तुम सही मायनों में जन्नत में बैठे अपने ‘वालिद’ (परमपिता परमेश्वर) के ‘फ़रज़न्द’ कहला सको; वो परमपिता भी तो अच्छे और बुरे में भेद किए बिना अपने सूरज की रोशनी सभी पर समान रूप से बिखेरता है और इन्साफ-पसंद और नाइंसाफी करने वालों में फर्क किए बिना अपने बादलों से सभी पर समान रूप से बारिश कराता है।” (मैथ्यू 5:43-45)।

यही तो वो बात है! इन शब्दों को पढ़ते ही मेरे दिल-ओ-दिमाग में बिजली-सी कौंध गई। इस तरह की कोई बात मैंने पहले कभी नहीं सुनी थी, मगर फिर भी

मैं जानता था कि यही वो बात थी जिसे मैं ज़िन्दगी से तलाश करता आ रहा था।

बरसों से मैं यही पहचानने की जद्दोजहद में पड़ा था कि असल में मेरा दुश्मन था कौन और अभी तक मेरी तलाश इस्लाम और फिलस्तीन की सरहदों के पार ही रुकी हुई थी। मगर अचानक से मुझे समझ आ गया कि इज़राइली मेरे दुश्मन नहीं थे। न ही हमास था। न ही मामू इब्राहिम थे। न ही वह फ़ौजी था जिसने जीप में ले जाते समय अपनी M16 राइफल के बट से मुझ पर वार किए थे। और न ही वनमानुष जैसा दिखने वाला डिटेंशन सेण्टर का वह गार्ड मेरा दुश्मन था। मुझे दिखाई पड़ने लगा कि अपने से अलग मुल्क, मज़हब, या चमड़ी के रंग वाले लोगों को दुश्मन समझना नासमझी थी। मुझे समझ आ गया कि असल में हम सब के दुश्मन एक ही हैं : लालच, घमंड, सभी तरह के बुरे खयालात और हमारे भीतर मौजूद शैतान का अँधेरा।

इसका मतलब था कि मैं किसी से भी (या कहें कि सभी से) प्यार कर सकता था। हमारे असली दुश्मन बाहर नहीं बल्कि हमारे अपने भीतर थे।

जीसस के ये लफ्ज़ अगर मैंने पाँच साल पहले पढ़े होते तो शायद मैं सोचता, 'कैसा बेवक़ूफ़ इंसान है ये!' और बाइबिल को एक तरफ पटक देता। मगर पिछले पाँच सालों में मुझे अपने पागल कसाई पड़ोसी, अपने घर के लोगों, अब्बा के जेल में होने के वक़्त मुझे पीटने वाले मज़हबी नेताओं और खुद मैगिद्दो में बिताए दिनों की वजह से जो तजुर्बात हासिल हुए थे उन सबने मिलकर मुझे जीसस के इन लफ़्ज़ों में छिपे सच की ख़ूबसूरती और ताकत को समझने के लिए बखूबी तैयार कर दिया था। इन लफ़्ज़ों को पढ़कर मेरे मन में बस यही आया, कमाल है! *कितना इल्म था इस आदमी के पास!*

जीसस कहते थे, "दूसरों को कसूरवार मत ठहराओ, नहीं तो दूसरे भी तुम्हें ठहराएँगे।" (मैथ्यू 7:1)। कितना फर्क था जीसस और अल्लाह के बीच! इस्लाम का ईश्वर, यानी कि अल्लाह सिर्फ और सिर्फ दूसरों को कसूरवार ठहराने में यकीन रखता था और अरब समाज उसी अल्लाह के दिखाए रास्ते पर चल रहा था।

जीसस ने कातिबों (पोथी पंडितों) और फरीसियों (कट्टरपंथियों) की उनके पाखंडी बर्ताव के लिए जमकर लानत-मलामत की थी। मेरी आँखों के सामने मामू इब्राहिम की सूरत घूमने लगी। मुझे वो वाकिया याद आने लगा जब उन्हें किसी ख़ास कार्यक्रम में शामिल होने का न्यौता दिया गया था और वहाँ जाकर उन्होंने इस बात पर हंगामा खड़ा कर दिया था कि उन्हें सबसे अच्छी सीट क्यों नहीं दी गई

थी। मुझे ऐसा लग रहा था मानो जीसस ये सारी बातें मामू इब्राहिम और इस्लाम से जुड़े हरेक शेख और इमाम से ही कह रहे थे।

उस किताब में जीसस ने जो भी कुछ कहा था, मुझे एकदम सही लगा। मैं इतना ज़ज्बाती (भाव-विभोर) हो गया कि मेरी आँखों से आँसु बहने लगे।

पहले तो गॉड ने शिन बेट के ज़रिए मुझे यह समझाया था कि इज़राइली मेरे दुश्मन नहीं थे और अब इस न्यू टेस्टामेंट के ज़रिए उसने मुझे हमेशा से परेशान करते चले आ रहे तमाम सवालात के भी जवाब मेरे सामने रख दिए थे। मगर बाइबिल को समझने की दिशा में अभी मुझे एक लम्बा फासला तय करना था। मुस्लिमों को तोराह और बाइबिल समेत गॉड की लिखीं सभी किताबों में अकीदत रखना सिखाया जाता है। मगर साथ ही यह भी कहा जाता है कि इंसानों ने बाइबिल को बदल दिया है, जिसके चलते बाइबिल अब यकीन के काबिल नहीं रही। मोहम्मद के मुताबिक़ कुरान ही ऊपरवाले की हम इंसानों को की गई हिदायतों का आख़िरी और खालिस दस्तावेज़ है। इसलिए सबसे पहले तो मुझे अपने इस यकीन को छोड़ना था कि बाइबिल बदल दी गई थी। उसके बाद यह सोचना था कि कैसे मैं इन दोनों किताबों की बातों को एक साथ ज़िन्दगी में उतारूँ। मतलब, कैसे हो तो इस्लाम और ईसाईयत को साथ लेकर आऊँ। यह कोई छोटी-मोटी चुनौती नहीं थी; कट्टर विरोधियों में सुलह कराने वाली बात थी यह।

जीसस की बातें तो मुझे भा रही थीं; मेरी उन बातों में गहरी अकीदत (आस्था) पैदा हो गई थी, मगर उस वक़्त मैं जीसस को भगवान की तरह नहीं देख रहा था। मगर मेरे जो पैमाने थे वे एकदम से बदल गए थे, क्योंकि अब वे कुरआन के आधार पर नहीं बल्कि बाइबिल के आधार पर तय हो रहे थे।

मैंने न्यू टेस्टामेंट को पढ़ना जारी रखा और फिर बाइबिल पढ़ने की दिशा में कदम बढ़ाए। मैंने चर्च की सर्विसेज़ में भाग लेना शुरू कर दिया और तब मुझे लगा कि यह वो मज़हबी ईसाईयत नहीं थी जो मैं रमल्लाह में देखता था। यह असली ईसाईयत थी। अभी तक मैं जिन ईसाइयों को जानता था, वे पारंपरिक मुस्लिमों से अलग नहीं थे। वे मज़हबी होने का दावा तो करते थे, पर मज़हब को बर्ताव में नहीं उतारते थे।

अब मैं बाइबिल स्टडी ग्रुप के लोगों के साथ पहले से ज़्यादा वक़्त बिताने लगा था और मुझे उनकी सोहबत में बहुत मज़ा आना शुरू हो गया था। हम अक्सर

साथ बैठकर अपनी-अपनी जिंदगी, माहौल और तालीम-ओ-तरबियत के बारे में बात करते थे। ये बातें बहुत दिलचस्प और मानीखेज़ होती थीं। वे लोग हमेशा मेरे कल्चर और मेरे मुस्लिम विरसे (विरासत) को बहुत इज़्ज़त बख्शते थे। और उन लोगों की सोहबत की सबसे बड़ी खासियत यह थी कि उनके साथ रहते समय मुझे किसी पर्देदारी की ज़रूरत महसूस नहीं होती थी; वे मुझे जस का तस तस्लीम करते थे।

बाइबिल पढ़कर और पढ़ने वालों के साथ रहकर मैं जो कुछ भी सीख रहा था उसे मैं अपने कल्चर में उतारना चाहता था, अपने लोगों को समझाना चाहता था, क्योंकि मुझे यह समझ आ चुका था कि हम जो कुछ भी भुगत रहे थे उसका दोष इज़राइली कब्ज़े के सिर नहीं मढ़ा जा सकता था। हमारी समस्या फौजों और सियासतों से हल होने वाली नहीं थी।

मैं ख़ुद से पूछने लगा कि अगर इज़राइल का वजूद ख़त्म हो जाए, अगर सारे यहूदी लोग इस होली लैंड (पवित्र भूमि) को छोड़कर चले जाएँ और सबकुछ फिर से वैसा ही हो जाए जैसा 1948 से पहले था, तब फिलिस्तीनी लोग क्या करेंगे? और जानते हैं मुझे क्या जवाब मिला?

हम तब भी लड़ना जारी रखेंगे। बिना बात। या फिर बेकार की बातों पर। इस बात पर कि फलां लड़की ने हिजाब से सिर क्यों नहीं ढँका। इस बात पर कि कौन सबसे ज़्यादा सख्त और सबसे ज़्यादा अहम था। इस पर कि कायदे-क़ानून कौन बनाएगा और सबसे अच्छी सीट पर कौन बैठेगा।

1999 के आख़िरी महीने चल रहे थे। मैं इक्कीस बरस का हो चुका था। मेरी ज़िन्दगी बदलनी शुरू हो गई थी और मैं जितना ज़्यादा जानता-सीखता जा रहा था, उतनी ही मेरी उलझन बढ़ती जा रही थी।

मैं हर दिन बस यही दुआ करता, "ओ गॉड! या रब! मुझे बता कि सच क्या है। मैं बड़ी उलझन का शिकार हूँ। मेरा दिमाग चकरा रहा है। समझ नहीं आ रहा कि किस ओर जाऊँ।"

दूसरा इंतिफ़ादा

2000 की गर्मियों से बसंत तक

हमास, जो कभी फ़िलिस्तीनियों के बीच एक उभरती हुई ताकत थी, अब जर्जर हालत में था। इसका जो सबसे तगड़ा रकीब (प्रतिद्वंद्वी) था, वो अब हरेक चीज़ पर काबिज़ था।

साज़िशों और सौदेबाज़ियों के ज़रिए पेलिस्टीनियन अथॉरिटी (पीए) ने वो कर दिखाया था जो इज़राइल अपनी सारी मिलिट्री ताकत इस्तेमाल करके भी नहीं कर पा रहा था। इसने हमास के फ़ौजी दस्ते (मिलिट्री विंग) को तबाह कर दिया था और इसके तमाम नेताओं और लड़ाकों को जेलों में ठूँस दिया था। और जो लोग जेल से बच गए थे उन्होंने भी पेलिस्टीनियन अथॉरिटी या इज़राइली कब्ज़े के खिलाफ कुछ और करने की बजाए चुपचाप घर बैठने का फैसला कर लिया। नौजवान फिदायीन थक चुके थे। उनके रहबर (नेता) आपस में लड़ने, गुटबाज़ी करने और एक-दूसरे को ही शक की नज़रों से देखने में मशगूल थे।

मेरे वालिद भी अपने पहले के सूरत-ए-हाल में लौट आए थे। उन्होंने फिर से मस्जिद जाना और मुहाजिर बस्तियों में काम करना शुरू कर दिया था। अब वह जो भी कहते थे अल्लाह के नाम पर कहते थे, न कि हमास नेता के तौर पर। उनकी और मेरी जेल की सज़ाओं के चलते सालों तक अलग रहने के बाद एक बार फिर मुझे उनके साथ वक़्त बिताने और सफ़र करने का मौका मिलने लगा था। एक बार फिर मुझे उनके साथ ज़िन्दगी और इस्लाम पर दिलचस्प बातें करने का मौका मिलने लगा था, जिसकी कमी पिछले दिनों मुझे बहुत खलती रही थी।

मैंने बाइबिल पढ़ना और क्रिश्चिएनिटी के बारे में जानना-सीखना जारी रखा और वक़्त के साथ मैंने पाया कि जीसस ने बारम्बार जिन चीज़ों या खूबियों की बात

की है, मसलन फ़ज़्ल (अनुग्रह), मोहब्बत और इन्किसार (विनम्रता) की, ये सभी चीज़ें मुझे वाकई बहुत लुभाती थीं। हैरानी की बात यह थी कि यही वे खूबियाँ थीं जो लोगों को मेरे वालिद की तरफ खींचती थीं।

जहाँ तक शिन बेट के साथ मेरे ताल्लुकात की बात थी तो चूँकि हमास तकरीबन-तकरीबन खेल से बाहर हो चुका था और पेलिस्टीनियन अथॉरिटी हालात को काबू में रखे हुए थी, ऐसे में मेरे करने के लिए ज़्यादा कुछ बचता नहीं था। अगर कहें कि अब शिन बेट के लोगों से मेरे खाली दोस्ताना ताल्लुकात थे तो गलत नहीं होगा। वे जब चाहते तब मुझसे नाता तोड़ सकते थे, या मैं जब चाहता तब उन्हें अलविदा कह सकता था।

25 जुलाई 2000 को यासर अराफात, अमरीकी सदर (राष्ट्रपति) बिल क्लिंटन और इज़रायली वजीर-ए-आज़म एहुद बराक की भागीदारी वाली कैंप डेविड समिट (शिखर सम्मेलन) ख़त्म हुई। बराक ने अराफात को एक आज़ाद फिलिस्तीन बनाने के लिए वेस्ट बैंक का लगभग 90 फीसदी हिस्सा, पूरी गाज़ा पट्टी और पूर्वी यरूशलेम (नए फिलिस्तीन की राजधानी के तौर पर) देने की पेशकश की। साथ ही एक नया अंतरराष्ट्रीय फण्ड बनाने की भी बात तय हुई ताकि फिलिस्तीनियों को उस ज़मीन-जायदाद का मुआवज़ा दिलाया जा सके जो उनसे छीनी गई थी। 'अमन के लिए ज़मीन' की यह पेशकश लम्बे समय से दुश्वारियाँ झेल रहे फिलिस्तीनी लोगों के लिए एक एतिहासिक मौका था, एक ऐसा सुनहरा मौका जिसके मिलने का तसव्वुर भी बहुत लोगों ने नहीं किया होगा। मगर अराफात को इतने भर से तसल्ली नहीं थी।

अंतररास्ट्रीय स्तर पर यासर अराफात की 'सताए हुए लोगों के हीरो' के तौर पर शोहरत बुलंदियों को छू रही थी। उसकी इस अज़ीम शोहरत को छोड़ने और एक कारआमद निजाम (सुचारू समाज) तैयार करने की ज़िम्मेदारी उठाने में कोई दिलचस्पी नहीं थी। इसीलिए वह जानबूझकर इस बात पर अड़ गया कि सभी फिलिस्तीनी मोहजिरों (शरणार्थियों) को अपनी उन ज़मीनों पर वापस लौटने और बसने की इजाज़त दी जाए जो 1967 से पहले उनकी मिल्कियत थीं। उसे यकीन था कि इज़राइल इस शर्त को किसी भी कीमत पर मंज़ूर नहीं करेगा।

आज हम सभी जानते हैं कि अराफात का यह कदम फिलिस्तीनी लोगों के लिए तारीखी इंकलाब-ए-अज़ीम (एतिहासिक त्रासदी) साबित हुआ, मगर उस समय यासर अराफात अपने अंधे हिमायतियों के बीच एक ऐसे हीरो और नेता के

रूप में लौटा जिसने अमरीकी सदर के मुँह पर उनको न बोलने का हौसला दिखाया था, जिसने पीछे हटना और अपनी शर्तों से कम पर समझौता करना नामंजूर किया था और जो सारी दुनिया के दबाव के आगे भी डटकर खड़ा रहा था।

इसके बाद अराफात दुनिया भर के टेलीविज़न चैनलों पर आया और दुनिया को बताने लगा कि उसके दिल में फिलिस्तीनी लोगों के लिए कितनी मुहब्बत थी और लाखों फिलिस्तीनियों को गंदी मोहाजिर बस्तियों में दोजख जैसी ज़िन्दगी जीते देखकर उसे कितना अफ़सोस होता था।

अब चूँकि मैं अब्बा के साथ जगह-जगह आ-जा रहा था और इसके चलते मुझे अराफात के साथ होने वालीं मुलाकातों में भी शामिल होने का मौका मिल रहा था, तो मैं अपनी आँखों से देख पा रहा था कि उस आदमी को मीडिया की तवज्जो की कितनी ज़्यादा भूख थी। साफ़ दिखाई पड़ रहा था कि उस आदमी को खुद को फिलिस्तीनी चे ग्वारा के रूप में देखे जाने और सुल्तानों, वज़ीर-ए-आज़मों और सदरों (राष्ट्रपतियों) के बराबर माने जाने में कितना मज़ा आने लगा था।

यासिर अराफात ने साफ़ कर दिया कि वह एक ऐसा हीरो बनना चाहता था जिसका नाम इतिहास की किताबों में दर्ज हो। लेकिन मैं जब भी उस आदमी को देखता था तो मेरे मन में यही ख़याल आता था कि हाँ, *इस आदमी का नाम इतिहास की किताबों में ज़रूर ही दर्ज होना चाहिए, मगर किसी हीरो की तरह नहीं बल्कि उस गद्दार के तौर पर जिसने अपने लोगों के कन्धों पर बैठने की चाहत को पूरा करने के लिए उन लोगों को ही बेच खाया; रॉबिनहुड के उस उलटे अवतार के रूप में जिसने गरीबों को लूटकर अपनी तिजोरियाँ भरीं; तवज्जो के भूखे उस गलीज इंसान की तरह जिसने फिलिस्तीनियों के खून के बदले सुर्ख़ियों में बने रहने का सौदा किया।*

इज़राइली खुफिया एजेंसी के मेरे जानकारों की नज़र से यासिर अराफात को देखना और भी दिलचस्प था। "यह आदमी कर क्या रहा है?" शिन बेट के एक अफसर ने एक दिन मुझसे पूछा। "हमने कभी नहीं सोचा था कि हमारे हुक्मरान इतना कुछ छोड़ने को राज़ी हो जाएँगे जितने की पेशकश उन्होंने अराफात को की। कभी नहीं! और फिर भी उसने मना कर दिया!!"

इसमें कोई शक नहीं कि मध्य-पूर्व में अमन-चैन कायम करने और फिलिस्तीनियों के एक आज़ाद मुल्क के ख्वाब को पूरा करने का सुनहरा मौका अराफात के हाथ लगा था, पर उसने उसे ठुकरा दिया। नतीजतन गुपचुप

बदनीयती (भ्रष्टाचार) के हालात बने रहे। मगर यह तूफ़ान से पहले वाला सन्नाटा था। फ़िलिस्तीनियों का खून बहता रहे, इसी में अराफात को अपना ज़्यादा फायदा नज़र आता था। इसके लिए सबसे माकूल औज़ार था एक और इंतिफादा। जैसे ही इंतिफादा शुरू होता और फ़िलिस्तीनियों का खून बहने लगता, वैसे ही एक बार फिर पूरी पश्चिमी दुनिया के खबरिया कैमरों की लाइटें अराफात पर चमकने लगतीं।

दुनिया भर की सरकारों और खबरिया संस्थाओं की आम समझ हमें बताती है कि दूसरे इंतिफादा के नाम से जानी जाने वाली खूनी बगावत जनरल एरियल शेरोन के उस जगह जाने के नतीजे में भड़के फ़िलिस्तीनी गुस्से का खुद-ब-खुद हुआ विस्फोट था जिसे इज़राइल 'टेंपल माउंट कॉम्प्लेक्स' कहता है। मगर जैसा कि हर मामले में होता है, इस बारे में भी सरकारों और खबरिया संस्थाओं की आम राय गलत है।

<hr>

27 सितंबर की शाम अब्बा ने मेरा दरवाज़ा खटखटाया और पूछा कि क्या कल अलस्सुबह की नमाज़ के बाद हम कार से मारवान बरघौटी के घर चल सकते थे?

मारवान बरघौटी फतह (पीएलओ का सबसे बड़ा सियासी गुट) का सेक्रेट्री-जनरल (महासचिव) था। वह एक करिश्माई युवा फ़िलिस्तीनी नेता था, जो आज़ाद फ़िलिस्तीन का कट्टर हिमायती और पेलिस्टीनियन अथॉरिटी और अराफात की सिक्योरिटी फोर्सेस द्वारा की जा रही बद-दियानत (भ्रष्टाचार) और इंसानी हुकूक की इस्मत-दरी (मानवाधिकार हनन) की पुरज़ोर खिलाफत करने वाला शख्स माना जाता था। आम फ़िलिस्तीनी की तरह दिखने वाला छोटे से कद का मारवान ज़्यादातर वक़्त नीली जींस पहने देखा जाता था और फिलिस्तीनी मुल्क बनने की सूरत में उसका पहला सदर (राष्ट्रपति) बनने का बड़ा दावेदार था।

"क्या चल रहा है?" मैंने अब्बा से पूछा।

"शेरोन कल अल-अक्सा मस्जिद जाने वाला है और पेलिस्टीनियन अथॉरिटी का मानना है कि यह एक और इंतिफादा शुरू करने का अच्छा मौका है।"

एरियल शेरोन कंज़रवेटिव लिकुड पार्टी का नेता और इज़राइली वज़ीर-ए-आज़म एहुद बराक की वामपंथी झुकाव वाली लेबर पार्टी का सियासी मुक़ाबिल (राजनीतिक प्रतिद्वंद्वी) था। शेरोन और बराक के बीच सियासी जंग चल रही थी

और शेरोन बराक को पछाड़कर खुद सरकार बनाने के लिए एड़ी चोटी का ज़ोर लगा रहा था।

एक और इंतिफ़ादा? वाकई? पेलिस्टीनियन अथॉरिटी के जिन नेताओं ने कभी अब्बा को जेल में डाला था, वही अब उनसे एक और इंतिफ़ादा शुरू करने में मदद करने के लिए कह रहे थे! कैसा कमीनापन था यह! मेरे लिए यह अंदाज़ा लगाना मुश्किल नहीं था कि इसके लिए उन्होंने अब्बा से संपर्क क्यों साधा था। वे जानते थे कि आम लोग अब्बा से उतनी ही मुहब्बत करते थे जितनी उन्हें पेलिस्टीनियन अथॉरिटी से नफरत और उन पर नाएतबारी थी। अब्बा की कही हर बात को वे मानते ही मानते और पेलिस्टीनियन अथॉरिटी वालों को यह बात पता थी।

वे यह भी जानते थे कि हमास बुरी तरह थके और पिटे हुए मुक्केबाज़ की तरह रिंग के बाहर धराशाई पड़ा था। वे चाहते थे कि अब्बा उसे हिलाएँ-डुलाएँ, उसके मुँह पर पानी के छींटे मारकर उसे होश में लाएँ और एक और राउंड के मुकाबले के लिए दुबारा उसे रिंग में भेजें ताकि पेलिस्टीनियन अथॉरिटी वाले एक बार फिर उसे चारों खाने चित्त करके दुनिया भर के नाज़रीनों (दर्शकों) की वाहवाही लूट सकें। यहाँ तक कि हमास नेताओं ने भी, जो कि सालोंसाल लड़ते हुए पस्त पड़ गए थे, अब्बा को पेलिस्टीनियन अथॉरिटी के नापाक मंसूबों से खबरदार किया था।

उन्होंने उनसे कहा, "अराफात हमें अपनी सियासती भट्ठी के लिए ईंधन के रूप में इस्तेमाल करना चाहता है, बस। उसके इस नए इंतिफ़ादा में ज़्यादा भागीदारी मत कीजिएगा।"

लेकिन अब्बा पेलिस्टीनियन अथॉरिटी के नेताओं की इस पेश-कदमी की अहमियत समझ रहे थे। अगर वह पेलिस्टीनियन अथॉरिटी के लिए काम नहीं करते, या कम से कम ऐसा करते दिखाई नहीं देते, तो वे लोग सीधे-सीधे हमास पर उंगली उठाते और उसे अमन कायम करने की प्रक्रिया को पटरी से उतारने की कोशिश का गुनहगार करार दे देते।

हालत यह थी कि हम चाहे जो भी रास्ता चुनते, हमारी हर हाल में हार ही होनी थी और मैं इस बात से बहुत परेशान था। मगर मैं जानता था कि अब्बा को यह करना ही पड़ेगा, इसलिए अगली सुबह मैं उन्हें मारवान बरघौटी के घर ले गया। वहाँ पहुँचकर हमने दरवाज़ा खटखटाया, पर कोई जवाब नहीं मिला। थोड़ी देर में पता चला कि मारवान अभी सोकर नहीं उठा था।

'इन लोगों की फितरत ही ऐसी है,' मैंने मन ही मन सोचा। 'पहले तो ये लोग अब्बा को अपने अहमकाना मंसूबों में शामिल करते हैं और फिर जब उन मंसूबों को अमली जामा पहनाने की बात आती है तो इनसे बिस्तर तक नहीं छोड़ा जाता।'

"छोड़िए," मैंने अब्बा से कहा। "बेकार परेशान होने का कोई मतलब नहीं है। चलिए कार में बैठिए, मैं आपको यरूशलेम ले चलता हूँ।"

बेशक अब्बा को साथ लेकर उस जगह जाना जहाँ शेरोन आने वाला था, जोखिम भरा काम था क्योंकि ज़्यादातर फिलिस्तीनी कारों को तो यरूशलेम में घुसने की भी इजाज़त नहीं थी। अगर इज़राइली पुलिस किसी फिलिस्तीनी ड्राईवर को ऐसा करते पकड़ लेती तो उसका चालान कर दिया जाता था। मगर अब्बा और मेरा मामला अलग था, हम दोनों अगर वहाँ देख लिए जाते तो शायद तुरंत गिरफ्तार कर लिए जाते। पर जाना भी ज़रूरी था। मैंने पूरी एहतियात बरती, जितना मुमकिन था उतना ख़ास सड़क छोड़कर अगल-बगल के रास्ते पकड़े और इस यकीन के सहारे आगे बढ़ता रहा कि अगर कहीं फँस ही गए तो शिन बेट के मेरे साथी बचा लेंगे।

अल-अक्सा मस्जिद और डोम ऑफ द रॉक; ये दोनों दो अतीक (प्राचीन) यहूदी मंदिरों - दसवीं शताब्दी ईसा पूर्व का 'दि टेम्पल ऑफ़ सोलोमन' और जीसस क्राइस्ट के समय का 'हेरोड दि ग्रेट्स टेम्पल' - के मलबे और आसार-ए-कदीमा (भग्नावशेष) के ऊपर पर बने हैं। इसलिए कोई ताज्जुब नहीं कि कुछ लोग इस जगह को धरती पर मौजूद सबसे ज़्यादा काफूर सिफत (अस्थिर) 35 एकड़ मानते हैं। यह जगह दुनिया के तीनों अज़ीम तौहीदी मज़हबों (महान एकेश्वरवादी धर्मों) की मुक़द्दस जगह (पवित्र स्थल) है। लेकिन साथ ही साथ यह जगह काफिरों (नास्तिकों) के लिए भी उतनी ही अहम और दिलचस्प है, क्योंकि विज्ञान और इतिहास के नज़रिए से देखें तो यह आर्किओलॉजिकल अहमियत वाली जगह है।

शैरोन के इस जगह का दौरा करने से कई हफ़्तों पहले मुस्लिम वक्फ (वहाँ का प्रशासन संभालने वाली इस्लामिक अथॉरिटी) ने टेंपल माउंट कॉम्प्लेक्स को इज़राइल एंटिक्विटी अथॉरिटी द्वारा किसी भी आर्किओलॉजिकल मुआयने के लिए पूरी तरह से बंद कर दिया था। असल में उस समय वहाँ नयी ज़ेर-ए-ज़मीन (भूमिगत) मस्जिदों की तामीर का काम चल रहा था, जिसके लिए उन्होंने ज़मीन की खुदाई में काम आने वालीं बड़ी-बड़ी मशीनें वहाँ बुलवाई थीं। जिस दिन यह सब शुरू हुआ उसी दिन शाम को इज़राइली अखबारों और खबरिया टेलीविज़न

चैनलों पर यहाँ काम कर रहे बुलडोज़रों, जेसीबी मशीनों और मिट्टी व मलबा डंप करने वाले ट्रकों की तस्वीरें तथा वीडियो फुटेज जारी होने लगे। अगले कुछ हफ़्तों में टेम्पल माउंट कॉम्प्लेक्स से तकरीबन तेरह हज़ार टन मलबा ट्रकों की मदद से शहर की डंपिंग साइट्स पर डंप किया गया। इतनी बड़ी तादाद में मलबा निकाले जाने की खबर से पुरातत्वविदों (आर्कियोलॉजिस्ट) के कान खड़े हो गए और जब उन्होंने डंपिंग साइट्स पर जाकर उस मलबे का मुआयना किया तो हैरान रह गए। उसमें बड़ी तादाद में उन अतीक आसारयात के टूटे-फूटे टुकड़े (प्राचीन कलाकृतियों के भग्नावशेष) मौजूद थे जो फर्स्ट और सेकंड टेम्पल पीरियड्स (यहूदी इतिहास का वह वक्फा जब टेम्पल माउंट पर 'दि टेम्पल ऑफ़ सोलोमन' और 'हेरोड दि ग्रेट्स टेम्पल' बनाए गए थे) के थे।

इस खुलासे के चलते बहुत सारे इज़राइलियों को लगने लगा कि हकीकत में मुस्लिम वक्फ का इरादा इस पैंतीस एकड़ के परिसर से यहूदी अतीत का नाम-ओ-निशान मिटाकर उसे पूरी तरह से एक मुस्लिम जगह में तब्दील करने का था। और इसीलिए खुदाई के बहाने हर उस आर्किओलॉजिकल (पुरातात्विक) सबूत को मिटाया जा रहा था जो उस जगह यहूदी इतिहास की गवाही देता था।

शेरोन ने इस घटना और इज़राइलियों के बीच इसकी प्रतिक्रिया का सियासी फायदा उठाने का फैसला कर लिया। उसका इस जगह के दौरे का प्रोग्राम इज़रायली मतदाताओं को यह अनकहा मगर साफ़ पैगाम देने के लिए ही बनाया गया था कि "मैं इस बेवजह की बर्बादी को रुकवा दूँगा।" दौरे का यह प्रोग्राम फ़िलिस्तीनी सुरक्षा प्रमुख जिब्रील राजौब से हरी झंडी मिलने के बाद ही मुक़र्रर किया गया था। जिब्रील राजौब ने शेरोन के लोगों को यह भरोसा दिलाया था कि जब तक शेरोन किसी मस्जिद में पैर नहीं रखेंगे तब तक उन्हें कोई दिक़्क़त नहीं होगी।

अब्बा और मैं शेरोन के पहुँचने से कुछ मिनट पहले ही अल-अक्सा मस्जिद पहुँच गए। सुबह का वक़्त था। सबकुछ खामोशी से चल रहा था। सौ के आसपास की तादाद में फिलिस्तीनी लोग इबादत के लिए वहाँ आए हुए थे। मुक़र्रर वक़्त पर शेरोन अपनी पार्टी के लोगों और लगभग सौ की तादाद में दंगा रोकने वाले पुलिस बल के साथ वहाँ आया। वह आया, आसपास घूमा और चला गया। बिना कुछ कहे। उसने मस्जिद में कदम भी नहीं रखा।

ऐसा लगा जैसे कुछ हुआ ही नहीं। रमल्लाह वापस लौटते हुए मैंने अब्बा से पूछा कि इस घटना में ऐसा क्या ख़ास था?

"क्या हुआ?" मैंने पूछा। "आपने इंतिफादा शुरू नहीं किया?"

"अभी नहीं," उन्होंने जवाब दिया। "लेकिन मैंने इस्लामिक स्टूडेंट मूवमेंट के कुछ कारिंदों को फोन करके यहाँ आने और मेरे साथ एक प्रोटेस्ट में शामिल होने के लिए कहा है।"

"यरूशलेम में कुछ नहीं हुआ इसलिए अब आप रमल्लाह में प्रोटेस्ट करना चाहते हैं? यह क्या बात हुई?"

"जो किया जाना ज़रूरी है वो तो हमें करना ही पड़ेगा। अल-अक्सा हमारी मस्जिद है और शेरोन के वहाँ होने का कोई मतलब नहीं था। हम इसकी इजाज़त नहीं दे सकते।"

मुझे समझ नहीं आया कि अब्बा मुझे समझाने की कोशिश कर रहे थे या खुद को।

रमल्लाह में जो प्रोटेस्ट हुआ वो बे-वजह आग भड़काने की नाटकीय कोशिश के सिवाए कुछ नहीं था। दिन अभी शुरू ही हुआ था; शहर में लोगों की आवाजाही रोज़ की तरह ही थी। पर जो रोज़ से अलग था वो था कुछ स्टूडेंट्स और हमास के कुछ लोगों का पता नहीं किस बात को लेकर किया जा रहा प्रोटेस्ट, लोगों को समझ नहीं आ रहा था कि यह सब किसलिए किया जा रहा था (समझ तो उन लोगों को भी नहीं आ रहा था जो यह सब कर रहे थे)।

प्रोटेस्ट के नाम पर कुछ लोग भोंपू लेकर खड़े थे और भाषण दे रहे थे और फिलिस्तीनियों का जो एक छोटा-सा झुण्ड उनके आसपास इकट्ठा हो गया था वो बीच-बीच में हो-हल्ला और नारेबाज़ी करने लगता था। लेकिन ज़्यादा कुछ ऐसा हुआ नहीं जिसको कि संगीन मसला कहा जा सके। किसी ने भी इस सब को ज़्यादा तवज्जो नहीं दी। फ़िलिस्तीनी इलाकों में काफी हद तक अमन-चैन कायम हो गया था। लोगों ने इज़राइली कब्ज़े को ज़िन्दगी का हिस्सा मान लिया था। इज़राइली फौजियों की मौजूदगी भी उस हिस्से का एक हिस्सा बन चुकी थी। फिलिस्तीनियों को पढ़ने और काम करने के लिए इज़राइल के भीतर जाने की इजाज़त मिलने लगी थी। रमल्लाह में रातें फिर से गुलज़ार होने लगी थीं। इसीलिए किसी को भी समझ नहीं आ रहा था कि ये मुट्ठीभर लोग किस बात के लिए प्रोटेस्ट कर रहे थे।

जहाँ तक मेरा सवाल था, यह प्रोटेस्ट भी मुझे एक ना-काबिल-ए-ज़िक्र घटना मालूम हुई। इसलिए मैंने बाइबिल स्टडी ग्रुप के अपने कुछ दोस्तों को फोन लगाया और गलीली में झील के किनारे कैम्पिंग करने का प्रोग्राम बना लिया।

चूँकि कैम्पिंग के दौरान हमारे पास यह जानने का कोई ज़रिया नहीं था कि रमल्लाह या यरूशलम में क्या हो रहा था, इसलिए उस समय हमें पता नहीं चला कि अगली ही सुबह बड़ी तादाद में पत्थरबाज़ फिलिस्तीनी प्रदर्शनकारियों की उसी जगह इज़राइल की दंगा रोकने वाली पुलिस से झड़प हो गई थी जिस जगह एक दिन पहले शेरोन आकर गया था। पत्थरबाज़ी पहले मोलोटोव कॉकटेल बम फेंकने और फिर क्लाश्निकोव से गोलीबारी करने में बदल गई। जवाब में पुलिस ने इन प्रदर्शनकारियों को तितर-बितर करने के लिए रबर का खोल चढ़ी हुई गोलियों (रबर-कोटेड मेटल बुलेट्स) का इस्तेमाल किया। कुछ रिपोर्ट्स ने दावा किया कि उन्होंने असली गोलियों (लाइव एम्युनिशन) का इस्तेमाल किया था। चार प्रदर्शनकारी मारे गए, जबकि लगभग दौ-सौ ज़ख़्मी हुए। चौदह पुलिसवाले भी ज़ख़्मी थे।

सबकुछ बिल्कुल वैसा ही हुआ था जैसा पेलिस्टीनियन अथॉरिटी चाह रही थी।

अगले दिन मुझे शिन बेट से फोन आया।

"कहाँ हो तुम?"

"गलीली में कुछ दोस्तों के साथ कैम्पिंग कर रहा हूँ।"

"गलीली! क्या बात कर रहे हो? तुम पागल हो!" कहकर लोई हँसने लगा। "तुम भी गज़ब आदमी हो," उसने आगे कहा। "वहाँ पूरे वेस्ट बैंक में भयंकर अफरा-तफरी मची है और तुम अपने क्रिश्चियन दोस्तों के साथ मज़े कर रहे हो।"

जैसे ही मुझे लोई से पता चला कि क्या हो रहा था, मैंने तुरंत कार उठाई और घर की ओर रवाना हो गया।

यासिर अराफ़ात और पेलिस्टीनियन अथॉरिटी के दूसरे नेता एक और इंतिफादा भड़काने के लिए कमर कसे बैठे थे। वे महीनों से इसकी तैयारी कर रहे थे, उस दौरान भी जबकि उनकी बराक और क्लिंटन के साथ कैंप डेविड में समझौते के लिए बातचीत चल रही थी। वे बस सही मौके की तलाश में थे। शेरोन के दौरे ने उन्हें वो मौका मुहैया करा दिया। दो-एक नाकाम शुरुआतों के बाद आखिरकार वे कामयाब हो ही गए। अल-अक्सा इंतिफादा अपनी पूरी भयावहता के साथ रफ़्तार पकड़ता गया और वेस्ट बैंक और गाज़ा फिर से हिंसा और नफरत की आग में जलने लगे। खासकर गाज़ा।

इसी दौरान फतह ने एक प्रोटेस्ट शुरू किया जिसमें इज़राइली पुलिस के साथ टकराव के दौरान गलती से मोहम्मद अल-दूरा नाम के एक बारह साल के लड़के

की मौत हो गई और इस घटना का वीडियो पूरी दुनिया के टेलीविज़न चैनलों पर दिखाया गया। असल में यह लड़का अपने वालिद जमाल के साथ प्रदर्शनकारियों और पुलिस के बीच हो रही गोलीबारी में फँस गया था, जिसके चलते इनको जान बचाने के लिए एक कंक्रीट सिलिंडर के पीछे छिपना पड़ा था। लेकिन होनी को जो मंज़ूर था वो तो होकर ही रहना था। कहीं से एक गोली आई और मोहम्मद की जान ले गई। उसने अपने वालिद की बाँहों में दम तोड़ दिया। इत्तेफाक से इस पूरी घटना को फ्रांसीसी पब्लिक टेलीविज़न के लिए काम कर रहे एक फिलिस्तीनी कैमरामैन ने कैमरे में कैद कर लिया। कुछ ही घंटों के भीतर यह वीडियो दुनिया भर के टेलीविज़न चैनलों पर दिखाया जाने लगा और लाखों लोगों के मन में इज़राइली कब्ज़े के खिलाफ गुस्सा भड़क उठा।

हालाँकि अगले कुछ महीनों में यह घटना दुनिया भर में अच्छे-खासे विवाद का विषय रही। कुछ लोगों ने इस बात के सबूत पेश किए कि लड़के की मौत असल में फिलिस्तीनी प्रदर्शनकारियों की गोली से हुई थी। जबकि बाकियों ने इसके लिए इज़राइल को कसूरवार ठहराना जारी रखा। कुछ लोग ऐसे भी थे जो कह रहे थे कि इज़राइल को बदनाम करने के लिए यह वीडियो एक सोची-समझी साज़िश के तहत बाकायदा स्क्रिप्ट बनाकर फिल्म की तरह शूट किया गया था। असल में इस वीडियो में लड़के को गोली लगते नहीं दिखाया गया था, न ही उसका मुर्दा जिस्म दिखा था। इसीलिए लोगों को अंदेशा हो रहा था कि शायद यह वीडियो पीएलओ की गुमराह-कुन ख़बरें फैलाने की साज़िश का हिस्सा था। अगर वाकई ऐसा था तो कहना पड़ेगा कि पीएलओ का तीर एकदम निशाने पर लगा था।

सच चाहे जो भी रहा हो, पर मेरे लिए तो हालात बहुत अजीब हो गए थे। मैं एक ऐसी जंग में फँस गया था जिसमें मैं पड़ना नहीं चाहता था पर मेरे अब्बा जिसके एक अहम लीडर थे। बल्कि कहना चाहिए कि ऐसे लीडर थे जिन्हें खबर ही नहीं थी कि वह चीज़ों को किस दिशा में ले जा रहे थे या चीज़ें उन्हें कहाँ ले जाने वाली थीं। उन्हें अहसास ही नहीं था कि अराफात और फतह ने उन्हें यह सारी बदअम्नी खड़ी करने के लिए हथियार की तरह इस्तेमाल किया था, ताकि पेलिस्टीनियन अथॉरिटी को इज़राइल से मोलभाव करने और दुनिया भर से पैसा उगाहने का एक और मौका हासिल हो सके।

बहरहाल, इस बदअम्नी के चलते एक बार फिर जाँच-चौकियों पर लोग मारे जाने लगे थे। दोनों तरफ से अंधाधुंध गोलियाँ बरसाई जा रहीं थीं। बच्चे मारे

जा रहे थे। हर दिन पिछले दिन से ज़्यादा खून बह रहा था। और हर दिन यासिर अराफात पश्चिमी खबरिया चैनलों के कैमरों के सामने घड़ियाली आँसू बहाता और इस बात से इंकार करता नज़र आ रहा था कि इस खून-खराबे से उसका कोई लेना-देना था। इसकी बजाए उसने इसके लिए मेरे वालिद, मारवान बरघौती और मुहाजिर बस्तियों (शरणार्थी शिविरों) के लोगों पर उंगली उठानी शुरू कर दी। उसने दुनिया को यकीन दिलाया कि वह इस खून-खराबे को रोकने के लिए तमाम मुमकिन कोशिशें कर रहा था। लेकिन पूरा समय उसकी दूसरी उंगली मज़बूती से ट्रिगर पर टिकी रहती थी।

पर जल्दी ही अराफात को समझ आ गया कि असल में उसने एक भयानक जिन्न को बोतल की कैद से आज़ाद कर दिया था। उसने सोचा था कि इंतिफ़ादा के ज़रिए फ़िलिस्तीनी लोगों को झकझोरकर, जगाकर, उकसाकर वह अपने नापाक मंसूबे पूरे कर लेगा, मगर जल्दी ही हालात पर से उसकी पकड़ ख़त्म हो गई और भड़के हुए लोग पूरी तरह बेकाबू हो गए। लोगों ने जब इज़राइल डिफेन्स फोर्सेस की गोलियों से अपने वालिद-वालिदान, भाई-बहनों और बीवी-बच्चों को मरते देखा तो पूरी तरह आप खो बैठे और पेलिस्टीनियन अथॉरिटी समेत किसी की भी बात सुनना और मानना बंद कर दिया।

अराफात को यह भी समझ आ गया कि जिस लुटे-पिटे मुक्केबाज़ को उसने मुँह पर पानी के छींटे डलवाकर किसी तरह अपने पैरों पर खड़े होने लायक किया था ताकि उसे फिर से पीटकर वाहवाही लूट सके, वह उसके तसव्वुर से कहीं ज़्यादा सख्तजान निकला था। सड़कों पर प्रोटेस्ट और बलवा ही हमास की असली खुराक थी। हमास पैदा ही वहीं से हुआ था और वहीं वह सबसे ज़्यादा ताकतवर होता था।

इज़राइल के साथ अमन? कैंप डेविड? ओस्लो? आधा यरूशलेम? सब भूल जाइए! समझौते की हर संभावना इंतिफ़ादा की धधकती भट्टी में भाप बनकर उड़ गई थी। फ़िलिस्तीनी लोग एक बार फिर 'सबकुछ या कुछ नहीं' वाली मानसिकता पर लौट आए थे। और अब इस भट्टी को धधकाने का काम अराफात नहीं बल्कि हमास कर रहा था।

जैसे को तैसा नया कायदा बन गया, नतीजतन खून-खराबा कम होने की बजाए बढ़ता गया। हर गुज़रते दिन के साथ दोनों पक्षों का नुकसान बढ़ता गया, दुख-दर्द हद से गुज़रता गया और सब्र का प्याला छलकता गया।

• 8 अक्टूबर 2000 को नाज़रेथ में यहूदी लोगों की भीड़ ने फिलिस्तीनियों

पर हमला कर दिया। दो अरब मारे गए और दर्जनों ज़ख़्मी हुए। तिबरियास में यहूदियों ने दो-सौ साल पुरानी एक मस्जिद तहस-नहस कर दी।

- 12 अक्टूबर को रमल्लाह में फिलिस्तीनी भीड़ ने दो आईडीएफ फौजियों की हत्या कर दी। जवाबी कार्रवाई में इज़राइल ने गाज़ा, रमल्लाह, जेरिको और नाब्लस पर बम बरसाए।
- 2 नवंबर को महाने येहुदा बाज़ार के करीब हुए एक कार बम धमाके में दो इज़रायली मारे गए। दस ज़ख़्मी हुए।
- 5 नवंबर को अल-अक्सा इंतिफादा के अड़तीस (38) दिन पूरे हुए। इस दिन तक इसमें मरने वाले फिलिस्तीनियों की तादाद 150 पार कर चुकी थी।
- 11 नवंबर को एक इज़रायली हेलीकॉप्टर ने एक हमास कारिंदे की कार में लगाए गए बम में विस्फोट किया।
- 20 नवंबर को बच्चों की एक स्कूल बस के करीब बम विस्फोट हुआ। दो इज़राइली मारे गए। पाँच बच्चों समेत नौ अन्य ज़ख़्मी हो गए।5

जो मंज़र मेरी आँखों के सामने था उस पर यकीन करना मेरे लिए कठिन था। इस बढ़ते पागलपन को रोकने के लिए कुछ किया जाना ज़रूरी था। 'शिन बेट के साथ काम शुरू करने का समय आ गया है', मैंने मन ही मन तय किया। और मैंने दिल-ओ-जान से इस दिशा में कदम उठाना शुरू कर दिया।

अंडरकवर

2000 – 2001

अब मैं आपको जो बताने जा रहा हूँ वो आज से पहले इज़राइली खुफिया महकमे के चंद लोगों को छोड़कर और किसी को पता नहीं था। मैं यह खुलासा इस उम्मीद में कर रहा हूँ कि इससे उन बहुत सी अहम-ओ-तरीन घटनाओं पर रोशनी पड़ेगी जो लम्बे समय से राज़दारी के पर्दों के पीछे छिपी हुई हैं।

जब मैंने तय कर लिया कि इस पागलपन को रोकने के लिए मुझे करना पड़ेगा, तब इस दिशा में सबसे पहला काम जो मैंने किया वो था मारवान बरघौटी और हमास के नेताओं के मंसूबों और सरगर्मियों के बारे में ज़्यादा से ज़्यादा मालूमात हासिल करना। जो भी मालूमात मुझे हासिल हुईं वे मैंने शिन बेट के साथ साझा कीं, जो कि इन नेताओं की तलाश में आकाश-पाताल एक किए हुए थी।

शिन बेट में मेरा खुफिया नाम था 'ग्रीन प्रिंस'। 'ग्रीन' (हरा) हमास के झण्डे का रंग था, जबकि 'प्रिंस' (शहज़ादा) ज़ाहिर तौर पर हमास में मेरे अब्बा के ओहदे (बादशाह) की तरफ इशारा था। इस तरह सिर्फ बाईस बरस की उम्र में मैं शिन बेट के लिए काम करने वाला इकलौता ऐसा कारिन्दा बन गया जिसकी न सिर्फ हमास के फ़ौजी और सियासी दस्तों में बल्कि दूसरे फिलिस्तीनी गुटों में भी पैठ थी।

लेकिन सारी ज़िम्मेदारी अकेले मेरे कन्धों पर नहीं थी। अब तक मैं समझ चुका था कि ऊपरवाले ने मेरे लिए हमास और फिलिस्तीन दोनों के अहम-ओ-तरीन नेताओं की सारी खुफिया बातों को जान पाने, अराफात के संग मीटिंग्स में मौजूद रह पाने और इज़राइल की खुफिया एजेंसी के साथ मिलकर काम कर पाने की सहूलियत इसीलिए पैदा की थी क्योंकि वह मुझसे एक बहुत ही ख़ास काम कराना चाहता था। इस काम को कैरवाने के लिए ही उसने मुझे इस जगह रख

छोड़ा था। यह काम मैं नहीं कर रहा था, बल्कि ऊपरवाला मुझसे करवा रहा था और मैं कदम-कदम पर उसकी अपने साथ मौजूदगी महसूस कर सकता था।

जो कुछ भी हो रहा था मैं उसकी तह में जाना चाहता था, उसके बारे में सबकुछ जानना चाहता था। पहले इंतिफादा के समय मैं बच्चा था। मैंने अपने चारों ओर भयानक खून-खराबा होते देखा था, उस कब्रिस्तान को लाशों से पटते देखा था जिसमें मैं अपने दोस्तों के साथ फुटबॉल खेला करता था। मैंने खुद भी पत्थर फेंके थे, कर्फ्यू तोड़े थे। मगर यह नहीं जानता था कि वो सब हो क्यों रहा था। पर अबकी बार मैं जानना चाहता था कि आखिर हम फिर से वही सब क्यों दोहरा रहे थे। मेरा इस बात को समझना ज़रूरी था।

यासिर अराफात के नज़रिए से देखें तो यह सब जो हो रहा था वह उसकी सियासत चमकाने, पहले से ज़्यादा पैसा बनाने और सत्ता पर अपनी पकड़ मज़बूत बनाए रखने का ज़रिया था। वह फिलिस्तीनियों को कठपुतली की तरह अपनी उँगलियों पर नचाने वाला महा कपटी आदमी था। कैमरे के सामने वह इज़राइल के भीतर आम नागरिकों पर हमले करने के लिए हमास की लानत-मलामत करने से नहीं चूकता था। लगातार इस बात पर ज़ोर देता था कि हमास पेलिस्टीनियन अथॉरिटी या फिलिस्तीनी लोगों की नुमाइंदगी नहीं करता था। लेकिन दूसरी तरफ इस खून-खराबे को रोकने के लिए कुछ भी नहीं करता था, बल्कि वह तो चाहता था कि हमास अपने हमलों को जारी रखे ताकि दुनिया भर के लोगों की नज़रों में हमास विलेन और वह खुद हीरो बना रहे। वह धूर्त बूढ़ा सियासतदां (राजनेता) अच्छी तरह जानता था कि पेलिस्टीनियन अथॉरिटी की मदद के बिना इज़राइल के लिए हमास के हमलों को रोकना मुमकिन नहीं था। हमास जितने ज़्यादा हमले करता, उतनी जल्दी इज़राइल को सौदेबाज़ी के लिए तैयार होना पड़ता।

इसी समय इस पूरे ड्रामे में एक नए गुट की एंट्री हुई। ये लोग खुद को 'अल-अक्सा मार्टायर्स ब्रिगेड्स' कहते थे। आईडीएफ के फ़ौजी और इज़राइली रिहाइश (सेटलमेंट) में रहने वाले लोग इनके पसंदीदा निशाने थे। मगर कोई नहीं जानता था कि ये लोग कौन थे या कहाँ से आए थे। वे मज़हबी मालूम होते थे, लेकिन हमास या इस्लामिक जिहाद वालों को भी इनके बारे में कुछ कुछ खबर नहीं थी। वे पेलिस्टीनियन अथॉरिटी या फतह से निकले हुए वतन-परस्त भी नहीं मालूम होते थे।

शिन बेट भी इनको लेकर उतने ही अँधेरे में थी जितने कि बाकी सब थे। ये लोग हफ्ते में एक या दो बार किसी न किसी इज़राइली बाशिंदे की कार या बस पर हमला कर ही देते थे और इनका निशाना अक्सर अचूक होता था। यहाँ तक कि भारी हथियारों से लैस इज़रायली फ़ौजी भी इस गुट का मुकाबला नहीं कर पा रहे थे।

एक दिन मेरे पास लोई का फोन आया।

"हमें खबर मिली है कि कुछ हमारे लिए अनजान लोग माहेर ओदेह से मिलने वाले हैं। हम चाहते हैं कि तुम पता लगाओ कि वे कौन हैं और उनका माहेर से क्या ताल्लुक है। सिर्फ तुम्हीं हो जो इस काम को ठीक तरह अंजाम दे सकते हो, किसी और पर हमें एतबार नहीं है।"

माहेर ओदेह हमास के उन बड़े नेताओं में से था जिनकी शिन बेट को बड़ी शिद्दत से तलाश थी। वह जेलों के भीतर हमास की सिक्योरिटी विंग *माजीद* का मुखिया था और मैं जानता था कि जेलों में *माजीद* के हाथों होने वाले टॉर्चरों के लिए वही ज़िम्मेदार था। मुझे शक था कि हमास के ज़रिए जो आत्मघाती हमले हो रहे थे, उनके पीछे भी सबसे बड़ा हाथ उसी का था। ओदेह इस तरह का आदमी था कि उसके एक हाथ को पता नहीं चलता था कि उसका दूसरा हाथ क्या कर रहा होता था। इसके चलते शिन बेट के लिए उसको गिरफ्तार करने लायक ज़रूरी सबूत जुटाना नामुमकिन-सा हो गया था।

उस शाम मैं अपनी कार लेकर सेंट्रल रमल्लाह पहुँचा। रमजान का महीना चल रहा था, इसलिए सड़कों पर ज़्यादा भीड़भाड़ नहीं थी। सूरज डूब चुका था और लोग रोज़ा खोलने के लिए अपने-अपने घर पहुँच चुके थे। मैं उस इमारत के सामने की सड़क पर था जिसमें माहेर ओदेह रहता था। मैंने एक ऐसी पार्किंग तलाश की जहाँ अपनी कार खड़ी करके मैं माहेर की इमारत में आने-जाने वालों पर नज़र रख सकूँ। हालाँकि मुझे इस तरह के कामों की कोई ट्रेनिंग नहीं मिली थी, लेकिन मोटी-मोटी बातें मैं जानता था। मैंने फिल्मों में देख रखा था कि किस तरह जासूस लोग किसी संदिग्ध (सस्पेक्ट) के घर के सामने वाली सड़क के उस पार कार में बैठकर फैंसी कैमरों और तमाम तरह के दूसरे जासूसी गैजेट्स (उपकरणों) के साथ उसकी निगरानी करते हैं। हालाँकि शिन बेट के पास इस तरह के मॉडर्न गैजेट्स की कोई कमी नहीं थी, मगर इस मिशन के लिए मेरे पास केवल दो ही चीज़ें थीं- एक कार और दो आँखें। मुझे बस यहाँ बैठकर यह देखना था कि उस इमारत में कौन आया और कौन गया।

तकरीबन आधे घंटे बाद मैंने देखा कि उस दोमंज़िला इमारत से कई सारे हथियारबंद लोग निकले और उस हरे रंग की नयी-नकोर शेवरले कार में सवार हो गए जिस पर इज़राइली टैग लगे थे। यह बात मेरे गले नहीं उतरी। पहली बात तो यह कि हमास के लोग, खासकर फ़ौजी दस्ते (मिलट्री विंग) से जुड़े लोग कभी भी इस तरह खुलेआम हथियार लेकर नहीं निकलते थे। दूसरी बात, माहेर ओदेह जैसे नेता हथियारबंद लोगों के साथ नहीं घूमते थे।

हरी शेवरले चल पड़ी। मैंने भी इंजन स्टार्ट किया और इंतज़ार करने लगा कि दो-एक कारें और निकल जाएँ, उसके बाद मैं पीछे लगूँ।

मैंने बेतुनिया, जहाँ कि मेरे अब्बा-अम्मी रहते थे, को जाने वाली मुख्य सड़क पर थोड़ी दूरी तक उनका पीछा किया, मगर फिर अचानक वे मेरी आँखों से ओझल हो गए।

मुझे खुद पर और शिन बेट पर भी बहुत गुस्सा आ रहा था। यह कोई फिल्म नहीं चल रही थी। यह असल ज़िन्दगी थी और असल ज़िन्दगी में जासूसी करना आपको मौत के मुँह में पहुँचा सकता था। अगर उनका इरादा मुझे इस तरह के हथियारबंद लोगों के पीछे लगाना था, वो भी रात के वक़्त, तो उन्हें मुझे कुछ मदद तो मुहैया करानी चाहिए थी। यह एक अकेले के बूते होने वाला काम नहीं था; इसके लिए कई लोगों की ज़रूरत थी। मुझे हमेशा से यही लगता था कि इस तरह के कामों में मॉडर्न टेक्नोलॉजी के ज़रिए हवाई और उपग्रह निगरानी भी शामिल होती होगी। मगर यहाँ तो बस मैं ही था। हो सकता था कि मैं कामयाब हो जाता, या फिर मारा जाता। पर आज रात दोनों में से कुछ भी नहीं हुआ। मैं उस नाकाम बिज़नेसमैन की तरह मुँह लटकाए घर लौट आया जो अभी-अभी एक मिलियन डॉलर की बिज़नेस डील से हाथ धो बैठा था।

अगली सुबह मैं इस इरादे के साथ उठा कि हर हाल में उस कार को ढूँढकर रहूँगा। मगर घंटों तक रमल्लाह की सड़कों पर भटकते रहने के बाद भी मेरे हाथ कुछ न आया। एक बार फिर मैं हारे हुए जुआरी की तरह महसूस करने लगा। आखिर को मैंने उस कार को ढूँढने का इरादा छोड़ दिया और सोचा कि चलकर अपनी कार धुलवा लेता हूँ। और जब मैं कार धुलवाने कार-वॉश पहुँचा तो क्या देखता हूँ कि जिसकी तलाश में तमाम गली-कूचों की ख़ाक छानकर हार गया था वो हरी शेवरले कार 'कार-वॉश' के अन्दर आराम से नहा रही थी! वही कार। वे ही लोग। वे ही हथियार।

यह मेरी खुशकिस्मती थी या खुदाई मदद थी या फिर कुछ और?

अब मैं उन लोगों को ज़्यादा अच्छे से देख पा रहा था क्योंकि एक तो आज दिन का उजाला था और दूसरे आज मेरे और उनके बीच फासला बहुत कम था। उनके बदन पर सज रहे शानदार सूट-बूट और उनके हाथों में थमीं AK-47 और M16 राइफलों को देखकर मुझे इस नतीजे पर पहुँचने में ज़रा भी देर नहीं लगी कि वे 'फ़ोर्स 17' नाम के उस खासुलखास कमांडो दस्ते के लोग थे जो 1970 के दशक से काम कर रहा था। यह दस्ता अराफात की सिक्योरिटी का काम संभालता था, उसे न केवल उसकी जान के दुश्मनों से वरन बढ़ते हुए मुरीदों की भीड़ से भी बचाता था, साथ ही उसकी सत्ता और रुतबे के लिए खतरा बन रहे लोगों को भी ठिकाने लगाता था।

मगर मुझे कुछ गड़बड़ मालूम हो रही थी। मुझे ये वे लोग नहीं लग रहे थे जिन्हें मैंने कल रात माहेर ओदेह की इमारत से निकलते देखा था। क्या ये वही थे? माहेर का इन हथियारबंद कमांडोज़ के साथ क्या काम? उसका तो अराफात से कुछ लेना-देना है नहीं। या फिर है? बात कुछ पल्ले नहीं पड़ रही थी।

उनके जाने के बाद मैंने कार वॉश के मालिक से पूछा कि वे लोग कौन थे। उसे पता था कि मैं हसन यूसुफ का बेटा था, इसलिए उसे मेरे सवालों से ज़रा भी ताज्जुब नहीं हुआ। उसने बताया कि वे फ़ोर्स-17 के लोग थे और बेतुनिया में रहते थे। अब तो मैं और भी ज़्यादा चकरा गया। ये लोग अराफात के परिसर (कंपाउंड) में रहने की बजाए मेरे अब्बा-अम्मी के घर से चंद मिनटों की दूरी पर क्यों रह रहे थे?

मैंने कार धुलवाने का इरादा छोड़ दिया और कार-वॉश के मालिक से मिले पते पर पहुँच गया। हरे रंग की शेवरले बाहर ही खड़ी थी। मैंने जल्दी से गाड़ी मोड़ी और शिन बेट के हेडक्वार्टर की ओर दौड़ा दी। वहाँ पहुँचकर मैंने लोई को आँखों देखा हाल सुना दिया। लोई ने ध्यान से मेरी बात सुनी, मगर उसका बॉस लगातार मुझसे बहस करता रहा।

"इसका तो कोई मतलब ही नहीं निकलता," उसने कहा। "अराफात के गार्ड उसके कंपाउंड से बाहर क्यों रहेंगे? तुम्हें ज़रूर कुछ धोखा हुआ है।"

"मुझे कोई धोखा नहीं हुआ है!" मैंने तमककर कहा। मैं खुद जानता था कि बात हज़म होने वाली नहीं थी और मुझे सबसे ज़्यादा खीज इसी बात की हो रही थी कि मुझे पता था कि मेरी आँखों ने कोई धोखा नहीं खाया था लेकिन मैं यह समझा

नहीं पा रहा था कि जो मैंने देखा था वो असल में क्या था और क्यों था। मगर यह आदमी कह रहा था कि मुझे कोई धोखा हुआ था।

"मैंने जो देखा, वही आपको बताया," मैंने कहा। "भले आपको इसका कोई मतलब समझ में न आए, पर मेरी आँखों ने कोई धोखा नहीं खाया है।"

लोई के बॉस का मेरा इस तरह उस से बात करना पसंद नहीं आया और वह गुस्से से पैर पटकता वहाँ से चला गया। पर लोई ने मुझे उसके बॉस की बातों पर ध्यान न देने और सारी बातें फिर एक बार सिलसिलेवार और तफ्सील से बताने के लिए कहा। असल में शिन बेट के पास ब्रिगेड्स से जुड़ीं जो जानकारियाँ थीं, उनमें हरे रंग की शेवरले का कहीं कोई ज़िक्र नहीं था। फ़ोर्स-17 के लोग जिस हरे रंग की शेवरले में घूम रहे थे वह कोई चुराई हुई इज़राइली कार मालूम हो रही थी, लेकिन हम यह नहीं समझ पा रहे थे कि इससे उनका ब्रिगेड्स से कोई नाता कैसे जोड़ा जा सकता था।

"तुम्हें पूरा यकीन है कि वो हरी शेवरले ही थी, न कि बीएमडब्ल्यू?" लोई ने पूछा।

मुझे पूरा यकीन था कि मैंने हरी शेवेरले ही देखी थी, फिर भी अपने यकीन को और पुख्ता करने के लिए मैं दुबारा उस जगह गया जहाँ फ़ोर्स-17 के लोग रह रहे थे। हरी शेवेरले अब भी जहाँ की तहाँ खड़ी थी। तभी मेरी तवज्जो उस मकान के बगल में सफ़ेद रंग के कवर से ढँकी खड़ी एक और कार पर गई। मैं पूरी एहतियात बरतते हुए वहाँ तक पहुँचा और पीछे की तरफ से कवर का एक कोना उठाकर देखा। अन्दर एक सिल्वर कलर की 1982 मॉडल की बीएमडब्ल्यू थी!

मैंने फ़ौरन लोई को फोन मिलाया और इस बारे में बताया।

"निकला न चोर की दाढ़ी में तिनका!" लोई जोश में भरकर बोल उठा।

"किसके बारे में कह रहे हो?"

"अराफात के गार्ड्स के बारे में!"

"क्या बात कर रहे हो? मैं तो सोच रहा था कि मेरी खबर गलत थी," मैंने थोड़ा तंज कसते हुए कहा।

"नहीं, तुम बिल्कुल सही थे। पिछले दो महीनों में वेस्ट बैंक में गोलीबारी की जितनी भी वारदातें हुई हैं, उन सभी में वही बीएमडब्ल्यू इस्तेमाल हुई है।"

आगे लोई ने बताया कि यह मालूमात हासिल होना बहुत बड़ी कामयाबी थी क्योंकि यह इस बात का पहला सबूत था कि अल-अक्सा मार्टायर्स ब्रिगेड्स

और कोई नहीं बल्कि अराफात के अपने गाईस थे जिन्हें वह खुद पाल रहा था-अमरीका और दूसरे देशों के करदाताओं (टैक्स पेयर्स) से हासिल दान की रकम से। इस राज़ का फाश होना बम धमाकों के उस सिलसिले पर लगाम लगाने की दिशा में बहुत बड़ा कदम था जो अब तक न जाने कितने बेगुनाह लोगों की जान ले चुका था। उस दिन मैंने शिन बेट को जो सबूत दिया, वह आगे चलकर संयुक्त राष्ट्र सुरक्षा परिषद में अराफात के खिलाफ रखा जाने वाला था।6

अब हमें बस इतना ही करना था कि फ़ोर्स-17 उर्फ़ ब्रिगेड्स के सदस्यों को पकड़ना था। इज़राइलियों की जुबान में कहें, तो साँप का फन कुचल देना था।

हमें पता चला कि इनमें से सबसे खतरनाक सदस्य थे अहमद घंडौर और मुहानेद अबू हलावा। घंडौर ब्रिगेड्स का एक नेता था और हलावा उसका मददगार। ये लोग पहले ही दर्जन भर से ज़्यादा लोगों को मौत के घाट उतार चुके थे। इन लोगों को रास्ते से हटाना ज़्यादा मुश्किल काम नहीं था। हमें पता चल गया था कि वे कौन थे और कहाँ रहते थे, पर इससे भी अहम बात यह थी कि इन्हें नहीं पता था कि हमें इनका पता चल गया था।

आईडीएफ ने तय किया कि एक बे-इंसान ड्रोन लगातार उस इमारत का चक्कर लगाकर खुफिया जानकारी इकट्ठा करेगा जिसमें फ़ोर्स-17 उर्फ़ ब्रिगेड्स के लोग ठहरे हुए थे। दो दिन बाद ब्रिगेड्स ने इज़राइल में एक और हमले को अंजाम दिया और इज़राइलियों ने ठान लिया कि इस हमले का मुँहतोड़ जवाब देना है। नतीजतन पैंसठ टन वज़नी इज़रायली जंगी टैंक मर्कावा की 120 मिमी तोप ने ब्रिगेड्स की रिहाइश बनी इमारत पर बीस गोले दाग दिए। बदकिस्मती से किसी ने भी हमले से पहले उस इमारत की जासूसी में लगे ड्रोन कैमरा की फुटेज चैक करके यह जानने की कोशिश नहीं की कि ब्रिगेड्स के लोग भीतर थे भी या नहीं। वे नहीं थे।

इससे भी बुरी बात यह थी कि अब उनको यह पता चल चुका था कि हम उनका भेद जान गए थे। कोई ताज्जुब नहीं कि उन्होंने अब यासिर अराफात के रिहाइशी कंपाउंड में ही डेरा डाल लिया। हमें पता था कि वे वहाँ थे, लेकिन उस समय के सियासी समीकरणों के चलते वहाँ जाकर उन्हें पकड़ना नामुमकिन था। इस जिरहबख्तर के मिल जाने के बाद उन लोगों ने और भी जल्दी-जल्दी और पहले से ज़्यादा तबाह-कुन हमले करना शुरू कर दिया।

नेता होने के चलते अहमद घंडौर शिन बेट की वॉन्टेड लिस्ट में सबसे ऊपर था। उसके अराफात के कंपाउंड में जा छिपने के बाद हमें लगने लगा था कि हम

उसे कभी ठिकाने नहीं लगा पाएँगे। और वाकई, हम नहीं लगा पाए। उसने खुद ही खुद को ठिकाने लगा दिया।

एक दिन मैं अल-बिरेह के उस पुराने क़ब्रिस्तान के पास वाली सड़क से गुज़र रहा था। मैंने देखा कि हमास के फ़ौजी दस्ते के लोग किसी को सुपुर्द-ए-ख़ाक कर रहे थे।

"किसका इंतकाल हो गया," मैंने जिज्ञासावश पूछा।

"नॉर्थ का कोई है," एक आदमी ने कहा। "मुझे नहीं लगता कि तुम उसे जानते होगे।"

"नाम क्या था?"

"अहमद घंडौर।"

मैंने अपनी उत्तेजना को छिपाते हुए संजीदा-सूरत होकर पूछा, "क्या हुआ था उसे? मैंने यह नाम पहले भी सुना है शायद।"

"उसे इल्म नहीं था कि उसकी गन लोडेड थी, उसने उसे अपनी कनपटी पर रखकर चला दिया। लोग बता रहे हैं कि उसका भेजा उड़कर छत पर जा चिपका था।"

मैंने लोई को फोन लगाया।

"अहमद घंडौर को खुदा हाफ़िज़ कह दो, वो मर चुका है।"

"तुमने मार दिया उसको?"

"तुमने मुझे गन दी है क्या? नहीं, मैंने उसे नहीं मारा। उसने खुद को मार लिया। वह मर चुका है।"

लोई को यकीन ही नहीं आ रहा था।

"वह वाकई मर चुका है। मेरे सामने उसको सुपुर्द-ए-ख़ाक किया जा रहा है।"

अल-अक्सा इंतिफ़ादा के शुरुआती बरस में अब्बा जहाँ भी गए, मैं उनके साथ रहा। उनका सबसे बड़ा बेटा होने के नाते मैं उनका शागिर्द भी था, मुहाफ़िज़-ए-तन (अंगरक्षक) भी था, हमराज़ भी था और दोस्त भी था। और वो मेरे सबकुछ थे। मेरे लिए वह इस बात की जीती-जागती मिसाल थे कि इंसान होने का मतलब

क्या होता है। बेशक अब हमारी सोच एक नहीं रही थी, मगर मैं जानता था कि उनका दिल पाक साफ़ था और उनके इरादे नेक थे। मुस्लिम लोगों के लिए उनकी मुहब्बत और अल्लाह के लिए उनकी अकीदत कभी कम नहीं हुई। उनका दिल अपने लोगों के बीच अमन-चैन कायम करने की दुआएँ माँगता था और उनकी पूरी ज़िन्दगी इसी दिशा में काम करते हुए बीती थी।

इस दूसरे इंतिफादा का असर वेस्ट बैंक तक ही सीमित था। गज़ा में कुछ छिटपुट प्रदर्शन हुए थे और मोहम्मद अल-दूरा नाम के उस बच्चे की मौत ने वहाँ भी हल्की-सी चिंगारी भड़काई थी, पर वहाँ कोई उस चिंगारी को हवा देकर भयानक शोलों में बदलने वाला नहीं था, जैसा कि वेस्ट बैंक में हमास ने किया था।

वेस्ट बैंक में तो आलम यह था कि हर गाँव, कस्बे और शहर में गुस्साई भीड़ और इज़रायली फौजियों के बीच लगातार झड़पें हो रही थीं। हर सुरक्षा-चौकी जंग का मैदान बन गई थी। कोई ऐसा इंसान ढूँढना मुश्किल था जिसने इन दिनों अपने किसी दोस्त या रिश्तेदार या घरवालों को दफनाया न हो।

इस दौरान सभी फ़िलिस्तीनी गुटों के बड़े-बड़े और रसूखदार नेता हर दिन यासर अराफ़ात से मुलाक़ात कर रहे थे, ताकि यह तय कर सकें कि आगे क्या करना है। मेरे अब्बा हमास की नुमाइंदगी कर रहे थे, जो एक बार फिर सबसे बड़ा और अहम गुट बन गया था। तो अब्बा भी मारवान बरघौटी और दूसरे नेताओं के साथ हर हफ्ते अराफात से मिल रहे थे। अब्बा के साथ होने के चलते इस तरह की कई सारी खुफिया मुलाकातों में मुझे भी मौजूद रहने का मौका मिला। इस दौरान मैंने अराफात का जो रूप देखा, उसके चलते मुझे उससे और मेरे लोगों के साथ खेले जा रहे उसके घिनौने खेल से इतनी नफरत हो गई कि क्या कहूँ।

मगर शिन बेट के लिए जो काम मैं कर रहा था उसके चलते अपने जज़्बात ज़ाहिर करना मेरे लिए ठीक नहीं था। फिर भी एक मौके पर जब अराफात ने मेरा गाल चूमा तो बेखयाली में ही मैंने हाथ से अपना गाल पोंछ लिया। मेरी यह हरकत अराफात की नज़रों से छिपी नहीं रही और उसने इसे अपनी बेइज़्ज़ती की तरह लिया। इससे अब्बा शर्मसार हो गए। और इसके बाद वह फिर कभी मुझे अपने साथ लेकर नहीं गए।

अराफात के साथ रोज़ाना की उन मुलाकातों के लिए इंतिफादा के नेता अपनी-अपनी सत्तर हज़ार डॉलर्स की विदेशी गाड़ियों में आते थे, साथ में और भी गाड़ियाँ होती थीं जिनमें उनके बॉडीगार्ड्स की फ़ौज होती थी। दूसरी तरफ मेरे

अब्बा हमेशा अपनी 1987 मॉडल की गहरे नीले रंग की ऑडी में चलते थे। कोई बॉडीगार्ड नहीं, सिर्फ मैं।

ये मुलाकातें ही वह इंजन था जो इंतिफादा को चला रहा था। हालाँकि अब मुझे बाहर ही रुकना पड़ता था, लेकिन फिर भी मीटिंग में हुई हर बात की जानकारी मुझे मिल जाती थी क्योंकि अब्बा सारी ज़रूरी चीज़ें नोट करते चलते थे। ज़ाहिर है कि उन नोट्स तक मेरी पहुँच थी और मैं उनकी नक़्ल तैयार कर लिया करता था। उन नोट्स में इस तरह की कोई जानकारी नहीं होती थी कि कब, कहाँ, कौन किस वारदात को अंजाम देने वाला था। इसकी बजाए वे लोग मंसूबों और सरगर्मियों का मोटा-मोटा खाका सामने रखते थे, जिससे बस इतना पता चलता था कि चीज़ों को किस तरह से और किस दिशा में आगे ले जाना है, मसलन इज़राइल के भीतर हमले करने हैं, या इज़राइली सेटलमेंट में रहने वालों को निशाना बनाना है, या जाँच-चौकियों पर धावा बोलना है।

अलबत्ता अब्बा के उन नोट्स में हिंसक प्रदर्शनों की तारीखें ज़रूर दर्ज होती थीं। अगर अब्बा कहते कि कल दोपहर एक बजे रमल्लाह के बीचोंबीच हमास प्रदर्शन करेगा, तो पैगाम पहुँचाने के लिए मुक़र्रर लोगों को तुरंत मस्जिदों, मुहाजिर बस्तियों और स्कूलों की ओर दौड़ाया जाता ताकि वे हमास के सभी कारिंदों को बता सकें कि उन्हें कल एक बजे कहाँ इकट्ठा होना था। मुक़र्रर वक़्त पर इज़राइली फ़ौजी भी वहाँ पहुँच जाते। नतीजतन मुस्लिम लोग, मुहाजिर लोग और अक्सर स्कूली बच्चे भी मारे जाते।

हकीकतन दूसरे इंतिफादा से पहले तक हमास लगभग मर चुका था। अब्बा को इसे इसके हाल पर ही छोड़ देना चाहिए था। मगर उन्होंने इसके उलट काम किया। अब आलम यह था कि अरब देशों के लोग हर दिन अल-जज़ीरा टीवी पर उनका चेहरा देख रहे थे और उनकी आवाज़ सुन रहे थे। वह अब ज़ाहिर तौर पर इंतिफादा के नेता थे। इसके चलते उन्हें पूरी मुस्लिम दुनिया में ज़बरदस्त मकबूलियत और अहमियत हासिल हो गई थी, मगर साथ ही इज़राइलियों की नज़र में वह बेहद बुरे आदमी के तौर पर देखे जाने लगे थे। अच्छी बात यह थी कि तमाम मकबूलियत और अहमियत हासिल होने के बाद भी अब्बा के पैर ज़मीन पर ही थे। उन्हें बस इस बात की तसल्ली थी कि वह अल्लाह की मर्ज़ी को पूरा कर पा रहे थे।

एक सुबह अब्बा के मीटिंग्स के नोट्स पढ़ते समय मुझे अगले दिन तय एक प्रोटेस्ट (एहतिजाज़ या विरोध प्रदर्शन) के बारे में पता चला। अगले दिन वह मुझे

साथ लेकर प्रोटेस्ट वाली जगह की ओर चल पड़े। हमारी मंज़िल एक इज़राइली जाँच-चौकी थी जहाँ पहले से ही भारी भीड़ जमा थी। भीड़ बुरी तरह भड़की हुई थी और बहरा कर देने वाला कोहराम मचाए हुए थी। हम अभी चौकी से दौ-सौ गज दूर थे कि तभी उस भीड़ को चौकी पर हमला करने के लिए उकसाने और भड़काने वाले तमाम नेता वहाँ से खिसक लिए और दूर एक पहाड़ी चोटी पर चढ़ गए। अब्बा और मैं भी उनके पीछे हो लिए। बाकी सभी लोग- जवान आदमी और स्कूलों के बच्चे-आगे बढ़कर हथियारबंद इज़राइली फौजियों पर पत्थर बरसाने लगे। जवाब में फौजियों ने भीड़ पर गोलीबारी शुरू कर दी।

इन हालात में रबर चढ़ी गोलियाँ भी खतरनाक साबित हो सकती थीं। खासकर बच्चों के लिए। आईडीएफ ने यह काइदा तय किया था कि इन गोलियों को भी कम से कम 40 मीटर दूर से चलाया जाए, ताकि ये किसी की जान न ले पाएँ। इस से कम दूरी से दागी जाने पर ये गोलियाँ भी जानलेवा साबित होती थीं।

ज़रा देर में ही मंज़र भयानक हो गया। ऊपर पहाड़ी पर से हम देख रहे थे कि प्रोटेस्ट वाली जगह पर चारों ओर लाशों और घायलों का अम्बार लग गया था। इज़राइली फ़ौजी पूरी तरह आपा खो चुके थे और अंधाधुंध फायरिंग कर रहे थे। यहाँ तक कि ज़ख्मियों को ले जाने के लिए आ रहीं एम्बुलेंसों और उनके ड्राईवरों को भी निशाना बना रहे थे, ज़ख्मियों तक पहुँचने की कोशिश कर रहे इमरजेंसी वर्कर्स को भी मौत के घाट उतार रहे थे। जल्लादपने की सारी हदें पार हो रही थीं।

जल्दी ही यह आलम हो गया कि हर कोई गोलियाँ चला रहा था। चौकी पर पत्थरों की मानो बारिश हो रही थी। हज़ारों लोग अपनी पूरी ताकत झोंक रहे थे बैरियर्स और फौजियों की दीवार को पार करके आगे बढ़ने में। सबके दिमाग में बस एक ही बात थी, सबके ऊपर बस एक ही जुनून सवार था - कुछ भी करके बीट एल सेटलमेंट तक पहुँचना और रास्ते में आने वाली हर चीज़ और हर शख्स को तबाह-ओ-बर्बाद करते जाना। चारों ओर अपनों की लाशों का अम्बार लगते देखकर और हर ओर खून के फव्वारे छूटते देखकर बचे हुए लोगों पर पागलपन की हद तक गुस्सा सवार हो चुका था और वे सब सुध-बुध खो चुके थे।

जब लगने लगा कि हालात अब इससे ज़्यादा खराब नहीं हो सकते थे, तभी फिज़ां में मरकावा के 1200 एचपी डीज़ल इंजन की ज़ोरदार आवाज़ गूँजने लगी। अचानक उसकी तोप से होने वाले धमाकों ने पूरे वातावरण को दहला दिया। टैंक पेलिस्टीनियन अर्थॉरिटी के गार्ड्स द्वारा आईडीएफ फौजियों पर शुरू

की गई गोलीबारी के जवाब में हमले कर रहा था। जैसे ही टैंक ने सबको कुचलते और अपने सामने आने वाली हर चीज़ को बारूद से उड़ाते हुए आगे बढ़ना शुरू किया, पहाड़ी पर खड़े नेताओं के बॉडीगार्ड्स ने उनके चारों तरफ घेरा बना लिया और हिफ़ाज़त के साथ उन्हें वहाँ से दूर ले जाने लगे। मैं भी अब्बा को लेकर कार की ओर लपका। पहाड़ी से उतरकर कार तक जाते समय हम कितनी लाशों को कुचलते गए होंगे मुझे नहीं पता, क्योंकि पहाड़ी के नीचे चारों ओर इतनी लाशें बिखरी पड़ी थीं कि गिनना मुहाल था। जैसे-तैसे कार में सवार होकर हम तेज़ी से रमल्लाह की ओर चल पड़े। वहाँ हमारी मंज़िल थी वह अस्पताल जो इस वक़्त लाशों, ज़ख़्मियों और आख़िरी साँसें गिन रहे लोगों से अटा पड़ा था। ज़ख़्मियों को भर्ती करने के लिए अस्पताल में कमरे नहीं बचे थे। जिनको अस्पताल में जगह नहीं मिल रही थी उनके लिए रेड क्रीसेंट अस्पताल के बाहर ही ऐसी व्यवस्था करने में जुटा था जिससे कि उनको अस्पताल में जगह मिलने से पहले ही कहीं वे हद से ज़्यादा खून बहने से मर न जाएँ। लेकिन कोई भी व्यवस्था काफी नहीं थी।

अस्पताल की दीवारें और फर्श खून से सना हुआ था, इतना ज़्यादा कि आते-जाते लोग फिसलकर गिर रहे थे। शौहर और वालिद, बीवियाँ और वालिदान और बच्चे दुःख से सिसक रहे थे और गुस्से से उबल रहे थे।

मुझे सख्त हैरानी यह देखकर हो रही थी कि तमाम दुःख और गुस्से के बावजूद लोग उन फिलिस्तीनी नेताओं (जैसे कि मेरे अब्बा) के भारी अहसानमंद दिखाई पड़ रहे थे जो वहाँ उनके दुःख और मुसीबत में शरीक होने आए थे। मगर ये वही फिलिस्तीनी नेता थे जो इन लोगों को इनके बच्चों समेत भेड़-बकरियों की तरह हाँककर मौत के मुँह में ले गए थे और फिर ऐन वक़्त पर इन्हें इनके हाल पर छोड़कर अपने-अपने बॉडीगार्ड्स की हिफ़ाज़त में दूर जाकर तमाशा देखते रहे थे। यह बात मुझे उस क़त्ल-ए-आम से भी ज़्यादा घिनौनी लग रही थी।

और यह अपनी तरह का इकलौता प्रोटेस्ट नहीं था। रात-दर-रात हम टेलीविज़न के सामने बैठकर लाशों, ज़ख़्मियों और उन पर मातम करने वाले उनके अपनों की तस्वीरें देखते रहे। दस प्रोटेस्ट इस शहर में। पाँच उस शहर में। बीस और कहीं।

मैंने टेलीविज़न पर ही शादा नाम के एक आदमी की बाबत एक रिपोर्ट देखी जिसमें बताया गया कि जिस जगह प्रोटेस्ट चल रहा था उसके सामने की एक इमारत में शादा रोज़ की तरह अपनी ड्रिल मशीन लेकर दीवार में छेद करने का

काम कर रहा था। तभी एक इज़राइली तोप चलाने वाले ने उसे देख लिया और ड्रिल मशीन को गन समझ बैठा। तत्काल उसने अपनी तोप का मुँह शादा की ओर करके गोला दाग दिया, जिससे शादा के सिर के परखच्चे उड़ गए।

अब्बा और मैं उसके घरवालों को तसल्ली देने उसके घर गए। उस बेचारे की अभी नयी-नयी शादी हुई थी, उसकी बेवा का रो-रोकर बुरा हाल था। लेकिन उसको तसल्ली देने आए फिलिस्तीनी नेताओं को किसी बात का लिहाज़ नहीं था। उन्होंने उसके सामने ही आपस में इस बात पर झगड़ना शुरू कर लिया कि शादा के कफ़न-दफ़न में इमाम कौन बनेगा, तीन दिनों तक मातमपुरसी के लिए आने वालों की अगवानी कौन करेगा, घरवालों के लिए खाने के इंतज़ाम का चार्ज किसके पास रहेगा। हर गुट के नेता शादा को 'हमारा बच्चा-हमारा बच्चा' कह रहे थे, उसे अपने गुट का मेम्बर साबित करने की पुरज़ोर कोशिशें कर रहे थे ताकि यह साबित कर पाएँ कि इंतिफादा में उनके गुट की भागीदारी दूसरे गुटों से ज़्यादा थी।

और यह सिर्फ शादा की मौत पर नहीं हो रहा था। हरेक मौत पर तमाम गुटों के नेताओं का यही तमाशा देखने को मिल रहा था। और ऐसी ज़्यादातर मौतें उन लोगों की थीं जिन्हें इंतिफादा से कुछ लेना-देना था ही नहीं। वे वक़्ती तौर पर जज़्बात की रौ में बह गए थे, बस। या फिर शादा जैसे लोग थे जो बदकिस्मती से गलत वक़्त पर गलत जगह मौजूद थे।

इस दौरान दुनिया भर में अरबों ने अमरीकी और इज़रायली झंडे जलाए, विरोध प्रदर्शन किए और इज़राइली कब्जे को कुचलने के लिए फिलिस्तीनी संगठनों को अरबों डॉलर की मदद मुहैया कराई। दूसरे इंतिफादा के पहले ढाई सालों के दौरान सद्दाम हुसैन ने फिलिस्तीनी शहीदों के घरवालों को पैंतीस मिलियन डॉलर्स की मदद मुहैया कराई - दस हज़ार डॉलर हर उस आदमी के घरवालों को जो इज़राइल से लड़ते हुए मारा गया था और पच्चीस हज़ार डॉलर आत्मघाती बम धमाके करने वाले हर आदमी के घरवालों को। ज़मीन के एक टुकड़े पर कब्ज़े के लिए चल रहे इस बेसिरपैर के झगड़े पर आप काफी कुछ कह सकते थे, मगर यह नहीं कह सकते थे कि इसमें शामिल लोगों की ज़िन्दगी सस्ती थी।

चैप्टर – 18

मोस्ट वॉन्टेड

2001

फिलिस्तीनियों ने अब अपनी दुश्वारियों के लिए अराफात या हमास को ज़िम्मेदार ठहराना बंद कर दिया था। अब वे अपने बच्चों की जान लेने के लिए इज़राइल को कसूरवार ठहराने लगे थे। मैं उनसे इत्तेफाक नहीं रखता था। मेरे मन में एक बुनियादी सवाल रह-रहकर कौंधता था: आखिर ये बच्चे दंगे-फसाद वाली जगहों पर क्या कर रहे थे? इनके माँ-बाप कहाँ थे? उन्होंने इन्हें घरों के अन्दर रोककर क्यों नहीं रखा? इन बच्चों को तो अपने-अपने स्कूलों में होना चाहिए था, फिर ये बाहर निकलकर हथियारबंद इज़राइली फौजियों पर पत्थर फेंकते हुए क्यों घूम रहे थे?

एक दिन फिर एक ऐसी ही भयानक घटना घटी जिसमें बहुत सारे बच्चे मारे गए थे। तब मैंने अब्बा से कहा, "आप लोग बच्चों को मरने के लिए वहाँ क्यों भेजते हैं?"

"हम नहीं भेजते," उन्होंने कहा। "वे खुद जाना चाहते हैं। अपने भाइयों को ही देख लो।"

मेरी रीढ़ की हड्डी में एक तेज़ सिहरन दौड़ गई।

"अगर मैंने सुन लिया कि मेरा कोई भाई किसी प्रोटेस्ट में गया था और वहाँ पत्थरबाज़ी की थी, तो मैं उसका हाथ तोड़ दूँगा," मैंने कहा। "मुझे उसका हाथ टूटना मंज़ूर है पर उसका मारा जाना नहीं।"

"वाकई? तुम्हारे लिए यह जानना दिलचस्प होगा कि कल ही वे ऐसा कर रहे थे।" उन्होंने यह बात इतनी सहजता से कही कि एकबारगी तो मेरे लिए इस

बात पर यकीन करना मुश्किल हो गया कि यह अब हमारे जीने का तरीका बन चुका था।

मेरे चारों भाई अब बच्चे नहीं रहे थे। सोहेब इक्कीस का और सैफ़ अठारह का हो गया था; दोनों की उम्र जेल जाने के लिए काफी थी। सोलह के ओवेस और चौदह के मोहम्मद को अब इज़राइली फ़ौजी गोली मारने से चूकेंगे नहीं। और उन चारों को यह बात अच्छी तरह समझ लेनी चाहिए थी। लेकिन जब मैंने उनसे इस बारे में जवाबतलबी की तो वे पत्थरबाज़ी की बात से साफ़ मुकर गए।

तब मैंने उनसे कहा, "कान खोल के सुन लो, मैं इस मामले में बहुत संजीदा हूँ। मैंने बहुत दिनों से तुम लोगों की सुताई नहीं की है क्योंकि तुम लोग अब बड़े हो गए हो। लेकिन अगर मुझे पता चला कि तुम लोग बाहर गए थे तो मुझ से बुरा कोई नहीं होगा।"

इस पर मोहम्मद ने जवाबी हमला करते हुए कहा, "आप और अब्बा भी तो थे वहाँ।"

"बेशक थे, पर हम पत्थर नहीं फेंक रहे थे।"

इस सबके बीच हमास ने पाया कि आत्मघाती हमलों पर अब उसका कामिल इख्तियार (एकाधिकार) नहीं रह गया था। अब इस्लामिक जिहाद, अल-अक्सा मार्टायर्स ब्रिगेड्स, ला-मज़हबी (धर्मनिरपेक्षतावादी) गुट, कम्युनिस्ट गुट और काफिर (नास्तिक) गुट; मतलब सभी गुटों ने इस तरह के हमलावरों को तैयार करके उनसे काम लेना शुरू कर दिया था। और अब उन सबके बीच इस बात की होड़ लगी हुई थी कि कौन सबसे ज़्यादा इज़राइली बाशिंदों को मौत के घाट उतार सकता था।

मेरे चारों तरफ हद से ज़्यादा खून-खराबा मचा हुआ था, जिसके चलते न मैं ठीक से सो पा रहा था, न खा पा रहा था। मेरे लिए अब इसे सिर्फ एक मुसलमान की नज़र से या सिर्फ एक फिलिस्तीनी की नज़र से या सिर्फ हसन यूसुफ़ के बेटे की नज़र से देख पाना मुमकिन नहीं रहा था। अब मैं इसे इज़राइल की आँखों से भी देख रहा था। और इससे भी अहम बात यह थी कि अब मैं इस बेसिरपैर के खून-खराबे को जीसस की आँखों से देख रहा था, जिनकी रूह बेगुनाहों पर हो रहे जुल्म-ओ-सितम से बेजा तकलीफ महसूस कर रही होगी। जितना मैं बाइबल पढ़ता, उतना ही यह सच मेरे सामने साफ़ होता जाता: अपने दुश्मनों को माफ़ करना और उनसे प्यार करना ही खून-खराबे को रोकने का इकलौता कारगर तरीका है।

बेशक मैं दिनोंदिन जीसस का और भी ज़्यादा शैदाई होता जा रहा था, मगर फिर भी जब मेरे ईसाई दोस्त मुझे यह यकीन दिलाने की कोशिश करते कि जीसस भगवान थे तो मैं उनसे इत्तेफाक नहीं रख पाता था। मेरे लिए अब भी अल्लाह ही भगवान था। मुझे पूरी तरह इस बात का अहसास चाहे न रहा हो, पर धीरे-धीरे मैं जीसस के मेयारों (मानकों) को अपना रहा था और अल्लाह के मेयारों को खारिज कर रहा था। और इस्लाम से मेरे दूर होते जाने में सबसे बड़ा हाथ उस पाखण्ड का था जो मैं इस्लाम के नाम पर अपने चारों तरफ फैला देख रहा था। इस्लाम ने हमें सिखाया था कि जी-जान से अल्लाह की खिदमत में लगा जो भी बंदा उसके हुक्म को पूरा करते हुए कुर्बान होगा, उसके लिए सीधे जन्नत के दरवाज़े खुल जाएँगे। उसे मरने के बाद फरिश्तों के सवालों और यातनाओं से नहीं गुज़रना पड़ेगा। मगर मैंने देखा कि इस दौरान इज़राइलियों के हाथों मारा जाने वाला हर आदमी - चाहे वह नाम भर को मुसलमान हो, चाहे वह कम्युनिस्ट हो, या फिर कोई काफिर ही क्यों न हो - शहीद की तरह देखा और गिना जा रहा था। इमामों और शेखों ने हरेक मरने वाले के घरवालों से कहना शुरू कर दिया था, "तुम्हारे अब्बा/खाबिन्द/भाई/ दोस्त/लख्तेजिगर जन्नत में हैं।"

ज़ाहिर है कि उन लोगों का यह रवैया कुरआन की बातों से मेल नहीं खाता था। कुरआन में इस बात का बिल्कुल साफ़-साफ़ ज़िक्र है कि कौन जन्नत में जाएगा और कौन दोजख में। लेकिन इन नेताओं को कुरआन की बातों से कोई लेना-देना मालूम नहीं होता था; उन्हें न सच की परवाह थी और न ही मज़हब की। अपने ज़ाती और सियासी मकसदों को पूरा करना ही उनकी सबसे बड़ी फ़िक्र थी। और इसके लिए उन्हें झूठ बोलने से भी गुरेज़ नहीं था। वे झूठ को अफीम की तरह इस्तेमाल करके इस बात का बंदोबस्त कर रहे थे कि लोग उस दुःख-दर्द को भूल जाएँ जो इन नेताओं की वजह से उन्हें झेलना पड़ रहा था।

अब शिन बेट वाले मेरे साथ बहुत सारी खुफिया जानकारियाँ साझा करने लगे थे और इनमें से बहुत सारी जानकारियाँ उन लोगों के बारे में होती थीं जिनका मेरी ज़िन्दगी में दखल था या कभी रहा था। मैं यह सोच-सोचकर हैरान होता था कि मुझसे जुड़े लोगों के बारे में शिन बेट वालों को मुझ से कितना ज़्यादा पता था! अक्सर ये जानकारियाँ उन पुराने दोस्तों के बारे में होती थीं जो अब बहुत खतरनाक इंसान बन चुके थे। इनमें से कुछ तो हमास के फ़ौजी दस्ते (मिलिट्री विंग) के सबसे खतरनाक मेम्बरान में शुमार किए जाते थे। इन्हीं दोस्तों में से एक था दया मुहम्मद हुसैन अल-तवील। वह एक खूबसूरत नौजवान था, जिसके चाचा हमास नेता थे।

जितना वक़्त हम दोस्त थे, उस दौरान मैंने कभी नहीं देखा कि उसे मज़हब से कोई ख़ास लेना-देना रहा हो। हकीकतन उसके वालिद कम्युनिस्ट थे और इसलिए उसका कभी भी इस्लाम से कोई वास्ता रहा ही नहीं। हाँ, उसकी अम्मी ज़रूर मुस्लिम थीं मगर उन्हें भी कट्टरपंथी मुस्लिम नहीं कहा जा सकता था। और उसकी बहन अमरीका से तालीमयाफ़्ता अख़बारनवीस, अमरीकी नागरिक और एक आज़ाद ख़याल लड़की थी जो हिजाब नहीं पहनती थी। वह और उसका परिवार एक बढ़िया-से घर में रहता था और घर में सभी लोग खासे तालीमयाफ्ता (सुशिक्षित) थे। दया ने भी बिरज़िट यूनिवर्सिटी से इंजीनियरिंग की पढ़ाई की थी और वह अपनी क्लास में अव्वल आया था। जहाँ तक मुझे पता था, उसने तो कभी हमास के किसी प्रोटेस्ट में हिस्सा भी नहीं लिया था।

इन सारी बातों के मद्देनज़र मेरा तब हैरान रह जाना लाज़मी था जब 27 मार्च 2001 को हमने सुना कि दया ने यरूशलेम में फ्रेंच हिल जंक्शन पर खुद को उड़ा लिया था। हालाँकि इस धमाके में उसके अलावा किसी और की जान नहीं गई थी, पर 29 इज़राइली ज़ख़्मी हुए थे।

दया कोई दूध पीता बच्चा या अक्ल का कच्चा इंसान नहीं था जो कोई ऐसे ही उसे इस तरह का आत्मघाती कदम उठाने के लिए राज़ी कर पाता। न ही वह कीड़े-मकोड़ों सी ज़िन्दगी जीने को मजबूर कोई मुहाजिर था कि जिसके पास खोने को कुछ न हो। उसे रुपये-पैसे की भी कोई किल्लत नहीं थी। तो फिर उसने यह किया क्यों? यहाँ तक कि इज़राइली खुफिया-तंत्र भी यह पता लगाने में नाकाम था।

इस खबर के बाद शिन बेट ने मुझे इमरजेंसी मीटिंग के लिए बुलाया। उन्होंने मुझे एक कटे हुए सिर की तस्वीर दिखाई और उसकी पहचान करने को कहा। मैंने बराबर पहचाना कि वह दया ही था। घर लौटते समय मेरे दिमाग में बस यही सवाल हथौड़े की तरह बजता रहा कि 'आखिर क्यों किया होगा दया ने ऐसा?' मेरे ख़याल से तो अब शायद ही कोई इसका जवाब पा पाएगा। किसी को भनक तक नहीं लगी कि ऐसा कुछ होने वाला था। उसके हमास वाले चाचा को भी नहीं।

दया अल-अक्सा इंतिफादा का पहला आत्मघाती हमलावर था। ये हमले एक ऐसे फ़ौजी दस्ते के वजूद की ओर इशारा थे जो किसी की भी जानकारी में आए बिना खुदमुख्तारी (स्वतंत्र रूप से) से काम कर रहा था। शिन बेट ने इस दस्ते के अगला हमला करने से पहले ही उसे तलाश कर लेने के लिए कमर कस ली थी।

लोई ने मुझे उन नामों की फेहरिस्त दिखाई जिन पर शिन बेट को शक था। उसमें ऊपर के जो पाँच नाम थे, उन सभी से मैं वाकिफ था। ये सभी हमास से जुड़े हुए थे और पेलिस्टीनियन अथॉरिटी ने इन्हें इंतिफादा शुरू होने से पहले जेल से रिहा कर दिया था। अराफात जानता था कि ये खतरनाक लोग थे, लेकिन चूंकि हमास की हालत कब्र में लेटे मुर्दे जैसी थी, इसलिए उसे इन लोगों को कैद करके रखे रहने का कोई फायदा नहीं नज़र आया।

मगर वह गलत था।

फेहरिस्त में सबसे ऊपर नाम था मुहम्मद जमाल अल-नतशेह का, जिसने मेरे अब्बा के साथ मिलकर हमास को खड़ा करने का काम किया था और जो आखिरकार वेस्ट बैंक में हमास के फ़ौजी दस्ते का मुखिया बन गया था। अल-नतशेह का परिवार फिलिस्तीनी इलाके का सबसे बड़ा परिवार था, इसीलिए उसे किसी भी चीज़ का खौफ नहीं था। छः फीट लम्बा अल-नतशेह हर लिहाज़ से एक ज़बरदस्त लड़ाका था। जिस्मानी और ज़ेहनी तौर पर हद से ज़्यादा सख्त और मज़बूत और उतना ही आला दिमाग। भले वह यहूदियों के खिलाफ नफरत से भरा हुआ था, मगर मैंने उसे जितना जाना था उससे मुझे वह दूसरों का बहुत ख़याल रखने वाला बंदा मालूम हुआ था।

फेहरिस्त में अगला नाम था सालेह तलहामे का। वह पेशे से इलेक्ट्रिकल इंजीनियर था। बहुत होशियार और पढ़ा-लिखा। उस वक़्त मुझे कहाँ मालूम था कि आगे चलकर हम दोनों बहुत गहरे दोस्त बन जाएँगे।

इब्राहिम हमीद तीसरा नाम था फेहरिस्त में, जो वेस्ट बैंक में हमास की सिक्योरिटी विंग का मुखिया था।

सैय्यद अल-शेख कासिम और हसनेन रुम्माना फेहरिस्त में शामिल चौथे और पाँचवे नाम थे। ये दोनों ऊपर के तीनों की मदद करते थे।

सैय्यद एक बिना पढ़ा-लिखा, मज़बूत कद-काठी वाला और ताबेदार (आज्ञाकारी) आदमी था। उसे आसानी से अपना फरमाबरदार बनाया जा सकता था। दूसरी ओर हसनैन एक हसीन नौजवान कलाकार था जिसने इस्लामिक स्टूडेंट मूवमेंट में बहुत बढ़-चढ़कर हिस्सा लिया था, खासकर पहले इंतिफादा के समय जब कि हमास सड़कों पर उतरकर खुद को एक ताकतवर संगठन साबित करने की कोशिश कर रहा था। हमास नेता के तौर पर अब्बा ने इन पाँचों को पेलिस्टीनियन अथॉरिटी की कैद से आज़ाद करवाने और उनके घर वापस भेजने के लिए बहुत

मशक़्क़त की थी। और जेल से इनकी रिहाई वाले दिन अब्बा और मैं इन्हें लेने गए और अपनी कार में बिठाकर इन्हें रमल्लाह के अल हज़ल में एक मकान तक पहुँचाया, जहाँ इनके रहने का बंदोबस्त अब्बा ने ही किया था।

जब लोई ने मुझे वह फेहरिस्त दिखाई तो मैंने उससे कहा, "एक बात बताऊँ? मैं इन सभी को जानता हूँ। मुझे यह भी मालूम है कि ये कहाँ रहते हैं। मैं ही उन्हें उनकी महफ़ूज़ पनाहगाह में छोड़कर आया था।"

मेरी बात सुनकर लोई के चेहरे पर बड़ी-सी मुस्कराहट तैरने लगी। "सच कह रहे हो?" उसने पूछा। "चलो तो फिर काम पर लग जाएँ।"

जब अब्बा और मैं इन पाँचों को जेल से लेने गए थे तब मुझे कोई इल्म नहीं था कि ये सब कितने खतरनाक इंसान बन चुके थे या कितने इज़राइलियों को मार चुके थे। और अब मैं हमास के उन बहुत थोड़े से लोगों में से एक था जिन्हें इनका ठिकाना पता था।

लोई चाहता था कि मैं इन लोगों के पास जाकर इनसे इनके आगे के मंसूबों की बाबत पता करूँ। इसी मकसद से मैं उन लोगों से मिलने पहुँचा। इस बार शिन बेट वालों ने मुझे कुछ आला दर्जे के जासूसी गैजेट्स भी दिए, जिनसे मैं गुपचुप ढंग से उन लोगों की सारी बातें रिकॉर्ड कर सकता था। मैंने काफी देर उनसे बात की, लेकिन उनके मुँह से ऐसा कुछ भी नहीं निकला जो हमारे कुछ ख़ास काम का हो।

मैं सोच में पड़ गया कि कहीं ऐसा तो नहीं कि ये वे लोग न हों जो हम इन्हें समझ रहे थे।

"कुछ तो गड़बड़ है," मैंने लोई से कहा। "इन लोगों से तो ऐसा कुछ भी पता नहीं लगा। कहीं ऐसा तो नहीं कि ये वे लोग न हों?"

"हो सकता है," लोई ने माना। "पर इन लोगों का अतीत हमें शक करने पर मजबूर कर रहा है। हमें तब तक इन पर नज़र रखनी होगी जब तक कि हमारी पूरी तसल्ली नहीं हो जाती।"

बेशक उनका इस तरह का अतीत था, मगर वो इन्हें गिरफ्तार करने के लिए काफी नहीं था। हमें पुख़्ता सबूत चाहिए थे। इसलिए हमने लगातार उनकी जासूसी जारी रखी। हम हड़बड़ी में गलत लोगों पर हाथ डालने की गलती नहीं करना चाहते थे, इससे असली दहशतगर्दों को बच निकलने और अगला हमला करने का मौका मिल जाता।

शायद मेरी ज़िन्दगी में उतनी झंझटें नहीं थीं, या शायद किसी वजह से उस समय मुझे यह आईडिया अच्छा लगा; जो भी वजह हो पर मैंने उसी महीने यूनाइटेड स्टेट्स एजेंसी फॉर इंटरनेशनल डेवलपमेंट (यूएसएआईडी) विलेज वॉटर एंड सैनिटेशन प्रोग्राम के कैपेसिटी-बिल्डिंग ऑफिस में नौकरी शुरू कर दी। इस प्रोजेक्ट का हेडक्वार्टर अल-बिरेह में ही था। मैं जानता हूँ कि यह बड़ा लम्बा नाम है, पर यह बेहद अहम प्रोजेक्ट था। चूँकि मेरे पास कॉलेज की कोई डिग्री तो थी नहीं, इसलिए शुरुआत में मुझे रिसेप्शनिस्ट की नौकरी दी गई।

जिस स्टडी ग्रुप के साथ मैं बाइबिल पढ़ता था, वहीं के कुछ ईसाई दोस्तों ने मेरी इस प्रोजेक्ट के एक अमरीकी मैनेजर से मुलाक़ात कराई थी। उसे मैं पहली नज़र में भा गया और उसने मेरे सामने नौकरी की पेशकश रख दी। लोई को भी यह बात बहुत जँची। उसका सोचना था कि यह शिन बेट के एजेंट के तौर पर मेरी पहचान को छुपाए रखने में बहुत मददगार होगा क्योंकि यहाँ काम करते हुए मुझे जो पहचान-पत्र मिलेगा उस पर अमरीकी दूतावास की मुहर लगी होगी, जिससे मुझे इज़राइल और फिलिस्तीनी इलाकों के बीच बेरोकटोक आने-जाने में सहूलियत हो जाएगी। साथ ही इससे लोगों को इस बात पर भी शुबहा करने का मौका नहीं मिलेगा कि मेरे पास हमेशा इतने पैसे कैसे रहते हैं।

मेरे अब्बा को यह एक बेहतरीन मौका मालूम हुआ और वे फिलस्तीनी लोगों को पीने का साफ़ पानी और सेनिटेशन मुहैया कराने के लिए अमरीकी सरकार के बेहद शुक्रगुज़ार थे। लेकिन साथ ही वह यह भी नहीं भूल सकते थे कि अमरीका ही इज़राइल को वे हथियार मुहैया करा रहा था जो फिलिस्तीनियों के क़त्ल-ए-आम के लिए इस्तेमाल हो रहे थे। पूरा अरब जगत अमरीका को लेकर इसी तरह की दुविधा महसूस करता था और आज भी करता है।

फिलिस्तीनी इलाकों में शुरू हो रहे इस सबसे बड़े अमरीकी प्रोजेक्ट का हिस्सा बनने के मौके को मैंने दोनों हाथों से लपका। मीडिया का ध्यान हमेशा इज़राइल और फिलिस्तीन के बीच झगड़े और सौदेबाज़ी के उन मुद्दों पर केन्द्रित रहता था जो उनकी नज़र में बड़े और अहम थे, मसलन ज़मीन, आज़ादी और मुआवजा। लेकिन मध्य-पूर्व में पानी ज़मीन से कहीं ज़्यादा बड़ा मसला था। पानी के पीछे लोगों की लड़ाइयाँ तब से चली आ रही हैं जब से अबराम के चरवाहों की उसके भतीजे लोट के चरवाहों से लड़ाई हुई थी। इज़राइल और कब्ज़े वाले इलाकों के लिए पानी का सबसे बड़ा ज़रिया 'सी ऑफ़ गैलिली' (जो कि वास्तव में एक

झील है) है, जिसे गेनेसरेट या तिबेरियास के नाम से भी जाना जाता है। यह धरती पर मीठे पानी की सबसे निचली झील है।

बाइबिल के केंद्र में रहे इस इलाके में पानी हमेशा एक उलझा हुआ मसला रहा है। आधुनिक इज़राइल ने अपनी सामरिक ताकत के बूते यहाँ के पानी के नक़्शे को मनमुताबिक बदल दिया है। मसलन, 1967 में अरब जगत और इज़राइल के बीच हुई छह दिन की जंग (सिक्स-डे वॉर) का एक नतीजा यह निकला था कि इज़राइल ने गोलान हाइट्स का इलाका सीरिया से छीन लिया था। इससे इज़राइल को पूरी गलीली झील पर कब्ज़ा हासिल हो गया, जिसके चलते जॉर्डन नदी और उससे निकलने और उसमें मिलने वाले सभी झरनों/नहरों/उप-नदियों पर भी उसका कब्ज़ा हो गया। इसके बाद इज़राइल ने अंतरराष्ट्रीय नियमों को ताक पर रखते हुए वेस्ट बैंक और गाज़ा पट्टी की तरफ बहने वाले जॉर्डन नदी के पानी को अपने नेशनल वॉटर कैरिअर के ज़रिए अपनी तरफ मोड़ लिया, जिससे इन इलाकों को मिलने वाले पानी का तीन-चौथाई हिस्सा अब इज़राइलियों के हिस्से में आने लगा।

तब से अब तक संयुक्त राज्य अमेरिका ने हमारे लोगों के लिए कुँए खोदने और पानी के नए ज़रिए तैयार करने में सैकड़ों-हज़ारों करोड़ डॉलर खर्च किए हैं।

यूएसएआईडी की नौकरी मेरे लिए शिन बेट एजेंट के तौर पर अपनी पहचान छिपाकर रखने के ज़रिए से कहीं ज़्यादा थी। वक़्त के साथ वहाँ काम करने वाले आदमियों और औरतों से मेरी अच्छी दोस्ती हो गई थी। मैं जानता था कि यह नौकरी मुझे गॉड की मेहरबानी से ही मिली थी। यूएसएआईडी की पॉलिसी थी कि वे ऐसे किसी भी आदमी को काम पर नहीं रखते थे जो किसी भी तरह की सियासी सरगर्मियों में शामिल हो और ऐसे किसी आदमी को तो बिल्कुल भी नहीं जिसके वालिद फिलिस्तीन के सबसे बड़े आतंकी संगठन के मुखिया के तौर पर जाने जाते हों। पर पता नहीं क्या सोचकर मेरे बॉस ने मुझे काम पर रख लिया। पर जल्दी ही गॉड ने उनको उनकी इस रहमदिली का ऐसा ईनाम दिलवाया जिसका उन्होंने तसव्वुर भी नहीं किया होगा।

इंतिफादा के चलते अमरीकी सरकार ने अपने मुलाज़िमीन (कर्मचारियों) को हिदायत दी थी कि वे वेस्ट बैंक में केवल दिन के वक़्त रुकें और वो भी सिर्फ काम के सिलसिले में। लेकिन इस हिदायत पर अमल करने के लिए उनका हर दिन खतरनाक जाँच-चौकियों से होकर गुज़रना ज़रूरी था। हर दिन इन जाँच-चौकियों

से होकर आने-जाने और वेस्ट बैंक की सड़कों पर 4X4 की पीले इज़राइली टैग लगी अमरीकी जीपों में सवार होकर सफ़र करने की बजाए उनका वेस्ट बैंक में ही रहना ज़्यादा महफ़ूज़ होता। औसत फिलिस्तीनी आदमी इस बात में फर्क नहीं कर पाता था कि इज़राइली टैग लगीं विलायती जीपों में सवार कौन लोग उसकी मदद करने आए थे और कौन उसे मारने।

इज़राइल डिफेन्स फोर्सेस के लोगों को जब भी किसी ऐसे ऑपरेशन को अंजाम देना होता था जिसकी वजह से यूएसएआईडी के मुलाज़िमीन के लिए कोई खतरा पैदा हो सकता हो, तो वे पहले ही चेता देते थे कि समय रहते यहाँ से निकल जाओ। मगर शिन बेट ऐसी कोई चेतावनी जारी नहीं करती थी। हमारे लिए अपने कामों को गुपचुप करना बहुत ज़रूरी होता था। मसलन, अगर हमें खबर मिलती कि कोई फरार दहशतगर्द जेनिन से रमल्लाह की ओर भागा जा रहा था, तो हम बिना किसी चेतावनी के ऑपरेशन शुरू कर देते थे।

रमल्लाह एक छोटा सा शहर था। इन ऑपरेशनों के दौरान इज़राइली डिफेन्स फोर्सेस के जवान हर दिशा से आगे बढ़े चले आ रहे होते थे। उनको रोकने के लिए लोग सड़कों पर कारों और ट्रकों को लाइन से खड़ा करके या फिर टायरों को जलाकर रास्ता बंद कर देते थे। टायरों के जलने से चारों ओर काला धुँआ फैल जाता था और साँस लेना मुश्किल होने लगता था। हथियारबंद लोग चीज़ों की आढ़ ले-लेकर आगे बढ़ने की कोशिश करते और रास्ते में आने वाले हर शख्स को अपनी गोली का निशाना बनाते चलते। नौजवान और कमसिन उम्र के लड़के पत्थर फेंकना शुरू कर देते। इस अचानक मचे कोहराम से घबराए हुए बच्चे ज़ोर-ज़ोर से रोने लग जाते। वातावरण एम्बुलेंसों के सायरनों औरतों की चीख-पुकार और छोटे व हल्के हथियारों की ठांय-ठांय से गूँज उठता।

मुझे अभी यूएसएआईडी में नौकरी शुरू किए ज़्यादा वक़्त नहीं बीता था कि एक दिन लोई ने फोन करके बताया कि अगले दिन फ़ौजी दस्ते एक ऑपरेशन के लिए रमल्लाह आ रहे थे। मैंने अपने अमरीकी मैनेजर को फोन करके ताकीद की कि कल वह रमल्लाह न आए और सभी मुलाज़िमीन को भी घर पर ही रहने के लिए बोल दे। उसके यह पूछने पर कि मुझे यह खबर कहाँ से मिली, मैंने उसे कहा कि यह तो मैं नहीं बता सकता था लेकिन इतना ज़रूर कह सकता था कि मेरी बात पर भरोसा करके उसे पछतावा नहीं होता। उसने मेरा यकीन किया। उसने शायद यह सोचा होगा कि चूँकि मैं हसन यूसुफ़ का बेटा था, इसलिए ज़रूर मेरे पास अन्दर की कोई खबर होगी।

अगले दिन रमल्लाह जल उठा। सड़कों पर अफरा-तफरी मची हुई थी, लोग यहाँ से वहाँ भाग रहे थे और अंधाधुंध गोलियाँ चला रहे थे। सड़कों के किनारे खड़ीं कारें धू-धू करके जल रही थीं और दुकानों की खिड़कियाँ टूटी पड़ी थीं। चारों तरफ लूट-पाट, खून-खराबा और अफरा-तफरी का माहौल था। जब मेरे बॉस ने टेलीविज़न पर यह सब देखा तो फोन लगाकर मुझसे कहा, "प्लीज मोसाब, फिर कभी दुबारा ऐसा कुछ होने वाला हो तो इस बार की तरह तब भी मुझे पहले ही चेता देना।"

"ठीक है," मैंने कहा, "पर एक शर्त पर। आप मुझसे कोई सवाल नहीं करोगे। अगर मैं कहूँ कि कल मत आना, तो मत आना, बस।"

जूते

2001

दूसरा इंतिफादा लगातार जारी था। साँस लेने को ज़रा देर रुकना भी उसे गवारा न था। 28 मार्च 2001 को एक आत्मघाती हमलावर ने एक गैस स्टेशन पर धमाका करके दो किशोरों (टीनएजर्स) की जान ले ली। 22 अप्रैल को एक हमलावर ने एक बस स्टॉप पर खुद को उड़ा लिया, जिसकी चपेट में आकर एक और आदमी मारा गया जबकि तकरीबन पचास लोग ज़ख़्मी हो गए। 18 मई को नेतन्या में एक शॉपिंग मॉल के बाहर हुए आत्मघाती हमले में पाँच इज़राइली शहरियों की मौत हो गई और सौ से ज़्यादा ज़ख़्मी हुए।

फिर 1 जून की रात 11:26 बजे तेल अवीव के एक मशहूर डिस्को डॉल्फी के बाहर नयी उम्र के लड़कों की अच्छी-खासी भीड़ डिस्को में जाने के लिए लाइन लगाकर खड़ी थी। वहाँ की फ़िज़ां में उनकी गप-शप, हँसी-ठट्ठे, चुहलबाज़ी और मज़ाक-मस्ती का शोर गूँज रहा था। बड़ा ही ज़िन्दादिल और खुशनुमा माहौल था उस वक़्त वहाँ। इस भीड़ में शामिल ज़्यादातर लड़के पूर्व सोवियत संघ से थे, जिनके माँ-बाप हाल ही में यहाँ आकर बसे थे। सईद होतारी भी इसी लाइन में खड़ा था, लेकिन वह फ़िलिस्तीनी था और उम्र में बाकी लड़कों से थोड़ा बड़ा था। उसने अपने कपड़ों के नीचे बड़ी तादाद में आतशगीर (विस्फोटक) और फौलाद के टुकड़े बाँध रखे थे।

अखबारों ने इस हमले को आत्मघाती बम धमाका नहीं कहा। उन्होंने इसे क़त्ल-ए-आम बताया। धमाके के ज़ोर और उसमें से निकले फौलाद के छल्लों (बॉल बेअरिंग) ने वहाँ मौजूद लड़कों के शरीरों को बुरी तरह फाड़ दिया था। चपेट में आए लोगों की तादाद बहुत ज़्यादा थी: 21 मरे थे; 120 ज़ख़्मी थे।

इससे पहले किसी भी आत्मघाती हमलावर ने एक ही हमले में इतने सारे लोगों की जान नहीं ली थी। वेस्ट बैंक में होतारी के पड़ोसियों ने उसके वालिद को उसकी इस 'बेजोड़ कामयाबी' के लिए मुबारकबाद दी। इस बारे में होतारी के वालिद का ख़याल एक इंटरव्यू के दौरान इन लफ़्ज़ों में ज़ाहिर हुआ, "मैं चाहूँगा कि मेरे बाकी तीन बेटे भी ऐसी ही कामयाबी हासिल करें। मैं चाहूँगा कि मेरे परिवार के सभी लोग, मेरे सभी रिश्तेदार भी इसी तरह अपने मादर-ए-वतन पर कुर्बान हों।"7

अब इज़राइल हर कीमत पर इस साँप का फन कुचल देने के लिए बेताब हो उठा था। लेकिन अब तक उसने यह समझ लिया था कि अगर फिलिस्तीनी गुटों के नेताओं को जेल में रखने से खून-खराबा नहीं रुक रहा था, तो उनको मार देने पर भी नहीं रुकने वाला था।

जमाल मंसूर एक अखबारनवीस था और मेरे वालिद की ही तरह हमास के सात बानी (फाउंडर) मेम्बरान में से एक था। साथ ही वह मेरे वालिद के सबसे करीबी दोस्तों में भी शामिल था। दोनों ने दक्षिणी लेबनान में साथ-साथ मुल्क-बदर (निर्वासन) काटा था। उनकी लगभग हर दिन फ़ोन पर गपशप और हँसी-मज़ाक चलती थी। जमाल आत्मघाती हमलों का सबसे बड़ा हिमायती भी था। जनवरी में न्यूज़वीक को दिए एक इंटरव्यू में उसने निहत्थे नागरिकों के क़त्ल-ए-आम को सही ठहराते हुए ऐसा करने वाले आत्मघाती हमलावरों की तारीफ़ में कसीदे पड़े थे।

31 जुलाई दिन मंगलवार को एक फिलिस्तीनी जासूस की सूचना पर दो जंगी अपाचे हेलीकॉप्टर मिसाइलों से लैस होकर नाब्लस स्थित उस इमारत की दूसरी मंज़िल के सामने (पर काफी दूरी पर) उड़ान भरने लगे जिसमें मंसूर का मीडिया दफ्तर था। वहाँ से उन्होंने दफ्तर की खिड़की का निशाना लेकर तीन लेज़र-गाइडेड मिसाइल्स दागीं। मंसूर, एक और हमास नेता जमाल सलीम और छह और फिलिस्तीनी मारे गए। इन छह में दो बच्चे भी शामिल थे। एक आठ साल का और दूसरा दस साल का। दोनों नीचे वाले माले पर डॉक्टर के क्लिनिक में बैठे थे। ऊपर से गिरे मलबे ने दोनों को चीखने का भी मौका नहीं दिया।

यह किस किस्म का पागलपन था! मैंने लोई को फोन किया।

"यह क्या हो रहा है? तुम्हें यकीन है कि वे लोग आत्मघाती हमलों में शामिल थे? मैं जानता हूँ कि वे इन हमलों की तरफदारी करते थे, लेकिन वे लोग मेरे वालिद की ही तरह हमास के सियासी धड़े में थे, न कि फ़ौजी दस्ते में।"

"हाँ। हमारे पास खुफिया जानकारी है कि मंसूर और सलीम सीधे तौर पर डॉल्फिनारियम क़त्ल-ए-आम में शरीक थे। उनके हाथ ख़ून से रंगे हुए थे। इसलिए हमें ऐसा करना पड़ा।"

मैं चुप रह गया। और मैं क्या करता? उनके साथ बहस करता? उनसे कहता कि उनके पास जो जानकारी थी वो गलत थी? अचानक मेरे ज़ेहन में यह ख़याल कौंध गया कि इन हालात में तो मेरे वालिद भी इज़राइली सरकार की हिटलिस्ट में शामिल हो सकते थे। भले उन्होंने किसी आत्मघाती हमले को अंजाम न दिया हो, पर अंजाम देने वालों के साथ उनके ताल्लुकात उनको भी मंसूर और सलीम के अंजाम तक पहुँचा सकते थे। उन पर एक दूसरा इल्ज़ाम यह आयद हो सकता था कि उनके पास इन आत्मघाती हमलावरों के बारे में वे तमाम जानकारियाँ थीं जो यदि शिन बेट या इज़राइली सरकार को मिल जातीं तो पता नहीं कितने लोगों की जान जाने से बच सकती थी, मगर उन्होंने इन्हें छिपाकर रखा। उनका इतना असर था कि अगर वे चाहते तो इन हमलों को रोक सकते थे, लेकिन नहीं रोक रहे थे। वे चाहते तो बेगुनाह लोगों को क़त्ल होने से बचा सकते थे, लेकिन नहीं बचा रहे थे। उल्टा वे तो इंतिफादा को जारी रखने में पेलिस्टीनियन अथॉरिटी की मदद कर रहे थे और इसमें शामिल लोगों को इस बात के लिए उकसा रहे थे कि जब तक इज़राइल पीछे हटने को मजबूर न हो जाए तब तक इस क़त्ल-ए-आम को जारी रखें। इस तरह, इज़राइली सरकार की नज़रों में तो मेरे वालिद भी एक दहशतगर्द ही थे।

बाइबिल को पढ़ना और समझना शुरू करने के नतीजे में मैं अब अपने वालिद के कामों का तबसरा (समीक्षा) क़ुरआन की हिदायतों के आधार पर नहीं बल्कि जीसस की दर्स-ओ-तदरीस (शिक्षाओं) की बिनाह पर करने लगा था। इसके चलते अब मेरी नज़र में उनका बतौर हीरो अक्स धुंधला पड़ता जा रहा था। और इस बात से मेरा दिल टूट गया था। मैं उन्हें वे सारी बातें बताना चाहता था जो मैंने बाइबल पढ़ते हुए सीखी और समझी थीं, मगर मैं जानता था कि वह नहीं सुनेंगे। और अगर यरूशलेम में रहने वालों (इज़राइली सरकार) की चली तो उन्हें कभी यह देखने का मौका नहीं मिलेगा कि किस तरह इस्लाम ने उन्हें सही रास्ते से भटका दिया था।

मैंने खुद को यह सोचकर दिलासा दिया कि मेरे शिन बेट से जुड़े होने के कारण अब्बा को फ़ौरन तो कोई खतरा शायद न हो। वे भी उन्हें ज़िन्दा देखने के उतने ही ख्वाहिशमंद थे जितना कि मैं - बेशक इसके पीछे की हमारी वजूहात

बिल्कुल जुदा थीं। वह हमास की कारगुज़ारियों से जुड़ीं अंदरूनी जानकारियाँ हासिल करने का उनका सबसे बड़ा ज़रिया थे। मगर यह बात मैं उन्हें बता तो नहीं सकता था न। और फिर दूसरी तरफ से देखें तो शिन बेट का दिया यह जिरहबख्तर ही उनके लिए खतरनाक साबित हो सकता था। अगर इज़राइली सरकार द्वारा पकड़े या मारे जाने के डर से सारे हमास नेता भूमिगत होने को मजबूर हो जाते और अकेले मेरे वालिद बिना किसी डर या फ़िक्र के पहले की तरह जीते रहते तो लोगों को उन पर शक होना लाज़िमी होता। इसीलिए मेरा उनकी हिफ़ाज़त के लिए कोशिश करना, या कम से कम ऐसा करते दिखना तो ज़रूरी था ही। मैं तुरंत भागा-भागा उनके दफ्तर गया और उन्हें चेताया कि जो अभी-अभी मंसूर के साथ हुआ वो उनके साथ भी हो सकता था।

“सबको चलता कीजिए। अपने बॉडी गार्ड्स को भी छुट्टी दे दीजिए। दफ्तर बंद कर दीजिए। और यहाँ दुबारा कदम मत रखिएगा।”

उनकी प्रतिक्रिया वही थी जिसकी मुझे उनसे उम्मीद थी।

“मुझे कुछ नहीं होगा मोसाब। हम खिड़कियों पर स्टील की चद्दरें फिट करा लेंगे।”

“आप पागल तो नहीं हुए हैं? निकलिए यहाँ से! उनकी मिसाइलें बड़े-बड़े टैंकों और इमारतों को धराशाई कर देती हैं और आपको लग रहा है कि एक स्टील की शीट लगाकर आप बच जाएँगे? अगर आप खिड़की बंद करेंगे तो वे छत फाड़कर हमला कर देंगे। सोचिए मत, चलिए यहाँ से!”

मेरी बात से उनका राज़ी न होना समझ में आता था। वह एक मज़हबी आदमी और सियासी नेता थे, न कि कोई फ़ौजी। उन्हें फ़ौज से जुड़ी बातों या खुफिया तौर पर किए जाने वाले कत्लों की ज़रा भी समझ नहीं थी। वह उन बातों से भी वाकिफ नहीं थे जो मुझे पता थीं। भले बेमन से हों, पर आखिर को वह मेरे साथ चलने को राज़ी हो गए।

लेकिन इस नतीजे पर पहुँचने वाला मैं अकेला नहीं था कि मंसूर के पुराने और जिगरी दोस्त होने के नाते अगला नंबर हसन यूसुफ़ का हो सकता था। हम जब अब्बा के दफ्तर से बाहर निकलकर सड़क पर पहुँचे तो ऐसा लगा जैसे हमारे आसपास मौजूद सभी लोग अचानक से फिक्रमंद हो उठे थे। अचानक से उनकी चाल में फुर्ती आ गई थी और वे घबराई हुई नज़रों से आसमान की तरफ देखते हुए जल्दी से जल्दी हमसे ज़्यादा से ज़्यादा दूर हो जाने की कोशिश करने लगे थे।

मुझे पता था कि मेरी ही तरह उनके भी कान किसी हैलीकॉप्टर की आवाज़ को दूर से ही सुन लेने के लिए चौकन्ने थे। कोई भी गेंहू के साथ घुन की तरह पिसने का तमन्नाई नहीं था।

मैं अब्बा को कार में बिठाकर सिटी इन होटल ले गया और उन्हें वहीं रुकने के लिए कहा।

"अब्बा, यह जो आदमी यहाँ डेस्क पर बैठा है यह हर पाँच घंटे में आपका कमरा बदल देगा। इसलिए जो यह कहे, वैसा ही आप कीजिएगा। किसी को भी अपने कमरे में मत बुलाइएगा। मेरे अलावा और किसी को भी फोन मत कीजिएगा और इस होटल से बाहर मत निकलिएगा। यह जो फोन मैं आपको दे रहा हूँ, इसी से मुझसे बात कीजिएगा।"

होटल से निकलते ही मैंने शिन बेट को फोन करके बता दिया कि अब्बा को मैंने कहाँ रखा था।

"बढ़िया किया। उन्हें वहीं रखो, मुसीबतों से दूर।"

उन्हें मुसीबतों से दूर रखने के लिए मुझे पल-पल इस बात की खबर रखनी पड़ रही थी कि वह कहाँ थे। मुझे उनकी हर साँस की निगहबानी करनी पड़ रही थी। मैंने उनके सारे बॉडीगार्ड्स को छुट्टी दे दी थी क्योंकि मैं उनमें से किसी का भी एतबार नहीं कर सकता था। ज़रूरी था कि अब्बा हर चीज़ के लिए सिर्फ मुझ पर निर्भर रहें। अगर मैं ऐसा नहीं करता तो निश्चित तौर पर वह कोई ऐसी गलती कर बैठते जिसकी कीमत उन्हें अपनी जान से चुकानी पड़ती। इसीलिए मैं उनका खिदमतगार, बॉडीगार्ड और रखवाला; सभी कुछ बन गया था। मैंने उनकी सारी ज़रूरतों के होटल में ही पूरा किए जाने का इंतज़ाम कर दिया था। होटल के आसपास कहीं भी होने वाली किसी भी मानी और बेमानी हरकत पर मेरी पूरी नज़र रहती थी। बाहरी दुनिया से उनके संपर्क का इकलौता ज़रिया सिर्फ मैं था। इस तरीके से मैं न सिर्फ अपने वालिद की हिफ़ाज़त का इंतज़ाम कर रहा था बल्कि यह भी तय हो रहा था कि कोई भी मुझ पर इज़राइली जासूस होने का ज़रा सा भी शुबहा नहीं कर पाएगा।

अब मैंने हमास नेता होने का किरदार निभाना शुरू कर दिया। मैं अपने साथ एक M16 रखने लगा, ताकि मुझे एक ऐसे आदमी के रूप में पहचाना जाने लगे जो माली तौर पर मज़बूत और रसूखदार था और जिसके खतरनाक लोगों से ताल्लुकात थे। उन दिनों इस तरह के हथियारों की डिमांड बहुत ज़्यादा थी जबकि

सप्लाई बहुत कम। मैंने खुद अपनी M16 दस हज़ार डॉलर्स में खरीदी थी और वो भी इसलिए मिल पाई थी क्योंकि मैं शेख हसन यूसुफ़ का बेटा था।

जल्दी ही हमास के फ़ौजी दस्ते के लोग मेरे आसपास मंडराने लगे ताकि मेरी निगाहों में आ सकें। चूँकि उन्हें लगता था कि मैं अपने वालिद के चलते हमास के सारे राज़ों से वाकिफ था, इसलिए उन्हें मेरे सामने अपनी समस्याएँ रखने और अपना दुखड़ा रोने में हिचक नहीं होती थी, उल्टा उन्हें लगता था कि मैं अपने रसूख के चलते उनकी समस्याएँ सुलझाने में उनकी मदद कर सकता था।

मैं उनकी बातों को ध्यान से सुनता था। उन बेचारों को कहाँ पता था कि वे टुकड़ों-टुकड़ों में मुझे जो छोटी-छोटी जानकारियाँ मुहैया कराते थे, मैं उनको आपस में जोड़कर बड़ी और मानीखेज़ बातों का पता लगा लेता था। इन छोटी-छोटी जानकारियों की बिनाह पर शिन बेट ने इतने सारे अभियान छेड़े कि यदि उन सबके बारे में बताने जाऊँ तो अलग से एक किताब लिखनी पड़ेगी। आप बस इतना जान लीजिए कि उन जानकारियों की वजह से हम बहुत सारे बेगुनाह लोगों की जान बचाने में कामयाब हुए थे। इन जानकारियों की बिनाह पर हम बहुत सारे आत्मघाती हमलों को रोकने में कामयाब रहे थे, बहुत सारी औरतों को बेवा होने और बहुत सारे बच्चों को यतीम होने से बचाने में कामयाब हुए थे।

इसी दौरान हमास के फ़ौजी दस्ते के भीतर मुझे खासी इज़्ज़त मिलने लगी थी और मुझ पर लोगों का भरोसा भी ख़ासा बढ़ गया था। अब दूसरे फिलिस्तीनी गुटों के लोग भी मुझसे संपर्क करने लगे थे। यदि किसी को आतशगीर (विस्फोटक) चाहिए होता तो वह बेहिचक मेरे पास आता। यदि किसी को हमास के साथ मिलकर कोई कारनामा अंजाम देना होता तो वह मुझसे कहता।

एक दिन मारवान बरघौटी का सहयोगी अहमद अल-फ़ारंसी मेरे पास आया। उसे जेनिन के कुछ आत्मघाती हमलावरों के लिए आतशगीर चाहिए थी। मैंने इंतज़ाम करने का वादा कर लिया और फिर खेल खेलना शुरू किया। मैं उसे तब तक टालता रहा जब तक कि मैंने वेस्ट बैंक में उन सभी आत्मघाती हमलावरों का पता नहीं लगा लिया जिनके लिए अल-फ़ारंसी को आतशगीर चाहिए थे। इस तरह के खेल मेरे लिए बेहद खतरनाक साबित हो सकते थे। पर मैं जानता था कि मैं कई सारी वजहों से महफूज़ था। जैसे शेख हसन यूसुफ़ का बड़ा बेटा होने की वजह से मैं जेल में हमास के लोगों द्वारा हमास के ही लोगों पर किए जाने वाले टॉर्चर से बचा रहा था, वैसी ही सहूलियत मुझे दहशतगर्दों के साथ काम करते हुए भी

हासिल थी। यूएसएआईडी में नौकरी के चलते भी मुझे एक हद तक सुरक्षा और आज़ादी हासिल थी। और फिर शिन बेट तो था ही मुझे बचाने के लिए।

पर इन तमाम जिरहबख़्तरों के बावजूद इस बात से इंकार नहीं किया जा सकता था कि मेरी एक छोटी-सी गलती भी मेरी जान ले सकती थी। और मुझे सबसे ज़्यादा खतरा पेलिस्टीनियन अथॉरिटी से महसूस होता था। अमरीकी ख़ुफ़िया एजेंसी सीआईए ने उन्हें कुछ बहुत ही कमाल के इलेक्ट्रॉनिक जासूसी गजेट्स मुहैया कराए थे। वे इन गजेट्स को कभी तो दहशतगर्दों की तलाश के लिए इस्तेमाल करते थे और कभी फिलिस्तीनियों के भेस में काम कर रहे इज़राइली जासूसों की पहचान के लिए। इसीलिए मुझे बहुत एहतियात बरतनी पड़ती थी कि कहीं मैं उनके हत्थे न चढ़ जाऊँ। अगर ऐसा होता तो शिन बेट को बहुत नुकसान उठाना पड़ सकता था, क्योंकि मुझे शिन बेट के काम करने के तौर-तरीकों की किसी भी और एजेंट के मुकाबले ज़्यादा मालूमात थी।

चूँकि अब अब्बा तक पहुँचने का इकलौता ज़रिया मैं ही था, इसीलिए वेस्ट बैंक, गाज़ा पट्टी और सीरिया के तमाम हमास नेता अब सीधे मेरे संपर्क में रहने लगे थे। मेरे अलावा सिर्फ एक आदमी और था जिसकी तमाम हमास नेताओं तक इतनी सीधी पहुँच थी। दमिश्क का खालिद मेशाल। मेशाल पैदा तो वेस्ट बैंक में हुआ था पर उसकी ज़्यादातर ज़िन्दगी दूसरे अरब देशों में गुज़री थी। उसने कुवैत यूनिवर्सिटी से फिज़िक्स की पढ़ाई की थी और वहीं रहते हुए मुस्लिम ब्रदरहुड में शामिल हो गया था। हमास के वजूद में आने के बाद उसको वहाँ उसकी कुवैत ब्रांच की रहबरी करने का मौका मिला। कुवैत पर ईराक की चढ़ाई के बाद वह जॉर्डन चला गया, फिर वहाँ से क़तर और आखिर में सीरिया।

दमिश्क में रहने के कारण उस पर कहीं आने-जाने की वे पाबंदियाँ आयद नहीं होती थीं जो वेस्ट बैंक और गाज़ा पट्टी में रहने वाले हमास नेताओं पर थीं। इसके चलते वह एक तरह से एक सियासत-कार (राजनयिक/डिप्लोमेट) में बदल गया था जो काहिरा, मॉस्को और अरब लीग में हमास की नुमाइंदगी करता था। और जहाँ-जहाँ वह जाता था, वहाँ-वहाँ हमास के लिए चंदा जुटाने का भी काम करता था। अकेले अप्रैल 2006 में ही उसने ईरान और कतर से सौ मिलियन डॉलर इकट्ठे किए थे। मेशाल खुलेआम बहुत कम ही देखा जाता था; उसका ज़्यादातर वक़्त ख़ुफ़िया ठिकानों पर रहते हुए ही बीतता था। कब्ज़े वाले इलाकों में लौटने की कोशिश वह नहीं करता था, क्योंकि उसे मारे जाने का डर था। और उसका डर बेवजह भी नहीं था। एक बार उसे क़त्ल करने की कोशिश हो चुकी थी।

1997 में, जबकि मेशाल अभी जॉर्डन में ही था, एक रात दो इज़रायली खुफिया एजेंट सोते समय उसके कमरे में घुस गए और उसके कान में एक नायाब ज़हर डाल दिया। जब वे दोनों एजेंट अपना काम करके इमारत से बाहर निकल रहे थे तभी मेशाल के बॉडीगार्ड्स ने उन्हें देख लिया। उन्हें शक हुआ तो उन्होंने एक गार्ड को मेशाल के कमरे में भेजा। उसे वहाँ खून तो दिखाई नहीं दिया पर उसने देखा कि उनका नेता ज़मीन पर पड़ा हुआ था और बोल नहीं पा रहा था। बॉडीगार्ड्स तुरंत इज़राइली एजेंट्स के पीछे भागे, जिनमें से एक भागते-भागते एक खुली नाली में गिर पड़ा। इस चक्कर में दोनों जॉर्डन की पुलिस के हत्थे चढ़ गए।

इज़राइल ने तभी-तभी जॉर्डन के साथ अमन के करार पर दस्तखत किए थे और दोनों ने एक-दूसरे के यहाँ राजदूत भेजने का भी फैसला लिया था, लेकिन अब इस नाकाम हमले की वजह से यह नया सिफारती बंदोबस्त (कूटनीतिक व्यवस्था) खतरे में पड़ गया था। दूसरी तरफ हमास की किरकिरी इस बात को लेकर हो रही थी कि उसके अहम नेताओं पर हाथ डालना कितना आसान था। इस मामले में जितने भी लोग शामिल थे सबको किसी न किसी वजह से शर्मिंदगी उठानी पड़ रही थी, इसीलिए सभी ने इस मामले को दबाए रखने की पुरज़ोर कोशिशें कीं। लेकिन फिर भी अंतरराष्ट्रीय मीडिया को किसी तरह इसकी भनक लग ही गई।

जैसे ही यह खबर आम हुई, जॉर्डन की सड़कों पर ज़बरदस्त प्रोटेस्ट होने लगे और जॉर्डन के सुल्तान हुसैन ने यह माँग रख दी कि इज़राइल दोनों शर्मसार मोसाद एजेंट्स के बदले हमास के रूहानी (आध्यात्मिक) नेता शेख अहमद यासीन और कई दूसरे फिलिस्तीनी कैदियों को रिहा करे। इसके अलावा, मोसाद तुरंत उस ज़हर के एंटी-डॉट के साथ एक मेडिकल टीम भेजे जो मेशाल को दिया गया था। मरता क्या न करता की तर्ज पर इज़राइल को सभी शर्तें माननी पड़ीं।

मेशाल मुझे हफ्ते में एक बार तो फोन करता ही था। और कभी मैं उसे फोन करूँ तो वो बेहद ज़रूरी मीटिंग्स से भी उठकर आ जाता था बात करने। एक दिन मोसाद ने शिन बेट वालों को फोन लगाया।

"रमल्लाह का एक बहुत ही खतरनाक आदमी है जो हर हफ्ते खालिद मेशाल से फोन पर बात करता है, पर हमें पता नहीं चल पा रहा है कि वह आदमी है कौन!"

ज़ाहिर तौर पर वे मेरे बारे में ही बात कर रहे थे। जब शिन बेट वालों ने मुझे इस बारे में बताया तो हम खूब हँसे। पर फिर भी शिन बेट वालों ने मोसाद वालों को यह नहीं बताया कि वह आदमी मैं था। मुझे लगता है कि जिस तरह

अमरीका में फेडरल ब्यूरो ऑफ़ इन्वेस्टीगेशन, सेंट्रल इंटेलिजेंस एजेंसी और नेशनल सिक्योरिटी एजेंसी के बीच हमेशा एक होड़ और रकाबत (प्रतिद्वंद्विता) चलती रहती है, वैसा ही कुछ तमाम मुल्कों में वहाँ की सिक्योरिटी एजेंसियों के बीच भी होता है।

एक दिन मैंने मेशाल के साथ अपने ताल्लुकात का फायदा उठाने का फैसला किया। मैंने उससे कहा कि मेरे पास बहुत अहम जानकारी थी जो मैं उसे फोन पर नहीं दे सकता था।

"क्या तुम्हारे पास यह जानकारी मुझ तक बा-हिफाज़त पहुँचाने का कोई ज़रिया है?" उसने पूछा।

"बिल्कुल है। मैं एक हफ्ते बाद फोन करके तुम्हें इस बाबत सबकुछ बताऊँगा।"

कब्ज़े वाले इलाकों और दमिश्क के बीच पैगामों को लाने-ले जाने का आम ज़रिया थे वे ख़त जिन्हें किसी ऐसे आदमी के हाथ भेजा जाता था जिसका कोई पुलिस रिकॉर्ड और हमास के साथ कोई जगज़ाहिर ताल्लुक न हो। ये ख़त बहुत ही पतले कागज़ पर लिखे जाते थे और फिर उन्हें मोड़-तोड़कर इतना छोटा कर लिया जाता था कि वे दवा के खाली कैप्सूल में बंद किए जा सकें या नायलोन के धागे से बाँधे जा सकें। इन खतों को ले जाने वाला डाकिया सरहद पार करने से पहले इन कैप्सूल्स को निगल लेता था और फिर सरहद पार किसी बाथरूम में जाकर उगल देता था। कभी-कभी तो इन डाकियों को एक बार में पचास-पचास ख़त तक ले जाने पड़ते थे। इन डाकियों को नहीं पता रहता था कि इन खतों में क्या लिखा होता था।

पर मैंने कुछ अलग करने का सोचा। मैंने बाहर के मुल्कों के नेताओं के साथ पैगामों की अदला-बदली का एक नया रास्ता निकाला, जिससे कि मेरी पहुँच पर्सनल लेवल से बढ़कर ऑपरेशनल (परिचालन) और सिक्योरिटी लेवल तक हो जाती।

शिन बेट को मेरा यह आईडिया पसंद आया।

इस काम को अंजाम देने के लिए मैंने हमास के एक लोकल कारिंदे को चुना और उससे कहा कि आधी रात को पुराने कब्रिस्तान में आकर मुझसे मिले। उस पर रौब ग़ालिब करने के लिए मैं अपनी M16 भी साथ लेता गया।

"मैंने एक बेहद अहम मिशन को पूरा करने के लिए तुम्हें चुना है," मैंने उससे कहा।

इस तरह आधी रात को कब्रिस्तान में बुलाए जाने से बेशक वह घबराया हुआ था, पर खुद को किसी अहम मिशन के लिए चुने जाने की बात से उसे रोमांच भी महसूस हो रहा था। उसके कान हसन यूसुफ़ के फ़रज़न्द (बेटे) के हरेक लफ्ज़ को गौर से सुनने के लिए खड़े हो चुके थे।

"तुम्हें यह बात सिर्फ अपने तक ही रखनी है, किसी को भी नहीं बताना है, न अपने घरवालों को और न ही अपने लोकल हमास काइद (नेता) को। वैसे, यहाँ तुम्हारा काइद कौन है?"

मैंने उससे कहा कि मिशन के बारे में तफ्सील से जानने से पहले उसे एक कागज़ पर यह लिखना होगा कि वह हमास से कब और कैसे जुड़ा था, उसने हमास के लिए कब-कब कौन-कौन से कामों को अंजाम दिया था और हमास और उसकी कारगुज़ारियों के बारे में वह क्या-क्या जानता था। उसने लिखना शुरू किया तो काफी देर तक लिखता रहा। मैंने सपने में भी नहीं सोचा था कि उससे मुझे इतनी सारी जानकारियाँ हासिल होंगी। उसे तो यह भी पता था कि उसके इलाके में कब-कब किन-किन वारदातों को अंजाम दिया जाना था, किस तरह दिया जाना था और उनमें किन-किन लोगों की शिरकत होगी।

जब मैं उससे दूसरी बार मिला तब मैंने उसे बताया कि उसे फिलिस्तीन से बाहर भेजा जा रहा था।

"जैसा कहा है, वैसा ही करना," मैंने उसे चेताते हुए कहा, "और सवाल बिल्कुल मत करना।"

मैंने लोई को बताया कि वह आदमी गले-गले तक हमास में घुसा हुआ था और अगर हम उसे अपने लिए काम पर लगा लेते तो हमें एक बहुत ही पुर-जोश (सक्रिय) और वफादार मेम्बर मिल सकता था। शिन बेट ने पहले खुद उसकी तफ्तीश की, फिर मेरी बात पर मुहर लगाई और उसके लिए सरहद खोल दी।

मेरे ख़ालिद मेशाल को लिखे ख़त का मजमून यह था कि मेरे पास वेस्ट बैंक की सारी चाबियाँ थीं और इसलिए वह ऐसे ख़ास और पेचीदा मिशनों के लिए मुझ पर पूरी तरह भरोसा कर सकता था जिन्हें हमास के और लोगों को सौंपने से वह कतराता था। मैंने लिखा कि मैं उसके लिए कैसा भी काम करने और उस काम में कामयाबी की पूरी गारंटी देने के लिए तैयार था।

मेरी इस पेशकश के लिए वह बेहद माकूल वक़्त था क्योंकि उस समय तक इज़राइल ने हमास के ज़्यादातर नेताओं और लड़ाकों को मार दिया था या गिरफ्तार कर लिया था। अल-क़स्साम ब्रिगेड्स थक चुकी थी और मेशाल के पास उसके कामों को अंजाम देने वाले काबिल लोगों की भारी किल्लत थी।

पर मैंने उस ख़त को कैप्सूल में नहीं छिपाया। मैंने मिशन को थोड़ा पेचीदा बनाने का फैसला किया था, क्योंकि तभी तो इसमें ज़्यादा मज़ा आता। मैंने पाया कि मुझे जासूसी का यह काम बहुत भा रहा था, खासकर इसलिए क्योंकि इसमें मुझे शिन बेट की पूरी मदद हासिल हो रही थी।

हमने डाकिए का काम करने वाले उस हमास के कारिंदे को कुछ शानदार कपड़े दिलवाए, जिनमें एक जोड़ी नए जूते भी शामिल थे। कपड़े दिलवाने इसलिए ज़रूरी थे क्योंकि सिर्फ नए जूते दिलवाए जाना उसके मन में शक पैदा करता। और जूते नए इसलिए दिए थे क्योंकि उन जूतों में ही वह ख़त छुपाया था।

उसने वो कपड़े और जूते पहने और चलने को तैयार हो गया। मैंने उसे सीरिया आने-जाने और वहाँ रहने-खाने में खर्च होने वाली रकम के साथ-साथ थोड़ा एक्स्ट्रा पैसा भी पकड़ा दिया ताकि वो सीरिया में थोड़ा मौज-मज़ा कर पाता। मैंने उससे ज़ोर देकर कहा कि वहाँ उसे जिन लोगों से मिलना था वे उसे उसके जूतों से ही पहचानने वाले थे, इसलिए उसे हरदम जूते पहने रहना था। अगर वो ऐसा नहीं करता तो वे लोग उस पर दुश्मन का आदमी होने का शक कर सकते थे, जो उसके लिए बेहद खतरनाक साबित होता।

जब वो बंदा सीरिया पहुँच गया तब मैंने मेशाल को फोन लगाकर कहा कि मेरा डाकिया सीरिया पहुँच गया था और जल्दी ही उससे संपर्क साधने वाला था। यदि मेशाल को यह बात किसी और ने कही होती तो फ़ौरन उसके कान खड़े हो जाते और वह मिलने से मना कर देता। पर इस आदमी को उसके नौजवान दोस्त ने भेजा था, हसन यूसुफ़ के फ़रज़न्द ने भेजा था, इसलिए उसे यकीन था कि डरने या फ़िक्र करने वाली कोई बात ही नहीं थी।

जब हमारा डाकिया मेशाल से मिला तो उसने उससे वह ख़त उसे सौंपने की गुज़ारिश की।

"कौन सा ख़त?" हमारे डाकिए ने पूछा। उसे कहाँ पता था कि उसके पास कोई ख़त भी था।

मैंने खालिद को इशारा किया था कि उसे ख़त कहाँ तलाश करना चाहिए और आखिरकार उन लोगों ने एक जूते की एड़ी में बना छोटा सा खाना तलाश ही लिया। इस तरह दमिश्क के साथ पैगामों के लेने-देने का एक नया तरीका ईजाद हो गया था। पर मेशाल को कहाँ पता था कि इस तरीके से उसके सारे पैगाम अब शिन बेट द्वारा सुने और पढ़े जा रहे थे।

चैप्टर - 20

चीथड़े उड़ना
2001 की गर्मियाँ

9 अगस्त 2001 को दोपहर 2 बजे से थोड़ा पहले बाईस बरस के इज़ अल-दीन शुहेल अल-मसरी ने किंग जॉर्ज स्ट्रीट और जाफ़ा रोड के भीड़ भरे सबारो पिज़्ज़ा पार्लर में खुद को उड़ा लिया। अल-मसरी वेस्ट बैंक के एक अमीर घर से था।

कीलों और नट-बोल्टों से भरे तकरीबन पाँच से दस किलोग्राम वज़न के बम के उस धमाके में 15 लोग मारे गए और 130 ज़ख़्मी हुए। कुछ महीने पहले डॉल्फ़िनारियम में हुए हमले और अब इस भयानक विस्फोट ने इज़राइल के आम लोगों के भीतर दुःख और गुस्से का ज्वालामुखी भड़का दिया था। जो भी गुट या संगठन इन हमलों के लिए ज़िम्मेदार था उसका जल्द-अ-जल्द पता लगाया जाना ज़रूरी था ताकि बेगुनाहों की जान से होने वाला यह खिलवाड़ रोका जा सके। इसमें नाकाम रहने पर हालात बेकाबू हो सकते थे और पूरे इज़राइली-फिलिस्तीनी इलाके पर मौत और मातम का ऐसा साया मंडरा सकता था जिसका किसी ने कभी तसव्वुर भी न किया हो।

शिन बेट ने इन दोनों हमलों से जुड़ीं तमाम बातों को फिर से उलट-पुलट कर देखा। उनका शक अभी भी उन पाँच लोगों पर था जिन्हें मैं अपनी कार में बिठाकर एक महफ़ूज़ ठिकाने पर छोड़कर आया था - मुहम्मद जमाल अल-नतशेह, सालेह तलहामे, इब्राहिम हमीद, सैय्यद अल-शेख कासिम और हसनैन रुम्माना। शिन बेट ने तमाम पहलुओं से जाँच लिया पर एक भी ऐसी चीज़ नहीं मिल रही थी जो इन लोगों की उन दोनों हमलों में मौजूदगी की गवाही देती हो।

ये बम कौन बना सकता था? नहीं, केमिस्ट्री या इंजीनिअरिंग का कोई स्टूडेंट नहीं हो सकता था। हम उन सभी को अच्छी तरह जानते थे। किस को कितने नंबर

मिले थे, किसने किस दिन नाश्ते में क्या खाया था, हमें सब पता होता था। उनकी पूरी जन्म-कुंडलियाँ हमारे पास थीं।

जो कोई भी ये बम बना रहा था वो अपने काम में एकदम माहिर था, किसी भी फिलिस्तीनी गुट से उसका कोई ताल्लुक नहीं मालूम होता था और वो कोई ऐसा था जिसकी तरफ अभी तक हमारी तवज्जो नहीं गई थी। लेकिन वो जो कोई भी था, हद से ज़्यादा खतरनाक था।

उस वक़्त हमें यह नहीं पता था कि सबारो हमले के तुरंत बाद अराफात के लोगों के पास अमरीकी खुफिया एजेंसी सीआईए का फोन आया था। अमरीकियों ने उनसे कहा, "हमें पता है वे बम किसने बनाए थे। उसका नाम अब्दुल्ला बरघौटी है। वह अपने बिलाल बरघौटी नाम के एक रिश्तेदार के साथ रहता है। यह उनका पता है। जाकर उन्हें गिरफ्तार करो।"

कुछ ही घंटों में अब्दुल्ला और बिलाल बरघौटी पेलिस्टीनियन अर्थॉरिटी (पीए) की हिरासत में थे, इसलिए नहीं कि पीए उन्हें गिरफ्तार करना चाहती थी बल्कि इसलिए क्योंकि अराफात को यह इल्म था कि अगर वाशिंगटन से मिलने वाली माली और अमली इमदाद (वित्तीय और रसद संबंधी मदद) को जारी रखना था तो यह नज़र आना ज़रूरी था कि पीए अमन कायम करने में अपना किरदार पूरी ईमानदारी से निभा रही थी। बाकी अगर अराफात के मन की हो रही होती तो वह अब्दुल्ला बरघौटी को जेल में डालने की बजाए शाबासी और मैडल दे डालता।

अभी अब्दुल्ला बरघौटी को प्रिवेंटिव सिक्योरिटी हैडक्वार्टर्स की पनाहगाह में कैद हुए ज़्यादा देर नहीं हुई थी कि एक और बरघौटी - मारवान - उसे छुड़ाने पहुँच गया। लेकिन पीए के लिए उसे छोड़ना मुमकिन नहीं था, उसे सीआईए ने पकड़वाया था और अमरीका को उम्मीद थी कि पीए उससे सख्ती से निपटेगी। इज़राइल भी यही उम्मीद कर रहा था और अगर पीए इस उम्मीद पर खरी नहीं उतरती तो फिर वह कोई फैसलाकुन (निर्णायक) कदम उठाने को तैयार बैठा था। यह बात पीए ने मारवान बरघौटी को समझा दी। फिर भी मारवान ने इतना बंदोबस्त तो करवा ही दिया कि अब्दुल्ला के लिए वह कैद न रहकर एक तरह की नज़रबंदी हो गई। उसे एक शानदार दफ्तर मुहैया कराया गया, बढ़िया कपड़े दिए गए, लज़ीज़ खाने का इंतज़ाम किया गया, सिगरेट और कॉफ़ी पिलाए जाने का भी बंदोबस्त किया गया। सिक्योरिटी के आला अफसरान से उसकी ऐसी गुफ्तगू होती थी मानो अपने यार-दोस्तों से मुखातिब हो।

मारवान बरघौती और अब्दुल्ला बरघौती आपस में रिश्तेदार नहीं थे, मगर उनके अतीत में एक दिलचस्प समानता थी। उन दोनों के मुहानेद अबू हलावा नाम के उस सनकी नौजवान से ताल्लुकात थे जो अहमद घंडौर का सिपहसालार माना जाता था।

तेईस साल का हलावा फतह का फील्ड कमांडर और फोर्स-17 का मेम्बर था। जब आप फ़ोर्स-17 और सद्दाम हुसैन के रिपब्लिकन गार्ड्स जैसे माने हुए लड़ाकों के बारे में सोचते हैं तो आपके ज़ेहन में नज़्म-ओ-ज़ब्त (अनुशासन), हिकमत (कौशल) और तगड़ी मश्क (कठिन प्रशिक्षण) जैसी खूबियाँ घूमने लगती हैं। मगर हलावा इनमें से किसी भी कसौटी पर खरा नहीं उतरता था। वह अनपढ़, जाहिल और बेवजह दूसरों को तंग करने वाला सनकी किस्म का आदमी था जो हमेशा अपने साथ उस तरह की बड़ी-सी मशीनगन लेकर घूमता था जैसी अमूमन किसी जीप के ऊपर लगाई जाती थीं। वह दूसरे इंतिहापसंद (चरमपंथी) और मवाली किस्म के लोगों को हथियार बाँटता रहता था और वे लोग उन हथियारों का इस्तेमाल जाँच-चौकियों से गुज़रते समय फौजियों और आम लोगों पर अंधाधुंध गोलियाँ बरसाने में करते थे।

मिसाल के लिए, मई में ही उसने किसी को कुछ भरी हुई एके-47 राइफलें और ढेर सारी गोलियाँ दी थीं। इसके कुछ ही वक़्त बाद उस आदमी और उसके एक दोस्त ने यरूशलम से बाहर जाने वाली सड़क पर घात लगाकर सिबौक्तसाकिस जरमेनस नाम के एक ग्रीक ऑर्थोडॉक्स भिक्षु को उन्हीं राइफलों और गोलियों से भून डाला। इस कारनामे से खुश होकर हलावा ने उन लोगों को ईनाम में और ज़्यादा हथियार दिए, साथ ही वह खुद माउंट स्कोपस पर बनी हिब्रू यूनिवर्सिटी पर हमले का जो मंसूबा बाँध रहा था उसमें भी उन्हें शरीक कर लिया।

कोई ताज्जुब नहीं कि जल्दी ही शिन बेट पर इज़राइली सरकार की तरफ से हलावा को जहन्नुम रसीद करने का दबाव पड़ना शुरू हो गया। हमास से जुड़ा होने के कारण शिन बेट के पास मैं इकलौता आदमी था जो हलावा की शिनाख्त कर सकता था। मगर इस वजह से ज़िन्दगी में पहली बार मेरे भीतर एक अख्लाकी कश्मकश (नैतिक दुविधा) पैदा हो गई थी। मेरे अन्दर कुछ था जो इस आदमी को क़त्ल किए जाने की खिलाफत कर रहा था, जो कह रहा था कि भले यह आदमी किसी भी तरह आदमी कहलाने लायक न हो, पर खुद भी इसके जैसा बनना सही नहीं होगा।

मैंने घर जाकर अपनी बाइबिल निकाली, जो बारम्बार हाथों में लेकर पढ़े जाने के चलते अब थोड़ी फटने लगने लगी थी। मैंने बहुत तलाशा, लेकिन उसमें कहीं कोई ऐसी बात नहीं मिली जो किसी का क़त्ल करने की मंज़ूरी देती हो। लेकिन दिक्क़त यह भी थी कि अगर हम इस आदमी को खुला घूमने देते तो वो और न जाने कितने बेगुनाह लोगों को मार देता, जिनका खून फिर मेरे ही सर होता। मैं यह पाप अपने सर लेने को तैयार नहीं था। मेरे लिए तो इधर कुँआ उधर खाई वाली बात हो गई थी।

मैं बड़ी देर तक सोचता रहा कि क्या करूँ और ऊपरवाले से मनाता रहा कि मुझे कोई रास्ता सुझा दे। आखिरकार मैंने अपनी खता बख्शवाने के अंदाज़ में ऊपरवाले से कहा, *जो मैं करने जा रहा हूँ उसके लिए मुझे माफ़ कर देना। मुझे माफ़ कर देना। यह आदमी ज़िन्दा रहने लायक नहीं है।*

फिर जब मैंने लोई को अपने फैसले के बारे में बताया तो उसने कहा, "सही सोचा। उसे मारने का काम हमारा रहेगा। तुम बस इतनी तस्दीक करके रखना कि उस वक़्त कार में उसके साथ मारवान बरघौटी न हो।"

मारवान न सिर्फ एक रसूखदार फ़िलिस्तीनी था वरन एक दहशतगर्द (आतंकवादी) भी था, जिसके हाथ न जाने कितने इज़राइली लोगों के खून से रंगे थे। पर शिन बेट की मजबूरी थी कि उससे इन्तिहाई नफरत होने के बावजूद वे उसे जहन्नुम रसीद करने के तमन्नाई नहीं थे, क्योंकि उसकी शहादत फिलिस्तीनियों को और भी ज़्यादा उकसा सकती थी।

4 अगस्त 2001 को मैं बरघौटी के दफ्तर के बाहर अपनी कार में बैठा था कि तभी मैंने हलावा को अंदर जाते देखा। तकरीबन दो घंटे बाद वह बाहर निकला, अपनी सुनहरे रंग की वीडब्ल्यू गोल्फ कार में बैठा और चला गया। मैंने आईडीएफ वालों को फोन लगाया और तस्दीक की कि हलावा अकेला ही था।

आईडीएफ फ़ौजी पास की ही एक पहाड़ी चोटी पर खड़े एक टैंक के अंदर से हलावा की कार पर नज़र टिकाए हुए थे। वह उनके निशाने पर था। उन्हें बस उस पल का इंतज़ार था जब उसकी कार के आगे-पीछे और आसपास कोई और आदमी न हो। पहली आर्मर-भेदी मिसाइल कार की विंडशील्ड का निशाना लेकर छोड़ी गई। हलावा ने शायद उसे आते देख लिया था, तभी उसने कार का दरवाज़ा खोलकर बाहर कूदने की कोशिश की। लेकिन वह मिसाइल से ज़्यादा तेज़ नहीं था। मिसाइल के फटते ही जो धमाका हुआ, उससे हलावा कार से बाहर फिंका

गया। धमाका इतना ज़ोरदार था कि उससे मेरी कार, जो वहाँ से कुछ ही यार्ड्स की दूरी पर थी - बुरी तरह काँप गई। दूसरी मिसाइल निशाना चूककर सड़क पर फटी। हलावा की कार भयंकर शोलों की गिरफ्त में थी और खुद हलावा भी। लेकिन वह अभी मरा नहीं था। जब मैंने जलते और दर्द से चीखते हलावा के पागलों की तरह सड़कों पर यहाँ से वहाँ भागने का हौलनाक मंज़र देखा तो मेरा कलेजा मुँह को आ गया।

ये हमने क्या कर दिया?

तभी फोन की बजती घंटी से मानो मैं सोते से जागा। शिन बेट का फोन था। जैसे ही मैंने फोन उठाया, दूसरी ओर से कोई गला फाड़कर चीखता सुनाई दिया, "क्या कर रहे हो तुम! मरना चाहते हो क्या? निकलो वहाँ से!" असल में मेरी कार को मौका-ए-वारदात के इतने करीब खड़ी पाकर वे लोग सकते में आ गए थे।

इस पूरे ऑपरेशन में मेरा मौका-ए-वारदात के आसपास भी कहीं मौजूद रहने का तय नहीं हुआ था, मगर मैं हलावा का हशर देखने की गरज से उसके पीछे-पीछे चला आया था। मेरा ज़मीर कह रहा था कि जो कुछ भी होने जा रहा था उसके लिए मैं भी ज़िम्मेदार था और इसलिए मुझे देखना चाहिए था। लेकिन हकीकतन यह बेवकूफी थी। अगर किसी ने मुझे वहाँ देख लिया होता तो वह हरगिज़ यह मानने को राज़ी न होता कि उस वक्त मेरा वहाँ होना महज़ इत्तेफाक की बात थी। यही समझा जाता कि हलावा के क़त्ल में मेरा भी हाथ था और इसके चलते मेरा राज़ फाश हो जाता।

उसी शाम मैं अब्बा और मारवान बरघौटी के साथ हलावा से मिलने अस्पताल गया। उसका चेहरा इतनी बुरी तरह जल गया था कि मुझसे उसकी तरफ देखा तक नहीं गया। लेकिन पट्टा इतनी सख्त जान था कि मौत भी उसके पास आने से कतरा रही थी।

अस्पताल से छुट्टी मिलने के बाद कुछ महीनों के लिए वो अंडरग्राउंड हो गया, जिस दौरान सुनने में आया कि उसने गलती से खुद ही खुद को गोली मार ली थी और एक बार फिर मरते-मरते बचा था। लेकिन तब भी उसकी दहशतगर्दी में कोई कमी नहीं आई। उसने लोगों को बेरहमी से क़त्ल करना जारी रखा। फिर एक दिन लोई ने मुझे फोन किया।

"कहाँ हो तुम?"

"घर पर हूँ।"

"ठीक है, वहीं रहना।"

मैंने नहीं पूछा कि क्या बात थी। हमारे बीच अब इतना भरोसा कायम हो गया था कि मुझे बिना कुछ पूछे-ताछे उसकी बात मानने से गुरेज़ नहीं होता था। तकरीबन दो घंटे बाद फिर से लोई का फोन आया। उसने बताया कि जब पहली बार उसने फोन किया था तब हलावा अपने कुछ दोस्तों के साथ मेरे घर के पास ही के एक फ्राइड चिकन रेस्तरां में बैठकर खाना खा रहा था। वहाँ एक इज़राइली जासूस ने उसे पहचान लिया और शिन बेट को खबर कर दी। जैसे ही हलावा रेस्तरां से बाहर निकला, अचानक से दो हैलीकॉप्टर उसके सिर पर मंडराए, दो मिसाइलें छूटीं और हलावा का काम तमाम हो गया।

हलावा का यूँ काम तमाम होने के बाद अल-अक्सा मार्टायर्स ब्रिगेड्स के कुछ लोग उस रेस्तरां में पहुँचे और छानबीन करने लगे। वहाँ उन्हें एक सत्रह साल का लड़का मिला जो उन लोगों में से एक था जिन्होंने हलावा को कार में बैठने से पहले आख़िरी बार देखा था। उन लोगों ने उस पर यह इल्ज़ाम आयद किया कि वह वही इज़राइली जासूस था जिसने हलावा की मुखबिरी की थी। वह बेचारा अनाथ लड़का था, उसके आगे-पीछे कोई नहीं था जो उसकी खैर-खबर रखता या उसे बचाता। वे लोग उसे पकड़कर ले गए और तब तक टॉर्चर किया जब तक कि उसने कबूल नहीं कर लिया कि वह इज़राइली जासूस था। इस जुर्म में उन्होंने उसे गोली मार दी और फिर उसकी लाश को गाड़ी के पीछे बाँधकर रमल्लाह की सड़कों पर घसीटते हुए ले गए और आखिर में एक चौराहे पर ले जाकर लटका दिया।

उसी समय मीडिया ने चीख-चीखकर यह कहना शुरू कर दिया कि असल में इज़राइल का निशाना तो मारवान बरघौटी था पर गलती से हलावा मारा गया, जो कि बिल्कुल झूठ बात थी। मुझे तो पता था न कि शिन बेट ने इस बात का कितना ख़याल रखा था कि धोखे से भी मारवान पर आँच न आए। लेकिन लोगों को लगा कि अगर सारे अखबार और अल-जज़ीरा कह रहा है तो बात सच ही होगी। और इसलिए मारवान ने भी इस अफवाह का सियासी फायदा उठाने का फैसला किया। उसने भी कहना शुरू कर दिया कि "बेशक उन्होंने मुझे ही मारने की कोशिश की थी, लेकिन मैं हमेशा उनसे दो हाथ आगे रहता हूँ।"

जब जेल में बैठे अब्दुल्ला बरगौटी ने यह खबर सुनी तो उसने भी इसे सच मान लिया और इज़राइलियों से इसका भयानक बदला लेने में मदद की गरज से अपने कुछ खासुलखास बम मारवान के असिस्टेंट को भिजवा दिए। मारवान ने

इसके लिए तहेदिल से अब्दुल्ला का शुक्रिया अदा किया और उसका अहसान माना।

अब्दुल्ला की एंट्री ने इज़राइल और फिलिस्तीन के बीच चल रहे खूनी खेल में अचानक से एक बड़ा फर्क पैदा कर दिया था। पहला फर्क तो यह था कि उसके बनाए बम अभी तक हमारे देखे सभी तरह के बमों से कहीं ज़्यादा नफीस (परिष्कृत) और ज़्यादा तबाही मचाने वाले थे, जिसकी वजह से इज़राइल को जान-माल का पहले से ज़्यादा नुकसान उठाना पड़ रहा था और सरकार तथा खुफिया एजेंसियों पर इन हमलावरों को रोकने का दबाव बढ़ रहा था।

दूसरा फर्क यह आया था कि अल-अक्सा इंतिफादा अब सिर्फ फिलिस्तीन तक महदूद (सीमित) नहीं रहा था। बरघौटी फिलिस्तीनी नहीं था, कुवैत में पैदा हुआ था। किसको पता था कि सरहद पार ऐसे और कितने खतरे इज़राइल पर कहर बरपाने की तैयारी में थे।

तीसरा फर्क यह था कि बरघौटी कोई ऐसा शख्स नहीं था जिस पर नज़र रखना आसान हो। वह हमास नहीं था। वह पेलिस्टीनियन अथॉरिटी भी नहीं था। वह सिर्फ बरघौटी था, एक गुमनाम और खुदमुख्तार शख्स, जो हकीकत में एक चलती-फिरती मौत बाँटने वाली मशीन थी।

अब्दुल्ला को गिरफ्तार करने के बाद पेलिस्टीनियन अथॉरिटी ने मारवान से कहा कि वह उससे बात करके पता लगाए कि उसने आने वाले दिनों में और किन-किन हमलों की मंसूबाबंदी (प्लानिंग) कर रखी थी।

इस पर मारवान ने कहा, "ठीक है, मैं हसन यूसुफ़ को भेजता हूँ उससे बात करने के लिए।"

मारवान को पता था कि मेरे वालिद सियासी बदचलनी के बहुत खिलाफ थे और उन्होंने हमास और पेलिस्टीनियन अथॉरिटी के बीच अमन कायम करने की उसकी कोशिशों के बारे में सुन रखा था। उसने अब्बा को फोन करके उनसे दरख्वास्त की तो अब्बा अब्दुल्लाह से बात करने को राज़ी हो गए।

अब्बा ने इससे पहले कभी अब्दुल्ला बरघौटी का नाम भी नहीं सुना था, ज़ाहिर तौर पर इसलिए क्योंकि वह हमास का नहीं था। पर जब वह उससे मिले तो उन्होंने उसे चेताते हुए कहा, "अगर तुमने आगे और हमलों की तैयारी कर रखी है

तो पेलिस्टीनियन अथॉरिटी को बता दो ताकि हम अभी उन हमलों को रोक सकें और इज़राइल के हम पर बढ़ते दबाव को कम-अस-कम अगले कुछ हफ़्तों के लिए तो कम कर सकें। अगर डॉल्फ़िनैरियम या सबेरो जैसा कोई और हमला हो गया तो फिर इज़राइल को वेस्ट बैंक के साथ सख़्ती करने से रोकना मुश्किल हो जाएगा। फिर वे पेलिस्टीनियन अथॉरिटी के नेताओं की भी नहीं सुनेंगे और तुम्हें अपने कब्ज़े में ले लेंगे।"

अब्दुल्ला ने कबूल किया कि उसने नब्लस में कुछ बम भेजे थे, जहाँ कुछ लड़ाके उन बमों को चार कारों में लादकर और उन कारों से इज़रायली वज़ीर-ए-ख़ारिजा (विदेश मंत्री) शिमोन पेरेज़ की कार को घेरकर उनको उड़ाने की साज़िश रच रहे थे। उसने यह खुलासा भी किया कि उत्तर में सक्रिय हमास के लड़ाकों ने इज़राइली पार्लियामेंट के कई सारे मेम्बरान को आत्मघाती धमाकों से उड़ाने के मंसूबे बाँध रखे थे। बदक़िस्मती से उसे यह नहीं पता था कि हमलावर कौन थे, उनका निशाना बनने वाले मेम्बरान कौन थे और पेरेज़ को उड़ाने की साज़िश करने वाले कौन थे। उसके पास बस एक टेलीफोन नंबर था।

अब्बा ने घर आकर मुझे ये सारी बातें बताईं। अब हमें इज़राइल के सबसे ऊँचे ओहदेदारों में से एक, उनके वज़ीर-ए-ख़ारिजा (विदेश मंत्री) के क़त्ल की साज़िश के बारे में खुफिया जानकारी हासिल थी। इस साज़िश के नतीजे सोचकर मेरे शरीर में झुरझुरी दौड़ गई।

हमारे पास अब्दुल्लाह के दिए नंबर पर फोन करने के अलावा और कोई रास्ता नहीं था। मारवान बरघौटी नहीं चाहता था कि अब्दुल्लाह उसके फोन से बात करे। न ही अब्बा उसे अपना फोन इस्तेमाल करने देने को राज़ी थे। दोनों को पता था कि उनके फोन से होने वाली सभी बातें इज़राइली खुफिया विभाग के लोगों के कानों से होकर ही गुज़रती थीं और दोनों नहीं चाहते थे कि उन्हें दहशतगर्दी के कामों में शामिल समझा जाए।

अब्बा ने मुझे एक डिस्पोज़ेबल सेल फोन खरीदकर लाने को कहा, जिसे इस्तेमाल के बाद हम तोड़कर फेंक देते। मैंने फोन खरीदा, उसका नंबर लिखा और शिन बेट को भी लिखवा दिया ताकि वे उस फोन से होने वाली गुफ्तगू सुन सकें।

अब्दुल्लाह ने नाब्लस में अपने उस जानने वाले को फोन करके उसे कहा कि वह उन बमों का जहाँ भी और जो भी इस्तेमाल करने जा रहा था, वह तब तक न करे जब तक अब्दुल्लाह दुबारा उसे फोन करके हरी झंडी न दिखा दे।

इज़रायली खुफिया एजेंसी ने जैसे ही शिमोन पेरेज़ और कुछ पार्लियामेंट मेम्बरान के क़त्ल की मंसूबाबंदी के बारे में सुना, तत्काल उन्होंने नेसेट और कैबिनेट के हरेक मेम्बर की हिफ़ाज़त के इंतज़ामात और भी पुख्ता कर दिए। आखिरकार, दो-एक महीने में दहशतगर्दी की वारदातों में कमी आनी शुरू हो गई।

इस बीच मारवान अब्दुल्लाह को जेल से रिहा कराने की कोशिशों में जुटा रहा, सिर्फ इसलिए नहीं क्योंकि वह अब्दुल्लाह के भेजे बमों की वजह से उसका अहसानमंद था, बल्कि इसलिए क्योंकि वह चाहता था कि अब्दुल्लाह बाहर आकर ज़्यादा से ज़्यादा इज़राइलियों को मौत के घाट उतार सके। मारवान दूसरे इंतिफादा का एक लीडर भर नहीं था; वह एक दहशतगर्द भी था जो खुद अपने हाथों से न जाने कितने इज़राइली फौजियों और आम शहरियों को मौत की नींद सुला चुका था।

आखिरकार पेलिस्टीनियन अथॉरिटी ने अब्दुल्लाह को आज़ाद कर दिया। ज़ाहिर है कि इस कदम से शिन बेट वाले आग-बबूला थे।

इसके बाद चीज़ें पूरी तरह बेकाबू होती चली गईं।

खेल

2001 की गर्मियों से 2002 के बसंत तक

27 अगस्त 2001 को एक इज़रायली हेलीकॉप्टर ने पीएफएलपी (पॉपुलर फ्रंट फॉर दि लिबरेशन ऑफ़ पेलिस्टाइन) के सेक्रेटरी-जनरल अबू अली मुस्तफा के दफ्तर में दो रॉकेट दाग दिए, जिनमें से एक सीधा जाकर मुस्तफा से टकराया।

अगले दिन उसकी कफ़न-दफ़न की रस्मों में उसके अपने घर वालों के अलावा पचास हज़ार से भी ज़्यादा फ़िलिस्तीनी लोग शामिल हुए। सभी के दिलों में गुस्से की आग भड़क रही थी। मुस्तफा अमन कायम करने की कवायद और ओस्लो समझौते की खिलाफत करने वाले नेताओं में शुमार था। लेकिन वह मेरे वालिद की तरह का एक उदारपंथी नेता था और अब्बा और मैं कई बार उसकी स्पीच सुनने गए थे।

इज़राइल ने उस पर नौ कार बम धमाकों में शामिल होने का इल्ज़ाम आयद किया था, जो कि गलत था। मेरे वालिद की ही तरह वह भी एक सियासी नेता था, न कि फ़ौजी। इज़राइल के पास अपने इल्ज़ाम को साबित करने के लिए कोई सबूत नहीं था। मुझे यह बात पक्के तौर पर पता थी। लेकिन उससे कोई फर्क नहीं पड़ता था। उनको मारना था, उन्होंने मार दिया। शायद सबारो रेस्तरां में हुए क़त्ल-ए-आम का बदला लेने के लिए, या शायद डॉल्फिनारियम की वजह से। या मेरे हिसाब से वे अराफात को एक सख्त पैगाम भेजना चाह रहे थे। पीएफएलपी का सेक्रेटरी-जनरल होने के साथ-साथ मुस्तफा पीएलओ (पेलिस्टाइन लिबरेशन ऑर्गेनाईजेशन) की एग्जीक्यूटिव कमिटी का मेम्बर भी था।

दो हफ्ते बाद, 11 सितंबर को, अल-कायदा के उन्नीस दहशतगर्दों ने संयुक्त राज्य अमेरिका में चार जेटलाइनर अगवा कर लिए। इनमें से दो को न्यूयॉर्क शहर

के वर्ल्ड ट्रेड सेंटर्स से टकरा दिया गया। तीसरा जाकर वॉशिंगटन स्थित पेंटागन में घुस गया। और चौथा पेनिसिल्वेनिया के समरसेट काउंटी के एक मैदान में जा गिरा। सब मिलाकर 2,973 लोग मारे गए। साथ में वे उन्नीस दहशतगर्द भी।

दुनिया भर में कोहराम मच गया। दुनिया भर का मीडिया इन हैरतंगेज़ घटनाओं की जल्दी से जल्दी और ज़्यादा से ज़्यादा कवरेज लोगों तक पहुँचाने की मशक्क़त में लगा हुआ था। सभी लोगों की तरह मैं भी अपने घर में बैठकर टीवी पर अमरीका के ट्विन टॉवरों के धराशाई होने और चर्च स्ट्रीट पर सफ़ेद राख के बादलों के फरवरी के बर्फ़ीले तूफ़ान की तरह छा जाने की रिपोर्ट्स बारम्बार देख रहा था। इस बीच जब टीवी पर गाज़ा की गलियों में फिलिस्तीनी बच्चों को जश्न मनाते दिखाया गया तो मुझे बेहद शर्मिंदगी महसूस हुई।

इस घटना ने सिर्फ ट्विन टॉवरों को धराशाई नहीं किया था, साथ-साथ फिलिस्तीनी लोगों की उम्मीदें और आज़ादी पाने का उनका ख़्वाब भी ज़मींदोज़ हो गया था, क्योंकि अब सारी दुनिया एक आवाज़ में दहशतगर्दी की मुखालिफत कर रही थी - हर तरह की दहशतगर्दी की, चाहे वह किसी भी मकसद से हो। अगले कई हफ़्तों तक शिन बेट इस हादसे, जिसे आगे चलकर 9/11 के नाम से जाना जाने लगा, से अपने लिए कुछ सबक निकालने की कोशिशों में लगी रही।

आखिर अमरीकी खुफिया एजेंसियाँ इस हमले को रोकने में नाकाम क्यों रहीं? शिन बेट वाले खुद से यह सवाल पूछ रहे थे। एक वजह तो यह थी कि वे सभी अलग-अलग खुदमुख्तारी से काम करती थीं और उनमें आपस में होड़ रहती थी खुद को दूसरों से बेहतर साबित करने की। दूसरी वजह यह थी कि उन्हें टेक्नोलॉजी पर ज़रूरत से ज़्यादा भरोसा था, जिसके चलते वे दहशतगर्दों के बीच से अपने लिए जासूसी करने वाले लोग तैयार करने को बिल्कुल भी तवज्जो नहीं देते थे। उनके तौर-तरीके शीत-युद्ध के दौर में भले कारगर रहे हों, मगर कट्टर जेहादी ज़ेहनियत (मानसिकता) से लड़ने के लिए वे माकूल नहीं थे।

दूसरी तरफ इज़रायली खुफिया एजेंसीज़ टेक्नोलॉजी से ज़्यादा इंसानी मदद पर भरोसा करती थीं; मस्जिदों, इस्लामी संगठनों और बड़े अफसरान की जमात में उसके अनगिनत जासूस थे; और उन्हें खतरनाक से खतरनाक दहशतगर्द को भी काम पर रखने में कोई दिक्क़त नहीं होती थी। वे इस बात को समझती थीं कि दुश्मनों की दुनिया का आँखों देखा और कानों सुना हाल जानना कितना अहम था; उन्हें उन लोगों की कीमत पता थी जो दहशतगर्दों के इरादों और जज़्बात को अच्छी तरह समझते हों और उनके हर कदम का पहले से अंदाज़ा लगा सकते हों।

अमेरिका न तो इस्लामी कल्चर को समझता था और न ही उसके नज़रियात को। इसके साथ खुली सरहदों और लचर सिक्योरिटी को मिला दिया जाए तो इज़राइल की बनिस्बत अमरीका को ज़्यादा आसानी से शिकार बनाया जा सकता था। बेशक इज़राइली खुफिया-तंत्र की इतनी मुस्तैदी और मेरी जासूसी की मदद से इज़राइल को सैकड़ों दहशतगर्दों का सफाया करने में कामयाबी हासिल हुई थी, लेकिन तब भी दहशतगर्दी के पूरी तरह खात्मे की दिशा में हम एक कदम भी आगे नहीं बढ़ पाए थे, वो भी इज़राइल जैसे ज़रा से देश में।

तकरीबन एक महीने बाद, 17 अक्टूबर को, चार हथियारबंद पीएफएलपी लड़ाकों ने यरूशलेम हयात होटल में घुसकर इज़रायली वज़ीर-ए-सेयाहत (पर्यटन मंत्री) रेहवाम ज़ेएवी को क़त्ल कर दिया। इसे उन्होंने मुस्तफा के क़त्ल का बदला करार दिया। वज़ीर-ए-सेयाहत होने के बावजूद ज़ेएवी का इज़राइल और फिलिस्तीन के बीच चल रहे खूनी खेल और उससे जुड़ी सियासत से कोई ख़ास लेना-देना नहीं था, पर अपने कुछ बयानों के चलते वह दहशतगर्दों के निशाने पर था। वह अक्सर इस नीति की खुलेआम वकालत करता था कि वेस्ट बैंक और गाज़ा के तीस लाख लोगों के लिए ज़िन्दगी जीना इतना दूभर कर दो कि वे खुद ही फिलिस्तीनी इलाके को छोड़कर दूसरे अरब मुल्कों में चले जाएँ। इसी सिलसिले में कथित तौर पर एक बार उसने एक एसोसिएटेड प्रेस रिपोर्टर से कहा था कि कुछ फ़िलिस्तीनी 'जूँ' की तरह थे जिन्हें 'हमारे भीतर फैल रहे कैंसर' की तरह ख़त्म कर दिया जाना चाहिए था।8

जैसे को तैसा की तर्ज पर एक-दूसरे के अहम लोगों के क़त्ल का सिलसिला चलता रहा। आँख के बदले आँख और आँखों की कमी दोनों खेमों में नहीं थी।

पिछले कुछ सालों में मैंने वो तमाम जानकारियाँ जुटाने के लिए कड़ी मशक़्क़त की थी जिनसे शिन बेट को इस खून-खराबे को रोकने में मदद होती। हम अब भी मुहम्मद जमाल अल-नतशेह, सालेह तलहामे और उन तीन और लोगों पर नज़र गढ़ाए हुए थे जिन्हें मैंने पेलिस्टीनियन अर्थॉरिटी के जेल परिसर से रिहा होने के बाद महफ़ूज़ ठिकाने पर पहुँचाया था। इस दौरान वे लोग लगातार अपने छिपने की जगह बदलते रहे थे और केवल सालेह ही था जिसने मुझसे राब्ता (संपर्क) बनाए रखा था। पर बाकी लोग भी हमारी नज़रों से ओझल नहीं थे। उनके परिवारों और पब्लिक टेलीफोन पर होने वाली उनकी बातचीतों के ज़रिए हमें लगातार उनकी लोकेशन पता चलती रहती थी।

सालेह मुझ पर भरोसा करता था, हमेशा मुझे बता देता था कि उसकी नई पनाहगाह कहाँ थी और अक्सर मुझे मिलने के लिए वहाँ बुलाता भी था। जैसे-जैसे मेरा उससे मेलजोल बढ़ा, मुझे वह पसंद आने लगा। वह कमाल का बंदा था। पढ़ने-लिखने में इतना आला दिमाग कि ग्रेजुएशन में इलेक्ट्रिकल इंजीनियरिंग की अपनी क्लास में टॉप पर रहा था और बिरज़िट यूनिवर्सिटी में अब तक पढ़े सबसे होनहार स्टूडेंट्स में उसका शुमार होता था। उसके लिए मैं हसन यूसुफ़ का फरजंद, एक अच्छा दोस्त और एक अच्छा श्रोता था।

मैंने सालेह, उसकी बीवी माजेदा और उसके पाँच बच्चों (दो लड़के, तीन लड़कियाँ) के साथ बहुत समय बिताया। उनके बड़े लड़के का नाम भी मोसाब था। माजेदा और बच्चे वैसे तो हेब्रोन में रहते थे, पर सालेह की खुफिया पनाहगाह में उसके साथ कुछ वक़्त बिताने की गरज से उन दिनों रमल्लाह आए हुए थे। उन दिनों मेरी ग्रेजुएशन की पढ़ाई जारी थी, इसीलिए एक शाम सालेह ने मुझसे पूछ लिया कि मेरी पढ़ाई कैसी चल रही थी।

“किसी सब्जेक्ट में कोई दिक्क़त?”

“हाँ, इकोनॉमिकल स्टेटिस्टिक्स।”

“ठीक है, कल तुम अपनी किताब लेकर आना, हम बैठकर पढ़ेंगे। हम हमारी खुद की छोटी-सी क्लास लगाएँगे।”

मैंने जब इस बारे में लोई और शिन बेट के दूसरे लोगों को बताया तो वे खुश हुए। उन्हें लगा कि अब मेरे लिए ख़ुफ़िया जानकारियाँ जुटाना ज़्यादा आसान और महफ़ूज़ रहेगा क्योंकि सालेह को कोई शक भी नहीं होगा और बातों-बातों में शायद वह ख़ुफ़िया बातें भी कह जाए।

लेकिन मेरे लिए सालेह से मिलना सिर्फ ख़ुफ़िया जानकारियाँ जुटाने का ज़रिया नहीं था। हमारी अच्छी और सच्ची दोस्ती हो चली थी। उसने मुझे बहुत मन से पढ़ाया, जिसकी वजह से कुछ हफ़्तों बाद इम्तिहान में मैंने वाकई बहुत अच्छे ग्रेड पाए। वो मुझे बहुत अज़ीज़ हो गया था और उसके बच्चे भी। अक्सर वे लोग मुझे खाने के लिए रोक लेते थे। हम सब के बीच गहरा जुड़ाव पैदा हो चला था। बड़ा अजीब रिश्ता था यह, क्योंकि मुझे यह भी पता था कि अब सालेह बेहद खतरनाक बन चुका था। पर मैं कौन सा कम था, मैं भी तो उतना ही खतरनाक हो गया था।

मार्च 2002 की रात जब मैं घर पर था, दो लोगों ने दरवाज़े पर दस्तक दी। दोनों मेरे लिए अजनबी थे।

"क्या मदद कर सकता हूँ मैं आप लोगों की?" मशकूक (सशंक) होकर मैंने पूछा।

"हमें शेख हसन यूसुफ से मिलना है। ज़रूरी काम है।"

"क्या ज़रूरी काम है, मुझे बताइए।"

उन्होंने बताया कि वे उन पाँच आत्मघाती हमलावरों में से दो थे जो अभी-अभी जॉर्डन से आए थे। उन्हें यहाँ जिससे मिलना था वो गिरफ्तार हो गया था और इसलिए अब उन्हें सर छिपाने के लिए कोई महफ़ूज़ जगह चाहिए थी।

"ठीक है," मैंने उनसे कहा। "आप लोग सही जगह आए हैं।"

फिर मैंने उनसे पूछा कि उन्हें किन-किन चीज़ों की दरकार थी।

"हमारे पास आतशगीरों (विस्फोटकों) और बमों से भरी एक कार है, उसे किसी महफ़ूज़ जगह छिपाना होगा।"

मर गए! मैंने सोचा। अब इस आतशगीरों से भरी कार को मैं कहाँ ले जाऊँ? लेकिन सोचने के लिए ज़्यादा वक़्त नहीं था। मैंने उस कार को अपने घर के बगल में बने गराज में छिपा देने का फैसला किया। बेशक यह कोई बहुत अच्छा आईडिया नहीं था, लेकिन इससे अच्छा कुछ सोचने का वक़्त ही नहीं था।

फिर मैंने अपना बटुआ निकाला और उसके सारे पैसे उनकी ओर बढ़ाते हुए कहा, "ठीक है, अभी ये पैसे रखो और अपने ठहरने के लिए कोई जगह तलाश लो, रात को यहाँ लौट के आना, फिर देखेंगे कि आगे क्या करना है।"

उनके जाने के बाद मैंने लोई को फोन लगाया और मुझे तब तसल्ली हुई जब शिन बेट वाले आकर उस कार को ले गए।

कुछ ही देर में वे पाँचों हमलावर लौट आए। तब मैंने उनसे कहा, "ठीक है, अब से मैं तुम्हारे और हमास के बीच की कड़ी हूँ। मैं ही तुम्हें बताऊँगा कि किसे मारना है, कब मारना है और कहाँ मारना है। मैं ही तुम्हें आने-जाने का साधन मुहैया कराऊँगा, मैं ही तुम्हारी सारी ज़रूरतें पूरी करूँगा। मेरे अलावा किसी और से कोई बात न करना, वर्ना किसी इज़राइली को जहन्नुम रसीद करने का मौका पाने से पहले तुम खुद ही जन्नतनशीं हो जाओगे।"

यह तो बिन माँगे मोती मिलने वाली मिसाल हो गई थी। अब तक तो हमें आत्मघाती हमलावरों का पता तभी चलता था जब वे खुद को उड़ा चुके होते

थे। और आज उनमें से पाँच जीते-जागते खुद आकर मेरे दरवाज़े पर खड़े हो गए थे, वो भी आतशगीरों से भरी एक कार के साथ। यह हमारे लिए बहुत बड़ी कामयाबी थी। पर मेरे शिन बेट को उन लोगों की लोकेशन बताने के तीस मिनट बाद ही वज़ीर-ए-आज़म (प्रधान मंत्री) शेरोन ने उनकी मौत का फरमान जारी कर दिया।

"आप लोग ऐसा नहीं कर सकते," मैंने गुस्से में लोई से कहा।

"क्या!"

"मैं जानता हूँ कि वे लोग दहशतगर्द हैं और खुद को उड़ाने ही यहाँ आए हैं। मगर उन्हें बरगलाया गया है। वे नहीं जानते कि क्या कर रहे हैं। आप उन्हें क़त्ल नहीं कर सकते। अगर आप ऐसा करेंगे तो यह मेरा आख़िरी मिशन होगा।"

"तुम हमें धमका रहे हो?"

"नहीं, पर आपको पता है कि मैं किस तरह काम करता हूँ। हलावा के मामले में एक बार मैंने अपने उसूल तोड़े थे और आप जानते हैं कि क्या हुआ था। मैं किसी को मारने के काम में भागीदार नहीं बनूँगा।"

"तो हमारे पास और चारा क्या है?"

"उन्हें गिरफ्तार करिए," मैंने कहा। मैंने कह तो दिया, पर मुझे खुद पता था कि यह बकवास आईडिया था। कार और बम तो हमारे कब्ज़े में आ गए थे, पर उन लोगों की बेल्ट अब भी उनके पास थीं। जैसे ही फ़ौजी जवान उनके एक कमरे के फ्लैट के सौ गज के दायरे में दाखिल होते, वैसे ही वे लोग अपनी-अपनी बेल्ट में भरे विस्फोटकों का बटन दबा देते और अपने साथ-साथ बाकी सभी को भी चिथड़ों में तब्दील कर देते।

और अगर मान लीजिए किसी हिकमत से हम बिना किसी के हताहत हुए उन लोगों को बाहर निकाल लाने में कामयाब हो भी जाते, तो जब उनसे जवाब-तलबी होती तो वे पक्का मेरा नाम लेते और मेरा राज़ फाश हो जाता। खुद को बचाने की ख्वाहिश मुझे सुझा रही थी कि इस मामले से जुड़े सभी लोगों की भलाई इसी में थी कि एक हैलीकॉप्टर से कुछ मिसाइल्स उनके ठिकाने पर दागी जातीं और चुटकियों में खेल ख़त्म हो जाता।

मगर मेरा ज़मीर इसके लिए राज़ी नहीं हो रहा था। भले अभी तक मैंने ईसाईयों का मज़हब नहीं अपनाया था, पर हकीकतन मैं जीसस की अख्लाकी तालीम-ओ-तरबियत (नैतिक शिक्षाओं) पर अमल करने की पुरज़ोर कोशिशें कर

रहा था। अल्लाह को क़त्ल या क़त्ल-ए-आम से कोई दिक़्क़त नहीं थी; बल्कि वह तो इसके लिए इसरार करता था। मगर जीसस की तालीम-ओ-तरबियत ने मुझे बहुत ऊपर उठा दिया था। मैं महसूस कर रहा था कि अब मैं किसी को मारने की सोच भी नहीं सकता था- किसी दहशतगर्द को भी नहीं।

काबिल-ए-गौर बात थी कि उस वक़्त मैं शिन बेट के लिए इतना कीमती हो चुका था कि वे किसी भी कीमत पर मुझे खोना नहीं चाहते थे। इसीलिए बेमन और नाखुशी से ही सही, पर आखिरकार वे उन हमलावरों को क़त्ल करने की बजाए गिरफ्तार करने को राज़ी हो ही गए।

"अगर हमें उन्हें पकड़ना है तो पहले यह मालूम करना होगा कि उस कमरे में क्या चल रहा है," शिन बेट वालों ने मुझसे कहा। मैं कुछ छोटा-मोटा फर्नीचर ले जाने के बहाने उन हमलावरों के ठिकाने पर जा पहुँचा। असल में हमने उस फर्नीचर में बहुत छोटे-छोटे मगर पावरफुल माइक्रोफ़ोन छिपा दिए थे, जिनकी मदद से हम उन लोगों के बीच होने वाली बातों का हरेक लफ्ज़ सुन सकते थे। हमने सुना कि किस तरह उनमें इस बात को लेकर होड़ लगी थी कि कौन पहले जाएगा, कौन उसके बाद और कौन उसके बाद। सभी सबसे पहले जाना चाहते थे ताकि उन्हें अपने दोस्तों को मरते न देखना पड़े। मेरे बदन में झुरझुरी सी दौड़ गई। हम मरे हुए आदमियों को बातें करते सुन रहे थे।

16 मार्च को डिफेंस फोर्सेस की टुकड़ियों ने मोर्चा संभाल लिया। हमलावरों का ठिकाना रमल्लाह के बीचोंबीच था, इसलिए आईडीएफ वाले टैंक नहीं ला पाए। चूँकि फ़ौजी टुकड़ियों को पैदल ही काम करना था, इसलिए खतरा बहुत ज़्यादा था। लोई ने मुझे घर पर ही रुकने की ताकीद की थी, पर मौका-ए-वारदात का पूरा हाल वह मुझे फोन पर सुना रहा था।

"अब वे लोग सोने जा रहे हैं," लोई ने कहा।

सभी दम साधे तब तक इंतज़ार करते रहे जब तक कि माइक्रोफोन के ज़रिए उन सभी के खर्राटों की आवाज़ सुनाई नहीं देने लगी।

सबसे बड़ा खतरा उन लोगों के वक़्त से पहले जाग जाने का था। फ़ौजी जवानों के लिए ज़रूरी था कि वे उन पाँचों के जागने और कोई हरकत कर पाने से पहले ही दरवाज़ा तोड़कर उन तक पहुँच जाते।

एक जवान ने जाकर खामोशी से दरवाज़े पर आतशगीर (विस्फोटक) लगाया, जबकि बाकी सभी दम साधे माइक्रोफोन पर गूँज रही खर्राटों की आवाज़

में पड़ने वाले मामूली से मामूली खलल पर कान लगाए खड़े रहे। फिर उन्होंने दरवाज़े को उड़ाने का सिग्नल दिया।

एक ज़ोरदार धमाके के साथ दरवाज़े के परखच्चे उड़ गए। पलक झपकते फ़ौजी जवानों ने उस छोटे-से कमरे में दाखिल होकर एक को छोड़कर बाकी सभी हमलावरों को धर दबोचा। जो पकड़ में आने से बच गया था उसने झट एक गन उठाई और खिड़की से बाहर कूद गया। पर बेचारा ज़मीन तक पहुँचने से पहले ही अल्लाह के पास पहुँच गया।

सभी ने राहत की मीलों लम्बी साँस ली। मुझे छोड़कर सभी ने। जब उन हमलावरों को जीप में लादा जा रहा था, तभी उनमें से एक ने अपने बाकी साथियों को सुझाया कि हो न हो मैं इज़राइली जासूस था और मैंने ही उन्हें पकड़वाया था।

मेरा सबसे बड़ा डर हकीकत में तब्दील हो चुका था। मेरा राज़ फाश हो चुका था! अब क्या होगा?

लोई ने एक रास्ता निकाला। जिस हमलावर ने मेरे जासूस होने की बात सुझाई थी उसे शिन बेट ने वापस जॉर्डन भेज दिया जबकि उसके बाकी साथियों को जेल में डाल दिया। अब जिसे मुझ पर शक था वो जब आज़ाद हो गया तो उसके साथियों को लगा कि असल में गद्दार वह था, मैं नहीं। कमाल का आईडिया सोचा था लोई ने।

एक बार फिर मैं बाल-बाल बचा था। लेकिन अगर मैं इसी तरह किस्मत के सहारे चलता रहता तो कब तक बच पाता, कहना मुहाल था।

―

एक दिन मुझे शिन बेट के चीफ एवी डाइचर का एक मैसेज मिला, जिसमें उसने शिन बेट के लिए मेरे अब तक के काम के बदले शुक्रिया अदा किया था। उसने कहा कि उसने दहशतगर्दी के खिलाफ इज़राइल की जंग से जुड़ी हर फाइल अच्छी तरह देखी थी और एक भी ऐसी फाइल उसकी नज़रों से नहीं गुज़री थी जिसमें ग्रीन प्रिंस का ज़िक्र न हो। ऊपरी तौर पर बेशक यह तारीफ़ थी, लेकिन गहराई से समझें तो इसमें एक बड़ी चेतावनी छिपी थी। उस चेतावनी को मैंने भी समझ लिया और लोई ने भी। अगर मैं इसी तरह खुलेआम काम जारी रखता तो किसी न किसी दिन ज़रूर पकड़ा जाता। जो बात शिन बेट के चीफ ने नोटिस की थी, वो कोई और भी कर सकता था- पेलिस्टीनियन अथॉरिटी का या हमास का कोई। किसी न किसी

तरीके से मुझे इज़राइल-विरोधियों की नज़रों में इज़राइल का दुश्मन साबित किया जाना ज़रूरी था।

उन पाँच आत्मघाती हमलावरों को क़त्ल न किए जाने को लेकर मैंने जो ज़िद्दी रवैया अख्तियार किया था, उसकी वजह से मेरे लिए खतरा और भी ज़्यादा बढ़ गया था। भले हर कोई यह मान रहा था कि उन हमलावरों की गिरफ्तारी के लिए उनका वह साथी ज़िम्मेदार था जिसे जॉर्डन वापस भेज दिया गया था, लेकिन सभी को यह भी पता था कि इज़राइल किसी भी ऐसे शख्स पर हाथ डालने से कतराने वाला नहीं था जिस पर उसे आत्मघाती हमलावरों को किसी भी तरह की मदद मुहैया कराने का ज़रा सा भी शक हो। और मैंने तो उनकी खासी-अच्छी मदद की थी। तो फिर मेरी गिरफ्तारी क्यों नहीं हुई थी?

उन हमलावरों की गिरफ्तारी के हफ्ते भर बाद शिन बेट ने दो तरीके सुझाए मेरा राज़ फाश होने से बचाने के। पहला तरीका तो यही था कि वे मुझे गिरफ्तार करके जेल में डाल देते। लेकिन मुझे डर था कि ऐसा करना मेरे वालिद की मौत के परवाने पर दस्तखत करने जैसा होता। मेरी गैर-मौजूदगी में इज़राइली सरकार की उन्हें क़त्ल करने की कोशिशों से उनकी हिफ़ाज़त कौन करता।

"दूसरा तरीका यह है कि हमें एक खेल खेलना पड़ेगा।"

"खेल? कैसा खेल?"

लोई ने समझाया कि हमें बहुत बड़े पैमाने पर कुछ ऐसा करने की ज़रूरत थी जिससे पूरे फ़िलिस्तीन को यह यकीन हो जाता कि इज़रायल हर कीमत पर मुझे पकड़ना चाहता था- ज़िन्दा या मुर्दा। और यह 'कुछ' हकीकत लगे, इसके लिए ज़रूरी था कि इसे हकीकत में ही किया जाता। नाटक से काम नहीं चलने वाला था। आईडीएफ (इज़राइल डिफेन्स फोर्सेस) सचमुच मुझे पकड़ने या मारने की कोशिश करती, तभी काम बन सकता था। और इसके लिए ज़रूरी था कि शिन बेट वाले आईडीएफ वालों को अँधेरे में रखते, अपने ही लोगों को धोखा देते।

शिन बेट ने इस बेहद बड़े पैमाने पर किए जाने वाले ऑपरेशन के लिए आईडीएफ को महज़ चंद घंटों की मोहलत दी। उन्होंने उन्हें चेताया कि मैं बेहद खतरनाक नौजवान था। शेख हसन यूसुफ़ की औलाद होने के साथ-साथ मेरे आत्मघाती हमलावरों से भी करीबी ताल्लुकात थे और मेरे पास आतशगीरों का बड़ा असलाह हो सकता था। उन्होंने कहा कि उनके पास पक्की खबर थी कि उस

रात मैं अपनी वालिदा से मिलने अपने वालिद के घर जाने वाला था, जहाँ कि मुझे बहुत थोड़ी देर ही रुकना था और उस वक़्त मेरे पास एक M16 रायफल तो होगी ही होगी।

क्या गज़ब की झाँकी जमाई थी शिन बेट ने। वाकई बहुत बड़ा खेल खेला जाने वाला था।

आईडीएफ वालों को यकीन दिला दिया गया था कि मैं बहुत ही खतरनाक और अहम दहशतगर्द था जो इस ऑपरेशन में एक ज़रा सी चूक से हमेशा के लिए फरार हो सकता था। ऐसा न हो इसके लिए उन्होंने वह सब किया जो वे कर सकते थे। अंडरकवर स्पेशल फोर्सेस के जवान माहिर निशानेबाज़ों के साथ अरबों का लिबास ओढ़कर और फिलिस्तीनी गाड़ियों में बैठकर इलाके में घुसे और मेरे घर से दो मिनट की दूरी पर रुककर कार्रवाई शुरू करने के सिग्नल का इंतज़ार करने लगे। पंद्रह मिनट की दूरी पर, शहर की बॉर्डर पर, भारी टैंक इंतज़ार कर रहे थे ज़रूरत के वक़्त बुलावे का। अगर फिलिस्तीनी फिदायीन या स्ट्रीट फाइटर्स से मुठभेड़ की नौबत आ जाए तो मदद के लिए हैलीकॉप्टर भी अपनी मिसाइलों के साथ मुस्तैद थे। अपने वालिद के घर के बाहर मैं अपनी कार में बैठा शिन बेट के फोन का इंतज़ार कर रहा था। फोन आने के बाद मेरे पास सिर्फ साठ सेकंड थे इस जगह से दूर निकल जाने के लिए, क्योंकि एक मिनट के भीतर ही इस जगह पर स्पेशल फोर्सेस के जवानों का मेला लग जाने वाला था। मेरे पास भी गलती की कोई गुंजाइश नहीं थी।

इस बात का तसव्वुर करके कि अभी एक मिनट बाद ही जब स्पेशल फोर्सेस वाले मेरे घर पर धावा बोलेंगे तब मेरी अम्मी और मेरे छोटे भाई-बहन किस कदर दहशत में आ जाएँगे, मेरा मन पछतावे से भर उठा। एक बार फिर वे अब्बा और मेरे किए की कीमत चुकाएँगे।

मैंने अम्मी के लगाए खूबसूरत बागीचे पर नज़र डाली। दर्जनों किस्म के फूलों से आबाद था वह बागीचा। न जाने कहाँ-कहाँ से कलमें लाकर अम्मी ने फूलों के ये पेड़ लगाए थे। वह इन पेड़ों और फूलों की वैसी ही देखभाल करती थीं जैसी कि हमारी।

"और कितने फूल चाहिए हमें अभी?" कभी-कभी मैं मज़ाक में उनसे कहता था।

"थोड़े और," उनका जवाब होता।

एक बार उन्होंने एक पौधा दिखाते हुए कहा था, "इस पौधे की उमर तुमसे भी ज़्यादा है। बचपन में तुमने इसका गमला तोड़ दिया था, मगर मैंने इसे बचा लिया और यह आज तक ज़िन्दा है।"

क्या यह अब से कुछ मिनट बाद भी जिंदा रहेगा या फिर स्पेशल फोर्सेस के जवानों के पैरों तले कुचलकर मर जाएगा?

मेरे सेल फ़ोन की घंटी बज उठी।

मेरे दिमाग की नसें फड़क उठीं। दिल ज़ोरों से धड़कने लगा। मैंने कार स्टार्ट की और शहर के बीच बने अपने नए ख़ुफ़िया ठिकाने की तरफ चल पड़ा। ईमानदारी की बात यह थी कि मैं भागने का नाटक नहीं कर रहा था बल्कि सचमुच जान बचाकर भाग रहा था, क्योंकि जानता था कि उस घड़ी स्पेशल फोर्सेस के जवान मेरी ही तलाश में थे और अगर मैं उन्हें दिख जाता तो वे मुझे पकड़ने की बजाए मार गिराने की ही कोशिश करते।

मेरे वहाँ से निकलने के ठीक एक मिनट बाद फिलिस्तीनी नंबर प्लेट वाली दस सिविलियन कारों के ब्रेकों के एक साथ चीखने की आवाज़ से हर कोई चौंक गया। स्पेशल फोर्सेस के जवानों ने कारों से निकलकर पूरे घर को घेर लिया। हर खिड़की और हर दरवाज़े को ऑटोमेटिक राइफलों के निशाने पर ले लिया गया। आस-पड़ोस में ढेर सारे बच्चे मिलकर फुटबॉल खेल रहे थे, जिनमें मेरा भाई नासेर भी था। अचानक हुए इस हमले से वे सभी बुरी तरह दहशत में आ गए और यहाँ-वहाँ भागने लगे।

फोर्सेस के जवानों के मोर्चा सँभालने के बाद एंट्री हुई बीस भारी-भरकम गरजते हुए टैंकों की। अब तक सारे शहर को पता चल चुका था कि वहाँ कुछ हाहाकारी वारदात होने वाली थी। टैंकों के बादलों से गरजते डीज़ल इंजनों का शोर मुझे अपने खुफिया ठिकाने में बैठकर भी सुनाई दे रहा था। फिलिस्तीनी फिदायीनों को जैसे ही इसका पता चला, वे सैकड़ों की तादाद में मेरे वालिद के घर की ओर भागे और जाकर आईडीएफ को घेर लिया। मगर वे गोलियाँ नहीं दाग पा रहे थे क्योंकि बच्चे अभी भी यहाँ-वहाँ भाग रहे थे और मेरा परिवार भी अन्दर था।

फिदायीनों के इतने बड़े हमले को देखते हुए आईडीएफ ने हैलीकॉप्टर बुला लिए।

अचानक से मुझे लगने लगा कि क्या मेरा उन आत्मघाती हमलावरों को ज़िन्दा छोड़े जाने के लिए इसरार करना गलत था? यदि मैंने आईडीएफ को उन पर

दो मिसाइलें दाग लेने दी होतीं तो आज मेरा परिवार और आस-पड़ौस के लोग यूँ खतरे में नहीं पड़े होते। अगर इस 'असली' खेल के चक्कर में मेरे भाई-बहनों में से किसी को कुछ हो गया तो मैं खुद को कभी माफ़ नहीं कर पाऊँगा।

हमारे इस अज़ीम-ओ-शान खेल की खबर दुनिया भर के लोगों के कानों तक पहुँचे, यह पक्का करने के लिए मैंने अल-जज़ीरा को यह खबर करवा दी थी कि शेख हसन यूसुफ़ के घर बहुत बड़ा हमला होने वाला था। अब यह सारा तमाशा देखकर उनको लगा कि आखिरकार मेरे वालिद इज़राइलियों के कब्ज़े में आ गए थे, इसलिए वे उनकी गिरफ्तारी का लाइव टेलीकास्ट करने की गरज से वहाँ पहुँच गए। लेकिन वहाँ जब लाउडस्पीकर थामकर आईडीएफ ने पुरज़ोर लहजे में यह माँग की कि हसन यूसुफ़ का बड़ा बेटा मोसाब हथियार फेंककर और अपने हाथ ऊपर करके बाहर आ जाए, तब अल-जज़ीरा वालों पर क्या गुज़री होगी इसका तसव्वुर मैं अच्छी तरह कर सकता था। अपने खुफिया ठिकाने पर पहुँचकर मैंने टीवी चालू किया और दुनिया भर में फैले तमाम अरब लोगों की तरह अपने ही रचाए उस तमाशे को देखने लगा।

फ़ौज ने मेरे घरवालों को बाहर निकाला और उनसे मेरे बारे में पूछने लगे। अम्मी ने उनको बताया कि मैं उनके आने से एक मिनट पहले ही वहाँ से चला गया था। पर ज़ाहिर था कि उन्हें उनकी बात पर यकीन नहीं हुआ। उन्हें शिन बेट पर यकीन था, उस शिन बेट पर जिसके रचाए यह पूरा खेल खेला जा रहा था। बहरहाल, जब तमाम चेतावनियों के बावजूद मैंने सरेंडर नहीं किया तो उन्होंने गोली चलाने की धमकी दी।

अगले दस मिनट तक वहाँ मौजूद हरेक शख्स दम साधे इस बात का कयास लगाता रहा कि क्या मैं बाहर आऊँगा और अगर आऊँगा तो अपनी $M16$ से अंधाधुंध फायरिंग करता आऊँगा या निहत्था हाथ ऊपर उठाए। मगर दस मिनट बीतने के बाद भी जब कुछ नहीं हुआ तो आईडीएफ ने फायरिंग का हुक्म दे दिया। दो-सौ से ज़्यादा गोलियों ने दूसरी मंज़िल के मेरे बैडरूम को छलनी-छलनी कर दिया। (वे गोलियाँ आज भी मेरे बैडरूम की दीवारों में धँसी हुई हैं।) ज़ाहिर तौर पर उन्होंने तय कर लिया था कि अब बातचीत की कोई गुंजाइश नहीं थी और वे मुझे मुर्दा ही पकड़ना चाहते थे।

अचानक गोलीबारी रोक दी गई। कुछ ही पलों बाद एक मिसाइल हवा में सरसराती हुई आई और हमारे आधे घर को उड़ा दिया। स्पेशल फोर्सेस के जवान

तेज़ी से घर के अन्दर दाखिल हो गए। उन्होंने घर का कोना-कोना छान मारा पर उन्हें न कोई जिंदा आदमज़ात मिला और न ही मुर्दा।

आईडीएफ पर मानो घड़ों पानी पड़ गया। पूरे शहर और टीवी के सामने बैठी पूरी दुनिया के सामने उनकी भद्द पिट गई थी। इतने भारी इंतज़ामात के बावजूद मैं उनको चकमा देकर वहाँ से निकल भागने में कामयाब हो गया था। उन्हें किसी को मुँह दिखाने के काबिल न रहने जैसी फीलिंग आ रही थी। लोई ने फोन पर मुझे चेताते हुए कहा कि अब अगर मैं उनके हाथ आ गया तो वे मुझे देखते ही गोली मार देंगे। मगर हमारे लिए तो यह ऑपरेशन पूरी तरह कामयाब रहा था। कोई भी ज़ख़्मी नहीं हुआ था और मैं बैठे-बिठाए मोस्ट-वॉन्टेड की लिस्ट में शामिल हो गया था। पूरे शहर की जुबान पर मेरे ही चर्चे थे। मैं रातोंरात एक खतरनाक दहशतगर्द बन चुका था।

अगले कुछ महीनों तक मेरी पूरी तवज्जो सिर्फ तीन कामों पर रही: आईडीएफ की पहुँच से दूर रहना, अपने वालिद की हिफ़ाज़त करना और शिन बेट के लिए ख़ुफ़िया जानकारियाँ जुटाना। सबसे ज़्यादा तवज्जो पहले काम को; दूसरे को उससे कम और तीसरे को उसके बाद।

ऑपरेशन डिफेंसिव शील्ड

2002 का बसंत

खून-खराबे में आ रही तेज़ी चौंकाने वाली थी। गोली, छुरा, बम। कभी इज़राइली हाथों में तो कभी फिलिस्तीनी हाथों में। यह एक कभी न ख़त्म होने वाला किस्सा बनता जा रहा था। ढलान पर लुढ़कते उस पहिए जैसा हो गया था जिसकी रफ़्तार कम होने की बजाए बढ़ती जा रही थी। इसे रोकने के लिए अंतरराष्ट्रीय बिरादरी की इज़राइल पर दबाव बनाए की सारी कोशिशें नाकाम साबित हो रही थीं।

"अवैध कब्ज़ा ख़त्म करो... रिहाइशी इलाकों पर बमबारी बंद करो; क़त्ल-ए-आम, जानलेवा सख़्ती का गैर-ज़रूरी इस्तेमाल, इन्हिदाम (ध्वंस/डेमोलिशन) और आम फ़िलिस्तीनियों को हर रोज़ ज़लील करना बंद करो," मार्च 2002 में संयुक्त राष्ट्र महासचिव कोफ़ी अन्नान को यह माँग करनी पड़ी।9

इत्तेफाक की बात देखिए कि जिस दिन शिन बेट ने मेरे इसरार के चलते उन चार आत्मघाती हमलावरों को मारने की बजाए गिरफ़्तार किया था, उसी दिन यूरोपीय संघ के नेताओं का इज़राइल और फ़िलिस्तीन दोनों के नाम खून-खराबे पर लगाम लगाने का पैगाम जारी हुआ। अपने पैगाम में उन्होंने कहा, "इस झगड़े का कोई फ़ौजी हल मुमकिन नहीं है।"10

2002 में 'पासओवर' (यहूदियों का सबसे अहम और सबसे पाक त्यौहार) 27 मार्च को पड़ा था। नेतन्या में पार्क होटल के सबसे निचले माले पर एक डाइनिंग हॉल में 250 मेहमान पारंपरिक 'सीडर' भोज के लिए इकट्ठे हुए थे।

अब्देल-बासेट ओदेह नाम का पच्चीस साल का हमास का कारिन्दा गेट पर खड़े सिक्योरिटी गार्ड के सामने से गुज़रते हुए अन्दर आया, लॉबी में रजिस्ट्रेशन

डेस्क के पास से होकर आगे बढ़ा और खचाखच भरे डाइनिंग हॉल में जा पहुँचा। फिर उसने अपनी जैकेट की ओर हाथ बढ़ाया।

धमाके में 30 लोग मारे गए जबकि 140 से भी ज़्यादा ज़ख़्मी हुए। इनमें से कुछ होलोकॉस्ट में बचे हुए लोग भी थे। हमास ने यह कहते हुए इस धमाके की ज़िम्मेदारी ली कि इस हमले का मकसद बेरूत में हो रहे अरब शिखर सम्मेलन (अरब समिट) को पटरी से उतारना था।

फिर भी अगले दिन सऊदी की झंडाबरदारी में अरब लीग ने यह एलान किया कि उसने आपसी रज़ामंदी से यह तय किया था कि अगर इज़राइल 1967 से पहले के सरहदी सूरत-ए-हाल (बॉर्डर की स्थिति) को कबूल करने, मोहाजिर (शरणार्थी) मसले को सुलझाने और एक आज़ाद फिलिस्तीनी मुल्क खड़ा करने (जिसकी राजधानी पूर्वी जेरूशलम होगी) को तैयार हो, तो अरब लीग 'स्टेट ऑफ़ इज़राइल' को कबूल करने और उससे रिश्ते बहाल करने के लिए तैयार थी। अगर इज़राइल इतनी रियायतें देने को राज़ी हो जाता तो वो भी फिलिस्तीनी लोगों के लिए बहुत बड़ी जीत होती। लेकिन हमास ऐसा नहीं चाहता था, वह तो अपनी 'सबकुछ या कुछ नहीं' की ज़िद पर अड़ा था।

इज़राइल को भी हमास के इस रुख का पता था, इसलिए वह इस मसले के सख्त हल की तैयारी कर रहा था। मतलब, फिलिस्तीनी इलाकों में घुस कर सभी इंतिहापसंद लोगों और दहशतगर्दों को एक बार में ही काबू में कर लेना। अरब समिट से दो हफ्ते पहले ही इज़राइली अफसरान ने तय कर लिया था कि बड़ी घुसपैठ करने से पहले सिर्फ रमल्लाह और अल-बिरेह शहरों में घुसकर देखते हैं कि क्या होता है, कैसे होता है। फ़ौजी तहलील-कारों (सैन्य विश्लेषकों) ने उन्हें चेता दिया था कि इस अभियान में इज़राइल को बड़ी तादाद में जान-माल का नुकसान उठाना पड़ सकता था।

हालाँकि ऐसा कुछ हुआ नहीं। आईडीएफ ने पाँच फिलिस्तीनियों को मारा, कर्फ्यू लगाया और कुछेक इमारतों पर कब्ज़ा कर लिया। बड़े-बड़े D9 बख्तरबंद बुलडोज़रों ने अल-अमारी मुहाजिर बस्ती (रिफ्यूजी कैंप) में कुछेक मकानों को भी ज़मींदोज़ कर दिया, जिनमें से एक मकान वफ़ा इदरीस का भी था। वफ़ा इदरीस पहली जनाना आत्मघाती हमलावर थी, जिसने 27 जनवरी को यरूशलेम में एक जूते की दुकान के बाहर खुद को उड़ा लिया था। उस धमाके में इक्यासी साल का एक इज़रायली आदमी मारा गया था, जबकि सौ से ज़्यादा ज़ख्मी हुए थे।

लेकिन पार्क होटल वाले हमले के बाद हालात एकदम से बदल गए और इज़राइली कैबिनेट ने 'डिफेंसिव शील्ड' के खुफिया नाम से अब तक का सबसे बड़ा और खतरनाक फ़ौजी अभियान चलाने की हरी झंडी दे दी।

मेरा फोन बजा। दूसरी तरफ लोई था।

"क्या हाल-चाल?" मैंने पूछा।

"पूरा आईडीएफ इकट्ठा हो रहा है," लोई ने कहा। "आज रात हम सालेह और बाकी सभी भगौड़ों को हिरासत में ले लेंगे।"

"क्या मतलब?"

"हम पूरे वेस्ट बैंक पर काबिज़ होकर हरेक मकान, दुकान और दफ्तर की तलाशी लेंगे, चाहे इसमें कितना भी वक़्त लगे। किसी महफूज़ जगह टिक कर रहना। मैं बात करता रहूँगा।"

अरे वाह, मैंने सोचा। यह तो बहुत अच्छा हुआ! शायद इससे आखिरकार यह नामुराद खून-खराबा ख़तम हो जाए।

हवाओं के साथ इस अभियान की उड़ती-उड़ती खबर पूरे वेस्ट बैंक में फ़ैल गई। फिलिस्तीनी नेताओं ने सूँच लिया था कि कुछ बड़ा होने वाला था, पर क्या होने वाला था इसकी उन्हें कोई भनक नहीं थी। लोग काम-धंधा, दफ्तर और स्कूल छोड़-छाड़कर घर लौट आए और किसी बड़ी खबर के इंतज़ार में टीवी के सामने बैठ गए। मैंने अपने वालिद को एक ऐसे मकान में शिफ्ट कर दिया था जिसकी मिल्कियत दो अमरीकी लोगों के नाम पर थी। शिन बेट ने मुझे भरोसा दिलाया था कि वहाँ अब्बा पर कोई आँच नहीं आएगी।

29 मार्च को मैंने अल-बिरेह में नब्लस रोड पर बने सिटी इन होटल में एक कमरा किराए से लिया। इसी होटल में बीबीसी, सीएनएन और दुनिया भर के बाकी मीडिया वालों को ठहराया गया था। मैं और अब्बा टू-वे रेडियो की मदद से एक-दूसरे से राब्ता बनाए हुए थे।

शिन बेट की हिदायत थी कि ऑपरेशन 'डिफेंसिव शील्ड' के दौरान मैं पूरा वक़्त होटल के अपने कमरे में ही रहूँ, कहीं बाहर न जाऊँ। मगर मैं इतने अहमतरीन वाकयात को अपनी आँखों से देखने का मौका गँवाना नहीं चाहता था। मैं हर चीज़ से अच्छी तरह वाकिफ रहना चाहता था, इसलिए मैंने अपनी M16 कंधे पर टाँगी और होटल से निकल पड़ा। चारों तरफ मची अफरा-तफरी के बीच से होते हुए मैं रमल्लाह लाइब्रेरी के बगल वाली पहाड़ी पर चढ़ गया, जहाँ से मैं

शहर के दक्षिण-पूर्वी भाग में (वहीं वह मकान था जिसमें मैंने अब्बा को ठहराया था) चल रही हलचल को देख सकता था। मेरा कयास था कि पहाड़ी पर मैं महफ़ूज़ रहूँगा और जैसे ही मुझे टैंकों के आने की आवाज़ सुनाई देगी, मैं भागकर अपने होटल पहुँच जाऊँगा।

आधी रात के आसपास सैकड़ों मर्कावा टैंक धड़धड़ाते हुए शहर में घुसे। मुझे कतई उम्मीद नहीं थी कि वे एक साथ सब तरफ से घुस आएँगे और इतनी तेज़ी से आगे बढ़ेंगे। कुछ सड़कें इतनी सँकरी थीं कि टैंक ड्राईवरों के पास सड़क किनारे खड़ीं कारों को कुचलते हुए आगे बढ़ने के सिवाए कोई चारा ही नहीं था। लेकिन जो सड़कें खासी चौड़ी थीं उन पर चलते हुए भी टैंक ड्राईवरों ने कारों को कुचलना जारी रखा। शायद उन्हें लोहे की गाड़ियों को माचिस की डिब्बी की तरह चपटा करते जाने में मज़ा आने लगा था। मोहाजिर बस्तियों में तो सड़कों के नाम पर बस गलियाँ थीं - दोनों तरफ बने दड़बेनुमा मकानों के बीच बस एक कार के निकलने लायक जगह। इज़राइली टैंक इन मकानों को ज़मींदोज़ करते हुए आगे बढ़ रहे थे।

"अपना रेडियो बंद कर दीजिए!" मैंने रेडियो पर अब्बा से कहा। "नीचे झुक जाइए! अपना सिर ऊपर मत कीजिएगा!"

मैंने अब्बा की ऑडी को फुटपाथ पर पार्क किया था। अचानक एक टैंक ने मेरी आँखों के सामने ही उसे भी पापड़ की तरह चपटा कर दिया। वह टैंक इतनी जल्दी वहाँ कैसे पहुँच गया था? मुझे समझ नहीं आया कि क्या करूँ। मैं लोई को फोन करके यह तो कह नहीं सकता था कि वो ऑपरेशन रुकवा दे क्योंकि मुझे रेम्बो-रेम्बो खेलना था।

मैंने तुरंत अपने होटल की तरफ दौड़ लगा दी। लेकिन मैं अभी कुछ ही दूर पहुँचा था कि सामने से एक टैंक के आने की आवाज़ सुनाई दी। मैंने आसपास देखा और झट से एक इमारत की अंडरग्राउंड पार्किंग में घुस गया। अभी पैदल फौजियों ने एंट्री नहीं ली थी, वे इंतज़ार कर रहे थे कि पहले मरकावा पूरे शहर को अपने कब्ज़े में ले लें, उसके बाद वे मैदान में उतरें। अचानक मुझे अहसास हुआ कि मैं जिस इमारत की अंडरग्राउंड पार्किंग में छिपा था, उस इमारत में फिलिस्तीन की आज़ादी के लिए लड़ने वाले कई सारे गुटों के दफ्तर भी थे। यह सोचकर मेरा दिल काँप उठा कि मैंने उसी इमारत के नीचे पनाह ली हुई थी जो इज़राइली टैंकों और फोर्सेस का अहम निशाना थी।

टैंक नहीं जानते थे कि कौन दोस्त था और कौन दुश्मन। वे शिन बेट के लिए काम करने वाले फिलिस्तीनी जासूसों और दहशतगर्दों में, ईसाइयों और मुसलामानों में, हथियारबंद लड़ाकों और आम शहरियों में फर्क नहीं कर सकते थे। और उन टैंकों के भीतर बैठे फ़ौजी भी उतने ही डरे हुए थे जितना कि मैं। मेरे चारों तरफ मेरे ही जैसे दिखने वाले लोग AK-47 मशीन गनों से टैंकों पर ताबड़तोड़ गोलियाँ बरसा रहे थे। तड़-तड़-तड़! बिल्कुल वैसे जैसे वीडियो गेम्स में बच्चे करते हैं। बूम! जवाब में टैंक गरजा। धमाका इतना ज़ोरदार था कि मुझे अपने कान के परदे फटते हुए मालूम हुए।

हमारे आसपास की इमारतों के बड़े-बड़े टुकड़े टूट-टूटकर ज़मींदोज़ होने लगे। चारों तरफ धुँए और धूल का बवंडर उठने लगा। हर बार जब टैंक से गोला छूटता था तो ऐसा लगता था जैसे पेट में ज़ोरदार मुक्का पड़ा हो। ऑटोमेटिक हथियारों से भी ताबड़तोड़ फाइरिंग जारी थी। पूरा गराज गोलियों और गोलों की आवाजों से थर्रा रहा था। तभी एक और धमाका हुआ। धुँए और धूल का एक और बवंडर उठ खड़ा हुआ और कुछ भी दिखाई देना बंद हो गया। कंक्रीट और लोहे के टुकड़े हवा में उड़-उड़कर जहाँ-तहाँ गिर रहे थे।

मेरा वहाँ से निकलना ज़रूरी था। पर कैसे?

तभी फतह के लड़ाकों का एक झुण्ड भागता हुआ गराज में दाखिल हुआ। मुझे देखकर उन सभी ने सोचा कि मैंने पहले से ही मोर्चा सँभाला हुआ है, इसलिए उन सब ने भी मेरे इर्द-गिर्द बैठकर मोर्चा संभाल लिया। मेरे लिहाज़ से यह बुरा हुआ था। अगर इज़राइली जवान अन्दर आ जाएँ तो क्या होगा? मेरे इर्द-गिर्द बैठे फ़िदायीन उन पर ताबड़तोड़ गोलियाँ बरसाने लगेंगे। तो क्या मैं भी गोलियाँ बरसाऊँगा? मगर किस पर? अगर मैंने गोली नहीं चलाई तो ये फ़िदायीन वैसे भी मुझे मार डालेंगे। मगर मैं किसी को नहीं मार सकता। पहले की बात होती तो शायद मार देता, मगर अब नहीं।

और भी लड़ाके आ गए। वे आवाज़ दे-देकर अपने और साथियों को भी वहाँ बुलाने लगे। लेकिन अचानक सबकुछ थम-सा गया। अचानक से वहाँ मरघट-सा सन्नाटा छा गया। हम सभी साँस लेना भी भूल गए थे मानो।

हमने देखा कि आईडीएफ के जवान एहतियात से एक-एक कदम बढ़ाते हुए गराज में दाखिल हो रहे थे। अब वे और करीब आ गए थे। कुछ ही पलों में कुछ भयानक घटने वाला था। वे अपनी टॉर्च की रोशनी में कोई चमकती हुई आँख या

फिर किसी हथियार की परछाईं दिख जाने की उम्मीद लगाए चारों तरफ नज़र मार रहे थे। वे दम साधे हमारी कोई आहट सुनने के लिए कान खड़े किए हुए थे। हम उनकी एक-एक हरकत को अपनी आँखें फाड़-फाड़कर देख रहे थे। दोनों तरफ के लड़ाकों की पसीने में भीगी उंगलियाँ बंदूकों के ट्रिगरों पर जमी हुई थीं।

तभी वो हो गया जिसका किसी ने भी तसव्वुर तक नहीं किया था। इज़राइली जवान वापस लौटने लगे।

शायद वे उस अँधेरे, सीलन भरे पार्किंग गराज में और अन्दर घुसने से डर रहे थे, या शायद वे टैंकों के ज़ेर-ए-साया चलने के इतने आदी हो गए थे कि उसके बिना उनका मन नहीं हुआ आगे बढ़ने का। वजह चाहे जो भी रही हो, पर वे रुके, वापस मुड़े और बाहर चले गए।

उनके जाने की तसल्ली करने के बाद मैं सीढ़ियाँ चढ़कर वहाँ से बाहर निकला और एक ऐसा कमरा तलाशा जहाँ मैं लोई को फोन कर सकूँ।

"क्या तुम आईडीएफ को ज़रा देर के लिए थोड़ा-सा पीछे हटने को कह सकते हो, ताकि मैं होटल वापस जा सकूँ?"

"क्या! पर तुम हो कहाँ? और तुम होटल में क्यों नहीं हो?"

"मैं अपना काम कर रहा हूँ।"

"तुम पागल हो क्या!"

कुछ पल हम दोनों में से कोई कुछ नहीं बोला; एक अखरने वाली चुप्पी छाई रही।

"ठीक है, देखते हैं हम क्या कर सकते हैं।"

टैंकों और उनके साथ चल रहे फ़ौजी दस्तों को पीछे हटने में तकरीबन दो घंटे लगे। इसमें कोई शक नहीं कि वे यह सोच-सोचकर हैरान हो रहे होंगे कि अचानक उन्हें पीछे हटने का हुक्म क्यों दिया जा रहा था। उनके हटते ही मैं एक छत से दूसरी छत पर कूदते हुए, अपना पैर तुड़वाने से बाल-बाल बचते हुए, किसी तरह होटल के अपने कमरे में पहुँचा। पहुँचते ही मैंने दरवाज़ा बंद किया, दहशतगर्दों वाले कपड़े उतारे और उन्हें M16 सहित एयरकंडीशनिंग डक्ट में ठूँस दिया।

इस बीच आईडीएफ के फ़ौजी कारवाँ ने उस जगह को भी अपनी ज़द में ले लिया था जहाँ एक मकान में अब्बा ठहरे हुए थे। वहाँ चारों तरफ कोहराम मचा हुआ था। आईडीएफ उनके मकान के चारों तरह हरेक घर की तलाशी ले रही थी, हरेक इमारत को खंगाल रही थी, आदमज़ात के छिप सकने लायक हरेक जगह की

खुर्दबीनी कर रही थी। पर उस एक घर में कोई नहीं घुसा; उनके पास सख्त आदेश था कि उस घर की तलाशी न ली जाए।

उस घर के भीतर मौजूद मेरे वालिद कुरआन पढ़ने और अल्लाह ताला से दुआ करने में मसरूफ थे। मालिक मकान भी यही कर रहा था। उसकी बीवी भी यही कर रही थी। फिर उन्होंने देखा कि पता नहीं क्यों मगर उनके मकान की तलाशी लिए बिना ही फ़ौजी दस्ता आगे बढ़ गया और दूसरे इलाकों की खुर्दबीनी करने लगा।

बाद में अब्बा ने रेडिओ पर मुझसे बात करते हुए कहा, "तुम यकीन नहीं करोगे मोसाब कि यहाँ क्या चमत्कार हुआ है! बिल्कुल नाकाबिल-ए-एतबार बात हुई है! वे आए, उन्होंने आसपास की सब जगहों की तलाशी ली, पूरा इलाका छान लिया, बस उस एक मकान को छोड़ दिया जहाँ मैं मौजूद था। अल्लाह का जितना शुकराना करूँ, कम है!"

मुझे आपका शुकराना कबूल है, मैंने मन ही मन सोचा।

सिक्स-डे वॉर के बाद से इज़राइल की तरफ से ऑपरेशन डिफेंसिव शील्ड जैसी कोई और कार्रवाई नहीं हुई थी। और यह तो अभी शुरुआत थी। रमल्लाह से शुरू हुई यह कहानी बेथलहम, जेनिन और नब्लस में भी दोहराई गई। इधर मैं अब भी इज़रायली फौजियों को चकमा देते हुए इधर-उधर भाग रहा था और उधर आईडीएफ ने यासर अराफ़ात के प्रिवेंटिव सिक्योरिटी कंपाउंड को घेर लिया था। हर जगह तालाबंदी कर दी गई थी। सख्त कर्फ्यू लगा दिए गए थे।

2 अप्रैल को टैंकों और फ़ौजी जवानों से भरीं बख्तरबंद गाड़ियों ने बेतुनिया में हमारे घर के पास प्रिवेंटिव सिक्योरिटी कंपाउंड की घेराबंदी कर दी। मिसाइलों से लैस हैलीकॉप्टर उसके ऊपर मंडराने लगे। हमें पता था कि पेलिस्टीनियन अथॉरिटी (पीए) ने कम से कम पचास मोस्ट वॉन्टेड दहशतगर्दों को उस कंपाउंड में पनाह दे रखी थी। शिन बेट हर हाल में उन्हें पकड़ने पर आमादा थी, खासकर इसलिए क्योंकि अभी तक के अभियान में उनके हाथ कुछ भी नहीं लगा था।

उस परिसर में उस चार मंज़िला ऑफिस बिल्डिंग के अलावा भी चार इमारतें शामिल थीं जिसमें कर्नल जिब्रील राजौब समेत तमाम सुरक्षा अधिकारियों के दफ्तर थे।11

इस पूरे परिसर को अमरीकी खुफिया एजेंसी सीआईए ने अपनी देखरेख में बनवाया था और यहाँ के तमाम साज-ओ-सामान का बंदोबस्त भी उन्हीं ने किया

था। यहाँ की पुलिस को ट्रेनिंग और हथियार भी सीआईए ने दिए थे। सीआईए के खुद के दफ्तर भी थे यहाँ। अन्दर पूरी तरह से हथियारबंद पुलिस के सैकड़ों जवान मौजूद थे, साथ ही बड़ी तादाद उन कैदियों की भी थी जिनमें से कई इज़राइल की हिट-लिस्ट में शामिल थे, मसलन अब्दुल्लाह बरघौटी। शिन बेट और आईडीएफ किसी भी तरह की बकवास के मूड में नहीं थी। उन्होंने लाउडस्पीकर पर एलान किया कि फ़ौज पाँच मिनट बाद पहली इमारत को उड़ा देगी, जो भी अन्दर हो बाहर आ जाए।

ठीक पाँच मिनट बाद, *बूम!* फिर दूसरी इमारत। "सब लोग बाहर आ जाओ!" *बूम!* फिर तीसरी इमारत। *बूम!* चौथी इमारत। *बूम!*

"अपने-अपने कपड़े उतार दो!" लाउडस्पीकर पर गूँजा यह आदेश उन लोगों के लिए था जो ज़मींदोज़ हो चुकीं उन इमारतों से बाहर आए थे। इज़राइली किसी तरह का जोखिम नहीं लेना चाहते थे, उन्हें अंदेशा था कि शायद उन लोगों में से किसी ने अपने कपड़ों के नीचे हथियार या आतिशगीर छिपा रखे हों। देखते ही देखते सैकड़ों आदमी नंगे हो गए। उन्हें पहनने को जम्पसूट दिए गए, फिर बसों में लादकर पास में बने ओफ़र मिलिट्री बेस ले जाया गया, जहाँ शिन बेट को अपनी गलती का अहसास हुआ।

बेशक पकड़कर लाए गए लोगों की तादाद इतनी ज़्यादा थी कि उन सभी को बंद करके रखना मुश्किल था, लेकिन इज़राइली उन सभी को कैद करके रखना चाहते भी नहीं थे, उन्हें सिर्फ मोस्ट वॉन्टेड लिस्ट में शामिल भगौड़ों की तलाश थी। उनकी प्लानिंग यही थी कि उस भीड़ में से उन भगौड़ों को छाँटकर बाकी सभी को रिहा कर देंगे। मगर समस्या यह हो गई कि सभी ने अपने कपड़ों के साथ-साथ अपने पहचान-पत्र भी प्रिवेंटिव सिक्योरिटी कंपाउंड में छोड़ दिए थे। तो अब कैसे पता चलता कि उन सब में से मोस्ट वॉन्टेड लिस्ट वाले लोग कौन थे और पुलिस और दूसरे महकमों के लोग कौन से?

लोई के बॉस का भी बॉस ओफ़र डेकेल इस ऑपरेशन का इन्चार्ज था। उसने कर्नल जिब्रील राजौब को, जो प्रिवेंटिव सिक्योरिटी कंपाउंड पर इज़राइली फ़ौज-कशी के दौरान वहाँ न होने के चलते गिरफ्तार होने से बच गया था, फोन करके बुलाया। डेकेल ने राजौब को एक ख़ास परमिट भी दिया ताकि वह सैकड़ों टैंकों और हज़ारों फौजियों के बीच से होकर सही-सलामत उस तक पहुँच सके। जब वह पहुँचा तो डेकेल ने उससे पूछा कि क्या वह यह बताएगा कि उन सब लोगों में

से कौन-कौन उसकी लिए काम करने वाले लोग थे और कौन से फरार दहशतगर्द या फ़िदायीन? राजौब ने कहा कि उसे ऐसा करके खुशी होगी। फिर उसने फ़टाफ़ट जितने भी भगौड़े थे उन सबकी शिनाख्त अपने आदमियों के तौर पर कर दी और जो उसके अपने आदमी थे उनको इज़राइल की मोस्ट वॉन्टेड लिस्ट में शामिल भगौड़े बता दिया। और उसकी बात पर भरोसा करके इज़राइल ने सभी भगौड़ों को रिहा कर दिया।

बाद में जब डेकेल को इस धोखे का पता चला तो उसने राजौब से पूछा, "तुमने मेरे साथ ऐसा क्यों किया?"

"तुम अभी-अभी मेरे दफ़्तरों और मेरे कंपाउंड को उड़ाकर आ रहे हो," राजौब ने इस अंदाज़ में जवाब दिया मानो उसे यह बेमानी सवाल पूछने वाले की ज़ेहनी कुव्वत पर तरस आ रहा हो। डेकेल यह भी भूल गया था कि एक साल पहले आईडीएफ टैंकों और हैलीकॉप्टरों ने राजौब के घर को ज़मींदोज़ कर दिया था और इस कार्रवाई में वह बुरी तरह जख्मी भी हुआ था। ऐसी हालत में राजौब से इज़राइल की मदद करने की उम्मीद करना बेमानी ही था।

शिन बेट बुरी तरह शर्मसार थी। राजौब से बदला लेने के लिए वह बस इतना ही कर सकी कि उसने आधिकारिक तौर पर एक बयान जारी किया जिसमें राजौब को फिलिस्तीन से गद्दारी करने वाले अफसर के तौर पर पेश किया और बताया कि सीआईए की मार्फ़त उसने इज़राइल से एक सौदे के तौर पर सभी भगौड़े फिदायीनों/दहशतगर्दों को उन्हें सौंप दिया था। नतीजतन राजौब का ओहदा घटाकर उसे पेलिस्टीनियन सॉकर एसोसिएशन का चीफ बना दिया गया।

लेकिन ज़ाहिर तौर पर यह शिन बेट, आईडीएफ और इज़राइल की हार थी।

अगले तीन हफ़्तों के दौरान इज़राइलियों ने रह-रहकर कर्फ्यू में थोड़ी-थोड़ी छूट दी और 15 अप्रैल को ऐसी ही एक छूट के दौरान मुझे खाने-पीने की चीज़ें और ज़रूरत का कुछ और सामान अब्बा तक पहुँचाने का मौका मिल गया। तब उन्होंने मुझसे कहा कि वह उस जगह खुद को महफ़ूज़ नहीं पा रहे थे और जगह बदलना चाहते थे। मैंने हमास के एक नेता को फोन करके उससे पूछा कि क्या उसकी जानकारी में ऐसी कोई जगह थी जहाँ हसन यूसुफ़ को हिफ़ाज़त से रखा जा सकता था। जवाब में उसने मुझे उस जगह का पता बताया जहाँ हमास का एक और हाई-प्रोफाइल भगौड़ा शेख जमाल अल-तवील पहले से ही छिपकर रह रहा

था और कहा कि मुझे अपने वालिद को भी वहीं शिफ्ट कर देना चाहिए।

बहुत बढ़िया! मैंने मन ही मन सोचा। जमाल अल-तवील की गिरफ्तारी यकीनी तौर पर ज़िन बेट को ऑपरेशन डिफेंसिव शील्ड के मामले में बेहतर महसूस कराती। मैंने उस हमास नेता का शुक्रिया अदा करते हुए कहा, "उन दोनों का इकट्ठे वहाँ रहना दोनों ही के लिए खतरनाक साबित हो सकता है, इसलिए अब्बा को वहाँ रखना सही नहीं होगा।" तब उसने एक और तसल्लीबख़्श जगह बताई, जिस पर मुझे कोई एतराज़ नहीं हुआ और मैंने फ़टाफ़ट अब्बा को उस नयी जगह शिफ्ट कर दिया। फिर मैंने लोई को फोन लगाया।

"मुझे पता है कि जमाल अल-तवील कहाँ छिपा है।"

लोई को अपने कानों पर यकीन नहीं हुआ। पर मेरी बात पर भरोसा करके उसी रात उन्होंने जमाल के ठिकाने पर धावा बोलकर उसे गिरफ्तार कर लिया।

उसी दिन हमने आईडीएफ की मोस्ट वॉन्टेड लिस्ट में शामिल एक और शख़्स को भी धर दबोचा। मारवान बरघौटी को।

हालाँकि मारवान अय्यारी (मायावी) के फ़न में सबसे ज़्यादा माहिर हमास नेताओं में से एक था, लेकिन उसे हमने बहुत ही आसानी से पकड़ लिया। मैंने उसके एक बॉडीगार्ड को फोन लगाया और थोड़ी देर उससे बात करता रहा, इतनी देर में ज़िन बेट ने उसकी लोकेशन पता लगा ली। आगे चलकर बरघौटी पर सिविलियन कोर्ट में मुकदमा चलाया गया, जिसने उसे एक के बाद शुरू होने वालीं पाँच ताउम्र कैद की सज़ाएँ सुनाईं।

इस दौरान एक भी दिन ऐसा नहीं गुज़रा जब ऑपरेशन डिफेंसिव शील्ड ने अखबारों की सुर्खियाँ न बटोरी हों। इनमें से कई सारी सुर्खियाँ तो हकीकतन बढ़ा-चढ़ाकर किए गए दावे थे। जैसे कि जेनिन से बड़े पैमाने पर आम लोगों के मारे जाने की अफवाहें उड़ीं, जिनकी तस्दीक नहीं की जा सकी क्योंकि आईडीएफ ने पूरे शहर को सील कर दिया था। फ़िलिस्तीनी कैबिनेट मंत्री साएब एरेकात ने कहा कि 500 लोग मारे गए हैं। बाद में इस आँकड़े में तब्दीली करके इसे तकरीबन 50 कर दिया गया।

बेथलहम में 200 से भी ज़्यादा फ़िलिस्तीनियों को तकरीबन पाँच हफ़्तों तक 'चर्च ऑफ़ द नैटिविटी' में नज़रबंद करके रखा गया। जब माहौल शांत हुआ और इनमें से ज़्यादातर लोगों को वहाँ से जाने की छूट मिली तब तक इनमें से

8 फिलिस्तीनी मारे जा चुके थे, 26 गाज़ा भेज दिए गए थे, 85 को आईडीएफ ने तफ़्तीश के बाद छोड़ दिया था और 13 मोस्ट वॉन्टेड लोगों को मुल्क-बदर (निर्वासित) करके यूरोप भेज दिया गया था।

कुल हिसाब लगाया जाए तो ऑपरेशन डिफेंसिव शील्ड के दौरान सब मिलाकर 500 के करीब फिलिस्तीनियों की जान गई थी, 1500 के करीब ज़ख़्मी हुए थे और लगभग 4300 को आईडीएफ ने मुल्क-बदर किया था। दूसरी तरफ, कुल 29 इज़राइली मारे गए थे और 127 ज़ख़्मी हुए थे। वर्ल्ड बैंक ने 360 मिलियन डॉलर्स से ज़्यादा के नुकसान का अंदाज़ा लगाया था।

रूहानी सरपरस्ती

2002 की गर्मियाँ

31 जुलाई 2002। बुधवार का दिन था। सूरज का मिज़ाज हद से ज़्यादा गर्म था। एक-सौ दो डिग्री फैरेनहाइट। हिब्रू यूनिवर्सिटी के माउंट स्कोपस कैंपस में कोई क्लास नहीं चल रही थी, पर कुछ स्टूडेंट्स अभी भी इम्तिहान दे रहे थे। उनसे इतर दूसरे स्टूडेंट्स बसंत में लगने वाली क्लासेस में दाख़िला लेने के लिए कतार में खड़े थे। दोपहर का 1:30 बजा था। यूनिवर्सिटी का फ्रैंक सिनात्रा कैफेटेरिया आइस्ड ड्रिंक्स (बर्फ डालकर ठंडे किए हुए पेय) पीते और आपस में गपशप करते स्टूडेंट्स से खचाखच भरा हुआ था। किसी की भी तवज्जो उस बैग की तरफ नहीं थी जो पेंट का काम करने आया एक आदमी वहाँ छोड़ गया था।

उस दिल दहला देने वाले धमाके से कैफेटेरिया जलकर खाक हो गया और पाँच अमरीकियों समेत नौ लोग मारे गए। 85 ज़ख़्मी हुए, जिनमें से 14 की हालत नाज़ुक थी।

उसी दिन, मेरा अच्छा दोस्त बन चुका सालेह एकाएक गुमशुदा हो गया। जब हमने उसके साथ के बाकी चार लोगों की लोकेशन चेक की तो मालूम हुआ कि वे भी पीछे क़दमों के कोई निशान छोड़े बिना कहीं खिसक गए थे, यहाँ तक कि उनके घरवालों पर नज़र रखने पर भी पता नहीं चला था कि वे कहाँ चले गए थे। बहरहाल, हम यह पता लगाने में कामयाब हो गए कि उस धमाके के लिए हमास का कौन सा गुट ज़िम्मेदार था। चौंकाने वाली बात यह थी कि उस गुट के सभी मेम्बरान इज़राइल के रहने वाले थे, न कि फिलिस्तीनी इलाकों के। उनके पास नीले रंग के इज़राइली आई कार्ड (पहचान-पत्र) थे, जिनकी बदौलत उन्हें कहीं भी

आने-जाने की सहूलियत हासिल थी। इनमें से पाँच ईस्ट यरूशलेम से थे। ये सभी शादी-शुदा थे, अच्छे घरों से थे, अच्छी नौकरियों में थे।

तहकीकात के दौरान एक नाम सामने आया: मोहम्मद अरमान, जो कि रमल्लाह के एक गाँव में रहता था। शिन बेट ने उसे धर दबोचा और टॉर्चर करके उस आदमी की शिनाख्त करने को मजबूर किया जो हिब्रू यूनिवर्सिटी वाले धमाके का मास्टरमाइंड था। उसने बताया कि उसे उस आदमी के बारे में सिर्फ इतना पता था कि सब उसे 'शेख' के नाम से बुलाते थे।

तहकीकात करने वाले वालों ने मशकूक (संदिग्ध) दहशतगर्दों की तस्वीरों का एक एल्बम उसके सामने रखते हुए उनमें से किसी की बतौर 'शेख' शिनाख्त करने को कहा। अरमान ने इब्राहिम हमीद की तस्वीर देखकर कहा कि वही वो आदमी था और इस तरह हमें आत्मघाती बम धमाकों में उसकी शुमूलियत (संलिप्तता) का पहला पुख्ता सबूत मिला। आगे चलकर हमें पता चला कि जैसे ही हमीद को अपनी शिनाख्त हो जाने का पता चला था, वैसे ही उसने तय कर लिया था कि अब वह हर चीज़ का इल्ज़ाम अपने ही सर आने देगा ताकि सालेह और उसके गुट के बाकी मेम्बरों पर कोई आँच न आए। उसने अपनी सरपरस्ती में काम कर रहे सभी गुटों को ताकीद कर दी थी कि अगर उनमें से कोई भी पकड़ा जाए तो इज़राइलियों के सामने हर बात के लिए हमीद को ही ज़िम्मेदार ठहराए क्योंकि उसके पास अब खोने को कुछ और था ही नहीं। इसके चलते काफी वक़्त तक हमारी तहकीकात इब्राहिम हमीद पर ही अटकी रही। और इब्राहिम हमीद हमें ढूँढे से भी नहीं मिल रहा था।

—

ऑपरेशन डिफेंसिव शील्ड ख़त्म होने के बाद भी कई महीनों तक रमल्लाह में कर्फ्यू जारी रहा। अराफात का सब कामकाज तकरीबन बंद हो गया था। यूएसएआईडी ने भी अपने तमाम प्रोजेक्ट्स को अगले आदेश तक के लिए बंद कर दिया था और अपने मुलाज़िमों को सख्त ताकीद कर रखी थी कि वे वेस्ट बैंक में कदम न रखें। शहर में चप्पे-चप्पे पर इज़राइली जाँच-चौकियाँ बना दी गई थीं, जहाँ से एम्बुलेंसों के अलावा और किसी को भी शहर में आने-जाने की इजाज़त नहीं मिल रही थी। और मैं तो वैसे भी फरार करार दिया गया दहशतगर्द था। इस सब के चलते मेरे लिए तो अपने ठिकाने से बाहर निकलना ही दुश्वार हो गया था। मगर

मेरा हर हफ्ते-दस दिन में शिन बेट से मिलना इन्तिहाई ज़रूरी था ताकि हम उन खुफिया अभियानों पर चर्चा कर सकें जिनके बारे में फोन पर बात नहीं की जा सकती थी।

इसके अलावा, मुझे जज़्बाती तौर पर भी किसी के साथ की ज़रूरत महसूस हो रही थी। अकेलापन मुझे काटने को दौड़ रहा था। मैं अपने ही शहर में अजनबी बन चुका था। मेरी ज़िन्दगी में क्या चल रहा था वो मैं किसी के भी साथ नहीं बाँट सकता था, अपने परिवार के साथ भी नहीं। मैं किसी पर भी एतबार नहीं कर सकता था। आम तौर पर मैं और लोई यरूशलेम में शिन बेट के एक सुरक्षित ठिकाने पर मिला करते थे, लेकिन अब तो मेरा रमल्लाह से बाहर जा पाना मुमकिन नहीं था। बाहर जाना तो दूर, दिन के समय रमल्लाह की सड़कों पर खुलेआम घूमना भी खतरे से खाली नहीं था। कोई भी सोची-समझी जुगत काम नहीं कर रही थी।

अगर मैं लोई से कहकर यह इंतज़ाम कराता कि स्पेशल फोर्सेस के लोग फिलिस्तीनी गाड़ियों में मुझे लेने आएँ, तो उसमें यह खतरा था कि रास्ते में कहीं फिदायीन उन्हें रोक लेते और अपने तलफ्फुज़ (बोलचाल का लहज़ा) के चलते वे पकड़े जाते। यदि आईडीएफ की वर्दी पहने सिक्योरिटी एजेंट्स मुझे अगवा करके ले जाने का नाटक करते, तो हो सकता था कि कोई मुझे अपनी मर्ज़ी से जीप में बैठते देख लेता। और अगर मान लो कि यह नाटक कामयाब हो भी जाता तो आखिर कोई कितनी बार अगवा किया जा सकता था, आखिर को लोगों को शक होने ही लगता।

आखिरकार शिन बेट ने हमारे मिलने का एक ज़्यादा तख्लीकी (रचनात्मक) रास्ता निकाल ही लिया।

रमल्लाह के दक्षिण में कुछ मील दूर बना ओफ़र मिलिट्री बेस इज़राइल के सबसे ज़्यादा चाक-चौबंद फ़ौजी ठिकानों में से एक था। इस ठिकाने के कोने-कोने में न जाने कितने राज़ छिपे थे और इसके चप्पे-चप्पे पर सिक्योरिटी का तगड़ा बंदोबस्त था। शिन बेट के लोकल ऑफिस थे यहाँ।

“ठीक है,” लोई ने कहा। “तो फिर तय रहा कि आगे से हम ओफ़र में ही मिलेंगे। पर तुम्हें वहाँ चोरी-छिपे दाखिल होना होगा।”

इस बात पर हम दोनों ने ठहाका लगाया। मगर फिर मुझे समझ आया कि लोई मज़ाक नहीं कर रहा था।

"अगर तुम पकड़े गए," लोई ने समझाते हुए कहा, "तो यही समझा जाएगा कि तुम किसी वारदात को अंजाम देने की नीयत से ही इतने अहमतरीन फ़ौजी ठिकाने में घुसपैठ की कोशिश कर रहे थे।"

"मतलब, मैं पकड़ा जा सकता हूँ?"

यह खतरे वाला काम था। पर मेरे पास हामी भरने के सिवाय कोई और रास्ता था नहीं। मैंने हाँ तो कर दी, पर जब इस काम को अंजाम देने का वक़्त आया तो मुझे उस अदाकार की सी फीलिंग आने लगी जो एक ऐसे सेट पर कदम रखने वाला था जहाँ उसने पहले कभी काम नहीं किया था; उसे ऐसी पोशाक पहना दी गई थी जो उसने पहले कभी नहीं पहनी थी; उसे न तो कोई स्क्रिप्ट दी गई थी और न ही उसे रिहर्सल करने का कोई मौका हासिल हुआ था। ऊपर से उसे सबकुछ एक ही टेक में ओके करना था, गलती की कोई गुंजाइश नहीं थी।

पर मुझे नहीं पता था कि शिन बेट ने उन दो गार्ड टॉवर्स में अपने एजेंट्स तैनात कर रखे थे जिन टॉवर्स से बाहरी सिक्योरिटी फेंस के उस हिस्से पर नज़र रखी जा रही थी जहाँ से मुझे भीतर घुसना था। और न ही मुझे यह पता था कि जिस रास्ते से होकर मुझे फेंस तक पहुँचना था उस रास्ते में भी उन्होंने अपने बहुत सारे हथियारबंद और अँधेरे में दूर तक देख पाने में मददगार साज-ओ-सामान से लैस एजेंट्स को तैनात कर रखा था ताकि अगर खुदा-न-खास्ता कोई मेरा पीछा करते हुए वहाँ आ जाता तो उसकी जुबान को वहीं के वहीं खामोश कर दिया जाता।

मेरे दिमाग में मगर एक ही बात घूम रही थी, अगर कोई चूक हो गई तो क्या होगा? बहरहाल, मैंने अपनी कार को ऐसी जगह पार्क कर दिया जहाँ से वह किसी की भी नज़र में नहीं आती। लोई ने मुझे हिदायत दी थी कि मैं गहरे रंग के कपड़े पहनकर आऊँ, साथ में कोई फ़्लैशलाइट न रखूँ और दो-एक बोल्ट कटर भी लेता आऊँ। मैंने एक गहरी साँस ली।

फिर मैंने बेस की तरफ चलना शुरू कर दिया। दूर से मुझे बेस की रोशनियाँ जगमगाती दिखाई पड़ रही थीं। ऊबड़-खाबड़ पहाड़ी रास्ते पर मैं आगे बढ़ ही रहा था कि तभी आवारा कुत्तों का एक झुण्ड मुझे देखकर भौंकने लगा। मुझे उनके भौंकने से कोई परेशानी नहीं थी, बशर्ते इसके चलते मैं किसी की अनचाही तवज्जो का मरकज़ न बन जाता। बहरहाल, कुत्तों ने थोड़ी दूर तक मेरा पीछा किया और फिर लौट गए।

आखिरकार मैं बाहरी सिक्योरिटी फेंस तक जा पहुँचा। मैंने लोई को फोन मिलाया।

"कोने से सात खम्बे गिनो," लोई ने कहा। "फिर मेरे इशारे का इंतज़ार करो और इशारा मिलते ही काटना शुरू कर देना।"

जिस फेंस को मैं काटने जा रहा था वो पुरानी फेंस थी। दूसरा इंतिफादा शुरू होने के बाद उससे बीस मीटर अन्दर एक नयी फेंस बना ली गई थी।

लोई ने मुझे गार्ड सूअरों से बचकर रहने को कहा था (हाँ, गार्ड सूअरों से), पर मेरा किसी से आमना-सामना नहीं हुआ, इसलिए मुझे ऐसी कोई मुश्किल पेश नहीं आई। दुनिया का कोई भी मिलिट्री बेस हो, वहाँ अगर बाहरी और भीतरी फेंस के बीच इतनी लम्बी खाली जगह हो तो उसकी चौकसी के लिए जर्मन शेफर्ड या किसी और खूँखार नस्ल के अच्छी तरह सिखाए-पढ़ाए कुत्ते ही तैनात किए जाते हैं। मगर 'कोशर' (यहूदी नियम-कायदों के मुताबिक़ तैयार किया गया खाना) को लेकर संजीदा रहने वाले इज़राइलियों ने इस काम के लिए सूअरों को चुना था। यह हकीकत है।

इसके पीछे सोच यह थी कि जैसे रूढ़िवादी यहूदी मज़हब में सूअरों को छूने की भी मनाही थी, वैसी ही सख्ती इस्लाम में भी थी। बल्कि उससे भी ज़्यादा थी। इसके चलते इस्लाम को मानने वाला कोई भी दहशतगर्द उस जगह में पैर रखने से भी कतराएगा, उसके ज़ेहन में ऊहापोह रहेगी।

मैंने कभी किसी मिलिट्री बेस में सूअरों को चौकसी करते नहीं देखा था, मगर लोई ने बाद में मुझे बताया कि ओफ़र मिलिट्री बेस पर वाकई उनसे गार्ड की ड्यूटी करवाई जाती थी।

बाहरी फेंस को काटकर जब मैं भीतरी फेंस के करीब पहुँचा तो मैंने देखा कि उसमें एक छोटा-सा दरवाज़ा था, जिस पर ताला नहीं लगा था। मैं उस दरवाज़े से होकर भीतर दाखिल हो गया। दोनों तरफ शैतान के सींगों की तरह ऊँचे-ऊँचे गार्ड टॉवर खड़े थे। उस वक़्त मैं इज़राइल के सबसे ज़्यादा चाक-चौबंद मिलिट्री ठिकाने के अन्दर खड़ा था।

"नीचे झुके रहो और मेरे इशारे का इंतज़ार करो," लोई ने फोन पर कहा।

मेरे आसपास हर तरफ झाड़ियाँ ही झाड़ियाँ खड़ीं थीं। फिर मैंने देखा कि थोड़ी देर बाद उनमें से कुछ झाड़ियाँ अपनी जगह से हिलने और सरकने लगीं। मैं

बड़ा हैरान हुआ कि क्या माजरा था। फिर मालूम हुआ कि उन झाड़ियों में शिन बेट के वे एजेंट छिपे थे जो अक्सर हमारी मीटिंग्स के दौरान मौजूद रहते थे। लेकिन उस वक़्त उनके कन्धों पर भारी-भारी मशीनगनें टँगी हुई थीं। उन्होंने आईडीएफ की फ़ौजी वर्दी पहन रखी थी और पूरे बदन पर दरख्तों की टहनियाँ बाँध रखी थीं। मैं दावे के साथ कह सकता था कि उन लोगों को इस बार कमांडो बनने में बड़ा ही मज़ा आ रहा था। इससे पहले भी वे लोग न जाने कितनी बार कितने ही अलग-अलग भेस अपना चुके थे- कभी दहशतगर्दों का, कभी फिदायीनों का, कभी किसी बूढ़े आदमी का और कभी-कभी तो औरत का भी।

"क्या हालचाल हैं दोस्त? सब खैरियत?" उन्होंने ऐसे पूछा जैसे अभी-अभी हम किसी कॉफ़ीहाउस में आकर बैठे हों।

"सब खैरियत है।"

"आज कुछ लाए हो?"

दरअसल कभी-कभी जब मैं उनसे मिलने आता था तो मेरे पास कोई रिकॉर्डिंग या कोई दस्तावेज़ी सबूत या कोई खुफिया जानकारी होती थी। वे उसी के बारे में पूछ रहे थे। मगर आज तो मैं खाली हाथ ही आया था।

तभी एकाएक बारिश शुरू हो गई। हम सब भागकर उस जगह पहुँचे जहाँ दो जीपें हमारा इंतज़ार कर रही थीं। मेरे साथ के तीन लोग लपककर एक जीप की आगे वाली सीटों पर सवार हो गए। मैं उसी जीप की पिछली सीट पर बैठ गया। बाकी के लोग और दूसरी जीप वहीं रुक कर हमारे लौटने का इंतज़ार करने लगी। जिन एजेंट्स को वहीं रुकना पड़ा था मुझे उनके लिए बुरा लग रहा था, क्योंकि उन्हें इतनी तेज़ बारिश में भीगते हुए न जाने कब तक खड़ा रहना पड़ेगा। पर उनके चेहरों से ऐसा नहीं लग रहा था कि उन्हें कोई दिक्कत थी; वे ऐसे हालात में भी अपने काम का लुत्फ़ उठाते मालूम हो रहे थे।

लोई, उसके बॉस और गाईस से मिलकर कुछेक घंटों बाद मैं उसी रास्ते वापस लौट पड़ा जिस रास्ते आया था। हालाँकि रास्ता लम्बा था और बारिश की वजह से खासा गीला और फिसलन भरा हो गया था और ठण्ड भी बहुत बढ़ गई थी, फिर भी मैं खुश था कि मैंने इतने मुश्किल काम को बिना किसी मुसीबत के अंजाम दे लिया था।

उसके बाद से यही हमारे मिलने का तरीका बन गया। इसमें कभी कोई अड़चन नहीं खड़ी हुई; हर बार सबकुछ हमारे मन-मुताबिक ही हुआ। मुझे दुबारा

कभी फेंस काटने की ज़रूरत नहीं पड़ी, लेकिन फिर भी मैं हर बार क़टर साथ में लेकर जाता था।

मेरी तलाश में मेरे वालिद के घर पर हुई आईडीएफ की सनसनीखेज़ छापेमारी से बच निकलने के बाद मेरा खुलेआम घूमना मुश्किल हो गया था, लेकिन तब भी मैंने कोई न कोई जुगत लगाकर अब्बा से मिलने जाना जारी रखा ताकि उनकी खैरियत की खबर रख सकूँ और उन्हें किसी चीज़ की ज़रूरत हो तो वो मुहैया करा सकूँ। कभी-कभार मैं यूएसएआईडी के दफ्तर भी हो आता था, मगर वहाँ ज़्यादा कुछ था नहीं करने को। यूएसएआईडी ने अपने ज़्यादातर प्रोजेक्ट्स का काम फिलहाल के लिए रोक दिया था और जो थोड़ा बहुत काम था वो मैं घर पे अपने कंप्यूटर पर ही निपटा लेता था। रात के वक़्त में वॉन्टेड लोगों के साथ मेल-जोल करता था ताकि ख़ुफ़िया मालूमात हासिल कर सकूँ। और महीने में एक या दो बार देर रात एक मीटिंग में शामिल होने के लिए एक बेहद ख़ुफ़िया फ़ौजी अड्डे में सेंधमारी करता था।

—

खाली वक़्त में अपने क्रिश्चियन दोस्तों के साथ बाइबिल की हिदायतों और जीसस की रहमत पर गुफ्तगू का मेरा सिलसिला बदस्तूर कायम था। अगर मैं कहूँ कि बात सिर्फ गुफ्तगू करने तक महदूद नहीं थी, तो गलत नहीं होगा। बेशक मैं अभी भी 'उस्ताद' (टीचर) जीसस का एक आकिब (अनुयायी) भर था, लेकिन मुझे ऐसा लगता था जैसे मैं हर दिन उनकी रहमत और सरपरस्ती को अनुभव कर रहा था और यह रहमत और सरपरस्ती सिर्फ मुझ तक महदूद न होकर मेरे अपनों को भी मुहैया हो रही थी।

एक दिन दोपहर के वक़्त स्पेशल फोर्सेस के जवानों ने फरार दहशतगर्दों की तलाश में होटल सिटी इन पर छापा मारा। मगर उनके हाथ कुछ भी नहीं आया। तब उन्होंने आसपास के किसी घर में कुछ देर आराम करने का मन बनाया। यह कोई नयी बात नहीं थी; ऐसा अक्सर होता था। आईडीएफ वालों को किसी के भी घर रुकने के लिए किसी सरकारी फरमान की ज़रूरत तो होती नहीं थी; वे अपनी मर्जी के आप मालिक थे। अमन और सुलह के दिनों में अक्सर यह होता था कि वे किसी तलाशी अभियान की थकान मिटाने के लिए आसपास के किसी भी घर में रुक कर कुछ घंटे आराम कर लेते और मुमकिन हो तो कुछ खा-पी भी लेते।

कभी-कभी ऐसा उन दिनों भी होता था जबकि स्पेशल फोर्सेस और हमास या दूसरे गुटों के लड़ाकों के बीच भारी लड़ाई छिड़ी हुई हो। तब वे घरों में घुसकर वहाँ रहने वाले लोगों को इंसानी जिरहबख्तर (मानव ढाल) की तरह इस्तेमाल करने लगते थे, बिल्कुल वैसे ही जैसे कि फिदायीन करते थे।

जिस दिन की मैं बात कर रहा हूँ, उस दिन होटल सिटी इन में छापेमारी के बाद उन्होंने आराम करने के लिए जो मकान चुना वो इत्तेफाकन वही मकान था जिसमें मेरे वालिद रह रहे थे। शिन बेट को नहीं पता था कि ऐसा कोई इत्तेफाक हो रहा था। हम में से किसी को भी नहीं पता था। स्पेशल फोर्सेस के जवान किस दिन किस घर को चुनेंगे यह कोई नहीं जान सकता था, इसलिए इसे रोकने का कोई बंदोबस्त कर पाना भी मुमकिन नहीं था। लेकिन ऊपरवाले का करम देखिए कि जिस वक़्त वे जवान उस मकान में गए, उस वक़्त मेरे वालिद नीचे बेसमेंट में थे।

"मेरी आपसे इल्तिज़ा है कि इन कुत्तों को भीतर न लाएँ, मेरे छोटे-छोटे बच्चे हैं," मकान मालकिन ने जवानों से कहा। इधर उसके खाबिन्द को यह डर सता रहा था कि अगर उन जवानों ने हसन यूसुफ़ को वहाँ देख लिया तो एक फरार दहशतगर्द को पनाह देने के इल्ज़ाम में वह भी धर लिया जाएगा। लेकिन उसने अपने डर को उजागर नहीं होने दिया और यूँ पेश आया जैसे सबकुछ नॉर्मल था। उल्टा उसने अपनी सात साल की लड़की को आगे बढ़कर कमांडर से हाथ मिलाने के लिए कहा। उस छोटी सी बच्ची की मासूमियत ने कमांडर के दिल को छू लिया और वह यह सोचने पर मजबूर हो गया कि वह बच्ची और उसके माँ-बाप आम परिवारों की ही तरह थे और उनका दहशतगर्दों से कोई लेना-देना नहीं हो सकता था। उसने नरमी दिखाते हुए मकान मालकिन से कहा कि अगर उन लोगों को कोई एतराज़ न हो तो वह और उसके जवान कुछ घंटों के लिए ऊपर की मंज़िल पर जाकर आराम करना चाहते थे। मकान-मालकिन इसके लिए ख़ुशी से राज़ी थी। पच्चीस इज़राइली फ़ौजी आठ घंटों तक उस मकान की ऊपरली मंज़िल पर आराम करते रहे, इस बात से बेखबर कि मेरे वालिद उनके ठीक नीचे मौजूद थे।

जब मुझे इस बात का पता चला तो मैं अपने वालिद को हासिल हुई इस रूहानी मदद और सरपरस्ती से हैरान रह गया। भले लोग इसे इत्तेफाक कहें, पर मैं इसे उसकी मर्ज़ी और करम ही मानता हूँ। इसी तरह का एक और वाकया हुआ। एक दिन अहमद अल-फ़ारंसी (जिसने एक बार मुझसे अपने आत्मघाती हमलावरों के लिए आतिशगीर माँगे थे) ने रमल्लाह के उसी इलाके से मुझे फोन लगाया जिस इलाके में मैं रह रहा था और पूछा कि क्या मैं अपनी कार से उसे वहाँ

से लेकर उसके घर छोड़ सकता था। मैंने कहा कि मैं भी इसी इलाके में हूँ, कुछ ही मिनटों में पहुँचता हूँ। मैंने अपनी कार निकाली और उसे लेने पहुँच गया। वह कार में बैठा और हम चल दिए।

हम अभी ज़्यादा दूर नहीं गए होंगे कि अल-फ़ारंसी का फोन घनघना उठा। अल-फ़ारंसी इज़राइल की हिट लिस्ट में था और वह फोन अराफात के हेडक्वार्टर्स से यह बताने के लिए आया था कि इज़राइली हैलीकॉप्टर्स उसका पीछा कर रहे थे। मैंने खिड़की का काँच नीचे किया तो मुझे करीब आते दो अपाचे हैलिकॉप्टरों की आवाज़ सुनाई दी। जिनको आज तक कभी भी दिल की गवाही के रूप में अपने भीतर ऊपरवाले की हिदायतें सुनाई पड़ने का तजुर्बा नहीं हुआ है उनको मेरी बात से ताज्जुब हो सकता है, मगर उस दिन मैंने अपने भीतर ऊपरवाले को साफ़-साफ़ कहते सुना, *"बाईं तरफ मुड़ो!"* मैंने देखा कि बाईं तरफ दो ऊँची-ऊँची इमारतें थीं, जिनके बीच से होकर सड़क जाती थी। मैंने बगैर कुछ सोचे गाड़ी उधर ही मोड़ दी। बाद में मुझे पता चला कि अगर मैंने मुड़ने की बजाए सीधे चलते जाने का फैसला किया होता तो इज़राइली हैलीकॉप्टरों ने बहुत आसानी से मेरी कार को निशाना बना लिया होता। जैसे ही मैं गाड़ी मोड़कर उन दो इमारतों के बीच पहुँचा, फिर एक बार मुझे ऊपरवाले की हिदायत सुनाई दी, *"गाड़ी को छोड़ो और दूर भाग जाओ।"* हम दोनों फ़ौरन गाड़ी से बाहर निकले और पूरी ताकत से इमारतों की आड़ लेने दौड़ पड़े। कुछ ही पलों में हैलीकॉप्टर वहाँ पहुँच गए, लेकिन पायलटों को वहाँ बस एक गाड़ी खड़ी दिखाई दी, जिसके दोनों गेट खुले हुए थे। तकरीबन एक मिनट तक वे वहीं मंडराते रहे, फिर मुड़कर चले गए।

बाद में मुझे पता चला कि खुफिया-विभाग को यह मैसेज मिला था कि अल-फ़ारंसी एक गहरे नीले रंग की ऑडी A4 में बैठते हुए देखा गया था। इस रंग और मॉडल की शहर में और भी कई सारी कारें थीं। जब यह मैसेज मिला तब लोई ऑपरेशंस रूम में नहीं था, नहीं तो वह पक्के तौर पर मुझे फोन करके मेरी लोकेशन पता करता। और बाकी किसी को पता नहीं था कि इस तरह की ऑडी कार को निशाना बनाने से पहले यह पता करना ज़रूरी था कि कहीं वह कार ग्रीन प्रिंस की तो नहीं थी। वैसे भी शिन बेट में बहुत थोड़े से लोगों को ही मेरे बारे में मालूमात थी।

पता नहीं कैसे पर हर बार जब मैं ऐसी किसी मुसीबत में फँसता था तो मुझे इसी तरह रूहानी सरपरस्ती हासिल हो जाती थी। जबकि मैं तो अभी क्रिश्चियन भी नहीं था और अल-फ़ारंसी का तो खैर ऊपरवाले से कोई वास्ता था ही नहीं। हाँ, मेरे क्रिश्चियन दोस्त ज़रूर हर दिन मेरे लिए दुआ कर रहे थे। मुझे बारम्बार जीसस

की मैथ्यू 5:45 में कही गई यह बात याद आती थी: "ऊपरवाला अपने आफताब (सूरज) की रोशनी बद और नेक दोनों को बराबरी से देता है और अपने बादलों को ईमानदारों और बेईमानों दोनों के ऊपर बिना किसी भेदभाव के बरसाता है।" यह बात कुरआन के ज़ालिम और इंतकाम-पसंद ऊपरवाले (अल्लाह) की बातों से बहुत अलग थी।

हिफ़ाज़त के लिए हिरासत
पतझड़ 2002 - बसंत 2003

मैं थक चुका था। मैं एक साथ इतने सारे खतरनाक किरदार निभाते-निभाते थक चुका था। एक ही वक़्त में इतने अलग-अलग मिज़ाज के लोगों के साथ पटरी बैठाने के लिए अपनी शख़्सियत और हुलिए को बदलते-बदलते मैं थक चुका था। जब मैं अपने वालिद और दूसरे हमास नेताओं के साथ होता था तब मुझे हमास के बावफा (वफ़ादार) मेम्बर का किरदार निभाना पड़ता था। जब मैं शिन बेट के साथ होता था तब मुझे इज़राइल के लिए काम करने वाले जासूस का किरदार निभाना पड़ता था। जब मैं घर पर होता था तब अक्सर मैं अपने छोटे भाई-बहनों के वालिद और सरपरस्त का किरदार निभाता था और जब मैं यूएसएआईडी के दफ़्तर में होता था तब मुझे एक कामकाजी आदमी का किरदार निभाना होता था। मेरे कॉलेज का आख़िरी सेमेस्टर चल रहा था और मुझे इम्तिहान के लिए पढ़ाई करनी थी। पर मैं पढ़ाई पर अपनी तवज्जो कायम नहीं रख पा रहा था।

2002 के सितम्बर महीने के आख़िरी दिन चल रहे थे जब मैंने तय कर लिया कि अब इस नाटक के भाग-2 को खेले जाने का वक़्त आ चुका था और इसकी शुरुआत हुई शिन बेट की मुझे गिरफ्तार करने की 'नकली' कोशिश से।

"मैं इस तरह अब और नहीं रह सकता," मैंने लोई से कहा। "ज़्यादा से ज़्यादा क्या होगा? कुछ महीनों की जेल? इस दौरान तुम मुझसे पूछताछ और तहकीकात का दिखावा करना, फिर यह कहकर छोड़ देना कि मेरे खिलाफ कुछ मिला नहीं। उसके बाद मैं बेफिक्री से अपनी कॉलेज की पढ़ाई ख़त्म कर सकता हूँ। यूएसएआईडी की नौकरी पर वापस जा सकता हूँ और एक आम ज़िन्दगी जी सकता हूँ।"

"और तुम्हारे अब्बा का क्या?"

"मैं उन्हें यहाँ अपने पीछे मरने के लिए छोड़कर थोड़ी जाऊँगा। उन्हें भी गिरफ्तार करो।"

"अगर तुम यही चाहते हो तो ऐसा ही सही। सरकार को तो यह जानकर बहुत ख़ुशी होगी कि आखिरकार हमने हसन यूसुफ़ को पकड़ लिया है।"

मैंने अम्मी को बता दिया कि अब्बा कहाँ छिपे हुए थे और उन्हें उनसे मिलने जाने दिया। उनको वहाँ पहुँचे पाँच मिनट ही बीते होंगे कि स्पेशल फोर्सेस के जवानों ने उस पूरे इलाके को छावनी में बदल दिया। पूरा इलाका फ़ौजी जवानों के भारी बूटों की धमक से दहलने लगा। वे चिल्ला-चिल्लाकर इलाके के बाशिंदों को घर के भीतर जाने को कहने लगे। इन्हीं में से एक बाशिंदा, जो कि उस वक़्त अपने घर के बाहर बैठा नर्गाइल (तुर्की हुक्का) पी रहा था, कोई और नहीं बल्कि आतिशगीर (बम) बनाने में महारत रखने वाला अब्दुल्ला बरघौटी था, जिसे इस बात का कतई अंदाज़ा नहीं था कि उसके घर के सामने वाली सड़क के उस पार ही एक मकान में मियाँ हसन यूसुफ भी फरारी काट रहे थे। और जिस आईडीएफ जवान ने उसे चिल्लाकर अन्दर जाने को कहा, उस बेचारे को भी कहाँ पता था कि वह इज़राइल की मोस्ट वॉन्टेड लिस्ट में सबसे ऊपर जगह पाने वाले और सैकड़ों इज़राइलियों के खतरनाक कातिल को छिप जाने के लिए कह रहा था।

किसी को नहीं पता था कि क्या हो रहा था। मेरे वालिद को भी नहीं पता था कि उन्हें क़त्ल होने से बचाने के लिए उनके ही फ़रज़न्द ने उनकी गिरफ्तारी का यह इंतज़ाम कराया था। और आईडीएफ को भी नहीं पता था कि शिन बेट हसन यूसुफ़ के छिपने के इस ठिकाने के बारे में हमेशा से जानती थी और यह भी कि उसके कुछ जवान इसी मकान की ऊपरवाली मंज़िल पर खाने और सोने का मज़ा ले चुके थे।

हमेशा की तरह इस बार भी अब्बा ने बिना किसी विरोध के खुद को गिरफ्तार हो जाने दिया। उनको और हमास के दूसरे नेताओं को यही लगा कि शिन बेट मेरी वालिदा का पीछा करते हुए उस मकान तक पहुँची थी। ज़ाहिर था कि इस सब से अम्मी ग़मगीन थीं, मगर उन्हें इस बात की तसल्ली भी थी कि उनके खाबिन्द जहाँ भी थे खैरियत से थे और अब उनके सिर पर इज़राइली सरकार द्वारा मार गिराए जाने की तलवार नहीं लटक रही थी।

"अब रात को तुमसे मिलते हैं," सुबह की कार्रवाई से फारिग होने के बाद

लोई ने मुझे फोन लगाकर कहा।

सूरज लगभग ढल चुका था। मैं अपने कमरे में बैठा खिड़की से बाहर देख रहा था। किसको? स्पेशल फोर्सेस के उन बीस के करीब जवानों को जिन्होंने बिना शोर किए मेरे घर की घेराबंदी शुरू कर दी थी। कुछ ही पलों में सभी ने अपनी-अपनी पोज़ीशन ले ली। मैं ज़ेहनी तौर पर खुद को उन जवानों के सख्त बर्ताव के लिए तैयार करने लगा। दो-एक मिनट बाद कई सारी जीप आकर रुकीं। फिर एक टैंक भी आ गया। आईडीएफ ने पूरे इलाके की नाकाबंदी कर दी थी। तभी कोई धम्म से मेरी बालकनी में कूदा। फिर किसी ने जोर से दरवाज़ा भड़भड़ाया।

"कौन है?" मैंने उनकी मौजूदगी से अनजान बनते हुए पूछा।

"आईडीएफ! दरवाज़ा खोलो!"

जैसे ही मैंने दरवाज़ा खोला, उन्होंने धक्का देकर मुझे फर्श पर पटक दिया और फुर्ती से मेरी तलाशी ले डाली।

"यहाँ कोई और भी है?"

"नहीं।"

मुझे समझ नहीं आया कि उन्होंने यह पूछने की ज़हमत क्यों उठाई; मेरी बात पर यकीन तो उन्हें करना ही नहीं था। मेरे 'नहीं' कहने के बाद भी उन्होंने हरेक कमरे में जा-जाकर अपनी तसल्ली की। फिर वे मुझे घर से बाहर लेकर आए और मुझे मेरे दोस्त के सामने खड़ा कर दिया।

"कहाँ मारे-मारे फिरते रहे इतने दिन?" लोई ने तल्ख़ लहजे में पूछा। वह मुझे फरार दहशतगर्द मानने की बहुत उम्दा अदाकारी कर रहा था। "हमने कहाँ-कहाँ नहीं तलाशा तुम्हें। क्या चाह रहे हो, तुम्हें देखते ही गोली मारने का फरमान जारी कर दें? ज़रूर तुम्हारा दिमाग फिर गया होगा, तभी पिछले साल हमें चकमा देकर अपने वालिद के घर से फरार होने की हिमाकत की तुमने।" इस दौरान हमारे आसपास खड़े आईडीएफ जवान लगातार गुस्से से मुझे घूरते रहे।

"तुम्हारे बाप को तो हमने सुबह ही पकड़ लिया था," लोई ने आगे कहा, "और अब आखिरकार तुम भी हमारे शिकंजे में आ ही गए! अभी भले मत मुँह खोलो, अभी जब तरीके से हम इन्टेरोगेशन करेंगे तब तोते की तरह सब बोलेगे।"

दो जवानों ने पकड़कर मुझे जीप में डाल दिया। लोई मेरे पास आया और

थोड़ा मेरी ओर झुककर बोला (ताकि पीछे खड़े जवानों को सुनाई न दे), "क्या हाल हैं दोस्त? सब ठीक है न? हथकड़ियाँ ज़्यादा कसी तो नहीं हैं?"

"सब बढ़िया है," मैंने कहा। "बस मुझे यहाँ से निकालो और कुछ ऐसा करो कि ये जवान रास्ते में मेरी मरम्मत न करने लगें।"

"फ़िक्र न करो, मेरा एक आदमी तुम्हारे साथ रहेगा।"

वे मुझे ओफ़र मिलिट्री बेस ले आए, जहाँ मुझे उसी कमरे में बिठाया गया जिसमें पिछली बार 'इन्टेरोगेशन' के लिए मैं लोई के सामने बैठता था, हम कॉफ़ी पीते थे और उस समय के हालात पर गुफ्तगू करते थे।

"हम तुम्हें मास्कोबियाह ले जा रहे हैं," लोई ने कहा। "ज़्यादा दिन नहीं रहना पड़ेगा वहाँ। हम कह देंगे कि हमने तुमसे सख़्ती से पूछताछ की है। तुम्हारे वालिद भी वहीं हैं, तो उनसे भी मिल लोगे। उनसे न तो कोई पूछताछ की जा रही है और न ही उन्हें टॉर्चर किया गया है। फिर हम तुम्हें प्रशासनिक हिरासत में भेज देंगे। कुछ महीने वहाँ बिता लेना, फिर हम और तीन महीनों के लिए तुम्हारी सज़ा बढ़ाने की सिफारिश करेंगे क्योंकि तुम्हारे जितने संगीन मुजरिम को कम से कम इतना वक़्त तो जेल में बिताना ही चाहिए, वर्ना लोग शक करने लग जाएँगे।"

वहाँ जब मैंने इन्टेरोगेशन करने वालों को देखा तो मुझे सख़्त हैरानी हुई कि मेरे मन में उनके लिए ज़रा भी कड़वाहट नहीं थी, उनके लिए भी नहीं जिन्होंने पिछली बार मुझे टॉर्चर किया था। यह कैसा चमत्कार था और क्यों था इसको समझने के लिए हमें बाइबिल के इन शब्दों को जज़्ब करना होगा: "ऊपरवाले के मुँह से निकले हुए अल्फ़ाज़ बहुत असर रखते हैं। वे किसी भी दोधारी तलवार से ज़्यादा पैने होते हैं, जो हाड़-माँस के इस शरीर में ही नहीं बल्कि रूह तक में पैवस्त होकर वहाँ मौजूद जहालत की सब ज़ंजीरों को काट देते हैं; जो दिल-ओ-दिमाग में मौजूद ख्यालों और नज़रियों तक को बदलने की कुव्वत रखते हैं। (हिब्रूज़ 4:12)" इन अल्फ़ाज़ को मैं कई-कई बार पढ़ चुका था, मन में उतार चुका था। और जीसस के उन अल्फ़ाज़ को भी जिनके ज़रिए उन्होंने अपने दुश्मनों को माफ़ कर देने और अपने साथ बुरा बर्ताव करने वालों के साथ भी मुहब्बत से पेश आने की हिदायत दी थी। अगरचे अभी भी मैं जीसस क्राइस्ट को गॉड तस्लीम नहीं कर पाया था, मगर फिर भी पता नहीं कैसे जीसस के अल्फ़ाज़ मुझे बहुत असर-अंदाज़ मालूम होने लगे थे और मेरे अन्दर बहुत गहरे उतरकर मेरे नज़रियों को बदलने लगे थे। मुझे नहीं पता कि और किस वजह से मैं इंसानों को यहूदी या

अरब, कैदी या टॉर्चर करने वाले की बजाए सिर्फ इंसानों की तरह देखने के लायक हो पाता। अब तो मेरे भीतर की वह नफरत भी, जिसके चलते मैंने हथियार खरीदे थे और इज़राइलियों को मारने की तजवीजें लगाई थीं, न जाने कैसे ऐसी मुहब्बत में बदल गई थी जिसे समझ पाना मेरे लिए मुश्किल था।

मुझे दो-एक हफ़्तों के लिए एक कोठरी में अकेले रखा गया। मगर मेरे शिन बेट के दोस्त दिन में एक या दो बार मुझसे वहाँ मिलने आना नहीं भूलते थे। जिसको जब फुर्सत मिलती थी, आकर मेरा हालचाल ले जाता था। मुझे खाना भी एकदम बढ़िया मिलता था। इस बात का ख़ास ख़याल रखा गया था कि किसी को भी मेरे राज़ का पता न चल सके। इस बार मगर मुझे गंदे और बदबूदार नकाबों, वनमानुष जैसे दिखने वाले कुबड़े गार्ड और लियोनार्ड कोहेन के कानफोड़ू आवाज़ में लगातार दोहराए जाने वाले गाने से दो-चार नहीं होना पड़ा। (हालाँकि आगे चलकर लियोनार्ड कोहेन मेरा पसंदीदा आर्टिस्ट बन गया। अजीब बात है न?) वेस्ट बैंक में यह बात फ़ैल गई कि मैं बहुत ही सख़्त जान आदमी था, जिसने तमाम टॉर्चर झेलकर भी इज़राइलियों पर कोई भी खुफिया राज़ ज़ाहिर नहीं किया था।

मेरे तबादले से कुछ दिन पहले मुझे मेरे वालिद की कोठरी में पहुँचा दिया गया। मुझे देखकर अब्बा के चेहरे पर राहत भरी मुस्कान तैर गई और उन्होंने मुझे गले लगा लिया।

"देखिए, आपके पीछे-पीछे मैं भी आ गया," मैंने हँसते हुए कहा। "आपके बिना मुझसे रहा नहीं गया।"

उस कोठरी में हम दोनों के अलावा दो और लोग भी थे। वहाँ हमारा समय हँसी-मज़ाक करते, गपशप लड़ाते और इबादत करते मज़े से बीता। ईमानदारी से कहूँ तो अब्बा को सलाखों के पीछे ही सही पर सही-सलामत देखकर मैं बहुत खुश था। यहाँ कोई चूक नहीं होनी थी। यहाँ उनके सिर पर हरदम आसमान से किसी मिसाइल के आ गिरने का खतरा सवार नहीं था।

कभी-कभी जब वह हम लोगों के लिए कुरआन पढ़ते, तो मैं बस एकटक उन्हें देखता रहता, उनकी मीठी आवाज़ को सुनता रहता और अपने बचपन को याद करता रहता। उन दिनों वह कितने नरमदिल हुआ करते थे! उन्होंने कभी भी हम लोगों को सुबह मुँह अँधेरे की नमाज़ के लिए ज़बरदस्ती नींद से जगाने की कोशिश नहीं की, पर हम लोग खुद ही जागकर तैयार हो जाते थे क्योंकि हम चाहते थे कि उन्हें हम पर नाज़ हो। उन्होंने बहुत छोटी उम्र से ही अपनी ज़िन्दगी अल्लाह

के नाम कर दी थी और उस जज़्बे को उन्होंने इतनी शिद्दत से अपनी ज़िन्दगी में, अपने चाल-चलन में, अपने बर्ताव में उतारा था कि उनके कहे या ज़ोर दिए बिना ही हम भी उसी राह पर चलने को साबित-कदम (दृढ़ संकल्पित) हो गए थे।

उस कोठरी में बैठकर उनको देखते और उनकी मीठी आवाज़ को सुनते समय मैं सोचता: 'प्यारे अब्बू, आपके साथ यहाँ बैठकर मैं कितना खुश हूँ बता नहीं सकता। मैं जानता हूँ कि इस वक़्त जेल में रहना आपको बिल्कुल भी नहीं सुहा रहा होगा, लेकिन अगर मैं आपको यहाँ नहीं लाता तो हो सकता है इस वक़्त आप टुकड़े-टुकड़े होकर कहीं किसी विनाइल बैग में भरे पड़े होते।' कभी-कभी अचानक वह कुरआन से सिर उठाकर मेरी ओर देख लेते तो मुझे मुहब्बत और दाद-देही से मुस्कराकर अपनी ओर ताकते देखकर थोड़े चकरा जाते। उन्हें इसकी वजह समझ नहीं आती थी और मैं उन्हें बता नहीं सकता था।

आखिरकार जब गार्ड्स मुझे वहाँ से ले जाने आए तो अब्बा ने मुझे कसकर गले लगा लिया। मेरे आगोश में वह कितने नर्म-ओ-नाज़ुक मालूम पड़ रहे थे! मगर मैं जानता था कि वह किस कदर मज़बूत भी थे। पिछले कुछ दिनों में हम इतने करीब आ गए थे कि अब उनसे जुदा होते मुझे ऐसा लग रहा था जैसे मुझे दो फाड़ किया जा रहा हो। मुझे तो शिन बेट अफसरान से बिछड़ने में भी बहुत तकलीफ महसूस हो रही थी। इन गुज़रे हुए बरसों में उनके साथ भी बहुत करीबी रिश्ता कायम हो गया था। मैंने उनसे कितना कुछ सीखा और जाना था, कितनी इज़्ज़त और मुहब्बत पाई थी। जाने से पहले मैंने उन लोगों की तरफ देखा और चाहा कि वे जान पाएँ कि मैं उनका कितना शुक्रगुज़ार था। बदले में उन्होंने मुझे यूँ देखा मानो कह रहे हों कि आगे मुझे जो तकलीफें उठानी पड़ सकती थीं, उनके लिए उन्हें बेहद अफ़सोस था। वे जानते थे कि मेरे सफ़र का अगला पड़ाव मेरे लिए इतना आसान नहीं होने वाला था।

जिन फ़ौजी जवानों ने मुझे हथकड़ियाँ पहनाईं उनके चेहरे मगर कुछ और ही जज़्बात बयान कर रहे थे। उनके लिए मैं एक दहशतगर्द था जिसने आईडीएफ की नाक में दम कर रखा था, उन्हें अहमक साबित किया था और इतने भारी इंतज़ामात के बावजूद उनकी पकड़ से बच निकला था। बहरहाल, इस बार मुझे ओफ़र जेल ले जाया गया, जो मिलिट्री बेस के उस हिस्से में बनी थी जहाँ मैं शिन बेट के लोगों से बराबर मिलता रहा था।

अब मेरी दाढ़ी भी वैसी ही लम्बी और घनी हो गई थी जैसी दूसरे कैदियों की

थी। बाकी कैदियों के साथ मुझे भी जेल के रूटीन पर अमल करना होता था। जब इबादत का समय होता था तब मैं भी सजदे में झुकता था, घुटनों के बल बैठता था और दुआ करता था। पर अब यह इबादत अल्लाह की नहीं होती थी। अब मैं इस कायनात को बनाने वाले की ('क्रिएटर ऑफ़ दि यूनिवर्स' की) इबादत करता था। मैं जीसस के और करीब आता जा रहा था। एक दिन मुझे जेल की लाइब्रेरी के एक कोने में दबी पड़ी अरबी ज़बान में लिखी हुई बाइबिल भी मिल गई। यह सिर्फ़ न्यू टेस्टामेंट नहीं बल्कि पूरी बाइबिल थी। मुझे लगा कि जिस दिन से इसे लाइब्रेरी में रखा गया था उस दिन से शायद ही किसी ने इसे हाथ भी लगाया हो। बल्कि मैं शर्तिया तौर पर कह सकता था कि किसी को मालूम ही नहीं था कि ऐसी कोई किताब उस लाइब्रेरी में थी भी। मगर मेरे लिए तो वह गॉड का भेजा बेशकीमती तोहफा था! मैंने इसे बारम्बार पढ़ा।

मुझे बाइबिल पढ़ते देखकर वहाँ मौजूद कैदियों को ज़रूर हैरत होती होगी, इसलिए अक्सर उनमें से कोई न कोई मेरे पास आकर यह जानने की कोशिश करता कि मैं क्या कर रहा था। मैं उनसे कहता, "मैं हिस्ट्री (इतिहास) की तालीम हासिल कर रहा हूँ और चूँकि बाइबिल एक अतीक (प्राचीन) किताब है जिसमें अतीत के सबसे पुराने दौर की कई अहमतरीन जानकारियाँ मौजूद हैं, इसलिए मैं इसे पढ़ता हूँ। इतना ही नहीं, यह किताब हमें नेकी की जो बातें सिखाती है, वे भी कमाल की हैं। इसलिए मुझे लगता है कि हर मुस्लिम को यह किताब ज़रूर पढ़नी चाहिए।" अमूमन उन लोगों को इससे कोई दिक्क़त नहीं होती थी। केवल रमज़ान के दौरान उन्हें मेरा कुरआन से ज़्यादा बाइबिल पढ़ते दिखना थोड़ा अखरता था।

पश्चिमी यरूशलेम में मैं जिस बाइबल स्टडी ग्रुप में शामिल हुआ था, वह सभी के लिए खुला था। ईसाई, मुस्लिम, यहूदी, नास्तिक; कोई भी उसमें शामिल हो सकता था। इस ग्रुप के ज़रिए मुझे उन यहूदी लोगों के साथ मिल-बैठने का मौका मिला जो उसी नीयत से वहाँ आए थे जिस नीयत से मैं वहाँ गया था: क्रिश्चिएनिटी के बारे में पढ़ने और जीसस के बारे में जानने। एक फ़िलिस्तीनी मुस्लिम के तौर पर इज़रायली यहूदियों के साथ बैठकर जीसस को पढ़ना-जानना मेरे लिए एक अनोखा तजुर्बा था।

इसी ग्रुप की मार्फ़त मेरा अमनोन नाम के एक यहूदी आदमी से तार्रुफ़ हुआ था, जो आगे चलकर अच्छी-खासी जान-पहचान में बदल गया था। वह शादीशुदा और दो प्यारे बच्चों का बाप था। बहुत ही काबिलदिमाग आदमी था वह, जो कई-कई ज़बानें बोल लेता था। उसने एक ईसाई लड़की से शादी की

थी, जो काफ़ी समय से उसे भी ईसाई मज़हब अपना लेने के लिए कह रही थी। आख़िरकार, अमनोन ने उसकी बात मान लेने का फैसला कर लिया। इसलिए एक शाम हमारा पूरा ग्रुप उसकी 'पेस्टर्स बाथटब' में डुबकी लगाकर मज़हब बदली (जिसे क्रिश्चिएनिटी में 'बपतिस्मा' कहा जाता है) देखने के लिए इकट्ठा हुआ। जिस वक़्त मैं वहाँ पहुँचा, अमनोन बाइबिल की कुछ आयतें पढ़ चुका था और ज़ोर-ज़ोर से रो रहा था।

वह जानता था कि पेस्टर्स बाथटब में डुबकी लगाकर (जो कि जीसस की मौत और उसके बाद उनके दुबारा जी उठने की अलामत (प्रतीक) है) वह न सिर्फ़ जीसस क्राइस्ट के लिए अपनी अकीदत (निष्ठा) का एलान कर रहा था, वरन वह अपने कल्चर को भी अलविदा कह रहा था। वह अपने वालिद, जो कि हिब्रू यूनिवर्सिटी में प्रोफेसर थे, के मज़हबी अकाईद (धार्मिक विश्वास) से मुँह मोड़ रहा था। वह इज़राइली जमात और यहूदी तालीम-ओ-तरबियत को छोड़ रहा था, अपनी साख पर बट्टा लगा रहा था और अपने मुस्तकबिल को खतरे में डाल रहा था।

इस घटना के कुछ ही वक़्त बाद अमनोन को इज़राइली नागरिक होने के चलते आईडीएफ में अपने हिस्से की लाज़िमी खिदमत (फ़ौज में सेवाएँ देने की अनिवार्यता) शुरू करने का नोटिस मिला। इज़राइल में यह क़ानून है कि वहाँ रहने वाले अठारह साल से ऊपर के हर गैर-अरब नागरिक को, चाहे वह आदमी हो या औरत, एक तयशुदा वक़्त के लिए फ़ौज की ड्यूटी करनी पड़ती है- आदमियों को तीन साल के लिए, जबकि औरतों को दो साल के लिए। लेकिन अमनोन ने जाँच-चौकियों पर क़त्ल-ए-आम की इतनी वारदातें देख रखीं थीं कि उसे लगा कि बतौर क्रिश्चियन उसके लिए किसी ऐसी जगह ड्यूटी करना मुनासिब नहीं होगा जहाँ उसे निहत्थे लोगों पर गोलियाँ चलानी पड़ें। इसीलिए उसने फ़ौज की वर्दी पहनने से इंकार कर दिया और वेस्ट बैंक चला गया।

"बेशक किसी पत्थरबाज़ बच्चे को सिर की बजाए पैर में गोली मारकर भी मैं अपनी ड्यूटी कर सकता हूँ, लेकिन मैं यह सब नहीं करना चाहता। मेरा मज़हब मुझे अपने दुश्मनों से भी प्यार करने के लिए कहता है," उसकी दलील होती।

लेकिन इज़राइल की सरकार को उसकी दलीलों से सरोकार नहीं था। इसलिए दूसरा नोटिस जारी हो गया। फिर तीसरा।

लेकिन फिर भी जब वो राज़ी नहीं हुआ तो उसे गिरफ्तार करके जेल भेज

दिया गया। मुझे इस बात का कतई इल्म नहीं था कि जिस वक़्त मैं ओफ़र में था उसी दौरान अमनोन भी उसी जेल के यहूदी हिस्से में कैद था। वह वहाँ इसलिए था क्योंकि उसने इज़राइलियों के लिए काम करने से इंकार कर दिया था; मैं वहाँ इसलिए था क्योंकि मैं उनके लिए काम करने को राज़ी हो गया था। मैं यहूदियों को बचाने की कोशिश कर रहा था; वह फिलिस्तीनियों को बचाने की कोशिश में था।

यहूदियों और फिलिस्तीनियों के बीच चल रहे खून-खराबे को रोकने के लिए इज़राइल और कब्जे वाले इलाकों में रहने वाले सभी लोगों को ईसाई बन जाना चाहिए, ऐसा मुझे नहीं लगता था। मगर हाँ, अगर एक तरफ हज़ार अमनोन और दूसरी तरह हज़ार मोसाब तैयार हो जाते तो बेशक बहुत बड़ा फर्क पैदा हो सकता था। और अगर इससे भी ज़्यादा होते, तब तो कौन जाने यह समस्या ही न रहती।

जेल आने के तकरीबन दो महीने बाद अदालत में मेरी पेशी हुई। वहाँ कोई भी मेरी असलियत नहीं जानता था - न जज, न सरकारी वकील और न खुद मेरा वकील। सुनवाई के दौरान शिन बेट ने दलील दी कि चूँकि मैं खतरनाक किस्म का मुजरिम था, इसलिए मुझे और थोड़े वक़्त तक जेल में रखा जाना चाहिए था। जज ने इस दलील से मुतासिर (प्रभावित) होते हुए मुझे छह महीनों के लिए प्रशासनिक हिरासत में भेजने का हुक्म जारी किया। मेरे ओफ़र से कत्ज़ीओट जेल में तबादले की तैयारियाँ की जाने लगीं।

कत्ज़ीओट जेल ओफ़र से पाँच घंटे की दूरी पर नेगेव रेगिस्तान के रेतीले टीलों के बीच, डिमोना परमाणु संयंत्र के बहुत करीब, बसाई गई कैनवास के शिविरों वाली जेल थी। वहाँ गर्मियों के मौसम में पिघला देने वाली गर्मी और सर्दियों के मौसम में जमा देने वाली ठण्ड पड़ती थी।

"किस गिरोह के हो?"

"हमास।"

बेशक दुनिया के सामने मैं अभी भी खुद को अपने परिवार के, अपने अतीत के हिस्से के तौर पर ही पेश करता था। लेकिन मैं अब दूसरे कैदियों की तरह नहीं था।

अभी भी जेलों में हमास के लोगों की तादाद ही सबसे ज़्यादा थी। लेकिन दूसरा इंतिफादा शुरू होने के बाद से फतह के लोग भी बहुत बढ़ गए थे और इसलिए यहाँ सभी गुटों के शिविरों की तादाद लगभग बराबर ही थी। मैं दिखावा करते-करते थक गया था और मेरे नए अख्लाकियात (नैतिक मूल्य) मुझे झूठ

बोलने की इजाज़त नहीं दे रहे थे। इसलिए मैंने अपने काम से काम रखने का फैसला कर दिया।

कत्ज़ीओट के चारों ओर खतरनाक जंगल था। रात को भेड़ियों, लकड़बग्घों और तेंदुओं की आवाजें सुनाई देती थीं। मैंने बहुत से ऐसे कैदियों के बारे में सुना था जो कत्ज़ीओट से भागने में कामयाब हुए थे, लेकिन ऐसे एक भी कैदी के बारे मुझे सुनने को नहीं मिला जो नेगेव रेगिस्तान से बचकर भागने में कामयाब हो पाया हो। वहाँ की सर्दियाँ गर्मियों के मुकाबले ज़्यादा तकलीफदेह होती थीं। खून जमा देने वाली सर्द हवा और बर्फ की बारिश से बचने के लिए हमारे पास कैनवास के एक टेंट (शिविर) के अलावा और कुछ भी नहीं था। नमी को रोकने के लिए सभी शिविरों की छतों पर प्लास्टिक शीट्स (मॉइश्चर बैरियर्स) लगाई गई थीं। लेकिन कुछेक कैदियों ने इन शीट्स को जगह-जगह से फाड़कर अपने पलंगों पर एक्स्ट्रा चादरों की तरह इस्तेमाल करना शुरू कर दिया था। इससे हो यह रहा था कि हमारी साँसों की नमी जो उन प्लास्टिक शीट्स की वजह से वहीं रुक जानी चाहिए थी, वह अब ऊपर उठकर कैनवास की छत को गीला करने लगती थी। होते-होते वह छत इतनी ज़्यादा गीली और भारी हो जाती थी कि फिर सोते समय रात भर वह नमी हमारे ऊपर बारिश की बूँदों की तरह बरसती थी।

चूहों की आबादी को काबू करने के लिए इज़राइलियों ने पूरे शिविर में जगह-जगह गोंद वाले कागज़ चिपका रखे थे। एक ठंड से कड़कड़ाती सुबह, जब बाकी सभी लोग सो रहे थे और मैं अपनी बाइबिल पढ़ रहा था, मैंने किसी पलंग की जंग खाई स्प्रिंग के चरमराने जैसी आवाज़ सुनी। आवाज़ मेरे ही पलंग के नीचे से आ रही थी। झाँककर देखने पर मैंने एक चूहे को एक गोंद वाले कागज़ पर चिपका पाया। सबसे ज़्यादा ताज्जुब मुझे यह देखकर हुआ कि उसके साथ एक और चूहा भी था जो खुद को उस कागज़ पर चिपकने से बचाते हुए उस चिपके हुए चूहे को छुड़ाने की कोशिश कर रहा था। क्या वो उसका दोस्त या साथी था? पता नहीं। मैं तकरीबन आधे घंटे तक देखता रहा कि कैसे एक जानवर अपनी जान जोखिम में डालकर एक दूसरे जानवर की जान बचाने की कोशिश कर रहा था। इससे मैं इतना मुतासिर हुआ कि मैंने उन दोनों को आज़ाद कर दिया।

इस जेल में किताबों के नाम पर सिर्फ कुरआन और उस पर लिखी गई दूसरी किताबें ही मयस्सर (उपलब्ध) थीं। बड़ी मुश्किलों से मैंने अपने वकील और एक दोस्त के हाथों अंग्रेज़ी की दो किताबें बुलवाई थीं। मैं उन लोगों का बड़ा शुक्रगुज़ार था कि उनकी मेहरबानी से मुझे कुछ ऐसा पढ़ने को मिला था जिससे न सिर्फ मेरा

वक़्त बीत जाता था बल्कि अंग्रेज़ी पर पकड़ भी मज़बूत हो रही थी। लेकिन जल्दी ही मैंने उन दोनों पुस्तकों को कई-कई बार पढ़ डाला। अब फिर मैं खाली हाथ हो गया था।

एक दिन यूँही अकेले टहलते हुए मैंने देखा कि दो कैदी एक जगह चूल्हा जलाकर चाय बना रहे थे। उनके बगल में लकड़ी का एक बड़ा-सा बक्सा रखा था, जो रेडक्रॉस द्वारा भेजे गए अंग्रेज़ी उपन्यासों से भरा हुआ था! और वो दोनों कैदी उन उपन्यासों के पन्ने फाड़-फाड़कर उनसे चूल्हा जला रहे थे! मैं खुद पर काबू नहीं रख पाया। मैंने लपककर वह बक्सा उनसे दूर खींचा और उसमें से किताबें बाहर निकालनी शुरू कर दीं। उन दोनों को लगा कि शायद मुझे भी चूल्हा जलाकर चाय बनानी थी।

"तुम लोग पागल हो क्या?" मैंने गुस्से में उनसे कहा। "मुझे अंग्रेज़ी की दो किताबें मँगवाने में एड़ी-चोटी का जोर लगाना पड़ गया था और तुम लोग यहाँ चाय बनाने के लिए इन किताबों को चूल्हे में झोंक रहे हो!"

"लेकिन ये तो ईसाई किताबें हैं न," उन्होंने सफाई देते हुए कहा।

"ये ईसाई किताबें नहीं हैं," मैंने कहा। "ये न्यूयॉर्क टाइम्स बेस्ट सेलर हैं। मुझे यकीन है कि इनमें इस्लाम के खिलाफ कुछ भी नहीं लिखा गया है। ये तो बस इंसानी तजुर्बात की दास्तानें हैं।"

वे बेचारे समझ नहीं पा रहे थे कि हसन यूसुफ़ की औलाद को अचानक यह क्या हो गया था। जो अभी तक इतना खामोश रहता था, खुद में ही मसरूफ रहता था, पूरा समय किताबों में सिर खपाए रहता था, वो आज अचानक से यूँ भड़क क्यों उठा था और वो भी किताबों के एक अदना से बक्से के लिए? अगर मेरी जगह कोई और होता तो शायद वे अपने इतने कीमती ईंधन को इतनी आसानी से हाथ से निकलने नहीं देते। पर मेरे साथ झगड़ना शायद उन्होंने ठीक नहीं समझा, इसीलिए मुझे उस बक्से को अपने साथ अपने बिस्तर पर लाने में कोई दिक्कत पेश नहीं आई। मैं इस कदर खुश था मानो मुझे कारूँ का खज़ाना मिल गया हो। मैंने सारी किताबें निकालकर अपने बिस्तर के इर्द-गिर्द जमा लीं और फिर उनमें डूब गया। अब मुझे किसी के कुछ भी सोचने की कोई परवाह नहीं थी। मेरा दिल खुशी से बल्लियों उछल रहा था और मैं बारम्बार गॉड का शुक्रिया अदा कर रहा था कि उसने मेरे लिए जेल में वक़्त काटने का इतना उम्दा इंतज़ाम कर दिया था।

मैं दिन में सोलह-सोलह घंटे पढ़ने लगा और तब तक पढ़ता रहा जब तक कि

नाकाफी रोशनी के चलते मेरी आँखें कमज़ोर नहीं पड़ गईं। कत्ज़ीओट में बिताए चार महीनों में मैंने अंग्रेज़ी के चार हज़ार नए शब्द याद कर लिए थे।

मेरे वहाँ रहते दो बार जेल में दंगे भी हुए, जो उस दंगे से कहीं ज़्यादा भयानक थे जो मैंने मैगिद्दो में देखा था। मगर गॉड ने मुझे सही-सलामत रखा। हकीकतन गॉड की मौजूदगी को मैंने जितनी शिद्दत से उस जेल में रहते वक़्त महसूस किया, उतना उससे पहले या उसके बाद कभी नहीं किया। शायद मैंने अभी तक जीसस को संसार के रचनाकार (क्रिएटर) के तौर पर देखना शुरू नहीं किया था, लेकिन इसमें कोई शक नहीं कि मैं उन्हें परमपिता के रूप में चाहने लगा था।

2 अप्रैल, 2003 को, जबकि पश्चिमी गठबंधन की ज़मीनी सेनाओं ने बग़दाद की ओर कूच किया – मुझे जेल से रिहाई मिल गई। इस जेल यात्रा से मेरी हमास के एक नामी-गिरामी नेता, एक मँझे हुए दहशतगर्द और एक चालाक भगौड़े के तौर पर पुख़्ता पहचान बन गई थी। मैं आग के दरिया में उतरकर भी बा-खैरियत लौट आया था। अब मेरी पोल खुलने और मुझे अपने ही लोगों द्वारा जिंदा जला दिए जाने का खतरा भी बहुत कम हो गया था और मेरे वालिद भी सही-सलामत थे।

मैं फिर से रमल्लाह की सड़कों पर बेफिक्री से घूमने के लिए आज़ाद था। अब मुझे फरार मुजरिम की तरह जीने की ज़रूरत नहीं थी। मैं अब मोसाब बनकर जी सकता था। मैंने अम्मी को फोन किया; फिर मैंने लोई को फोन लगाया।

"खुशामदीद, ग्रीन प्रिंस!" उसने कहा। "हमने तुम्हें बहुत मिस किया। यहाँ कितना कुछ घट रहा है, पर हमें समझ ही नहीं आ रहा था कि तुम्हारे बिना क्या करें और कैसे करें।"

जेल से छूटने के कुछ दिनों बाद मेरी लोई और बाकी इज़राइली दोस्तों से दोबारा मुलाक़ात हुई। उनके पास मुझे बताने के लिए बस एक ही खबर थी, लेकिन वो एक खबर ही सौ ख़बरों के बराबर थी।

मार्च में अब्दुल्लाह बरघौटी का सुराग मिलने के बाद उसे धर लिया गया था। साल के आखिर में इज़राइली फ़ौजी अदालत में उस पर 66 लोगों के क़त्ल और तकरीबन 500 लोगों को ज़ख़्मी करने के आरोप में मुकदमा चलाया गया। मुझे पता था कि मरने और ज़ख़्मी होने वालों की तादाद इससे कहीं ज़्यादा थी, पर हमारे पास इतने ही मामलों को साबित करने लायक सबूत थे। बरघौटी को 67 एक के

बाद एक चलने वालीं ताउम्र कैद की सज़ाएँ सुनाई गईं - हर मकतूल के लिए एक और बाकी की एक सभी ज़ख़्मी लोगों के लिए। सज़ा सुनकर वह ज़रा भी पशेमां (लज्जित) नहीं हुआ, उल्टा उसने इस सबके लिए इज़राइल को कसूरवार ठहराते हुए यह अफ़सोस ज़ाहिर किया कि उसे और ज़्यादा यहूदियों को मारने का मौका नसीब नहीं हुआ।

"इतने थोड़े से वक्फे में आरोपी ने ताबड़तोड़ हमलों से हर तरफ जो मौत का खौफ तारी कर दिया, उसकी इस देश के खून से लथपथ अतीत में दूसरी मिसाल ढूँढना मुश्किल है," जजों ने फैसला सुनाते हुए कहा।12

यह सुनते ही बरघौटी आपे से बाहर हो गया और जजों को ही जान से मारने की धमकी देने लगा, साथ ही उसने यह भी कहा कि वह जेल में हमास के हरेक कैदी को बम बनाना सिखा देगा। इस धमकी का असर यह हुआ कि उसके आदमज़ात से दूर अकेले में सज़ा काटने का बंदोबस्त कर दिया गया।

हालाँकि इब्राहिम हमीद, मेरा दोस्त सालेह तलहामे और इनके बाकी साथी अभी भी शिन बेट की पकड़ से बाहर थे।

अक्टूबर में यूएसएआईडी का वह प्रोजेक्ट ख़त्म हो गया जिसमें मैं काम कर रहा था, इसलिए मेरी नौकरी भी जाती रही। कोई और काम न होने के चलते मैंने पूरा समय शिन बेट के काम को देना शुरू कर दिया और ज़्यादा से ज़्यादा मालूमात इकट्ठी करने लगा।

तकरीबन दो महीने बाद एक सुबह लोई का फोन आया।

"हमें सालेह का पता चल गया है।"

सालेह

2003 की सर्दियों से 2006 के बसंत तक

यह जानना आसान था कि सालेह और उसके दोस्त कब कहाँ एक्टिव थे। अपने पीछे जो खून की लकीर वे छोड़ते चल रहे थे, वह उनकी पक्की खबर देती थी। लेकिन फिर भी अभी तक कोई उन्हें पकड़ नहीं पाया था। वे हमसे हमेशा दो कदम आगे रहते थे।

शिन बेट ने उसे तलाश लिया था, यह खबर मेरा दिल तोड़ने वाली थी। सालेह मेरा दोस्त था। उसने पढ़ाई में मेरी कितनी मदद की थी। उसने और उसकी बीवी ने कितनी ही बार मेरे लिए दस्तरख्वान सजाया था। और उसके बच्चों के साथ खेलना मुझे कितनी ख़ुशी देता था। मगर सालेह एक दहशतगर्द भी था। पेलिस्टीनियन अर्थॉरिटी की कैद में रहते हुए भी उसने अल-क़ुद्स ओपन यूनिवर्सिटी से पढ़ाई जारी रखी थी और उसी पढ़ाई की बदौलत वह इतना अज़ीम बम-मेकर बन गया था कि कचरे का इस्तेमाल करके भी खतरनाक से खतरनाक बम बना सकता था।

पेलिस्टीनियन अर्थॉरिटी की कैद से सालेह की रिहाई के बाद शिन बेट देखना चाहती थी कि उसे और उसके दोस्तों को अल-क़ासम ब्रिगेड्स को फिर से खड़ा करने में कितना वक़्त लगता है। ज़्यादा वक़्त नहीं लगा। दुबारा खड़ा हुआ यह गुट बड़ा भले न हो, पर तबाह-कुन (घातक) बहुत था।

मैहर ओदेह इस गुट का दिमाग था; सालेह, इंजीनियर; और बिलाल बरघौटी ने आत्मघाती हमलावरों की भर्ती करने का ज़िम्मा उठा रखा था। हकीकतन हमास के फ़ौजी दस्ते में बमुश्किल दस लोग ही थे जो खुदमुख्तारी से काम करते थे, अपने कामों के लिए खुद ही पैसों का इंतज़ाम करते थे और जब तक बहुत ज़रूरी न हो तब तक एक-दूसरे से नहीं मिलते थे। सालेह के पास रातों-रात कई सारे विस्फोटक

बेल्ट तैयार कर देने की कुव्वत थी और बिलाल के पास हमेशा ही जाँ-निसारी (शहादत) के लिए तैयार उम्मीदवारों की लम्बी लिस्ट रहती थी।

अगर मुझे सालेह की बेगुनाही का यकीन होता तो मैं पक्का उसे उस अनहोनी से आगाह कर देता जो उसके साथ घटने वाली थी। लेकिन तमाम खुफिया मालूमात हिब्रू यूनिवर्सिटी धमाके के साथ-साथ और भी कई हमलों के पीछे सालेह का हाथ होने की तस्दीक कर रही थी। इसीलिए सालेह को सलाखों के पीछे पहुँचाया जाना बहुत ज़रूरी हो गया था। मैं सिर्फ एक काम कर सकता था, उसके जेल में आने के बाद मैं उसे जीसस की दर्स-ओ-तदरीस (शिक्षाएँ) से वाकिफ कराता और उससे उन पर उसी तरह अमल करने की गुज़ारिश करता जिस तरह मैं करने लगा था। लेकिन मैं जानता था कि वह जज़्बा-ए-जुनून, जोश-ओ-खरोश और वफादारी की रौ में इतना अंधा हो चुका था कि किसी की भी बात सुनने-समझने को राज़ी नहीं होगा, किसी पुराने दोस्त की भी नहीं। इसकी बजाए मेरे लिए शिन बेट से यह दरख्वास्त करना ज़्यादा मुफीद होता कि वे सालेह और उसके साथियों को मारने की बजाए गिरफ्तार कर लें। मैंने ऐसा ही किया। एक बार फिर वे बहुत बेमन से इसके लिए राज़ी हुए।

इज़रायली सुरक्षा एजेंट्स दो महीने से भी ज़्यादा वक़्त से सालेह पर नज़र रखे हुए थे। वे हर दिन उसे अपने अपार्टमेंट से निकलकर जाते और एक खाली पड़े मकान में हसनैन रुम्माना से मुलाक़ात करते देखते। फिर वह वापस अपने अपार्टमेंट लौट आता, जहाँ वह तकरीबन हफ्ते भर रहा। उन्होंने देखा कि उसका दोस्त सैय्यद अल-शेख कासिम अक्सर बाहर जाता था, लेकिन अपना काम करके फ़ौरन वापस आ जाता था। वे लोग जिस कदर एहतियात बरत रहे थे, वह काबिल-ए-तारीफ़ बात थी। कोई ताज्जुब नहीं कि हमें उन्हें ढूँढ निकालने में इतना वक़्त लग गया। मगर एक बार जब हमें उनका पता लग गया तो फिर तो उन्हें काबू करना मामूली काम था, पर हम चाहते थे कि इन पर नज़र रखके पहले उन सब लोगों का भी पता-ठिकाना मालूम कर लें जो इनकी मदद कर रहे थे या इनके काम में शरीक थे। ऐसे तकरीबन चालीस-पचास लोगों का पता चला हमें।

अपनी मोस्ट वॉन्टेड लोगों की लिस्ट में सबसे ऊपर के पाँच में से तीन बन्दों को तो हमने ढूँढ निकाला था, लेकिन इब्राहिम हमीद और माहेर ओदेह के बारे में अभी भी हमें कोई ठोस जानकारी नहीं थी, बस कुछ सुराग भर थे। अब हमें तय यह करना था कि उन सुरागों की माफ़त उन तक पहुँचने का इंतज़ार करें, जिसमें

कि काफी वक़्त लग सकता था, या फिर उन तीनों को थामकर वेस्ट बैंक में अल-कासम ब्रिगेड्स की कमर तोड़ दें। हमने दूसरा वाला रास्ता चुना और इस उम्मीद में रहे कि अगर किस्मत मेहरबान हुई तो हो सकता है कि उन तीनों के लिए बिछाए जाल में हमीद या ओदेह भी आ फँसें।

1 दिसंबर 2003 की रात स्पेशल फोर्सेस के जवानों ने एक साथ उन पचास से भी ज़्यादा ठिकानों को घेर लिया जहाँ उन तीनों के होने का अंदेशा था। पूरे वेस्ट बैंक में जहाँ भी जितने भी फ़ौजी जवान तैनात थे सभी को इस ऑपरेशन के लिए बुला लिया गया था। आखिर में वे तीनों हमें रमल्लाह की अल-किसवानी इमारत में छिपे मिले। जब उनसे खुद को फ़ौज के हवाले कर देने के लिए कहा गया तो उन्होंने कोई जवाब नहीं दिया। सालेह और सैयद के पास काफी सारा असलाह था, जिसमें वे भारी-भरकम मशीन गनें भी शामिल थीं जो अमूमन फ़ौजी गाड़ियों पर वेल्ड की हुई रहती हैं।

ऑपरेशन रात 10 बजे शुरू हुआ और रात भर चलता रहा। जब दोनों तरफ से फायरिंग शुरू हुई तो गोलियों की आवाज़ मुझे अपने घर में बैठकर सुनाई दे रही थी। अलस्सुबह एक ज़ोरदार धमाका हुआ, जो पक्के तौर पर मरकावा तोप से गोला दागे जाने का धमाका था और फिर पूरी तरह सन्नाटा छा गया। सुबह 6 बजे मेरा फोन घनघनाया।

"तुम्हारा दोस्त नहीं रहा," लोई ने कहा। "मुझे बहुत ज़्यादा अफ़सोस है इस बात का। तुम जानते हो कि अगर हमारे लिए उसे ज़िन्दा पकड़ पाना मुमकिन हुआ होता तो हम उसे हरगिज़ नहीं मारते। पर मैं एक बात कहना चाहता हूँ। अगर यह आदमी..." कहते-कहते लोई की आवाज़ भर्रा गई। "अगर इस आदमी की तालीम-ओ-तरबियत अलग माहौल में हुई होती, तो वह एक अलग ही शख्स होता। वह हमारे जैसा होता। उसे लगता था, बल्कि उसका यकीनी तौर पर यह मानना था कि वह जो भी कुछ कर रहा था, अपने लोगों की भलाई के लिए कर रहा था। मगर वह पूरी तरह गलत सोच रहा था।"

लोई जानता था कि मेरी सालेह से खासी अच्छी दोस्ती हो गई थी और इसलिए मैं उसे मरा हुआ नहीं देखना चाहता था। वह जानता था कि सालेह उस चीज़ की खिलाफत कर रहा था जिसे वह अपने लोगों के लिए बुरा और नुकसान-देह मानता था। और शायद इसीलिए वह भी सालेह के लिए फिक्रमंद हो गया था।

"क्या सारे मारे गए?"

"मैंने अभी लाशें देखी नहीं हैं। वे उन्हें रमल्लाह अस्पताल ले गए हैं। हम चाहते हैं कि तुम वहाँ जाकर उनकी शिनाख्त करो। सिर्फ तुम ही हो जो उन सभी को जानते थे।"

मैंने अपना कोट उठाया और अस्पताल के लिए निकल पड़ा। रास्ते भर मैं यही दुआ करता रहा कि वो सालेह न हो, उसकी जगह कोई और मारा गया हो। अस्पताल पहुँचकर मैंने देखा कि वहाँ भारी अफरा-तफरी का आलम था। अस्पताल के बाहर हमास के गुस्साए कार्यकर्ता नारेबाज़ी कर रहे थे और चप्पे-चप्पे पर पुलिस तैनात थी। किसी को भी भीतर जाने की इजाज़त नहीं थी, पर चूँकि वहाँ सभी को पता था कि मैं कौन था, इसलिए अस्पताल वालों ने मुझे भीतर आने दिया। अस्पताल के एक मुलाज़िम के साथ एक गलियारे से गुज़रकर मैं मुर्दाघर में पहुँचा, जहाँ बड़े-बड़े कूलर लगे हुए थे। उस मुलाज़िम ने रेफ्रिजरेटर का दरवाज़ा खोलकर धीरे से एक दराज़ बाहर खींची। पूरा कमरा मौत की बदबू से भर गया।

मैंने उसमें पड़े मुर्दे का चेहरा देखा। सालेह ही था। उसके चेहरे पर अभी भी मुस्कान थी। लेकिन उसका सिर खाली था; धमाके से उसका भेजा उड़ गया था। दूसरी दराज़ में सैय्यद नहीं बल्कि उसके शरीर के अलग-अलग टुकड़े थे- पैर, सिर, या जो भी कुछ साबुत बच पाया था - जिन्हें इकट्ठा करके एक काले रंग के प्लास्टिक के थैले में भर दिया गया था। हसनैन रुम्मना बीच में से दो फाड़ हो गया था। मैं यकीन के साथ नहीं कह पा रहा था कि वह रुम्मना था भी या नहीं, क्योंकि उसकी लाश का चेहरा सफाचट था जबकि वह हमेशा भूरे रंग की मुलायम दाढ़ी रखता था। मीडिया रिपोर्ट्स में कहा जा रहा था कि मरने वालों में इब्राहिम हमीद भी शामिल था, लेकिन असल में वह नहीं था। जिस आदमी ने इन लोगों को मरते दम तक लड़ते रहने का हुक्म दिया था, वो खुद अपनी बचाकर भाग निकला था।

अब जबकि वेस्ट बैंक के लगभग सारे ही हमास नेता या तो मारे जा चुके थे या फिर जेल में थे, तो मैं खुद-ब-खुद गाज़ा और दमिश्क के तमाम नेताओं के लिए वेस्ट बैंक से जुड़े रहने का इकलौता ज़रिया बन गया था। खुद-ब-खुद मैं फिलिस्तीन में मौजूद तमाम सियासी पार्टियों, मज़हबी फिरकाओं (धार्मिक पंथों), जमातों और गुटों (जिनमें दहशतगर्दों के गुट भी शामिल थे) के लिए एक अहम शख्सियत, एक अहम कॉन्टेक्ट बन गया था। पर शिन बेट के चंद खुफिया लोगों के अलावा कोई नहीं जानता था कि हकीकतन मैं कौन था। यह वाकई हैरानी की बात थी।

अपने इस नए किरदार के चलते सालेह और उसके दोस्तों के कफ़न-दफ़न का इंतज़ाम करने की मायूसी भरी ज़िम्मेदारी मेरे ही कन्धों पर थी। मैंने यह ज़िम्मेदारी बखूबी निभाई। आख़िरी रुसूम (अंतिम संस्कार) में शामिल हरेक शख्स और वहाँ होने वाली हरेक हरकत पर मेरी कड़ी नज़र थी और गम/गुस्से/इंतकाम से भरी हरेक फुसफुसाहट को मेरे कान बहुत गौर से सुन रहे थे, इस उम्मीद में कि शायद हमीद का कोई सुराग मिल जाए।

जब मैं शिन बेट से मिला तो लोई ने कहा, "चूँकि इस तरह की अफवाहों का बाज़ार पहले से ही गर्म है और चूँकि तुम उन तमाम नेताओं के नुमाइंदे बन चुके हो जिन्हें हमने गिरफ्तार किया है, तो क्यों न तुम्हारे मार्फ़त और भी ज़ोरों-शोरों से यह बात फैला दी जाए कि ये जो तीन लोग मारे गए हैं ये इब्राहिम हमीद की वजह से मारे गए हैं, उसी ने शिन बेट के साथ इनकी जान का सौदा किया है। ज़्यादातर फिलिस्तीनियों को तो पता ही नहीं है कि क्या हो रहा है, इसलिए वे आसानी से इस बात पर यकीन कर लेंगे। इसके चलते हमीद लोगों के बीच आकर सफाई देने को मजबूर हो जाएगा, या कम से कम गाज़ा या दमिश्क के सियासी नेताओं से संपर्क साधेगा। दोनों ही सूरतों में हमें उसका कुछ अता-पता तो मालूम चलेगा।"

मेरे ख़याल से तो यह बहुत बढ़िया आईडिया था, लेकिन शिन बेट के आला अफसरान ने इसे नकार दिया क्योंकि उन्हें डर था कि इससे कहीं हमीद गुस्से से भरकर बदला लेने पर उतारू हो गया और आम शहरियों पर हमले करने लगा तो बहुत बुरा होगा। यह सोच समझ से परे थी। कोई उनसे पूछता कि इज़राइल का उसके दोस्तों को तोप से उड़ाना और उसकी ऑर्गेनाइज़ेशन के आधे से ज़्यादा नेताओं को जेलों में बंद करना क्या काफी नहीं था उसे गुस्सा दिलाने और बदला लेने पर उतारू करने के लिए?

मजबूरन हमें मुश्किल और लम्बा रास्ता अपनाना पड़ा।

शिन बेट के एजेंट्स ने हमीद के घर के कोने-कोने में माइक्रोफोन छिपा दिए, इस उम्मीद में कि शायद उसके बीवी-बच्चों की आपसी बातचीत से कभी कोई सुराग मिल जाए। मगर वह घर तो फिलिस्तीन का सबसे बे-आवाज़, बे-ज़बान घर साबित हुआ। एक दिन हमने उसके बड़े लड़के अली को उसकी वालिदा से पूछते सुना, "बाबा कहाँ हैं?"

"मैंने कहा था न कि हम इस बारे में कोई बात नहीं करेंगे," उसकी वालिदा ने उसे डपटते हुए कहा।

जिसके घरवाले इतने संभलकर रह रहे हों, वो खुद कितना चौकन्ना होगा यह समझना मुश्किल नहीं था। महीनों बीत गए, पर हमें उसका कोई सुराग नहीं मिला।

2004 के अक्टूबर महीने के आखिर में एक मीटिंग के दौरान यासर अराफ़ात की तबीयत बिगड़ गई। उसके लोगों ने कहा कि उसे फ्लू हुआ है। मगर जब उसकी तबीयत और ज़्यादा बिगड़ने लगीं तो आखिरकार उसे पेरिस के नज़दीक एक अस्पताल में भर्ती कराया गया। 3 नवम्बर को वह कोमा में चला गया। अफवाहों का बाज़ार गर्म होने लगा। कोई कहता कि उसके साथ ज़हरखुरानी हुई थी। कोई कहता एड्स हुआ था। 11 नवम्बर को 75 साल का अराफात इस फ़ानी दुनिया से कूच कर गया।

इसके तकरीबन हफ्ते भर बाद मेरे वालिद को जेल से रिहा कर दिया। अपनी रिहाई पर सबसे ज़्यादा हैरानी खुद उन्हीं को हुई थी। जिस दिन उन्हें रिहा किया जाना था उस दिन सुबह सवेरे लोई और शिन बेट के कुछ और अफसरान उनसे मिले।

उन्होंने कहा, "शेख हसन, हम अमन चाहते हैं। आपके लोगों को आज आप जैसे ही सरपरस्त की दरकार है। अराफात अब हमारे बीच नहीं हैं; बड़ी तादाद में लोग मारे जा रहे हैं। आप दानिशमंद आदमी हैं। इससे पहले कि चीज़ें हम सबके हाथ से निकल जाएँ, हमें मिलकर कोई रास्ता निकालना होगा।"

"आप वेस्ट बैंक छोड़ दीजिए और हमें एक आज़ाद मुल्क दे दीजिए, सबकुछ ठीक हो जाएगा," मेरे वालिद ने जवाब दिया। यह बात न तो शिन बेट से छिपी थी और न ही मेरे वालिद से कि हमास इज़राइल से पूरी ज़मीन वापस लिए बिना रुकने वाला नहीं था, लेकिन फिर भी सबको यह उम्मीद थी कि आज़ाद फिलिस्तीन बन जाने से ज़्यादा नहीं तो दो-एक दशकों के लिए तो इस इलाके में अमन-चैन कायम हो सकता था।

अपने वालिद के रिहा होने के इंतज़ार में मैं ओफ़र जेल के बाहर खड़ा था। दुनिया भर से आए सैकड़ों अखबारनवीसों की भी भारी भीड़ जमा थी। आखिरकार जेल का दरवाज़ा खुला और मेरे वालिद एक काले रंग के प्लास्टिक बैग में अपना साज-ओ-सामान संभाले बाहर निकले।

हमने एक-दूसरे को गले लगाकर चूमा। फिर जब हम चलने को हुए तो उन्होंने मुझसे घर चलने से पहले यासर अराफ़ात की क़ब्र पर चलने के लिए कहा। मैंने उनकी आँखों में देखा तो मुझे समझ आया कि वह यह महज़ खानापूर्ति के लिए नहीं कर रहे थे बल्कि आगे जो किरदार उन्हें निभाना था उस दिशा में यह एक बेहद अहम कदम साबित होने वाला था। अराफात के जाने से फतह कमज़ोर पड़ चुका था और सड़कों पर कोहराम मचा हुआ था। फतह नेता डरे हुए थे कि हमास उनकी कमज़ोरी का फायदा उठाकर उन पर काबिज़ होने की कोशिश करेगा, जिससे आपस में ही जंग छिड़ जाएगी। संयुक्त राज्य अमेरिका, इज़राइल और अंतरराष्ट्रीय बिरादरी को भी यही डर था कि कहीं पूरा इलाका खाना-जंगी (गृहयुद्ध) की चपेट में न आ जाए। वेस्ट बैंक में हमास के दिग्गज नेता हसन यूसुफ़ का जेल से छूटते ही यासर अराफात की क़ब्र पर फूल चढ़ाने जाना एक ऐसी खबर थी जिसने सबको चौंका दिया था, मगर कोई भी इसके ज़रिए दिए जाने वाले पैगाम को समझने से चूका नहीं था। पैगाम था: सब लोग शांत हो जाएँ। अराफात की मौत का फायदा उठाने का हमास का कोई इरादा नहीं है। कोई खाना-जंगी (गृहयुद्ध) नहीं होगी।

समस्या यह थी कि एक के बाद एक हमास नेताओं को गिरफ्तार करने, जेलों में ठूँसने, यहाँ तक कि क़त्ल कर देने की दशक भर से भी ज़्यादा वक़्त से चल रही मशक़्कत के बाद भी शिन बेट को इस बात का ज़रा भी अंदाज़ा नहीं लग पाया था कि आखिर हमास को चला कौन रहा था। हम में से किसी को भी कोई अंदाज़ा नहीं था। मैंने खुद कितने ही ऐसे लोगों को पकड़ने में शिन बेट की मदद की थी जिनकी हमास की वारदातों में या फिलिस्तीन की आज़ादी के लिए चल रही जंग में सक्रिय भागीदारी दिखाई पड़ती थी। हमने कितने ही लोगों को सालोंसाल प्रशासनिक हिरासत में रखा, कई बार तो सिर्फ शक की बिनाह पर। हर बार हम यही उम्मीद करते थे कि शायद हमने असल लोगों को पकड़ लिया है और अब हमास ख़त्म हो जाएगा, लेकिन हर बार हम गलत साबित होते थे। हमास को कभी किसी भी नेता/फिदायीन या कितने भी नेताओं/फिदायीनों के पकड़े या मारे जाने से कोई फर्क नहीं पड़ा।

तो आखिर हमास का असली सरपरस्त था कौन?

मेरे वालिद तो नहीं थे। यह बात जब पता चली तो सभी को बेहद हैरानी हुई, यहाँ तक कि मुझे भी। हमने उनके दफ्तर और उनकी कार तक में माइक्रोफोन

फिट किए हुए थे और उनकी हर सरगर्मी पर हर वक़्त हमारी नज़र थी और इसलिए हम यह बात दावे से कह सकते थे कि हमास को चलाने वाले हाथ उनके नहीं थे।

हमास हमेशा से ही किसी प्रेत की तरह रहा था। इसका न तो कोई हैडक्वार्टर था और न ही कोई ब्रांच ऑफिस। ऐसी कोई जगह किसी को मालूम नहीं थी जहाँ जाकर आप हमास की तहरीक-ए-आज़ादी (स्वतंत्रता आन्दोलन) के नुमाइंदों से बात कर सकें। यही वजह थी कि बड़ी तादाद में फिलिस्तीनी लोग मेरे वालिद के दफ्तर में आकर अपनी समस्याएँ बताते थे और मदद की गुहार लगाते थे। इन लोगों में ज़्यादातर वे होते थे जिन्होंने इन्तिफादाओं के दौरान अपने शौहरों या वालिदों को खो दिया था या जो इज़राइली जेलों में बंद थे। मगर शेख हसन यूसुफ भी अंधेरे में थे, उन्हें भी नहीं पता था कि इन लोगों की मदद के लिए किससे संपर्क करें। सबको लगता था कि उनके पास सारे सवालों के जवाब थे, जबकि उनकी हालत बाक़ी लोगों की ही तरह थी: उनके पास भी सिर्फ सवाल ही थे।

एक बार उन्होंने ग़मगीन होकर कहा कि वह अपना दफ्तर बंद करने की सोच रहे थे।

"पर क्यों? फिर आप मीडिया से कहाँ मिलेंगे?" मैंने पूछा।

"मुझे उसकी परवाह नहीं है। हर जगह से लोग मेरे पास मदद की आस लेकर आ रहे हैं। मगर मैं उन सभी की मदद नहीं कर सकता; इतने सारे लोगों की मदद करने का मेरे पास कोई ज़रिया नहीं है।"

"हमास उनकी मदद क्यों नहीं करता? ये सब तहरीक-ए-आज़ादी में शामिल लोगों के ही तो घरवाले हैं न। हमास के पास तो इतना पैसा है।"

"हाँ है, पर वे मुझे थोड़ी देते हैं।"

"तो आप माँगो न उनसे। उन्हें बताओ न कि कितने सारे लोगों को मदद की ज़रूरत है।"

"किससे माँगूँ और किसे बताऊँ? पता तो हो कि किससे माँगना है या किसे बताना है। मुझे ही नहीं पता कि हमास को जो पैसा आता है वो किसके पास जाता है या कौन उसे संभालता है।"

"अरे पर आप तो हमास के इतने बड़े लीडर हैं," मैंने ऐतराज़ जताते हुए कहा।

"मैं लीडर नहीं हूँ।"

"आप ही ने तो हमास को खड़ा किया है अब्बा। अगर आप इसके लीडर नहीं हैं तो फिर कौन हैं?"

"इसका कोई लीडर नहीं है!"

मैं चौंक गया। शिन बेट वाले, जो कि हमारी इस बातचीत का हरेक शब्द सुन रहे थे, वे भी चौंक पड़े।

एक दिन मुझे सालेह की बीवी माजेदा तलहामे का फोन आया। उसके शौहर के आख़िरी रूसूम के बाद से हमारी बात नहीं हुई थी।

"कैसी हो तुम? मोसाब और बाकी बच्चे कैसे हैं?"

जवाब देने की बजाए वह रोने लगी।

"मेरे पास अपने बच्चों का पेट भरने के लिए भी पैसे नहीं हैं।"

'सालेह! तुमने अपने बीवी-बच्चों के साथ जो किया है उसके लिए ऊपरवाला ही तुम्हें माफ़ करे तो करे,' मैंने मन में सोचा।

"देखो बहन, घबराओ मत। मैं कुछ इंतज़ाम करता हूँ।"

मैं अब्बा के पास गया।

"सालेह की बीवी का फोन आया था अभी। उसको अपने बच्चों का पेट भरने के भी लाले पड़े हुए हैं।"

"वह अकेली इस हाल में नहीं है, मोसाब और बहुत हैं उसकी तरह।"

"हाँ, पर सालेह मेरा बहुत अच्छा दोस्त था। हमें उसके बीवी-बच्चों के लिए कुछ तो करना ही पड़ेगा और वो भी फ़ौरन से पेशतर!"

"बेटा, मैंने कहा न, मेरे पास पैसे नहीं हैं।"

"ठीक है, पर कोई तो सरपरस्त है हमास का। कोई तो है जो हमास के नाम पर आने वाले ढेर सारे पैसे को रखके बैठा है। यह गलत बात है! सालेह हमास और तहरीक-ए-आज़ादी के लिए ही तो कुर्बान हुआ है!"

अब्बा ने कहा कि उन से जो बन पड़ेगा वह करेंगे। तो उन्होंने एक ख़त लिखा, 'जिस किसी से भी इसका वास्ता हो' टाइप का और उसे एक ड्रॉप-पॉइंट (हमास के नाम ख़त या कोई पैगाम छोड़ने के लिए मुक़र्रर जगह) पर छोड़ दिया। हम उस जगह का पता नहीं कर पाए जहाँ वह ख़त पहुँचा था, लेकिन इतना हम जान गए थे उसे हासिल करने वाला रमल्लाह में ही कहीं था।

इससे कुछ महीने पहले शिन बेट ने मुझे रमल्लाह के बाहरी इलाके में खुले एक इन्टरनेट कैफे की पड़ताल के लिए भेजा था। हमें पता चला था कि कोई उस

कैफे के एक कंप्यूटर के ज़रिए दमिश्क के हमास लीडर्स से संपर्क में था। ये कौन लीडर थे यह तो हमें नहीं पता था, लेकिन इस बात से इंकार नहीं किया जा सकता था कि सीरिया ही वो जगह थी जहाँ से हमास को सारी ताकत और मदद हासिल हो रही थी। अक्ल यही कहती थी कि हमास अपना पूरा तामझाम - दफ्तर, हथियार, मिलिट्री कैंप्स - किसी ऐसी जगह ज़माना ही पसंद करेगा जहाँ इज़राइल का ज़ोर न चलता हो।

"हमें नहीं पता कि दमिश्क के हमास लीडर्स से ताल्लुकात रखने वाला यह आदमी कौन है," लोई ने कहा, "लेकिन हमें यह खतरनाक मालूम हो रहा है।"

इसी आदमी की तलाश में मैं जब उस कैफे में दाखिल हुआ तो देखा कि वहाँ कुल जमा बीस लोग थे जो अलग-अलग कंप्यूटरों पर बैठे थे। किसी की भी दाढ़ी नहीं थी। कोई भी मुश्तबा (संदेहास्पद) मालूम नहीं हो रहा था। फिर भी उनमें से एक था जो न जाने किस वजह से मेरी तवज्जो का मरकज़ (ध्यानाकर्षण का केंद्र) बन गया था। वह कोई जाना-पहचाना आदमी नहीं था, लेकिन मेरी छट्टी-हिस (छठी इन्द्री) कह रही थी कि मुझे उस पर नज़र रखनी चाहिए। मैं भी जानता था कि उस वक़्त मेरे पास उस आदमी पर शक करने और नज़र रखने का कहने के लिए कोई पुख़्ता वजह नहीं थी, मगर इतने सालों में शिन बेट ने मेरी छट्टी-हिस पर भरोसा करना सीख लिया था।

हमें इसमें कोई शक नहीं था कि कैफे वाला वो आदमी चाहे जो भी था, खतरनाक तो था। दमिश्क के हमास लीडर्स से ताल्लुकात रखना किसी ऐरे-गैरे के लिए मुमकिन ही नहीं था, वे लोग उसी से जुड़ते थे जिस पर उन्हें पूरा भरोसा हो। इसीलिए हमें उम्मीद थी कि यह आदमी हमें उन ढंके-छुपे सरपरस्तों तक भी पहुँचा सकता था जो परदे के पीछे से हमास को चला रहे थे। हमने उस आदमी की तस्वीरें सभी जगह भिजवा दीं, लेकिन किसी ने भी उसकी शिनाख्त नहीं की।

इसके कुछ हफ़्तों बाद की बात है। रमल्लाह में मेरे पास एक मकान था, जिसे मैं बेचना चाह रहा था। तो एक दिन मैंने उसे खरीदारों के देखने के लिए खोल दिया। बहुत से लोग देखने आए, लेकिन किसी ने भी खरीदने में दिलचस्पी नहीं ली। देर शाम को, जबकि मैं मकान को ताला लगाकर घर निकल गया था, एक आदमी का फोन आया और उसने मकान देखने की बात कही। मैं बहुत थका हुआ था, फिर भी पता नहीं क्या सोचकर मैंने उससे कहा कि वह मकान पर पहुँचे, मैं वहीं मिलता हूँ। मैं उल्टे पाँव वापस मकान पर पहुँचा और कुछ ही मिनटों बाद वह भी आ गया।

यह वही कैफे वाला आदमी था! उसने अपना नाम अज़ीज़ कायद बताया। वह क्लीन शेव था और बहुत प्रोफेशनल दिख रहा था। साफ़ मालूम पड़ रहा था कि वह ख़ासा तालीम-याफ़्ता था और उसने ख़ुद भी बताया कि वह अल-बुराक सेण्टर फॉर इस्लामिक स्टडीज़ चलाता था। मुझे वह उस तरह का आदमी नहीं लगा जैसे कि हमें तलाश थी। लेकिन मैंने इस बात को अपने तक ही रखा, शिन बेट को नहीं बताया वर्ना खामाखाँ वे लोग और ज़्यादा चकरा जाते।

कायद से इस मुलाकात के कुछ अरसे बाद ही मैं और मेरे वालिद वेस्ट बैंक के तमाम शहरों, गाँवों और मोहाजिर बस्तियों (शरणार्थी शिविरों) का दौरा करने निकल पड़े थे। एक कस्बे में अब्बा को देखने के लिए पचास हज़ार से भी ज़्यादा लोगों की भीड़ जमा हो गई थी। वे सब उन्हें छूकर देखने और उनकी बातें सुनने को बेकरार थे। अभी भी लोगों के दिलों में उनके लिए उतनी ही मुहब्बत थी।

हमास के गढ़ नब्लस में हमने हमास के चोटी के नेताओं से मुलाकात की और मुझे यह जानने का मौका मिला कि उनमें से कौन-कौन शूरा परिषद या मजलिस अल-शूरा के मेम्बरान थे। शूरा परिषद (काउंसिल) सात लोगों का एक छोटा-सा ग्रुप था जिसका खासुलखास काम तहरीक-ए-आज़ादी को अंजाम तक पहुँचाने की गरज से जुड़े नीतिगत (स्ट्रेटजिक) मामलों और रोज़मर्रा की कार्रवाइयों पर फैसले लेना था। मेरे वालिद की ही तरह वे भी हमास के सबसे उम्रदराज़ नेताओं में शामिल थे, मगर ये हमास को चलाने वाले वे 'एग्जीक्यूटिव' लोग नहीं थे जिनकी हमें तलाश थी।

इतने सालों तक हमास की गतिविधियों को इतने करीब से देखने के बाद मेरे लिए यह यकीन करना मुश्किल था कि पता नहीं कब और कैसे हमास की कमान किन्हीं अनजान लोगों के हाथों में चली गई थी। मेरी तो पैदाइश और परवरिश ही तहरीक-ए-आज़ादी के बीच हुई थी, अगर मुझे इस बारे में कुछ नहीं पता था, तो फिर किसे हो सकता था?

इसका जवाब अचानक ही मेरे हाथ लग गया। नब्लस में शूरा परिषद के मेम्बरान में से एक ने मेरे सामने अज़ीज़ कायद का नाम ले दिया। उन्होंने अब्बा को सुझाव दिया कि उन्हें अल-बुराक जाकर इस 'भले आदमी' से मिलना चाहिए। मेरे कान तुरंत खड़े हो गए। हमास का कोई लोकल नेता ऐसी सिफ़ारिश क्यों करेगा भला? क्या इतने सारे इत्तेफाकों का होना भी एक इत्तेफाक था? पहले तो, कैफे में बीस लोगों के बीच से अज़ीज़ का ही मेरी तवज्जो का मरकज़ बनना; फिर उसका

खुद चलकर मेरा मकान खरीदने आना; और अब शूरा काउंसिल के मेम्बर का मेरे वालिद को इस आदमी से मिलने का मशविरा देना। क्या यह इस बात की तरफ इशारा था कि मेरी छट्टी-हिस सही थी और अज़ीज़ कायद हमास की कोई बड़ी तोप था?

और क्या यह भी मुमकिन था कि वही हमास का असली सरपरस्त हो? मेरा दिमाग तो कह रहा था कि यह बहुत दूर की कौड़ी थी, लेकिन एक बार फिर मेरी छट्टी-हिस मुझे इस आदमी की पूरी तहकीकात करने के लिए मजबूर कर रही थी। मैं फ़ौरन वापस रमल्लाह लौटा और लोई को फोन करके कहा कि वह अज़ीज़ कायद की कंप्यूटर और इन्टरनेट की मदद से बारीकी से तहकीकात करवाने का इंतज़ाम करे।

तहकीकात के दौरान अज़ीज़ कायद नाम के बहुत से लोग सामने आए, लेकिन उनमें से कोई भी वह अज़ीज़ कायद नहीं था जिसकी हमें तलाश थी। हमने एक इमरजेंसी मीटिंग की, जिसमें मैंने लोई से कहा कि वह तलाश और तहकीकात का दायरा पूरे वेस्ट बैंक तक फैला दे। उसके लोगों को लग रहा था कि मैं पगला गया था, मगर मैं अपनी छट्टी-हिस की आवाज़ को नज़रअंदाज़ नहीं कर सकता था।

इस बार हमें वह मिल गया।

नब्लस में पैदा हुआ अज़ीज़ कायद पहले इस्लामिक स्टूडेंट मूवमेंट का मेम्बर था। मगर दस साल पहले उसने इससे किनारा कर लिया था। अब वो शादीशुदा और बाल-बच्चेदार आदमी था और उसे मुल्क से बाहर आने-जाने की आज़ादी भी हासिल थी। उसके ज़्यादातर दोस्त सेक्युलर थे। हमें उस पर शक करने की कोई भी वजह नज़र नहीं आई।

मैंने पहली बार कैफे में उसे देखने से लेकर अपने वालिद के साथ नब्लस में शूरा काउंसिल के उस नेता से मिलने तक की सारी बातें तरतीबवार शिन बेट के सामने रख दीं ताकि उन्हें समझ आ सके कि मेरा उस पर शक करना बेबुनियाद नहीं था। उन लोगों का कहना था कि उन्हें मेरी बातों पर पूरा-पूरा यकीन था, लेकिन हमें अभी तक ऐसा कुछ नहीं मिला था जिसकी बिनाह पर हम आगे बढ़ पाते।

जब ये सब बातें चल रही थीं, तब मेरा दिमाग किसी और बारे में सोच रहा था।

"कायद मुझे तीन और लोगों की याद दिलाता है," मैंने लोई से कहा। "रमल्लाह के सलाह हुसैन की, यरूशलेम के अदीब ज़ेयादेह की और सालफ़ीट के नजेह मादी की। इन तीनों ही लोगों के पास यूनिवर्सिटी की एडवांस्ड डिग्रियाँ हैं और एक वक़्त ये तीनों ही हमास में बहुत एक्टिव थे। पर पता नहीं किन वजहों से दस साल पहले ये अचानक सबकुछ छोड़कर सबकी नज़रों से दूर हो गए। अब ये तीनों बेहद आम ज़िन्दगी जी रहे हैं और किसी भी तरह की सियासी भागीदारी से पूरा परहेज़ बरते हुए हैं। अब सवाल यह उठता है कि जो लोग एक वक़्त पर तहरीक-ए-आज़ादी को लेकर इस कदर जोश-ए-जुनून से भरे हुए थे, उन्होंने किन वजहों से अचानक इससे पूरी तरह किनारा कर लिया होगा?"

लोई को मेरी बात में दम नज़र आ रहा था। इसलिए हमने इन सभी की छोटी-बड़ी सभी सरगर्मियों पर नज़र रखना शुरू कर दिया। हमें पता चला कि ये तीनों आपस में और अज़ीज़ कायद के साथ भी बराबर मिलते और बात करते थे। असल में वे सभी अल-बुराक में साथ काम करते थे। अब तो इस सबको इत्तेफाक मानने की कोई गुंजाइश ही नहीं रही।

क्या ये चारों नामालूम से लोग हमास के असली सरपरस्त हो सकते थे? क्या यह हो सकता था कि हमास की तमाम सरगर्मियाँ इन्हीं के इशारों पर होती हों? और क्या हमास के फ़ौजी दस्ते को भी ये लोग ही कण्ट्रोल करते थे? कहीं ऐसा तो नहीं था कि हम बड़े-बड़े नामों के पीछे भागने में मसरूफ रहे हों और ये लोग चुपचाप परदे के पीछे रहकर अपने काम को अंजाम देते रहे हों? हमने इनके बारे में ज़्यादा से ज़्यादा जानना, इनकी हरेक सरगर्मी पर नज़र रखना और सही मौके का इंतज़ार करना जारी रखा। आखिरकार हमारा इंतज़ार रंग लाया और हमें इनके बारे में एक बहुत ही अहम खुफिया जानकारी हासिल हुई।

हमें मालूम चला कि उम्र के तीसवें दशक में चल रहे इन चारों मौत के ठेकेदारों ने हमास के नाम पर इकट्ठा होने वाले पैसे पर पूरा कब्ज़ा जमाया हुआ था और वेस्ट बैंक में हमास की तमाम सरगर्मियाँ इन्हीं के चलाए चल रही थीं। ये फिलिस्तीनी लोगों के लिए लड़ने के नाम पर दुनिया भर से लाखों-करोड़ों डॉलर्स का चंदा इकट्ठा करते थे और फिर उस पैसे से हथियार खरीदते थे, आतिशगीर बनाते थे, आत्मघाती हमलावरों और मददगारों की भर्ती करते थे, फरार दहशतगर्दों की मदद करते थे, दहशतगर्दी के साज़-ओ-सामान को लाने-ले जाने का बंदोबस्त करते थे और दूसरे जिस भी बंदोबस्त की ज़रूरत होती थी वो सब इसी पैसे से होता

था। और ये सारा गोरखधंधा चलता था फिलिस्तीन भर में फैले ढेरोंढेर अल-बुराक सेंटर्स फॉर इस्लामिक स्टडीज़ की आड़ में। किसी ने कभी सोचा ही नहीं कि इन सेंटर्स के ज़रिए ऐसा कुछ भी हो सकता था।

इन चारों ने खुद को सुर्ख़ियों से पूरी तरह दूर रखा हुआ था। कोई इन्हें नहीं जानता था। वे कभी टीवी पर नुमायां नहीं हुए। आपस में बात भी वे केवल ड्रॉप पॉइंट्स पर एक-दूसरे के लिए चिट्ठियाँ छोड़कर करते थे। वे कभी किसी पर भरोसा नहीं करते थे, जिसका सबूत यह था कि मेरे वालिद तक को उनके वजूद का पता नहीं था।

एक दिन नाजेह मादी अपने अपार्टमेंट से निकलकर एक ब्लॉक दूर एक कमर्शियल गराज में गया। उसे नहीं पता था कि हम उसका पीछा कर रहे थे। वहाँ वह एक शटर के सामने पहुँचा और उसे उठाकर अन्दर घुस गया। वह वहाँ क्या कर रहा था? उसे अपने घर से इतनी दूर गराज किराए पर लेने की क्या ज़रूरत थी?

अगले दो हफ़्तों तक हमने उस गराज से अपनी नज़रें नहीं हटाईं, मगर दुबारा कोई वहाँ नहीं आया। फिर एक दिन, आखिरकार, गराज का शटर फिर से उठा और... और इब्राहिम हमीद ने बाहर कदम रखा!

मगर हमने उसी समय उस पर हाथ डालने की बजाए उसके वापस लौटने का इंतज़ार किया। ख़ासा इंतज़ार कराया उसने। मगर जब एक बार स्पेशल फोर्सेस ने उसे घेर लिया तो उसने सालेह और उसके दोस्तों को दी हुई अपनी ही सलाह पर अमल नहीं किया; उसने मरते दम तक लड़ने की बजाए हथियार डाल देने का रास्ता चुना।

"अपने कपड़े उतारो और बाहर आ जाओ!"

कोई जवाब नहीं मिला।

"तुम्हारे पास सिर्फ दस मिनट हैं। उसके बाद इस बिल्डिंग को उड़ा देंगे!"

दो मिनट बाद वेस्ट बैंक में हमास के फ़ौजी दस्ते का सरदार सिर्फ एक चड्डी में बाहर निकला।

"पूरे कपड़े उतारो!"

एक पल को वह झिझका, लेकिन फिर उसने चड्डी भी उतार दी। अब वह इज़राइली फौजियों के सामने बिल्कुल नंगा खड़ा था।

इब्राहिम हमीद अकेला ही अस्सी से ज़्यादा लोगों की मौत के लिए ज़िम्मेदार था और यह सिर्फ उन मौतों का आँकड़ा था जिन्हें अदालत में साबित करने लायक

सबूत हमारे पास थे। मेरे मन में उसके लिए इतना गुस्सा था कि अगर मेरा बस चलता तो मैं उसे गिरफ्तार करके अदालत ले जाने की बजाए वापस उसी गंदे-अँधेरे गराज में धकेलकर ज़िन्दगी भर के लिए शटर बंद कर देता। यह आदमी इस लायक भी नहीं था कि इस पर मुकदमा चलाने में लोगों के टैक्स का पैसा बर्बाद किया जाए। मैं जानता हूँ कि मेरा ऐसा सोचना जीसस को रास नहीं आता, लेकिन उस वक़्त मेरे मन में यही चल रहा था।

हमीद को पकड़ना और हमास के असली नेताओं को बेनकाब करना शिन बेट के लिए मेरा सबसे अहम ऑपरेशन साबित हुआ। और आख़िरी भी।

हमास के लिए नया नज़रिया

2005

अपने हालिया जेल दौरे के दौरान मेरे वालिद के खयालात में बड़ा भारी बदलाव आया था। उन्हें चीज़ें ज़्यादा साफ़ दिखाई पड़ने लगी थीं; वह सामने मौजूद सच्चाई को तस्लीम करने लगे थे।

खुले दिल-ओ-दिमाग के तो वह शुरू से ही थे। ईसाइयों, मज़हब को न मानने वालों, यहाँ तक कि यहूदियों के साथ भी उतनी ही ख़ुशी और दिलचस्पी से उठते-बैठते और गुफ्तगू करते थे। अखबारनवीसों, विशेषज्ञों और विश्लेषकों की बातों और यूनिवर्सिटीज़ में होने वाले लेक्चरों को गौर से सुनते और समझते थे। और मेरी- अपने असिस्टेंट (सहायक), एडवाइज़र (सलाहकार) और प्रोटेक्टर (रक्षक) की - बातों का भी बखूबी एहतराम करते थे। इसी का नतीजा था कि हमास के बाकी नेताओं की तुलना में वह ज़्यादा रौशन-ख़याल थे। उनका नज़रिया हमा-गीर (सर्व-समावेशी) था।

उन्हें दिखने लगा था कि इज़राइल नकारी न जा सकने वाली हकीकत थी और हमास के कई सारे मकसद बेतुके और नाकाबिल-ए-हासिल थे। वह कोई ऐसा बीच का रास्ता निकालना चाहते थे जिसके लिए राज़ी होने में दोनों तरफ के लोगों को कमतरी न महसूस हो। इसलिए जेल से रिहाई के बाद अपनी पहली ही तहरीर (भाषण) में उन्होंने इस झगड़े के निपटारे के तौर पर दो खुदमुख्तार मुल्कों की बात कही। यानी कि 'टू स्टेट सलूशन'। इससे पहले हमास में किसी ने भी यह बात कहना तो दूर, सोची भी नहीं थी। सुलह या दोस्ती के नाम पर वे ज़्यादा से ज़्यादा जंग-बंदी (युद्धविराम) का एलान करने तक ही सीमित रहते थे। लेकिन मेरे

वालिद अब इज़राइल के वजूद को मंज़ूरी देने की बात कर रहे थे! जब से उन्होंने यह बात कही थी तब से उनका फोन लगातार बजे जा रहा था।

संयुक्त राज्य अमेरिका समेत तमाम मुल्कों के सिफारत-कार (राजनयिक) हमसे संपर्क करके हसन यूसुफ़ के साथ सीक्रेट मीटिंग्स कराने की गुज़ारिश कर रहे थे। असल में वे अपनी आँखों और अपने कानों से देख-सुनकर यह तस्दीक करना चाह रहे थे कि जो बात उन्हें पता चली थी वो सच थी। ऐसी सभी मीटिंग्स में मैं हमेशा अब्बा के साथ रहता था और दुभाषिए (इंटरप्रेटर) का किरदार निभाता था। मेरे ईसाई दोस्तों ने भी उनका बेशर्त साथ दिया, जिसके लिए वह उनके बेहद शुक्रगुज़ार हुए।

कोई ताज्जुब नहीं कि वह मुश्किल में पड़ गए थे। वह हमास के नाम पर बोल रहे थे, मगर हमास की ज़बान नहीं बोल रहे थे। यह इख्तिलाफ या ना-मुताबकत (विरोधाभास) उन्हें परेशान कर रहा था। मगर इस वक़्त उनका हमास से दूर हो जाना बिल्कुल भी मुनासिब नहीं होता। यासिर अराफात की मौत ने एक बहुत बड़ा खालीपन पैदा कर दिया था और फिलिस्तीनी इलाकों में हालात बेकाबू होते जा रहे थे। हर जगह नफरत से भरे और हथियारों से लैस बेराह-ओ-रास्ता (दिशाहीन), बे-मकसद (लक्ष्यहीन) और बे-काईदा (नेतृत्वविहीन) नौजवान उत्पात मचाते घूम रहे थे।

ऐसा नहीं है कि अराफात की जगह लेना कोई मुश्किल काम था। कोई भी बे-ईमान सियासतदां ऐसा कर सकता था। समस्या यह थी कि अराफात ने पीए (PA) और पीएलओ (PLO) दोनों को निजी जागीर बनाकर रखा था। सारी ताकत और सारे अधिकार उसने अपने हाथों में ले रखे थे। सभी ताल्लुकात (संपर्क-सूत्र) उसी तक सीमित थे, किसी और को कुछ पता ही नहीं था। सभी बैंक खाते उसी के नाम पर थे; सभी चैक्स पर उसी के दस्तखत होते थे।

अब फतह में अराफात की जगह लेने की ख्वाहिश रखने वालों का हुजूम खड़ा हो गया था। मगर सवाल यह था कि उनमें से कौन फिलिस्तीनियों और अंतरराष्ट्रीय बिरादरी को मंज़ूर होगा और इतना ताकतवर होगा कि सभी गुटों को संभाल सके? खुद अराफात भी कहाँ इसमें पूरी तरह कामयाब हो पाया था।

कुछ महीनों बाद जब हमास ने फिलिस्तीनी संसद के लिए होने वाले आम चुनावों में हिस्सा लेने का फैसला किया तो मेरे वालिद को इससे ज़रा भी ख़ुशी नहीं हुई। अल-अक्सा इंतिफादा के दौरान हमास में फ़ौजी दस्ते के शुमार के

बाद उन्होंने देखा था कि किस तरह उनका संगठन एक ऐसे अजीब-ओ-गरीब बशर (प्राणी) में बदल गया था जिसका एक पैर (फ़ौजी दस्ता) बहुत लम्बा तो दूसरा पैर (सियासी शाखा) बहुत छोटा होने के कारण वह लंगड़ा-लंगड़ाकर चलता था। हमास को बिल्कुल पता नहीं था कि नज़्म-ओ-नस्क (शासन-प्रशासन) क्या बला थी।

इंकिलाबी होने के लिए आदमी में जिस्मानी और ज़ेहनी मज़बूती और अपने मकसद के लिए मर मिटने का जज्बा चाहिए होता है। मगर नज़्म-ओ-नस्क (शासन-प्रशासन) के लिए समझौते करने पड़ते हैं, लचीला होना होता है। अगर हमास को हुकूमत करनी थी तो इसके लिए उसका गुफ़्त-ओ-शुनीद (समझौता-वार्ता) में माहिर होना ज़रूरी था, इसके बिना काम नहीं चल सकता था। चुनाव जीतने पर वे अवाम के चुने हुए नुमाइंदों के तौर पर उनके लिए खाना, पानी, बिजली, बजट और कचरा-प्रबंधन सहित तमाम ज़रूरी बंदोबस्त करने के लिए ज़िम्मेदार होंगे। और यह सारा बंदोबस्त उन्हें इज़राइल की ही मार्फ़त करना होगा। बिना इज़राइल से सहयोग किए आज़ाद फिलिस्तीन नहीं चल सकता था।

अब्बा को विदेशी नेताओं के साथ वे सारी बैठकें याद थीं जिनमें हमास ने उनकी तमाम सिफारिशें सिरे से खारिज कर दी थीं, वो भी बगैर सोचे-विचारे। इतनी बंद दिमाग और मुखालिफ़ (विरोधी) तबियत थी हमास की। इसलिए अब्बा का सोचना था कि जो लोग अमरीकी और यूरोपीय नेताओं के साथ गुफ़्त-ओ-शुनीद (समझौता-वार्ता) के लिए तैयार नहीं थे, वे चुनाव जीतने के बाद इज़राइल के साथ बातचीत की टेबल पर बैठने को राज़ी होंगे इसकी संभावना बहुत कम थी।

अब्बा को हमास के चुनाव लड़ने से उतना गुरेज़ नहीं था, मगर वे उन कट्टावर नेताओं को (जिन में वे खुद भी शामिल थे) उम्मीदवार बनाए जाने के सख्त खिलाफ थे जिनकी आम लोगों के बीच बहुत मकबूलियत थी। उनको डर था कि अगर ऐसा हुआ तो हमास जीत जाएगा। और वह जानते थे कि हमास की जीत फिलिस्तीनी अवाम के लिए बर्बादी का वायस बन सकती थी। आगे जो हुआ, उसने उनके डर को सही साबित कर दिया।

हारेत्ज़ के एक रिपोर्टर के साथ बातचीत में उन्होंने कहा था, "हमारे बीच के बहुत सारे लोगों और शायद दूसरे कई लोगों को भी इस बात की फ़िक्र है कि अगर चुनावों में हमास की जीत हुई तो इज़राइल फ़िलिस्तीनियों को उसकी सज़ा देगा। वह कहेगा कि तुम लोगों ने हमास को चुनने की जो गलती की है उसकी सज़ा के

तौर पर अब हम तुम्हारी और तगड़ी घेराबंदी करेंगे, तुम्हारा जीना पहले से भी ज़्यादा दुश्वार कर देंगे।"13

लेकिन हमास में कोई भी उनकी बात को सुनने-समझने को तैयार नहीं था। हमास के ज़्यादातर नेताओं को दौलत, सत्ता और शान-ओ-शौकत की गंध ने मदमस्त कर दिया था। जो नेता हमास छोड़कर जा चुके थे, वे भी मलाई खाने की गरज से वापस लौटने लगे थे। उनके लालच, गैर-ज़िम्मेदारी और जहालत ने मेरे वालिद का मन खट्टा कर दिया था। ये वे लोग थे जो सीआईए और यूएसएआईडी के बीच फर्क करना नहीं जानते थे। इनके साथ भला कौन काम कर पाएगा?

मैं तकरीबन हर चीज़ से आजिज़ आ चुका था। मैं पीए की बदआमाली (भ्रष्टाचार) से, हमास की जहालत और दरिंदगी से और दहशतगर्दों की उस कभी न ख़त्म होती मालूम होने वाली तादाद से आजिज़ आ चुका था जिन्हें पकड़ने या मारने की जद्दोजहद में हम सालों से दिन-रात लगे हुए थे। मैं उस खुफियापने और जोखिम से भी आजिज़ आ चुका था जो अब मेरी रोज़मर्रा की ज़िन्दगी का अहम हिस्सा बन चुका था। मैं एक आम ज़िन्दगी जीना चाहता था।

अगस्त के महीने की बात है। मैं रमल्लाह की एक सड़क पर चला जा रहा था कि तभी मैंने एक आदमी को अपना कंप्यूटर हाथों में उठाए एक इमारत की सीढ़ियाँ चढ़ते देखा। वह उस इमारत की ऊपरी मंज़िल पर बने रिपेयर सेण्टर जा रहा था। यह देखकर मेरे मन में ख़याल आया कि अगर कोई कंप्यूटर ठीक करने के लिए घर-पहुँच सेवा मुहैया कराए तो उसके लिए अच्छा-ख़ासा बाज़ार खड़ा हो सकता था; एक तरह से 'अमेरिकन गीक स्क्राड' का फिलिस्तीनी तर्जुमा (संस्करण)। चूँकि मेरा यूएसएआईडी के लिए काम ख़त्म हो चुका था और चूँकि मेरे पास एक अच्छा बिज़नेस माइंड था, तो मैंने सोचा कि क्यों न यह काम मैं ही शुरू कर दूँ।

यूएसएआईडी में काम करने के दौरान मेरी वहाँ के आईटी मैनेजर से, जो कि कंप्यूटर से जुड़ी चीज़ों का उस्ताद था, अच्छी दोस्ती हो गई थी। मैंने जब उसे अपने इस आईडिया के बारे में बताया तो वह साझीदार बनने को राज़ी हो गया। मैंने पैसा लगाया, उसने अपनी तकनीकी महारत। साथ ही हमने कुछ और इंजीनियरों को भी काम पर रख लिया, जिनमें लड़कियाँ भी शामिल थीं (अरब

कल्चर में महिलाओं को घर-पहुँच सर्विस देने के लिए महिला इंजीनियरों का होना ज़रूरी था)।

हमने अपनी कंपनी का नाम रखा 'इलेक्ट्रिक कंप्यूटर सिस्टम्स' और मैंने इसके लिए कुछ इश्तिहार भी तैयार कराए। हमारे इन इश्तिहारों में एक आदमी की अपने कंप्यूटर को हाथों में उठाकर सीढ़ियाँ चढ़ती हुई मोज़ाहिका तस्वीर (कैरीकेचर) होती थी, जबकि साथ में खड़ा उसका लड़का उससे कह रहा होता था, "पापा! आपको इतनी मशक़्क़त करने की ज़रूरत नहीं है, आप बस इस टोल-फ्री नंबर पे फोन लगा दो।" बिला-शक वह टोल फ्री नंबर हमारी ही कम्पनी का होता था।

हमारे पास हर दिन ढेरों फोन आने लगे और अचानक से हम खासे कामयाब हो गए। मैंने कम्पनी के लिए एक नयी वैन खरीद ली, हमें हेवलेट-पैकार्ड के प्रोडक्ट्स बेचने का लाइसेंस मिल गया और हमने नेटवर्किंग का काम भी शुरू कर दिया। यह मेरी ज़िन्दगी का सबसे अच्छा दौर था। इस वक़्त मुझे पैसों की उतनी परवाह नहीं थी, मेरे लिए सबसे अहम यह था कि मैं कुछ ऐसा कर रहा था जो ज़रखेज़ (उत्पादक) था और जिसमें मुझे मज़ा आ रहा था।

जब से मेरा रूहानी सफ़र (आध्यात्मिक यात्रा) शुरू हुआ था, मैंने शिन बेट के अपने दोस्तों से जीसस, बाइबिल और अपने बदलते नज़रियात/तालीमात पर बहुत बार दिलचस्प बातचीत की थी।

"तुम्हें जिसको मानना है उसको मानो, जिसमें भरोसा रखना है उसमें रखो और बेझिझक हमें बताओ," उनका कहना होता था। "मगर किसी और के सामने इन बातों का ज़िक्र मत करना। और भूलकर भी बप्तिस्मा (ईसाई मज़हब अपनाने के लिए किया जाने वाला संस्कार) मत ले लेना, वर्ना तुम एकदम से सबकी नज़रों का मरकज़ बन जाओगे। जिस घड़ी लोगों को यह मालूम चला कि तुम इस्लाम को दरकिनार करके ईसाई बन गए हो, तुम बहुत बड़ी मुसीबत में फँस जाओगे।"

मुझे नहीं लगता कि वे मेरे भविष्य को लेकर इतने फिक्रमंद थे। असल में उन्हें इस बात की फ़िक्र ज़्यादा थी कि अगर मुझे कुछ हो गया तो उनका बहुत नुकसान हो जाएगा। लेकिन ऊपरवाला मेरी ज़िन्दगी में इतने बड़े बदलाव ला रहा था कि मेरे लिए पीछे हटना मुमकिन ही नहीं था।

एक दिन मेरा दोस्त जमाल मेरे लिए रात का खाना बना रहा था।

"मोसाब! मेरे पास तुम्हारे लिए एक सरप्राइज़ है," उसने कहा।

उसने टीवी का चैनल बदला और आँखों में चमक लाते हुए कहा, "अल-हयात टीवी का यह प्रोग्राम देखो ज़रा। मुझे लगता है तुम्हें यह ख़ासा दिलचस्प मालूम होगा।"

मैंने देखा कि टीवी के परदे पर ज़कारिया बोट्रोस नाम के एक बुज़ुर्ग कॉप्टिक पादरी का चेहरा दिखाई पड़ रहा था। उनके चेहरे पर नर्मदिली की छाप थी और आवाज़ में गर्मजोशी और सम्मोहन। पहली नज़र में वह मुझे अच्छे लगे, मगर जैसे ही मैंने ध्यान से उनकी बातें सुननी शुरू कीं, वैसे ही मेरा ख़याल बदल गया। वह कुरआन का बाकायदा तिब्बी मुआइना (ऑटोप्सी/पोस्टमॉर्टम) कर रहे थे। उन्होंने सिलसिलेवार ढंग से कुरआन की लाश को चीरकर उसकी तमाम हड्डियाँ, माँसपेशियाँ, नसें, अंग-प्रत्यंग बाहर निकाले और फिर उन सबको सच्चाई के माइक्रोस्कोप के नीचे रख-रखकर दिखाया कि कैसे वह पूरी किताब ही कैंसरग्रस्त थी।

उन्होंने कुरआन की तमाम तथ्यात्मक और तारीखी (ऐतिहासिक) तौर पर ना-दुरुस्त और तनाकुज़ बातों (अशुद्धियों एवं विरोधाभासों) का एकदम सटीक ढंग से और पूरा लिहाज़ रखते हुए, मगर ब-अज़्म (दृढ़तापूर्वक) खुलासा किया। अपनी इस्लामी तालीम-ओ-तरबियत के चलते मेरा पहला रिएक्शन तो यही था कि मैं पुरज़ोर आवाज़ में ज़कारिया बोट्रोस पर लानत भेजूँ और टीवी बंद कर दूँ। लेकिन यह रिएक्शन महज़ कुछेक सेकण्ड्स ही टिक पाया और फ़ौरन ही मुझे अहसास हुआ कि यह तो हकीकतन मेरी उन दुआओं का जवाब था जो मैं हर दिन गॉड से करता था। फादर जकारिया अल्लाह के उन सभी बचे हुए बेजान टुकड़ों को काट रहे थे जिन्होंने अभी भी मुझे इस्लाम से जोड़ रखा था और मुझे इस सच्चाई से महरूम किए हुए थे कि जीसस सच में ही गॉड के फरजंद (पुत्र) हैं। जब तक यह घटना नहीं घटी, तब तक मैं जीसस के नक्श-ए-कदम पर चलने की दिशा में तसल्लीबख्श तरक्की नहीं कर पाया। मगर यह बदलाव आसान नहीं था। ज़रा सोचकर देखिए कि किसी दिन आप सोकर उठें और आपको मालूम चले कि आप जिन्हें अब्बा कहते आए हैं वो वास्तव में आपके वालिद नहीं हैं, तब आपको कैसा महसूस होगा।

मेरा ईसाई बनना किसी ख़ास दिन या वक़्त पर घटने वाली घटना नहीं थी; यह छह साल लम्बी प्रक्रिया थी। मगर मुझे इस बात का अहसास था कि इन छह

सालों में मैं भीतर से ईसाई बन चुका था और मुझे इस बात का भी अहसास था कि अब बाहर से भी ऐसा करना ज़रूरी था (मतलब बप्तिस्मा लेना), भले शिन बेट वाले इस बारे में कुछ भी सोचें या कहें। किस्मत की बात देखिए कि लगभग उसी दौरान अमरीकी ईसाइयों का एक ग्रुप 'होली लैंड' (मध्य-पूर्व का वह इलाका जहाँ बाइबिल की घटनाएँ घटी थीं) घूमने और अपने उस सिस्टर चर्च का दौरा करने इज़राइल आया हुआ था जिससे मैं भी जुड़ा हुआ था।

वक़्त के साथ मेरी उस ग्रुप की एक अमरीकी लड़की से अच्छी दोस्ती हो गई। मुझे उससे बात करना अच्छा लगता था और पता नहीं क्यों पर मैं फ़ौरन ही उस पर भरोसा करने लगा था। जब मैंने बाइबिल और जीसस से तारीफ़ होने के बाद अपना रूहानी सफ़र शुरू होने की बाबत उसे बताया तो उसने मेरी बहुत हौसलाअफ़ज़ाई की और मुझे याद दिलाया कि गॉड अपना काम कराने के लिए अक्सर ऐसे लोगों को चुनते आए हैं जिनके चुने जाने की किसी को भी उम्मीद नहीं होती। मेरे मामले में यह बात बिल्कुल सच थी।

एक शाम जब हम पूर्वी यरूशलेम के अमेरिकन कॉलोनी रेस्तरां में बैठे खाना खा रहे थे तो मेरी उस दोस्त ने मुझसे पूछा कि मैंने अभी तक बप्तिस्मा क्यों नहीं लिया। अब मैं उसे कैसे बताता कि मैं शिन बेट के एजेंट के तौर पर काम कर रहा था और वेस्ट बैंक की तमाम सियासी और सिक्योरिटी से जुड़ीं सरगर्मियों में गले-गले तक नहीं बल्कि भौंहों तक उतरा हुआ था। मगर उसका सवाल वाजिब था और मैं खुद भी खुद से यह सवाल कई बार पूछ चुका था।

"क्या तुम मुझे बप्तिस्मा करा सकती हो?" मैंने उससे पूछा।

उसने कहा कि वह करा सकती थी।

"क्या तुम इस बात को हम दोनों के बीच ही रख सकोगी?"

उसने कहा कि वह रख लेगी। साथ ही उसने कहा, "समंदर का किनारा यहाँ से बहुत दूर नहीं है। चलो चलते हैं।"

"तुम सीरियस हो?"

"हाँ, क्यों नहीं?"

"ओके, क्यों नहीं?"

हम जब तेल अवीव के लिए शटल में सवार हुए, तब मारे खुशी और रोमांच के यकीनन मेरे होश-ओ-हवास ठिकाने पर नहीं थे। क्या मैं भूल गया था कि मैं कौन था? क्या मैं सचमुच सैन डिएगो की इस लड़की पर इतना भरोसा करने लगा

था? पैंतालीस मिनट बाद ही हम भीड़ भरे बीच पर साथ-साथ टहलते हुए शाम की सुहानी गर्म हवा का लुत्फ़ ले रहे थे। वहाँ मौजूद भीड़ में से किसी को भी इस बात का गुमान नहीं था कि उनकी मौजूदगी में हमास- दहशतगर्दों का वह गुट जो इसी सड़क पर आगे चलकर पड़ने वाले डॉल्फिनारियम में इक्कीस बच्चों के क़त्ल-ए-आम के लिए ज़िम्मेदार था - के एक दिग्गज नेता का बेटा बप्तिस्मा लेकर ईसाई बनने जा रहा था।

मैंने अपनी शर्त उतार दी और हम समंदर के आगोश में समा गए।

23 सितम्बर 2005 दिन शुक्रवार को जब मेरे वालिद और मैं रमल्लाह की एक मुहाजिर बस्ती से वापस लौट रहे थे, उन्हें एक फोन आया।

"क्या! ऐसा कैसे हो सकता है?" उन्होंने उत्तेजित होते हुए कहा।

फ़ोन रखने के बाद उन्होंने बताया कि गज़ा में हमास के तर्जुमान (प्रवक्ता) सामी अबू ज़ुहरी का फोन था। वह बता रहा था कि जेबालिया मुहाजिर बस्ती में एक रैली के दौरान इज़रायलियों ने हमास के बहुत सारे मेम्बरान को मार डाला था। उसका इसरार था कि उसने खुद इज़रायली हैलीकॉप्टर को भीड़ पर मिसाइलें दागते देखा था। उसके मुताबिक़, इज़राइल ने जंग-बंदी (युद्ध-विराम) तोड़ दी थी।

सिर्फ सात महीने पहले हुई उस जंग-बंदी को मुमकिन करने के लिए मेरे वालिद ने बहुत मेहनत की थी। अब लग रहा था कि उनकी वो मेहनत ज़ाया हो गई थी। उन्हें पहले ही इज़राइल पर भरोसा नहीं था, अब इस खबर की वजह से वह और बुरी तरह भड़क गए थे।

लेकिन मुझे इस खबर पर यकीन नहीं था। उस वक़्त तो मैंने अब्बा से इस बारे में कुछ नहीं कहा, लेकिन मुझे दाल में बहुत कुछ काला नज़र आ रहा था।

अल-जज़ीरा से फोन आया। वे चाहते थे कि रमल्लाह पहुँचते ही मेरे वालिद सीधे उनके स्टूडियो आ जाएँ ताकि उस खबर पर उनकी लाइव प्रतिक्रिया जारी की जा सके। बीस मिनट बाद हम उनके स्टूडियो में थे।

जब वे मेरे वालिद के कुर्ते में माइक्रोफोन फिट करने में मसरूफ थे, मैंने लोई को फोन लगाया। उसने मुझे भरोसा दिलाया कि इज़राइल ने ऐसा कोई हमला नहीं किया था। मेरा दिमाग भन्ना गया। मैंने प्रोड्यूसर से मुझे उस घटना की न्यूज़ फुटेज दिखाने के लिए कहा। वह मुझे कण्ट्रोल रूम में ले गया, जहाँ हमने उस फुटेज को

बारम्बार देखा। साफ़ दिखाई पड़ रहा था कि जो धमाका हुआ था वो ज़मीन से आसमान की तरफ हुआ था, न कि आसमान से ज़मीन की तरफ।

तब तक टीवी वाले मेरे वालिद की प्रतिक्रिया का सीधा प्रसारण शुरू कर चुके थे। शेख हसन यूसुफ़ टीवी पर 'धोखेबाज़' इज़राइल की लानत-मलामत शुरू कर चुके थे। तमाम खरी-खोटी सुनाने के साथ ही उन्होंने जंग-बंदी ख़त्म करने की धमकी दे डाली थी और इस मामले की अंतरराष्ट्रीय स्तर पर तहकीकात की माँग भी कर दी थी।

"अब काफी अच्छा महसूस हो रहा होगा आपको?" जब वह सेट से बाहर आए तो मैंने उनसे पूछा।

"क्या मतलब है तुम्हारा?"

"मेरा मतलब है कि अभी-अभी आपने जो बयान दिया, उसके बाद।"

"होगा ही। मुझे तो यकीन नहीं आ रहा कि उन्होंने ऐसा किया।"

"उन्होंने नहीं किया है। हमास ने किया है। ज़ुहरी झूठा है। आप ज़रा मेरे साथ कण्ट्रोल रूम में आइए, मुझे आपको कुछ दिखाना है।" अब्बा मेरे पीछे-पीछे उस छोटे से कण्ट्रोल रूम में पहुँचे, जहाँ हमने उस फुटेज को फिर से कई-कई बार देखा।

"धमाके को देखिए। देखिए। धमाका नीचे से ऊपर की ओर हुआ है, आसमान से नहीं आया।"

हमें बाद में पता चला कि उस रैली के दौरान हमास के फ़ौजी दस्ते के लोग अपना रौब ग़ालिब करने की गरज से अपने हथियारों और आतिशगीरों के जखीरे की नुमाइश कर रहे थे, तभी गलती से एक पिकअप ट्रक के पीछे लदी क़स्साम मिसाइल फट गई, जिससे पंद्रह लोग मारे गए और कई और ज़ख़्मी हो गए।

यह जानकर मेरे वालिद दंग रह गए। मगर अपने फायदे के लिए की गई इस सोची-समझी धोखाधड़ी और गलतबयानी में अकेला हमास शामिल नहीं था, अल-जज़ीरा भी इसमें बराबर का भागीदार था जिसने सच जानते हुए भी लगातार झूठ फैलाया। इसके बाद हालात बद से बदतर होते चले गए।

गाज़ा पर इस नकली हमले का बदला बोलकर हमास ने दक्षिणी इज़राइल के शहरों पर लगभग चालीस मिसाइलें दाग दीं। इज़राइल को गाज़ा से अपनी फ़ौजी मौजूदगी पूरी तरह ख़त्म किए हुए अभी महज़ एक हफ्ता बीता था, उसके बाद से यह पहला बड़ा हमला था। पूरी दुनिया के साथ ही मेरे वालिद और मैंने भी घर

बैठकर टीवी पर इस वारदात से जुड़ीं ख़बरें देखीं। अगले दिन लोई का फोन आया, उसने मुझे चेताया कि इज़राइल की सरकार ने यह मान लिया था कि इस हमले के ज़रिए हमास ने जंग-बंदी तोड़ दी थी।

एक न्यूज़ रिपोर्ट में इज़राइली फ़ौज के ऑपरेशंस हेड मेजर जनरल यिसरेल ज़िव के हवाले से कहा गया: "हमास पर लगातार और लम्बे समय तक हमले करने का फैसला किया गया है।" रिपोर्ट में कहा गया कि इसमें इस बात का इशारा भी छिपा हो सकता था कि इज़राइल हमास के दिग्गज नेताओं को चुन-चुनकर मारने के अपने उस अभियान को फिर से शुरू करने वाला था, जो उसने जंग-बंदी के बाद रोक दिया था।14

"तुम्हारे वालिद को जेल जाना पड़ेगा," लोई ने कहा।

"तुम मेरी मंज़ूरी चाह रहे हो?"

"नहीं। सरकार उन्हें हर हाल में सलाखों के पीछे चाहती है और हम इसमें कुछ भी नहीं कर सकते।"

मेरा पारा चढ़ गया।

"मगर कल रात जो मिसाइलें दागी गईं, वो मेरे वालिद ने तो नहीं दागीं न। न ही उन्होंने उस हमले का हुक्म जारी किया था। उनका उससे कोई लेना-देना है ही नहीं। यह सब गाज़ा के उन अहमकों का किया धरा है!"

अपने गुस्से को इस मानिंद ज़ुबां देकर मेरा पारा थोड़ा नीचे उतरा और मैं खामोश हो गया। कुछ सेकण्ड्स तक कोई कुछ नहीं बोला, फिर लोई ने ही इस खामोशी को तोड़ा।

"फोन पर ही हो न?"

"हाँ," मैंने बैठते हुए कहा। "यह सही नहीं है... मगर मैं तुम्हारी मजबूरी समझता हूँ।"

"और तुम्हें भी," लोई ने शान्ति से कहा।

"मुझे भी क्या? जेल? भूल जाओ! मैं वापस वहाँ नहीं जाऊँगा। मुझे कोई परवाह नहीं कि मेरा राज़ रहे या फाश हो जाए। मेरे लिए यह किस्सा ख़त्म हो चुका है। मुझे जितना करना था शिन बेट के लिए, मैंने कर दिया। अब मुझे इस सब से कोई वास्ता नहीं है।"

"मेरे भाई," लोई ने तकरीबन फुसफुसाती आवाज़ में कहा, "क्या तुम्हें लगता है कि मैं तुम्हें जेल में देखना चाहता हूँ? सब तुम्हारे ऊपर है। अगर तुम बाहर

रहना चाहते हो तो रहो। लेकिन मेरी एक बात समझ लो। अब की बार हालात कहीं ज़्यादा खतरनाक हैं। पिछले एक बरस में तुम अपने वालिद की परछाई बनकर हर दम, हर जगह और हर काम में उनके साथ रहे हो। अब हर कोई यह जानता और मानता है कि तुम पूरी तरह हमास में शामिल हो। बल्कि कईयों को तो लगता है कि तुम भी उसके खासुलख़ास नेताओं में से एक हो...। अगर हमने तुम्हें जेल नहीं भेजा तो कुछ ही हफ़्तों में तुम जन्नतनशीं हो जाओगे।"

ख़ुदा-हाफ़िज़

2005-2007

"क्या हुआ मोसाब!" अब्बा ने जब मुझे रोते देखा तो हैरानी से पूछा।

जब मैंने कोई जवाब नहीं दिया तो उन्होंने कहा कि चलो आज हम और तुम मिलकर तुम्हारी अम्मी और तुम्हारी बहनों के लिए खाना बनाते हैं। गुज़िश्ता सालों में अब्बा और मैं एक-दूसरे के बहुत करीब आ गए थे और वह समझने लगे थे कि कभी-कभी मुझे मेरे हाल पर ही छोड़ देना बेहतर होता था।

मिलकर खाना बनाते हुए मुझे रह-रहकर यही ख़याल आ रहा था कि बस चंद घंटे और, फिर शायद एक लम्बे अरसे तक हम इस तरह साथ वक़्त नहीं बिता पाएँगे। मेरी आँखें सूख गई थीं, पर मेरा दिल अब भी रो रहा था। मैंने तय कर लिया कि मैं उन्हें अकेले जेल नहीं जाने दूँगा।

खाने के बाद मैंने लोई को फोन लगाया।

मैंने कहा, "ठीक है, मैं दोबारा जेल जाऊँगा।"

वह 25 सितम्बर 2005 का दिन था। मैं रमल्लाह के बाहर खड़ीं पहाड़ियों में से एक की चढ़ाई चढ़कर अपनी उस पसंदीदा जगह जा पहुँचा जहाँ मैं अक्सर अपना खाली समय बिताने, बाइबिल को पढ़ने-समझने और जीसस से प्रार्थना करने जाता रहता था। वहाँ पहुँचकर मैं बहुत देर तक रोता रहा और जीसस से मुझ पर और मेरे परिवार पर अपना रहम-ओ-करम बनाए रखने की दरख़्वास्त करता रहा। घर लौटकर मैं चुपचाप बैठ गया और इंतज़ार करने लगा। जो होने वाला था उससे बेख़बर अब्बा सोने जा चुके थे। आधी रात के थोड़ा बाद ही सिक्योरिटी फोर्सेस आ पहुँचीं।

वे हमें ओफ़र जेल ले गए, जहाँ हमें उन सैकड़ों और लोगों के साथ एक बड़े हॉल में इकट्ठा किया गया जिन्हें शहर भर से पकड़कर लाया गया था। इस बार उन्होंने मेरे भाइयों ओवेज़ और मोहम्मद को भी गिरफ्तार किया था। लोई ने राज़दारी में मुझे बताया कि उन पर एक क़त्ल में शरीक होने का शक था। स्कूल में उनके साथ पढ़ने वाले एक लड़के ने इज़राइली बस्ती के किसी बाशिंदे को अगवा करके पहले तो उसे टॉर्चर किया और फिर क़त्ल कर दिया था। उस लड़के ने एक दिन पहले ही ओवेज़ को जो फोन कॉल की थी, वो शिन बेट ने सुन ली थी। मोहम्मद को कुछ ही दिनों बाद छोड़ दिया गया, जबकि ओवेज़ को चार महीनों तक जेल में ही रहना पड़ा- तब तक जब तक कि यह साबित नहीं हो गया कि क़त्ल में उसका कोई हाथ नहीं था।

बहरहाल, हमारे हाथों को पीठ पीछे हथकड़ियों में जकड़कर हमें उस हॉल में दस घंटों तक घुटनों के बल बिठाए रखा गया। मैंने उस वक़्त मन ही मन गॉड का शुक्रिया अदा किया जब मैंने देखा कि उन लोगों ने मेरे वालिद को बैठने के लिए एक कुर्सी दे दी थी और उनके साथ इज़्ज़त से पेश आ रहे थे।

मुझे तीन महीने की प्रशासनिक हिरासत की सज़ा सुनाई गई। मेरे ईसाई दोस्तों ने मेरे लिए एक बाइबिल भिजवा दी थी, जिसे पढ़ते हुए मैंने बिना किसी शिकवे-शिकायत के अपनी सज़ा पूरी की। 2005 के दिसंबर महीने में क्रिसमस के दिन मुझे रिहा कर दिया गया। लेकिन मेरे वालिद रिहा नहीं हुए। और आज जब मैं ये अल्फाज़ लिख रहा हूँ, तब भी वे जेल में ही हैं।

—

संसदीय चुनाव आ रहे थे और हर हमास नेता चुनाव जीतकर संसद जाना चाहता था। मुझे उन सभी से घिन आती थी। ये वही लोग थे जिन्होंने धोखाधड़ी करके जंग-बंदी ख़त्म कराई थी और जिनकी वजह से अब्बा और मुझे फिर से जेल जाना पड़ा था। मगर ये आज़ाद घूम रहे थे और हुक्मरान बनने के सपने देख रहे थे, जबकि जो सही मायनों में फिलिस्तीनी लोगों की नुमाइंदगी करने के हकदार थे- मेरे वालिद- वह सलाखों के पीछे दिन काटने को मजबूर थे। चूंकि अब्बा को हमास के फर्ज़ी हमले वाली हरकत की हकीकत पता लग चुकी थी, इसलिए उनका चुनाव न लड़ने का इरादा और भी मज़बूत हो गया था। उन्होंने मुझसे कहा कि मैं उनका यह फैसला एसोसिएटेड प्रेस के पॉलिटिकल एनालिस्ट

(राजनीतिक विश्लेषक) और उनके अच्छे दोस्तों में शुमार मोहम्मद दाराघमेह तक पहुँचा दूँ।

दो घंटे बाद ही यह खबर जंगल में आग की तरह सब तरफ फैल गई और मेरा फोन बजना शुरू हो गया। असल में हमास नेताओं ने मेरे वालिद से जेल में मिलने की कोशिशें की थीं, पर उन्होंने किसी से भी मिलने से मना कर दिया था, इसलिए अब वे सब मुझे फोन लगा रहे थे।

"ये क्या हो रहा है मोसाब?" वे सब मुझ से पूछ रहे थे। "हसन साहब का ऐसा करना हम सबको बर्बाद कर देगा! अगर तुम्हारे वालिद चुनाव नहीं लड़ेंगे तो अवाम को लगेगा कि वे हमास के साथ नहीं हैं और इसका मतलब होगा हमारी हार!"

"अगर वे नहीं लड़ना चाहते हैं तो आपको उनके फैसले की इज़्ज़त करनी चाहिए," मैंने उन लोगों को जवाब दिया।

आखिर में फोन आया इस्माइल हानियेह का। हमास में कौन कहाँ से चुनाव लड़ेगा, इसका फैसला उसी के हाथों में था और वह जल्द ही पेलिस्टीनियन अर्थॉरिटी का नया वज़ीर-ए-आज़म बनने का ख्वाब संजोए बैठा था।

"मोसाब! हमास का रहबर होने के नाते मैं तुमसे कह रहा हूँ कि अभी के अभी एक प्रेस कॉन्फ्रेंस करके यह एलान करो कि तुम्हारे वालिद हमास के टिकट पर चुनाव लड़ रहे हैं और एसोसिएटेड प्रेस की वह रिपोर्ट गलत है।"

अभी तक इन लोगों ने जो किया था वो शायद काफी नहीं था, इसलिए अब वे चाहते थे कि मैं उनके लिए झूठ बोलूँ। क्या वे भूल गए थे कि इस्लाम में झूठ बोलने की मनाही थी, या फिर उनको यह लगने लगा था कि चूँकि सियासत का कोई मज़हब नहीं होता इसलिए वहाँ सब जायज़ था?

"मैं ऐसा नहीं कर सकता," मैंने जवाब दिया। "मैं आपकी इज़्ज़त करता हूँ, मगर उससे ज़्यादा इज़्ज़त मैं अपने वालिद की और अपने ईमान की करता हूँ।" इतना कहकर मैंने फोन काट दिया।

तीस मिनट बाद मुझे मौत की धमकी भरा फोन आया। फ़ोन करने वाले ने कहा, "अभी के अभी प्रेस कॉन्फ्रेंस बुलाओ, नहीं तो हम तुम्हें जहन्नुम रसीद कर देंगे।"

"तो आ ही जाओ, कर ही दो मुझे जहन्नुम रसीद।" कहकर मैंने फोन काट दिया और लोई को फोन मिलाया। कुछ ही घंटों में धमकी देने वाला पकड़ा गया।

मुझे इस तरह की धमकियों की कतई कोई परवाह नहीं थी। मगर जब अब्बा को इस बारे में पता चला तो उन्होंने खुद ही दाराघमेह से बात करके उसको कहा कि उन्होंने अपना फैसला बदल दिया था और अब वह चुनाव लड़ रहे थे। फिर उन्होंने मुझसे दिमाग ठंडा रखने और उनकी रिहाई का इंतज़ार करने को कहा। उन्होंने मुझे यकीन दिलाया कि वह हमास से निपट लेंगे।

ज़ाहिर बात थी कि मेरे वालिद जेल में रहते हुए चुनाव प्रचार तो नहीं कर सकते थे। मगर उन्हें उसकी ज़रूरत थी भी नहीं। हमास ने हर जगह उनकी बड़ी-बड़ी तस्वीरें नुमायाँ की हुई थीं, जो खामोश रहकर भी अवाम से कह रही थीं कि हमास को उनकी सरपरस्ती हासिल थी और इसलिए सभी को हमास के उम्मीदवारों को ही वोट देना था। और अवाम ने वही किया। मेरे वालिद अपने साथ-साथ हमास के तमाम उम्मीदवारों को भी चुनाव जिताकर संसद ले गए।

━

मैंने इलेक्ट्रिक कंप्यूटर सिस्टम में अपनी हिस्सेदारी अपने पार्टनर को बेच दी, क्योंकि मुझे लग रहा था कि मेरी ज़िन्दगी में बहुत सारी चीजें जल्द ही ख़त्म होने वाली थीं।

कौन था मैं? अगर चीजें इसी तरह चलती रहीं तो किस तरह का भविष्य होगा मेरा?

मैं सत्ताईस साल का था, मगर मैं किसी को डेट भी नहीं कर सकता था। हमास के एक दिग्गज नेता का बेटा होने की मेरी नामवरी (रेपुटेशन) के चलते कोई भी ईसाई लड़की मेरे साथ आने से डरेगी। मुस्लिम लड़कियों के लिए एक अरब ईसाई लड़का भला किस काम का। और कौन सी यहूदी लड़की होगी जो शेख हसन के बेटे को डेट करना चाहेगी। और अगर कोई लड़की मेरे साथ डेट पर जाने को राज़ी हो भी जाती, तो हम क्या बातें करते? मैं उसे अपनी ज़िन्दगी के बारे में क्या बताता? किसी को कुछ भी तो बताने की आज़ादी और सहूलियत मुझे हासिल नहीं थी। और आखिर ये किस तरह की ज़िन्दगी जी रहा था मैं? इतनी सब कुर्बानी मैं किसके लिए कर रहा था? फिलिस्तीन के लिए? इज़राइल के लिए? अमन के लिए?

शिन बेट के लिए मैंने इतने सालों में जो कुछ भी किया था, उसका क्या हासिल था? क्या उससे मेरे लोगों की हालत सुधरी थी? क्या उससे खून-खराबा

रुका था? क्या मेरे अब्बा अपने परिवार के साथ घर पर थे? क्या इज़राइल पहले से ज़्यादा महफ़ूज़ था? क्या मैं अपने भाई-बहनों के लिए कोई ऊँची मिसाल पेश कर पा रहा था, उनकी ज़िन्दगी को बेहतर बना पा रहा था? मुझे महसूस हुआ कि मैंने अपनी ज़िन्दगी का लगभग एक-तिहाई हिस्सा किसी ऐसी चीज़ के पीछे भागने में कुर्बान कर दिया था जिसका कोई वजूद ही नहीं था और जिसे किंग सोलोमन ने अकलीज़ासटीज़ 4:16 में "चेसिंग आफ्टर दि विंड" कहा है।

इतने अलग-अलग किरदार निभाते हुए, इतने अलग-अलग नकाब ओढ़ते हुए मैंने जो कुछ भी जाना-समझा-सीखा था, उसे भी मैं किसी के साथ साझा नहीं कर सकता था। कौन यकीन करता मेरी बातों का?

मैंने लोई को उसके दफ्तर में फोन लगाया। "मैं अब और काम नहीं कर पाऊँगा।"

"क्यों? क्या हुआ?"

"कुछ नहीं। मैं तुम सब से बहुत प्यार करता हूँ। और मुझे जासूसी का काम भी पसंद है। बल्कि मुझे तो लगता है कि शायद मुझे इसका चस्का लग गया है। मगर हम कुछ भी तो हासिल नहीं कर रहे हैं। हम एक ऐसी जंग लड़ रहे हैं जिसे गिरफ्तारियों से, टॉर्चर की बिनाह पर होने वाली तफ़्तीश से, या खुफिया-कत्लों से नहीं जीता जा सकता। दहशतगर्द या इंतिहा-पसंद लोग हमारे दुश्मन नहीं हैं; हमारा दुश्मन है दहशतगर्दी का ख़याल; हमारा दुश्मन है बदले और नफरत का जज्बा। और किसी भी ख़याल या जज़्बे को छापों और कर्फ्यू से कोई फर्क नहीं पड़ता। किसी भी ख़याल या जज्बे को हम मरकावा से नहीं उड़ा सकते। आप हमारी समस्या नहीं हो और न हम आपकी समस्या हैं। हम सब एक भूलभुलैया में फँसे चूहों की तरह हैं। मैं अब और यह नहीं कर सकता। मेरा वक़्त पूरा हुआ।"

मैं जानता था कि यह शिन बेट के लिए बहुत बड़ा झटका था। जो जंग हम लड़ रहे थे वह अभी अधूरी थी।

"ठीक है, मैं एजेंसी के आला अफसरान को खबर कर देता हूँ, देखते हैं कि वे क्या कहते हैं," लोई ने कहा।

जब हम दुबारा मिले तब लोई ने कहा, "आला अफसरान के पास तुम्हारे लिए एक ऑफर है। इज़राइल के पास एक बड़ी कम्युनिकेशंस कंपनी है। तुम उसी तरह की एक कम्पनी फिलिस्तीनी इलाके में खोल लो, उसके लिए जितना भी

पैसा लगेगा वो सब हम देंगे। यह बहुत बड़ा मौका है, इससे तुम्हारी बाकी की पूरी ज़िन्दगी बिना किसी परेशानी के बीतेगी।"

"तुम समझ नहीं रहे हो। पैसा मेरी समस्या नहीं है। मेरी समस्या यह है कि यहाँ मुझे अपना कोई भविष्य नहीं दिख रहा।"

"यहाँ लोगों को तुम्हारी ज़रूरत है, मोसाब।"

"मैं उनकी मदद करने का कोई और ज़रिया तलाश लूँगा। और वैसे भी, इस ढंग से मैं उनकी कौन सी मदद कर पा रहा हूँ। शिन बेट को ही कहाँ समझ आ रहा है कि वह क्या हासिल कर रही है और किधर जा रही है।"

"तो तुम क्या चाहते हो?"

"मैं यह मुल्क छोड़ना चाहता हूँ।"

लोई ने हमारी बातचीत अपने आला अफसरान तक पहुँचा दी। आगे कई दिनों तक यही रस्साकशी चलती रही; वे मुझसे शिन बेट के साथ जुड़े रहने का इसरार करते रहे जबकि मैं छोड़ने पर अड़ा रहा।

आखिरकार उन्होंने अपना रुख थोड़ा बदला।

"ठीक है। हम तुम्हें कुछेक महीनों के लिए, या चलो साल भर के लिए यूरोप भेज देते हैं, बशर्ते तुम लौटकर दुबारा काम शुरू करने को राज़ी हो।"

"मुझे यूरोप नहीं जाना। मैं अमरीका जाना चाहता हूँ। वहाँ मेरे दोस्त हैं। हो सकता है मैं साल भर में लौट आऊँ, या दो साल में आऊँ, या शायद पाँच साल बाद आऊँ। मुझे नहीं पता। अभी मुझे बस इतना पता है कि फिलहाल मुझे एक ब्रेक चाहिए।"

"अमरीका में रहना तुम्हारे लिए मुश्किल होगा। यहाँ तुम्हारे पास पैसा है, रुतबा है और हर किसी से हिफ़ाज़त का इंतजाम है। यहाँ तुमने एक अच्छी-खासी रेप्युटेशन बना ली है, एक कामयाब बिज़नेस खड़ा कर लिया है और हर तरह की सहूलियत तुम्हें मुहैया है। पर अमरीका में तुम्हारी हालत क्या होगी जानते हो? वहाँ तुम्हें कदम-कदम पर दुश्वारियों का सामना करना पड़ेगा और तुम्हारी हैसियत न के बराबर होगी।"

मैंने उनसे कहा कि वहाँ अगर मुझे जूठे बर्तन माँजकर भी गुज़ारा करना पड़ा तो भी मुझे कोई शिकायत नहीं होगी। जब मैं अपनी इस ज़िद पर अड़ा रहा तो उन्होंने भी अड़ियल रवैया अपना लिया।

उन्होंने कहा, "नहीं। अमरीका नहीं। सिर्फ यूरोप और वो भी थोड़े वक़्त के लिए। जाओ, मज़े करो। हम तुम्हारी तनख्वाह बदस्तूर जारी रखेंगे। तुम्हें ब्रेक चाहिए न, तो लो ब्रेक। यूरोप में छुट्टी मनाओ और फिर काम पर लौट आओ।"

मैंने भी अपनी बात पर कायम रहते हुए कह दिया, "मैं घर जा रहा हूँ। अब से मैं आपके लिए कोई काम नहीं करूँगा। अब से मैं घर से बाहर भी नहीं निकलूँगा। मैं नहीं चाहता कि गलती से मुझे कहीं कोई आत्मघाती हमलावर नज़र आ जाए और फिर आपको उसकी खबर देनी पड़े। मुझे फोन भी मत कीजिएगा। मैं अब आप लोगों के साथ काम नहीं कर रहा हूँ।"

मैं अपने वालिद और वालिदा के घर चला गया और अपना फोन बंद करके दराज में रख दिया। हर गुज़रते दिन के साथ मेरी दाढ़ी लम्बी और घनी होती गई। मेरी हालत देखकर अम्मी बहुत परेशान थीं, अक्सर मेरे कमरे में आकर देख जाती थीं कि मैं खैरियत से हूँ या नहीं। बहुत बार उन्होंने पूछा भी कि मुझे कोई परेशानी थी क्या। मैंने कहीं भी आना-जाना बंद कर दिया था। मेरा पूरा वक़्त बाइबिल पढ़ते, संगीत सुनते, टीवी देखते, गुज़िश्ता दस बरसों के बारे में सोचते और डिप्रेशन से जूझते हुए बीत रहा था।

इसी तरह तीन महीने बीत गए। फिर एक दिन अम्मी ने आकर बताया कि घर के फोन पर मेरे लिए किसी का कॉल था। मैंने कहा कि मैं किसी से भी बात करना नहीं चाहता। पर उन्होंने कहा कि फोन करने वाला इसरार कर रहा था कि वह मेरा पुराना दोस्त था, अब्बा को भी जानता था और उसका मुझसे बात करना बेहद ज़रूरी था।

मैं नीचे गया और रिसीवर उठाकर कान से लगाया। शिन बेट से कोई था।

उसने कहा, "हम तुमसे मिलना चाहते हैं। बहुत ज़रूरी है। हमारे पास तुम्हारे लिए एक अच्छी खबर है।"

मैं मीटिंग के लिए गया। मेरे काम न करने से शिन बेट का एक मददगार कम हो गया था, जो कि बिला-शक उनके हक़ में नहीं था। मगर वे यह भी समझ चुके थे कि काम छोड़ने का मेरा फैसला पक्का था।

"ठीक है, हम तुम्हें अमरीका भेज देंगे, मगर कुछेक महीनों के लिए ही और तुम्हें वादा करना होगा कि तुम लौट आओगे।"

"पता नहीं आप लोग क्यों बार-बार उसी बात का इसरार कर रहे हैं जो मुमकिन नहीं है," मैंने बिना आपा खोए मज़बूती से कहा।

आख़िर में उन्होंने कहा, "ठीक है, हम तुम्हें दो शर्तों पर जाने देंगे। पहली, तुम्हें एक वकील मुकर्रर करके अदालत के मार्फ़त हमारे पास एक अर्ज़ी दाख़िल करनी होगी कि तुम्हें कोई ऐसी जिस्मानी तकलीफ है जिसका इलाज कराने के लिए तुम्हारा मुल्क से बाहर जाना इंतिहाई ज़रूरी है और इसके लिए तुम हमारी इजाज़त के तलबगार हो। इसके बिना अगर हमने तुम्हें जाने दिया तो तुम्हारा राज़ फाश हो जाएगा और तुम बड़ी मुसीबत में पड़ जाओगे। दूसरी शर्त, तुम लौटकर आओगे।"

शिन बेट कभी भी किसी भी हमास नेता को तब तक फिलिस्तीनी इलाके से बाहर जाने की इजाज़त नहीं देती थी जब तक कि उसको कोई ऐसा इलाज कराना ज़रूरी न हो जाए जो वहाँ रहकर मुमकिन न हो। किस्मत से मुझे काफी वक़्त से अपने जबड़े में यह दिक़्क़त थी कि मैं ऊपर और नीचे के दाँतों को आपस में जोड़ नहीं पाता था और इसको ठीक करने के लिए जिस सर्जरी की ज़रूरत थी वह वेस्ट बैंक में नहीं हो सकती थी। हालाँकि यह कोई ऐसी समस्या नहीं थी जिससे मुझे कभी कोई ख़ास परेशानी रही हो, मगर मुझे लगा कि यह अमरीका जाने की पहली शर्त पूरी करने का ज़रिया बन सकती थी, इसलिए मैंने अपनी मेडिकल रिपोर्ट सहित सर्जरी के लिए अमेरिका जाने का परमिट दिए जाने की दरख्वास्त वाली अर्ज़ी अदालत में दाख़िल करने के लिए एक वकील मुक़र्रर किया।

इस पूरी कवायद का मकसद यह ज़ाहिर करना था कि मेरे पास मुल्क से बाहर जाने की दरख्वास्त करने का निहायत ही वाजिब कारण मौजूद था, मगर दुश्मनाना नौकरशाही फिर भी इसे नकार रही थी और इसीलिए मुझे अदालत का रुख करने को मजबूर होना पड़ा था। अगर शिन बेट बगैर इस कवायद के मुझे जाने देती तो लोगों को शुबहा होता कि मेरे साथ रियायत बरती जा रही थी, जिसका मतलब था कि बदले में मैंने भी शिन बेट को कोई तो फायदा पहुँचाया ही होगा। इसीलिए हमें यह ज़ाहिर करना पड़ा कि वे पुरज़ोर कोशिशें कर रहे थे कि मैं न जा पाऊँ और इसीलिए मुझे इतनी मशक़्क़त करनी पड़ रही थी।

लेकिन मेरा मुक़र्रर किया हुआ वकील ही मेरे रास्ते का रोड़ा बना हुआ था। उसको लगता था कि मेरी अर्ज़ी मंज़ूर होने के कुछ ज़्यादा आसार नहीं थे और इसलिए उसने अपनी पूरी फीस पेशगी (एडवांस) लेने की शर्त रखी, जो कि मैंने पूरी भी की। मगर पूरे पैसे पेशगी में लेने के बाद भी उसने कुछ नहीं किया, हाथ पर हाथ धरे बैठा रहा। उधर शिन बेट वाले इंतज़ार करते रहे कि वकील के मार्फ़त मेरे कागज़ उनके पास पहुँचें तो वे आगे की कार्रवाई करें। हर हफ्ते मैं वकील को फोन

करके पूछता कि बात आगे बढ़ी या नहीं, मगर वह लगातार मुझसे झूठ बोलकर काम को टालता रहा। काम ज़रा सा था, खाली कुछ कागज़ जमा कराने थे, मगर वो कहता रहा कि बड़ी मुश्किलात हैं, बड़ी पेचीदगियाँ हैं। और हर बार वह मुझसे और पैसों की माँग करता और मैं दे भी देता।

छह महीनों तक यही नौटंकी चलती रही। आख़िरकार 2007 के नए साल के दिन मुझे उसका फोन आया।

"आपको जाने की इजाज़त मिल गई है," उसने इस शान से कहा मानो अभी-अभी दुनिया से भुखमरी की समस्या ख़त्म करके चला आ रहा हो।

"क्या जाने से पहले तुम बस एक और बार जलाज़ोन मोहाजिर बस्ती जाकर वहाँ हमास के एक नेता से मिल सकते हो?" लोई ने पूछा। "बस तुम्हीं हो जो उसको-"

"पाँच घंटे में मुझे निकलना है लोई।"

"अच्छा ठीक है," उसने हथियार डालते हुए कहा। "अपना ख़याल रखना और हमें भूलना मत। सरहद पार करते ही मुझे फोन कर देना ताकि हमें तसल्ली हो जाए कि सबकुछ ठीक है।"

मैंने कैलीफोर्निया में अपने कुछ दोस्तों को फोन करके बताया कि मैं आ रहा था। बेशक उन्हें नहीं मालूम था कि मैं हमास के एक दिग्गज नेता का बेटा और शिन बेट का जासूस था। मगर मेरे आने की बात सुनकर वे बहुत खुश थे। मैंने एक छोटे से सूटकेस में कुछ कपड़े रखे और सीढ़ियाँ उतरकर नीचे आ गया। अम्मी को बताना था कि मैं जा रहा था। वह अभी सो ही रही थीं।

मैं घुटनों के बल उनके सिरहाने बैठ गया। मैंने उन्हें बताया कि सुबह सवेरे ही मैं निकल जाऊँगा। पहले सरहद पार करके जॉर्डन जाऊँगा, फिर वहाँ से हवाईजहाज़ पकड़कर मुझे अमरीका जाना था। मगर मैं उन्हें यह नहीं बता पाया कि मैं क्यों जा रहा था।

उनकी आँखों में ढेर सारे सवाल थे। *तुम्हारे वालिद जेल में हैं। तुम अपने भाई-बहनों के लिए वालिद की तरह हो। अमरीका में तुम क्या करोगे?* मुझे पता था कि वह मुझे दूर जाते नहीं देखना चाहती थीं, मगर वह यह भी नहीं चाहती थीं कि मैं ग़मगीन रहने की कीमत पर यहाँ रुकूँ। उन्होंने कहा कि वह अल्लाह ताला से दुआ करेंगी कि वहाँ मुझे एक अच्छी और कामयाब ज़िन्दगी नसीब हो और मैं

उन सब खतरों से दूर रहूँ जो मैंने यहाँ झेले थे। मगर उन्हें तो पता ही नहीं था कि यहाँ रहते हुए मैं कितने बड़े खतरों से बावस्ता हुआ था।

अम्मी ने मेरी बरकत और खुशहाली के लिए दुआ की, एक आख़िरी बार मेरा माथा चूमा और कहा कि सुबह जाने से पहले मैं उन्हें जगा दूँ। मैंने उनसे कहा कि मैं अलस्सुबह ही निकल जाऊँगा और इतनी सुबह उनकी नींद खराब करना मुझे अच्छा नहीं लगेगा। मगर माँ तो माँ होती है। वह रात भर सोयी ही नहीं; सुबह तक बैठक में मेरे भाई-बहनों, मेरे दोस्त जमाल और मेरे साथ बैठीं जागती रहीं।

फ्लाइट पकड़ने से पहले जब मैं अपना सब सामान बाँध रहा था तो मेरा उस बाइबिल को भी रखने का इरादा था जिसे मैं सालों से पढ़ता आ रहा था, जो जेल में भी मेरे साथ थी और जिसके पन्नों पर मेरे हाथ से लिखे नोट्स की भरमार थी। मगर अचानक मेरे मन में उसे जमाल को सौंप देने की चाहत उमड़ने लगी।

मैंने उससे कहा, "जाने से पहले तुम्हें देने के लिए मेरे पास इससे ज़्यादा कीमती तोहफा दूसरा नहीं है। यह मेरी बाइबिल अब तुम संभालो। इसे पढ़ना और इस पर अमल करना।" मुझे यकीन था कि वह मेरी चाहत का मान रखेगा और जब-जब मुझे याद करेगा तब-तब उस बाइबिल को खोलकर पढ़ेगा। निकलने से पहले मैंने इतनी नकदी साथ ले ली कि जिसमें मेरी कुछ वक़्त तक अच्छे से गुज़र हो जाती। फिर मैं इज़राइल को जॉर्डन से जोड़ने वाले एलेनबी ब्रिज पहुँचा।

इज़रायली जाँच-चौकियों से होकर गुज़रने में कोई समस्या नहीं थी। मैंने पैंतीस डॉलर का एग्जिट-टैक्स चुकाया और विशाल इमीग्रेशन (आप्रवासन) टर्मिनल में दाखिल हुआ, जहाँ कि सभी को मेटल डिटेक्टर्स, एक्स-रे मशीन्स और कुख्यात कमरा नंबर 13, जहाँ मशकूक (संदिग्ध) लोगों से पूछताछ की जाती थी, से होकर गुज़रना पड़ता था। मगर इन सारी कवायदों का मरकज़ इज़राइल से बाहर जाने वाले लोग कम और जॉर्डन की तरफ से इज़राइल के भीतर आने वाले लोग ज़्यादा होते थे।

टर्मिनल मधुमक्खियों के विशाल छत्ते जैसा मालूम होता था, जहाँ तरह-तरह के लिबासों में सजे-धजे लोगों की भारी भीड़ मधुमक्खियों की तरह भिनभिना रही थी। वहाँ शॉर्ट्स और फैनी पैक पहने लोग भी थे, यरमुल्क्स (पारंपरिक यहूदियों द्वारा पहनी जाने वाली टोपी) लगाए और अरब हेडड्रेस (अरब के शेख लोगों द्वारा सिर पर बाँधा जाने वाला कपड़ा) बाँधे लोग भी थे और वेल और बॉल कैप पहनने वाले भी। कुछ लोगों की पीठ पर बैकपैक टँगे थे, तो कुछ सामान से लदी चक्के

वाली ट्रॉलियों को धकियाते हुए जा रहे थे। आखिरकार इस सबसे गुज़रकर मैं एक बड़ी JETT बस में सवार हो गया। इस कंक्रीट के ट्रस ब्रिज पर आने-जाने के लिए सिर्फ ये बसें ही इस्तेमाल की जाती थीं, किसी और वाहन को इजाज़त नहीं थी।

चलो, मैंने मन ही मन सोचा, *निपट ही गया सब।*

मगर मेरे मन में अभी भी धुकधुकी मची हुई थी; अभी भी मैं पूरी तरह आश्वस्त नहीं था। शिन बेट मेरे जैसे लोगों को मुल्क से बाहर जाने नहीं देती थी। पहले कभी ऐसा हुआ नहीं था। और तो और खुद लोई भी हैरान था कि मुझे इजाज़त कैसे मिल गई थी।

जॉर्डन की सीमा में पहुँचकर मैंने अपना पासपोर्ट पेश किया। मैं थोड़ा फिक्रमंद था क्योंकि मेरे अमरीका के वीसा को ख़त्म होने में तो तीन बरस बाकी थे, मगर मेरा पासपोर्ट महीने भर से भी कम में एक्सपायर होने वाला था।

प्लीज गॉड! मैंने इल्तिज़ा की, मुझे बस एक दिन के लिए जॉर्डन में दाखिल हो जाने दो। और मुझे कुछ नहीं चाहिए।

मेरी सारी फ़िक्र फ़िज़ूल साबित हुई। कहीं कोई दिक्कत नहीं हुई। मैं एक टैक्सी पकड़कर अम्मान पहुँच गया और एयर फ्रांस का एक टिकट खरीद लिया। अभी फ्लाइट में काफी वक़्त था, इसलिए मैंने एक होटल में चेक-इन किया और कुछ घंटे आराम कर लिया। फिर क्वीन आलिया इंटरनेशनल एअरपोर्ट पहुँचकर पेरिस के रास्ते कैलिफ़ोर्निया जाने वाले हवाईजहाज़ में सवार हो गया।

जहाज़ में बैठे-बैठे मुझे वो सब याद आने लगा जो मैं पीछे छोड़कर आ रहा था, अच्छा भी और बुरा भी, अपने दोस्त-यार और घरवाले भी और कभी न ख़त्म होने वाला खून-खराबा, बर्बादी और बे-फ़ाएदगी भी।

मुझे खुद को यह यकीन दिलाने में थोड़ा वक़्त लगा कि अब मैं सही मायनों में आज़ाद था- अब मैं मोसाब की तरह ही जीने को आज़ाद था; शिन बेट के साथ छिप-छिपाकर होने वाली मीटिंग्स और इज़राइली जेल से आज़ाद था; हमेशा बने रहने वाले इस अंदेशे से आज़ाद था कि कहीं मेरा राज़ फाश न हो जाए।

बड़ा अजीब अहसास था। मगर शानदार था।

***

एक दिन कैलीफोर्निया में फुटपाथ पर चलते हुए मुझे सामने से एक जाना-पहचाना चेहरा अपनी तरफ आते दिखा। यह माहेर ओदेह था, वही माहेर ओदेह जो ढेरों

आत्मघाती हमलों का मास्टर-माइंड था; वही माहेर ओदेह जिसके घर से सन 2000 में मैंने अराफात के हथियारबंद गार्ड्स के भेस में उन चार लोगों को बाहर निकलते देखा था जिनका बाद में हमने अल-अक्सा मार्टायर्स ब्रिगेड्स के फाउंडर मेम्बरान के तौर पर भांडाफोड़ किया था।

एकबारगी तो मुझे पक्का यकीन नहीं हुआ कि वह माहेर ही था। बे-सियाक़-ओ-सबाक़ (आउट ऑफ़ कॉन्टेक्स्ट) होने पर लोग थोड़े अलग दिखने लगते हैं। मैं उम्मीद कर रहा था कि मेरी आँखों को कोई धोखा हुआ हो। हमास ने अभी तक कभी भी अमरीका में आकर आत्मघाती हमले करने की दिलेरी नहीं दिखाई थी। मादेह का यहाँ होना अमरीका के लिए अच्छा नहीं था। और न ही मेरे लिए।

हमारी नज़रें मिलीं और पल भर को थम गईं। मुझे यकीन था कि उस पल में मैंने सामने वाली आँखों में पहचान की बिजली कौंधती देखी थी। मगर अगले ही पल वह मुझे अनदेखा करता हुआ आगे बढ़ गया।

ख़ातिमा-ए-किताब
(उपसंहार)

2008 के जुलाई महीने की एक शाम मैं अपने अच्छे दोस्त और इज़राइल में हारेत्ज़ अखबार के अखबारनवीस आवी इस्साखरॉफ़ के साथ एक रेस्तरां में बैठकर खाना खा रहा था। मैंने उसे अपने ईसाई बनने की पूरी कहानी सुनाई। मैं चाहता था कि वह कहानी अमरीका से नहीं बल्कि इज़राइल से जारी हो। उसने अपने अखबार में वह कहानी 'प्रोडिगल सन' (फ़राख़-दिल फरजंद या दिलदार बेटा) शीर्षक से छापी।

जैसा कि पहले भी जीसस के कई सारे अनुयायियों के साथ हुआ था, मेरे जीसस को अपनाने के एलान-ए-आम ने मेरी वालिदा, मेरे वालिद, मेरे भाई-बहनों और मेरे दोस्तों के दिल तोड़ दिए।

मेरा दोस्त जमाल उन चंद लोगों में से था जो इस मुश्किल घड़ी में मेरे परिवार के साथ खड़े थे, उनके दुःख में बराबरी से शरीक थे। मेरे आने के बाद वह बेहद तन्हा हो गया था। मगर जल्दी ही उसकी ज़िन्दगी में एक खूबसूरत लड़की की आमद हुई, जिसके साथ उसने मँगनी कर ली और फिर निकाह भी पढ़वा लिया। उसका निकाह हारेत्ज़ में मेरी कहानी छपने के दो हफ्ते बाद हुआ था।

उसके निकाह में शिरकत करने के दौरान मेरे परिवार के लोग अपने आँसू नहीं रोक पाए। जमाल का निकाह देखकर उन्हें मेरी याद हो आई। उन्हें याद हो आया कि किस तरह मैंने अपना मुस्तकबिल बर्बाद कर लिया था। उन्हें यह बात भी याद हो आई कि मैं अब कभी किसी मुस्लिम लड़की से निकाह करके अपना घर नहीं बसा पाऊँगा। उनकी हालत देखकर दूल्हा-दुल्हन भी रोने लगे। निकाह में शिरकत कर रहे लगभग तमाम लोगों की आँखें आँसुओं से भीगी हुई थीं, मगर मुझे लगता है कि उनके रोने की वजह कुछ और थी।

"तुम अपना एलान-ए-आम और दो हफ्ते रुककर नहीं कर सकते थे? मेरा निकाह तो हो जाने देते कम से कम। मेरी ज़िन्दगी के सबसे कीमती लम्हात यूँ बर्बाद तो नहीं होते!" बाद में फोन पर बात करते हुए जमाल ने मुझसे शिकायती अंदाज़ में कहा।

मुझे खुद में बड़ा खराब लगा। ऊपरवाले का करम कहिए कि जमाल अभी भी मेरा सबसे अच्छा दोस्त है।

मेरे वालिद को यह खबर जेल की कोठरी में ही सुनने को मिली। सुबह सोकर उठते ही जब उन्हें पता चला कि उनके सबसे बड़े बरखुरदार ने ईसाई मज़हब अपना लिया था तो उनकी आँखों के आगे अँधेरा छा गया। उनकी राय में ऐसा करके मैंने अपने साथ-साथ अपने परिवार का मुस्तकबिल भी तबाह-ओ-बर्बाद कर दिया था। उनका मानना है कि एक दिन मुझे उनकी आँखों के सामने ही नरक में ले जाया जाएगा और फिर हम हमेशा के लिए अलग हो जाएँगे।

उनका इस कदर दिल टूट गया था कि वह हर वक़्त बस रोते रहते थे, अपनी कोठरी से बाहर भी नहीं आते थे।

तमाम गुटों के कैदी उनसे मिलने और उन्हें दिलासा देने आने लगे। वे उनसे कहते, "अबु मोसाब! हम सब आपके फरजंद हैं। आप सब्र करें और खुद को संभालें।"

उन्होंने जो सुना था उस पर उन्हें एतबार आ ही नहीं रहा था, लग रहा था कि वह खबर महज़ अफवाह थी। मगर एक हफ्ते बाद जब मेरी सत्रह साल की बहन अनहर उनसे मिलने गई (पूरे परिवार में से सिर्फ उसी को उनसे मिलने की इजाज़त थी), तब उसकी आँखों में देखते ही उन्हें समझ आ गया कि उन्होंने जो सुना था वो सच था। और यह अहसास होते ही उनके सब्र का बाँध टूट गया और वह फिर से फूट-फूटकर रोने लगे। बाकी कैदी मिलने आए अपने परिवार वालों को छोड़-छाड़कर उनके पास दौड़े आए और उनके सिर को चूम-चूमकर खुद भी उनके साथ रोने लगे। यह देखकर अब्बा ने अपने आँसू जज़्ब करने की कोशिश करते हुए उन लोगों से माफी तलब की, मगर उनसे जज़्ब हो न सका और वह और भी ज़्यादा ज़ोरों से रोने लगे। यहाँ तक कि अब्बा की इज़्ज़त करने वाले इज़राइली गार्ड्स तक रोने लग गए।

मैंने उन्हें छह पन्नों का एक ख़त भेजा, जिसमें मैंने लिखा कि उनकी उस परवरदिगार से असल वाकफियत होनी कितनी ज़रूरी थी जिसे वह हमेशा

से इतना प्यार करते आए थे मगर जिसे सही मायनों में अब तक जान नहीं पाए थे।

मेरे सभी चाचा-मामा बेकरार थे कि मेरे वालिद मुझसे नाता तोड़ने का एलान करें। मगर जब उन्होंने ऐसा करने से इंकार कर दिया, तब उन लोगों ने मेरी वालिदा और मेरे भाई-बहनों की तरफ से मुँह मोड़ लिया। असल में अब्बा अच्छी तरह जानते थे कि अगर उन्होंने मुझसे नाता तोड़ने का एलान किया तो हमास के दहशतगर्द मुझे मार डालेंगे। मैंने चाहे उन्हें कितना भी आहत किया हो, फिर भी उन्होंने अपनी सरपरस्ती का साया मेरे सिर से नहीं उठने दिया।

इसके आठ हफ्ते बाद नेगेव की कत्ज़ीओट जेल में कैदियों ने जेल-प्रशासन को दंगा-फसाद करने की धमकी दे दी। इज़राइल प्रिज़न सर्विस ने अब्बा से दरख्वास्त की कि वह हालात को संभालने के लिए जो भी कर सकते हों, करें।

एक दिन अम्मी का फोन आया (मेरे अमरीका आने के बाद से हमारी हर हफ्ते फोन पर बात होती थी)।

"तुम्हारे अब्बा नेगेव में हैं। कुछ कैदियों ने तस्करी के ज़रिए कुछ सेल फ़ोन्स जेल में मँगवाए हैं। तुम अपने अब्बा से बात करना चाहोगे?"

मुझे अपने कानों पर यकीन नहीं हुआ। मैंने कभी नहीं सोचा था कि अब्बा के जेल से छूटने से पहले मेरी उनसे बात हो पाएगी।

मैंने अम्मी के दिए नंबर पर फोन लगाया। किसी ने फोन नहीं उठाया। मैंने फिर से लगाया।

"अलो!"

उनकी आवाज़। मेरे मुँह से बोल नहीं फूटा।

"अस-सलाम-अलैकुम अब्बा!"

"वा-अलैकुम-सलाम।"

"आपकी आवाज़ सुनने को कान तरस गए थे।"

"कैसे हो?"

"जी, अच्छा हूँ। इससे कोई फर्क नहीं पड़ता कि मैं कैसा हूँ। आप कैसे हैं?"

"मैं ठीक हूँ। हम यहाँ कैदियों से बात करके हालात ठीक करने की कोशिश करने आए हैं।"

वह अब भी वैसे ही थे। अभी भी उनको खुद से ज़्यादा लोगों की फ़िक्र थी। और मेरा ख्याल है कि वह हमेशा ऐसे ही रहेंगे।

"अमरीका में तुम्हारी ज़िन्दगी कैसी चल रही है अब?"

"बहुत बढ़िया। मैं एक किताब लिख रहा हूँ..."

जेल में कैदियों ने यह कायदा बना रखा था कि हर किसी को अपने घरवालों से बात करने के लिए सिर्फ दस मिनट का वक़्त मिलेगा और मेरे अब्बा अपने रुतबे का बेजा इस्तेमाल करके खुद को कायदों से ऊपर रखने वालों में से नहीं थे। मैं उनसे अपनी नयी ज़िन्दगी को लेकर ढेर सारी बातें करना चाहता था, मगर वह इस बारे में बात नहीं करना चाहते थे।

उन्होंने कहा, "चाहे जो हुआ हो, पर तुम अब भी मेरे बेटे हो। तुम मेरे वजूद का हिस्सा हो और हमेशा रहोगे। तुम्हारी राय, तुम्हारा नज़रिया बेशक मुझे जुदा है, मगर मेरे लिए तुम अब भी मेरे वही नन्हें-मुन्हें लख्त-ए-जिगर हो।"

मैं दंग रह गया। कोई इंसान इतना रहमदिल कैसे हो सकता है!

अगले दिन मैंने फिर उन्हें फोन लगाया। बेशक मैंने उनका दिल दुखाया था, मगर फिर भी वह मुझे सुन रहे थे।

"मैंने आपसे एक राज़ की बात छिपाई है," मैंने उनसे कहा। "वह बात आपको मीडिया की मार्फ़त पता चले, उससे पहले ही मैं आपको बताना चाहता हूँ।"

मैंने उन्हें बताया कि मैं पिछले दस बरसों से शिन बेट के लिए काम कर रहा था। मैंने उन्हें बताया कि आज अगर वह ज़िन्दा थे तो इसलिए क्योंकि मैंने उनकी जान बचाने के लिए उन्हें जेल में रखे जाने की शिन बेट की पेशकश मंज़ूर की थी। मैंने उन्हें बताया कि उनका नाम यरूशलेम की असेसिनेशन-लिस्ट (ख़ुफ़िया-हत्याओं की सूची) में सबसे ऊपर था और वह अब भी जेल में थे क्योंकि मैं उनकी हिफ़ाज़त के लिए वहाँ नहीं था।

दूसरी ओर से ख़ामोशी छाई रही। अब्बा ने पलटकर कुछ भी नहीं कहा।

"मैं आपसे प्यार करता हूँ," मैंने पुख्तगी से कहा। "आप हमेशा मेरे अब्बा रहेंगे।"

सम्पादक का नोट : इस किताब के जारी होने से एक दिन पहले, 1 मार्च 2010 को, मोसाब के वालिद ने उनसे सारे नाते तोड़ दिए। शेख हसन ने 3 मार्च 2010 को एसोसिएटेड प्रेस की मार्फ़त एक ख़त जारी किया, जिसमें लिखा था कि उनका परिवार 'उससे अपने सभी नाते तोड़ रहा था जो कभी उनका था'। अपने परिवार को खो देने और अपनी जान के खतरे में पड़े होने के बावजूद मोसाब ने 'अपने दुश्मनों से प्यार करो' का अपना पैगाम देना जारी रखा हुआ है।

बाद की बात...

अपनी दास्तान दुनिया के सामने रखते हुए मैं तह-ए-दिल से उम्मीद कर रहा हूँ कि इसके ज़रिए मैं अपने लोगों को- इस्लाम के फिलिस्तीनी अमलकारों को, जिनका सैकड़ों सालों से बदनीयत हुकूमतें अपने फायदे के लिए इस्तेमाल करती आई हैं- यह दिखा पाऊँगा कि सच्चाई ही उन्हें सही मायनों में आज़ादी दिला सकती है।

अपनी दास्तान मैंने इसलिए भी सुनाई है ताकि मैं इज़राइली लोगों को बता सकूँ कि अभी उम्मीद है। अगर मैं, इज़राइल के खात्मे पर आमादा एक दहशतगर्द संगठन का बेटा - उस मुकाम तक पहुँच सकता हूँ जहाँ मैंने न सिर्फ यहूदी लोगों से मुहब्बत करना सीखा वरन उनके लिए अपनी ज़िन्दगी को भी जोखिम में डाला, तो उम्मीद की रोशनी तो है।

मेरी यह दास्तान ईसाई लोगों के लिए भी एक पैगाम है। हमें मेरे फिलिस्तीनी लोगों की हालत से सबक लेना चाहिए, जो हमेशा अल्लाह की राह पर चलने और उसे खुश करने की सख्त कोशिशों का भारी बोझ उठाए रहते हैं। हमने अपने लिए जो मज़हबी कायदे-क़ानून तय कर रखे हैं, हमें उनसे ऊपर उठना होगा। हमें तमाम लोगों को, चाहे वे किसी भी मज़हब के हों- बेशर्त प्यार करना सीखना होगा। अगर हम दुनिया भर में जीसस की नुमाइंदगी करना चाहते हैं तो पहले हमें उनके मुहब्बत के पैगाम को जीना होगा। अगर हम जीसस की राह पर चलना चाहते हैं तो फिर हमें सलीब पर लटकने के लिए भी तैयार रहना होगा। जीसस के काम के लिए अगर हमें सलीब पर लटकना भी पड़े तो हमें उसमें ख़ुशी होनी चाहिए।

मैं उम्मीद कर रहा हूँ कि मेरी इस दास्तान से मध्य-पूर्व के जानकारों और माहिरों, सरकारी फैसला-साज़ों, आलिमों (विद्वानों) और ख़ुफ़िया एजेंसियों के हुक्मरानों की दुनिया के सबसे ज़्यादा समस्याग्रस्त इलाकों में से एक की समस्याओं और उनके संभावित हलों की समझ में थोड़ा इज़ाफा हो सकेगा।

मैं यह जानते हुए भी इस दास्तान को सामने रख रहा हूँ कि बहुत से लोग, जिनमें वे लोग भी शामिल हैं जो मुझे सबसे ज़्यादा अज़ीज़ हैं, मेरे इरादों या मेरी सोच को नहीं समझेंगे।

कुछ लोग मुझ पर इल्ज़ाम लगाएँगे कि मैंने जो कुछ भी किया, पैसों की खातिर किया। मगर हकीकत इसके उलट है। अपनी गुज़िश्ता ज़िन्दगी में मेरे पास पैसों की कोई कमी नहीं थी, जबकि अभी मेरी मुश्किल से गुज़र-बसर हो पा रही है। यह सच है कि शुरुआती दिनों में मेरे परिवार को माली मुश्किलात (आर्थिक मुश्किलों) का सामना करना पड़ता था, खासकर उन लम्बे-लम्बे वक्फों में जबकि अब्बा जेल में होते थे। मगर शिन बेट के लिए काम शुरू करने के बाद से मैं अच्छा-खासा अमीर हो गया था। शिन बेट से मुझे जो पगार मिलती थी वो मेरे मुल्क में मिलने वाली औसत पगार से दस गुना ज़्यादा थी। मैं माली तौर पर एक अच्छी ज़िन्दगी जी रहा था, मेरे पास दो मकान थे और एक नयी स्पोर्ट्स कार थी। और सबसे बड़ी बात, अगर मैं चाहता तो वहाँ रहकर और भी ज़्यादा अमीर हो सकता था।

जब मैंने इज़राइलियों को उनके लिए काम छोड़ने के अपने फैसले के बारे में बताया था तो उन्होंने मुझे फिलिस्तीनी इलाके में अपनी खुद की एक कम्युनिकेशंस कम्पनी शुरू करने के लिए हर तरह की मदद की पेशकश की थी। अगर मैं वो पेशकश मंज़ूर करके वहाँ रुक गया होता तो आज हर साल लाखों डॉलर कमा रहा होता। मगर मैंने उस पेशकश को ठुकरा दिया और अमेरिका आ गया, जहाँ मुझे अभी तक कोई ढंग का काम नहीं मिल पाया है और न ही मेरे पास रहने के लिए घर है। उम्मीद करता हूँ कि आगे चलकर यहाँ मेरी पैसों की दिक्कत दूर हो जाएगी, मगर मुझे समझ आ गया है कि सिर्फ पैसा मुझे संतुष्टि नहीं दे सकता। अगर पैसा कमाना ही मेरा मकसद होता तो मैं वहीं रुकता जहाँ था और इज़राइल के लिए काम जारी रखता। या फिर मैं उस माली इमदाद को मंज़ूर कर लेता जिसकी पेशकश अमरीका आने के बाद लोगों ने मुझे की थी। मगर मैंने ये दोनों ही काम नहीं किए क्योंकि मैं पैसों को तरजीह नहीं देता हूँ और चाहता हूँ कि लोग भी यह गलतफहमी न पालें कि मैं यह सबकुछ पैसों के लिए कर रहा हूँ।

कुछ लोग सोच सकते हैं कि मैं यह सब तवज्जो पाने के लिए कर रहा हूँ, लेकिन मेरे भाई, वो तो मुझे मेरे अपने मुल्क में इतनी ज़्यादा हासिल थी कि मैं उससे बचता फिरता था।

मुझे जिन चीज़ों को छोड़ना सबसे ज़्यादा मुश्किल मालूम हुआ वे पैसा या तवज्जो नहीं थीं, वे चीज़ें थीं हमास के एक दिग्गज नेता की औलाद होने के नाते हासिल होने वाली ताकत और इख्तियारात (पॉवर और अथॉरिटी)। जिसने इन चीज़ों का स्वाद चखा है वही जानता है कि ये चीज़ें किस कदर चस्का लगाने वाली होती हैं। इनका चस्का पैसे के चस्के से कहीं ज़्यादा लत-आवर होता है। मुझे अपनी गुज़िश्ता ज़िन्दगी में खुद-ब-खुद हासिल हुई वह ताकत पसंद थी, मगर जब आपको किसी चीज़ की लत लग जाती है, भले वह चीज़ ताकत हो या कुछ और, तो फिर आप उस चीज़ का इस्तेमाल नहीं करते बल्कि वो चीज़ आपको इस्तेमाल करने लगती है।

मैंने जो कुछ भी किया उसके पीछे सबसे बड़ी वजह रही है आज़ादी की चाहत। बहुत गहरी चाहत।

मैं उन लोगों के बीच पैदा हुआ और पला-बढ़ा हूँ जिन्हें बदनीयत और बददियानत निजाम ने सदियों से गुलाम बनाकर रखा है।

इज़राइली कैद में रहने के दौरान ही मैंने जाना, बल्कि कहना चाहिए कि अपनी आँखों से देखा कि फिलिस्तीनी लोग अपने ही नेताओं के हाथों भी उतने ही सताए जा रहे थे जितने कि इज़राइलियों के हाथों।

मैं एक ऐसे मज़हब का पक्का मुकल्लिद (अनुयायी) था जो कुरान के खुदा को खुश करके जन्नत हासिल करने के लिए सख्त कायदों पर सख्ती से अमल करने को ज़रूरी मानता है।

अपनी गुज़िश्ता ज़िन्दगी में मेरे पास पैसे, ताकत और रसूख की कोई कमी नहीं थी, लेकिन मेरी असली चाहत थी आज़ादी। और मेरे लिए आज़ादी का मतलब था बाकी चीज़ों के अलावा नफरत, त'अस्सुब (पूर्वाग्रह) और बदला लेने की इच्छा से भी ऊपर उठ जाना।

जीसस के पैगाम- अपने दुश्मनों से प्यार करो- ने आखिरकार मेरी उस चाहत को पूरा किया; मुझे वह आज़ादी दिलाई जिसका मैं तमन्नाई था। जीसस के इस पैगाम को पा लेने के बाद मेरे लिए यह बेमानी हो गया कि कौन मेरा दुश्मन था और कौन दोस्त; मेरे लिए तो अब सभी प्यार के काबिल थे। और अब मैं एक ऐसे परवरदिगार के साथ एक मुहब्बतभरा रिश्ता कायम कर सकता था जो मुझे दूसरों से मुहब्बत करने में मदद करता।

परवरदिगार के साथ ऐसा रिश्ता न सिर्फ मेरी आज़ादी का ज़रिया है वरन मेरी नयी ज़िन्दगी की बुनियाद भी है।

इस किताब को पढ़ने के बाद बराए मेहरबानी आप यह मत सोचने लग जाना कि मैं जीसस का कोई तगड़ा मुकल्लिद (अनुयायी) हो गया हूँ। मैं अभी भी कोशिश ही कर रहा हूँ। जीसस के बारे में जो थोड़ा-बहुत मैं जान और समझ पाया हूँ वह उस बाइबिल स्टडी ग्रुप के ज़रिए ही हो सका है। दूसरे शब्दों में कहूँ तो मैं ईसा मसीह का मुकल्लिद (अनुयायी) तो हो गया हूँ, मगर शागिर्द होने की अभी सिर्फ शुरुआत हुई है।

मेरी पैदाइश और परवरिश एक ऐसे मज़हबी माहौल में हुई जहाँ इस बात पर ज़ोर दिया जाता था कि खुदा की रहमत हासिल करने का इकलौता ज़रिया है वे काम करना जो खुदा के हुक्म की तामील के दायरे में आते हैं। अपने भीतर सच के लिए जगह बनाने को मुझे अभी खुद को बहुत खाली करना पड़ेगा; अभी जो तालीम-ओ-तरबियत भीतर घर किए बैठी है उसे हटाना होगा, जैसा कि न्यू टेस्टामेंट में कहा गया है:

तुम अब तक जैसे जीते आए हो, जैसे सोचते आए हो, जैसे देखते आए हो, उस तरीके को तुम्हें छोड़ना होगा; तुम्हें अपनी पुरानी तासीर को उतार फेंकना होगा क्योंकि तुम्हारी झूठी हवसों ने इन्हें बददियानत (भ्रष्ट) कर दिया है। तुम्हें सोचने, देखने, जीने का नया तरीका अपनाना होगा, अपने दिमाग को नयी तालीम-ओ-तरबियत देनी होगी, वह तालीम-ओ-तरबियत जो जीसस के पैगामों के मुताबिक़ हो, उनकी पसंद के मुताबिक़ हो और जिसके चलते तुम एक नई तासीर को अपना सको, उस तासीर को जो अपनी सोच और अपने कामों से जीसस की नेकियों को ज़ाहिर करती हो।

—एफिज़न्स 4:22-24

जीसस के बाकी मुकल्लिदों (अनुयायी) की ही तरह मैंने भी अपने पापों के लिए नदामत (पश्चाताप) की है और मैं जानता हूँ कि जीसस गॉड के फरजंद हैं जो इंसान के रूप में धरती पर आए थे और जिन्होंने हमारे पापों की नदामत के लिए

मौत को गले लगाया, फिर मरकर दोबारा जी उठे और अब अपने वालिद की सल्तनत (किंगडम ऑफ़ गॉड) में उनके बराबर मौजूद हैं। मैं बप्तिस्मा ले चुका हूँ। मगर मुझे लगता है कि मैं अभी गॉड की किंगडम के गेट से बस ज़रा ही अन्दर दाखिल हुआ हूँ। मुझे अभी बहुत कुछ जानना-समझना है। और मैं इसका तमन्नाई हूँ।

मगर इसका मतलब यह नहीं है कि मैं दुनियावी बातों, शरीर की ज़रूरतों और शैतान के प्रलोभनों से पूरी तरह ऊपर उठ गया हूँ; मेरी अब भी इनसे कशाकश (संघर्ष) चलती रहती है। अभी भी मैं गलतफहमियों और उलझनों का शिकार होता हूँ। मैं अभी भी ऐसे मसलों से जूझ रहा हूँ जो कभी-कभी तो नाक़ाबिल-ए-तस्ख़ीर (जिनसे पार न पाया जा सके) मालूम होने लगते हैं। मगर फिर भी मुझे उम्मीद है कि अगर मैं- जो खुद को हवारी (धर्मप्रचारक) पॉल की तरह 'सबसे बड़ा पापी' तस्लीम करता हूँ (1 टिमोथी 1:16) - हार माने बिना चलता रहूँ तो वो शख्स ज़रूर बनूँगा जो गॉड मुझे बनाना चाहता है।

इसलिए अगर हम कहीं मिल जाएँ तो बराए मेहरबानी मुझसे कोई सलाह न माँगिएगा और न ही यह पूछिएगा कि मेरे मुताबिक़ अमुक मज़हबी किताब में लिखी अमुक बात का क्या मायने है, क्योंकि इन मामलों में आप मुझसे कहीं आगे हैं, मेरी आपसे दरख्वास्त है कि मुझे स्पिरिचुअल ट्रॉफी (आध्यात्मिक जीत की निशानी) समझने की बजाए मेरे लिए दुआ करें कि मैं अपने इस रूहानी सफ़र (आध्यात्मिक यात्रा) में लगातार आगे बढ़ता रहूँ और इस कोशिश में मेरी वजह से किसी को किसी भी तरह से कोई ठेस न पहुँचे।

———

जब तक हम दुश्मनों की तलाश में भीतर झाँकने की बजाए बाहर देखते रहेंगे, तब तक मध्य-पूर्व का मसला बना रहेगा।

मज़हब इस मसले का हल नहीं है। जीसस के बिना मज़हब वैसा ही है जैसे कि रूह के बिना शरीर। ज़ुल्म-ओ-सितम (उत्पीड़न) से आज़ादी से भी हालात नहीं बदलने वाले। यूरोप के ज़ुल्म-ओ-सितम से निजात पाकर इज़राइल खुद सितमगर बन गया। अत्याचारों से आज़ादी पाकर मुस्लिम खुद अत्याचार करने लगे। बचपन में जो लोग माँ-बाप के बुरे बर्ताव के शिकार होते हैं, खुद माँ-बाप बनने पर वे भी अपने बच्चों के साथ वैसा ही बर्ताव करने लगते हैं। बहुत बार सुनी-

सुनाई मगर खरी बात है: ज़ख़्मी लोग, जब तक कि उनके जख्म भर न जाएँ, दूसरों को जख्म देते घूमते हैं।

झूठ-ओ-फरेब से भरमाया हुआ और नस्ल-परस्ती, नफरत और बदले के जज़्बात से भरा हुआ मैं भी इन्हीं लोगों में से एक बनने के सफ़र पर निकला हुआ था। मगर खुशकिस्मती से 1999 में मेरी मुलाक़ात असल और इकलौते गॉड से हो गई। आप चाहें तो उसे परमपिता कह लें, परमेश्वर कह लें। वही हम सब का मालिक है, वालिद है और उसके दिल में हम सबके लिए जो प्यार है उसे शब्दों में ज़ाहिर करना नामुमकिन है, मगर धरती पर इंसान के रूप में जन्म लेने वाले उसके इकलौते फरजंद (पुत्र) का दुनिया के पापों की नदामत के लिए सलीब पर लटकना हकीकत में उसी प्यार का मुज़ाहरा (अभिव्यक्ति) है। उसी इकलौते और असल रब ने तीन दिन बाद मरे हुए जीसस को ज़िन्दा करके अपनी ताकत और दयानतदारी दिखाई। यही असल और इकलौता रब है जो मुझे न सिर्फ अपने दुश्मनों से प्यार करने और उन्हें माफ़ कर देने का हुक्म सुनाता है, वरन मुझे ऐसा करने की ताकत और काबिलियत भी देता है।

सच्चाई और माफी मध्य-पूर्व के मसले का इकलौता हल है। चुनौती इस मसले का, खासकर के इज़राइलियों और फिलिस्तीनियों के बीच के मसले का, हल तलाशना नहीं है। चुनौती है उस हल को हम-आगोश करने (स्वीकारने) की हिम्मत दिखाने की पहल करना।

आखिर में...

2011

जब से 'सन ऑफ़ हमास' रिलीज़ हुई है और खासकर जब से इसने बेस्ट-सेलर लिस्ट में जगह बनाई है, तब से मुझे लगातार लोगों की बधाईयाँ और सहयोग हासिल हो रहा है। ज़्यादातर कलमकारों/अदीबों (लेखक) के लिए तो किताब का छपना अपने आप में ही जश्न मनाने की वजह होती है; उसे बेस्ट-सेलर का दर्जा हासिल होना तो खैर बहुत बड़ी बात हो जाती है। मगर मेरे लिए इस किताब का छपना कोई बड़ी जीत या जश्न की बात नहीं रही; कई मायनों में यह मेरा सबसे खराब तजुर्बा रहा है। किताब छपने के बाद से ऐसी बहुत सारी बातें हुई हैं जिन्होंने न सिर्फ जश्न को फीका कर दिया बल्कि मेरी ज़िन्दगी को भी हमेशा-हमेशा के लिए बदलकर रख दिया।

सबसे पहली बात जो हुई वो मार्च 2010 में इस किताब के जारी होने से एक दिन पहले तब हुई जब मुझे यह खबर मिली कि मेरे वालिद ने मुझसे हमेशा के लिए सारे ताल्लुकात तोड़ दिए थे; उन्होंने मुझे अपना नाम देने से तौबा कर ली थी। आप समझ सकते हैं कि मेरे लिए यह मेरी ज़िन्दगी की सबसे बुरी खबर थी।

फिर मई 2010 में मुझे यूएस डिपार्टमेंट ऑफ़ होमलैंड सिक्योरिटी की तरफ से यह इत्तिला दी गई कि अतीत में हमास से ताल्लुकात के चलते अमरीका की सुरक्षा के लिए संभावित खतरा माने जाने की बिनाह पर मुझे मेरे मुल्क वापस भेज दिया जाए या नहीं, यह तय करने के लिए एक सुनवाई रखी जा रही थी।

मगर इन घटनाओं की तफ्सील में जाने से पहले मुझे आपको वापस 2008 में लेकर चलना चाहिए। मैं 2007 में अमरीका आ गया था और जैसा कि मैंने इस किताब के खातिमा-ए-किताब (उपसंहार) में आपको बताया था, मैंने अपने ईसाई बनने की कहानी अपने दोस्त और इज़रायली अखबार हारेत्ज़ के अखबारनवीस

एवी इस्साचरॉफ़ को सुनाई थी, जिसने उसके आधार पर एक लेख लिखकर जुलाई 2008 में अपने अखबार में छापा था। मगर उस समय मुझे यह नहीं पता था कि मेरी उस कहानी को कौन-कौन पढ़ने वाला था।

मैं अपने शिन बेट हैंडलर को सिर्फ 'कैप्टन लोई' नाम से जानता था, मगर मुझे पता था कि वह कोई असल नाम न होकर एक ख़ुफ़िया नाम था, वैसे ही जैसे शिन बेट में मुझे 'दि ग्रीन प्रिंस' के नाम से जाना जाता था। भले शिन बेट की रवायत के चलते हम लोग एक-दूसरे का खुफिया नाम ही इस्तेमाल करते रहे हों, मगर साथ-साथ काम करने के दौरान हमारा एक-दूसरे पर पक्का यकीन कायम हो गया था। तकरीबन सभी मिशनों में हम एक-दूसरे के भरोसे अपनी जान दाँव पर लगा रहे होते थे और इसीलिए जल्दी ही हमारा रिश्ता साथ काम करने वाले एजेंट्स से आगे बढ़कर दोस्ती और भाईचारे में बदल गया था। मगर फिर भी हम जब भी मिले, शिन बेट के काम से ही मिले, उससे इतर हमारा मिलना-जुड़ना कभी नहीं हुआ। और 2004 में लोई के दूसरे जिले में तबादले और बाद में 2006 में शिन बेट से उसकी बर्खास्तगी के बाद से तो मेरा उससे संपर्क बिल्कुल ख़त्म ही हो गया था। इसलिए जब हारेत्ज़ में मेरी कहानी छपने के कुछ दिनों बाद मुझे गोनेन बेन इत्ज़ाक की तरफ से एक ज़ाती ई-मेल मिला तो मैं चौंक गया। उस ई-मेल में उसने बताया था कि वह कैप्टेन लोई था!

मेरे मुल्क छोड़ने के बाद से भले हम लोग एक-दूसरे के संपर्क में नहीं थे, मगर हमें एक-दूसरे की खैरियत की बराबर फ़िक्र रहती थी। मुझे पता था कि गोनेन के शिन बेट के आला अफसरान से ताल्लुकात ठीक नहीं चल रहे थे और इसलिए मैं लगातार उसकी बेहतरी के लिए दुआ करता था। गोनेन को भी हमेशा मेरी फ़िक्र लगी रहती थी, मेरे फिलिस्तीन छोड़ने के बाद ही नहीं बल्कि उससे पहले भी। फिलिस्तीन में रहते हुए शिन बेट के खतरनाक कारनामों में शामिल होना और दहशतगर्दों से जुड़ी खुफिया मालूमात हासिल करके उन तक पहुँचाना किसी भी लिहाज़ से महफूज़ काम नहीं था। इस काम से आदमी दोस्त कम और दुश्मन ज़्यादा बनाता है। इसीलिए गोनेन को हमेशा यह डर सताता था कि किसी दिन सुबह वह अखबार खोलेगा और उसे पढ़ने को मिलेगा कि मेरा क़त्ल हो गया।

जब गोनेन ने हारेत्ज़ में छपी मेरी ईसाई बनने वाली कहानी देखी तो पहले उसकी नज़र सिर्फ अखबार के कवर पर छपी मेरी तस्वीर पर पड़ी और तुरंत उसके दिमाग ने कहा, *वही हुआ जिसका डर था। मेरा दोस्त गया,* मगर फिर जब उसने पूरी खबर पढ़ी तब उसे पता चला कि मैं ज़िन्दा था और अमरीका आने के बाद से

किन-किन मुश्किलात का सामना कर रहा था। पहले तो वह हैरान था कि मैं अपने मुल्क से निकलकर अमरीका पहुँचने में कामयाब किस तरह हो पाया था; मगर अब यह जानकर वह फिक्रमंद हो उठा था कि अमरीका में मेरा हाल खराब था, न मेरे पास काम था और न ही सिर छिपाने को कोई छत।

खबर पढ़ते ही गोनेन समझ गया कि उसका तुरंत मुझसे संपर्क करना ज़रूरी था। उसने एवी इस्साचरॉफ़ को मेल करके मेरी ई-मेल आईडी माँगी। उसने उसे यह नहीं बताया कि वह मुझे कैसे जानता था (क्योंकि मैंने तब तक शिन बेट के साथ अपने ताल्लुकात जग-ज़ाहिर नहीं किए थे), बल्कि उसने तो यह भी नहीं बताया कि वह मुझे जानता भी था, उसने सिर्फ इतना कहा कि उसे लगता था कि मेरी मदद करना उसका अख्लाकी फ़र्ज़ (नैतिक उत्तरदायित्व) था। इस्साचरॉफ़ ने उसे मेरी ई-मेल आईडी दे दी।

गोनेन का मेल मिलने पर मुझे किस कदर ख़ुशी हुई, मैं लफ़्ज़ों में बयान नहीं कर सकता हूँ। इतने सारे खुफिया मिशनों में शामिल रहने और इतने लम्बे अरसे तक अपनी असली पहचान छिपाए रखने के चलते मेरे लिए दूसरों के साथ भरोसेमंद रिश्ते कायम करना मुश्किल काम था। और जैसा कि मैंने हारेत्ज़ में छपी अपनी कहानी में बताया था कि अमरीका आने के बाद भी मेरे लिए चीज़ें ज़्यादा बदली नहीं थीं। मगर गोनेन तो मेरी गुज़िश्ता ज़िन्दगी और शिन बेट के साथ मेरे ताल्लुकात के बारे में सबकुछ जानता था और उसे वाकई मेरे भले-बुरे की फ़िक्र थी। उसने उस मेल की मार्फ़त मुझे अपनी फैमिली के बारे में और 2004 में हमारे अलग होने के बाद से अब तक उसकी ज़िन्दगी में क्या-क्या हुआ था वो सब भी बताया। साथ ही उसने अमरीका में मेरी ज़िन्दगी को थोड़ा आसान बनाने की गरज से माली इमदाद (आर्थिक सहायता) की भी पेशकश की, जबकि उसकी खुद की माली हालत कुछ ज़्यादा अच्छी नहीं थी। उसने अपने ई-मेल को इन शब्दों के साथ ख़त्म किया था : “मैं उम्मीद कर रहा हूँ कि तुम अपने इस भाई को अपनी मदद करने का फ़र्ख हासिल करने दोगे।” उसने मुझे अपना भाई कहा! पढ़कर मैं रो पड़ा।

अगले ही दिन मैंने उसे जवाबी मेल भेजा और उसके बाद जल्दी ही बातचीत का हमारा सिलसिला दुबारा शुरू हो गया। हम दोनों ही जानते थे कि किसी साबिक (पूर्व) एजेंट और उसके हैंडलर का शिन बेट से इतर आपस में ताल्लुक रखना क़ानून के खिलाफ था, मगर हम दोनों करीबी दोस्त भी तो थे और फिर अब तो हम दोनों में से कोई भी शिन बेट के लिए काम नहीं कर रहा था। अगले कुछ महीनों के

दौरान हमने कई बार फोन पर बातचीत की। और फिर अपनी दोस्ती को आमने-सामने दोबारा शुरू करने के लिए गोनेन ने अमरीका आकर मुझे इन्तिहाई तौर पर खुश कर दिया।

मैं उसे लेने हवाईअड्डे गया और जैसे ही हमारा आमना-सामना हुआ, हम कसकर एक-दूसरे के गले लग गए और इतना हँसे, इतना हँसे कि पूछिए मत। मध्य-पूर्व में ख़ुफ़िया तौर पर और ख़ुफ़िया जगहों पर हुईं तमाम मुलाकातों के बाद उस दिन सारे ख़ुफ़ियापने को पीछे छोड़कर, इजराइल और फिलिस्तीन की नुमाइंदगी और शिन बेट और हमास की पहचानों को पीछे छोड़कर सिर्फ दो इंसानों और दो दोस्तों की तरह हुई हमारी वह मुलाक़ात नाकाबिल-ए-यकीन थी। सचमुच यह कितनी हैरतअंगेज़ बात थी न कि हमारी दोस्ती हर अड़चन को पार करके भी ज़िन्दा थी; हमारी दोस्ती सारी नकली पहचानों से बड़ी साबित हुई थी। अगर कोई तीसरा अनजान आदमी हम दोनों की बैकग्राउंड्स देखता तो कहता, "ये दोनों कभी भी दोस्त नहीं हो सकते।" मगर गॉड की मर्ज़ी कुछ और थी।

एफिज़स 2:14 कहता है कि जीसस खुद "हमारा अमन हैं, जिन्होंने दो आदमज़ातों को एक कर दिया है; जिन्होंने उन्हें एक होने से रोकने वाली सारी अड़चनों को हटा दिया है, उनके बीच खड़ीं तमाम दीवारों को गिरा दिया है।" मैंने गोनेन के साथ दोस्ती की माफ़रत जीसस के अमन कायम करने के इस काम को खुद अपनी ज़िन्दगी में देखा है। अगर आप यह जान लें कि हम दोनों के वालिद कौन हैं, तब तो आपको हमारी दोस्ती ख़ास तौर से नामुमकिन और उतनी ही ज़्यादा नाकाबिल-ए-एतबार, मालूम होगी। मेरे वालिद तो आप जानते ही हैं कि हमास नाम के दहशतगर्द संगठन के बानी मेम्बरान (संस्थापक सदस्य) में से एक हैं। गोनेन के वालिद पहले इंतिफादा के दौरान इज़रायली डिफेन्स फोर्सेस में एक जनरल थे। बल्कि वह उस दौरान वेस्ट बैंक के ही बा-इख्तियार (प्रभारी) जनरल थे, जिसका मानी हुआ कि उस दौरान वेस्ट बैंक में किसी को भी प्रशासनिक हिरासत (दूसरे शब्दों में कहें तो सियासी हिरासत) में लेना हो तो वह गोनेन के वालिद की इजाज़त से ही किया जा सकता था। पूरा इम्कान (संभावना) है कि उस दौरान हुई मेरे वालिद की एक से ज़्यादा बार गिरफ्तारियों के वॉरंट पर गोनेन के वालिद ने ही दस्तखत किए थे! क्या आप सोच सकते हैं कि ऐसी उजाड़ और बंजर ज़मीन में मेरी और गोनेन की भाइयों जैसी दोस्ती का कोई बीज उग सकता था? मगर जीसस की मेहरबानी ने इस नामुमकिन को भी मुमकिन कर दिखाया था।

जिस वक़्त मेरी और गोनेन की दोस्ती फिर से परवान चढ़ रही थी, उसी दौरान यूनाइटेड स्टेट्स डिपार्टमेंट ऑफ़ होमलैंड सिक्योरिटी के साथ मेरी मुश्किलें भी बढ़नी शुरू हो रही थीं। मैं 2 जनवरी 2007 को उसी तरह अमेरिका पहुँचा था जैसे बाकी मुसाफिर पहुँचते हैं- टूरिस्ट वीज़ा पर। और इसीलिए मेरे अतीत को लेकर कोई तहकीकात नहीं की गई; किसी को भी मेरे अपने वालिद से, हमास से और खासकर शिन बेट से ताल्लुकात के बारे में कोई खबर नहीं थी। एअरपोर्ट सिक्योरिटी ने मुझे रोका ज़रूर था, मगर इसलिए क्योंकि मेरा पासपोर्ट कुछ ही दिनों में एक्सपायर होने वाला था। तब भी मैंने अपनी बातों से उन्हें इस बात के लिए राज़ी कर लिया था कि वे मुझे जाने दें।

अमरीका आने के बाद मेरी मंशा सियासी पनाह (राजनीतिक शरण) के लिए अर्ज़ी देने की थी। मगर मुझे बताया गया कि उसके लिए मुझे अपना वीसा एक्सपायर होने तक रुकना पड़ेगा, जिसमें छह महीने बाकी थे। जिस दिन मेरा वीसा ख़त्म हुआ, उसी दिन मैंने सियासी पनाह के लिए अर्ज़ी दाखिल कर दी। अर्ज़ी में मैंने सभी सवालों के सही जवाब दिए, बस शिन बेट से अपने ताल्लुकात वाली छिपा ली क्योंकि उस वक़्त तक मैंने तय नहीं किया था कि मैं इज़राइली जासूस के तौर पर अपनी शिनाख्त को कभी ज़ाहिर करूँगा या नहीं और अगर करूँगा तो किस तरह करूँगा। बाकी मैंने साफ़-साफ़ लिखा कि मैं हमास के दिग्गज नेता हसन यूसुफ़ का फरजंद था, यहाँ आकर बप्तिस्मा लेकर ईसाई मज़हब अपना चुका था और इसके चलते अब फिलिस्तीन नहीं लौट सकता था। मैंने अपने अमरीकी दोस्तों के वे ख़त भी जमा किए जिनमें इस बात की तस्दीक की गई थी कि मेरा बप्तिस्मा हकीकी था। ख़ुफ़िया और नाज़ुक किस्म की मालूमात को ज़ाहिर न करते हुए मैं जितनी ईमानदारी बरत सकता था, मैंने बरती।

अर्ज़ी दाखिल करने के कुछ हफ़्तों बाद यूनाइटेड स्टेट्स डिपार्टमेंट ऑफ़ होमलैंड सिक्योरिटी ने मुझे इंटरव्यू के लिए बुलाया। मैंने उनके दफ्तर जाकर रू-ब-रू उन्हें बताया कि मैं कौन था और क्यों अमरीका में सियासी पनाह चाह रहा था। मेरी हकीकत जानकर वे भौचक्के हो गए और शायद इस बात के लिए उन्हें खुद पर शर्मिंदगी भी महसूस हुई कि अनजाने में उन्होंने एक ऐसे आदमी को मुल्क में दाखिल हो जाने दिया था जिसका दहशतगर्दों से इतना करीबी नाता था। उनकी समझ में नहीं आ रहा था कि उनसे यह चूक किस तरह हो गई थी।

इंटरव्यू लेने वाले अफसर का रुख मुझे अपने खिलाफ मालूम हुआ। उसके सामने एक फाइल फोल्डर खुला रखा था, जिसमें मेरे मामले की सारी मालूमात

दर्ज थी। यह एक बड़ा-सा फोल्डर था, जिसमें हमास और मेरे वालिद और मुझसे जुड़ीं तमाम तरह की मीडिया रिपोर्ट्स जमा की हुई मालूम होती थीं। ज़ाहिर था कि उस फोल्डर में दर्ज सभी रिपोर्ट्स और बाकी मालूमात का उस अफसर पर अच्छा असर तो नहीं ही पड़ना था; उसके तेवर मुझे तीखे मालूम हुए और मुझे लगा कि वह पहले ही तय कर चुका था कि क्या फैसला देना था। इसलिए मैंने वह फोल्डर बंद किया और उससे कहा, "अगर आपमें हिम्मत है तो पेन उठाइए और सीधे-सीधे लिख दीजिए 'डिपोर्टेशन' (मुल्क-बदर) और मुझे हिरासत में भिजवा दीजिए। मगर याद रखिएगा कि उसके बाद जो भी होगा उसके ज़िम्मेदार आप होंगे।"

उसने कोई रद्द-ए-'अमल (प्रतिक्रिया) नहीं किया तो मैंने आगे कहा, "मुझे इस मुल्क से प्यार है। वेस्ट बैंक में रहते हुए मैंने अमरीकी सरकार के लिए काम किया है और मेरे कई सारे अमरीकी दोस्त हैं। मैं यहाँ निजाम (सिस्टम) का नाजायज़ फायदा उठाने की गरज से नहीं आया हूँ; मैं किसी भी तरह का कोई फायदा लेने नहीं आया हूँ। मैं शहरियत (नागरिकता) हासिल करने की कोशिश भी नहीं कर रहा हूँ। मुझे बस प्रोटेक्शन चाहिए। लेकिन अगर फिर भी आपको लगता है कि यह कोई मज़ाक है, कि मैं कोई दहशतगर्द या कोई ऐसा आदमी हूँ जो अमरीका का फायदा उठाने की गरज से पनाह माँग रहा हूँ, तो फिर ये सब इंटरव्यू वगैरह का दिखावा बंद कीजिए। अभी के अभी 'डिपोर्टेशन' (मुल्क-बदर) लिख दीजिए। मगर जान लीजिए कि ऐसा करके आप बहुत बड़ी गलती करेंगे और उसके नतीजों की ज़िम्मेदारी सिर्फ आपकी होगी।"

अब उस अफसर के कस-बल थोड़े ढीले पड़े। उसने कहा, "प्लीज़ शांत हो जाइए; हम आपकी फाइल बंद नहीं कर रहे हैं।" फिर उसने मुझे एक ड्रिंक ऑफर किया। मेरी उस दो-टूक बात के बाद उसका मेरे साथ पेश आने का तरीका बदल गया था, अब वह इज़्ज़त से पेश आ रहा था क्योंकि उसे समझ आ गया था कि मैं निजाम के साथ कोई खेल खेलने की फिराक में नहीं था; मैं वाकई खतरे में था और फिलिस्तीन नहीं लौट सकता था। उसने कहा, "मैं आप पर अपनी ज़ाती राय तो ज़ाहिर नहीं कर सकता हूँ, क्योंकि मुझे इसकी इजाज़त नहीं है, (मगर मुझे साफ़ दिख रहा था कि वह मेरी बातों से मुतमईन था) मगर यह बहुत पेचीदा मामला है और यह हर हाल में अदालत पहुँचेगा।" उसने मुझे सुझाया कि जब तक सियासी पनाह के मेरे मामले का फैसला नहीं आता, तब तक अमरीका में रुके रहने के लिए मैं वर्क परमिट ले लूँ।

इसके बाद 23 फ़रवरी 2009 तक मुझे कुछ पता नहीं चला कि मेरी अर्ज़ी पर क्या फैसला लिया जा रहा था। 23 फ़रवरी को मुझे मालूम हुआ कि मेरी अर्ज़ी नामंजूर हो गई थी। मुझे कोई ताज्जुब नहीं हुआ। पता नहीं क्यों पर मुझे लग रहा था कि इसमें शिन बेट का ज़रूर कोई हाथ था, मेरी अर्ज़ी को खारिज कराकर वे मुझे वापस लौटने और दुबारा उनके लिए काम शुरू करने को मजबूर करना चाह रहे थे शायद। दि डिपार्टमेंट ऑफ़ होमलैंड सिक्योरिटी ने अपने फैसले में लिखा कि मुझे "सियासी पनाह देने से इंकार किया जा रहा था क्योंकि इस बात पर यकीन करने की वाजिब वजूहात मौजूद थीं कि (मैं) अमरीका की सुरक्षा के लिए खतरा था और (मैं) दहशतगर्दी के कामों में शामिल रहा था।"

इसके बाद अदालती सुनवाइयों का दौर शुरू हुआ। मैंने अपनी सच्चाई अदालत के सामने रखने की कोशिश की कि मैं कोई दुश्मन नहीं था, न ही मैं अमरीका की सुरक्षा के लिए कोई खतरा पैदा कर रहा था। जब अदालत ने मुझसे इस बात को साबित करने के लिए कोई सबूत पेश करने को कहा तो मैंने 'सन ऑफ़ हमास' का मसविदा (ड्राफ्ट) दाखिल करने का फैसला किया। मैंने वह मसविदा डिपार्टमेंट ऑफ़ होमलैंड सिक्योरिटी की वकील साहिबा को देते हुए उनसे कहा, "उम्मीद है कि इसे पढ़ने के बाद आप मेरी दलीलों से इत्तेफाक ज़ाहिर करेंगी। मैं इस मुल्क से बहुत प्यार करता हूँ और यहीं रहना चाहता हूँ। इस किताब में मेरी पूरी आपबीती है, मैंने यह बात अपनी अर्ज़ी में नहीं बताई, मगर मैंने कई बरसों तक शिन बेट एजेंट के तौर पर काम किया है। और इस दौरान मैंने बहुत सारे अमरीकियों, इज़राइलियों और फिलिस्तीनियों की ज़िंदगियाँ बचाई हैं और ऐसा मैंने अपने अख्लाकी उसूलों (नैतिक मूल्यों) के चलते किया, न कि किसी मजबूरी या लालच की गिरफ्त में आकर। मैं कभी भी दहशतगर्द नहीं रहा। मैं एक ऐसे माहौल में पैदा ज़रूर हुआ था जो दहशतगर्दी को बढ़ावा देता है, मगर मैंने हमेशा ही इस माहौल की मुखालफत की। मैं कभी किसी खून-खराबे में शामिल नहीं रहा। मेहरबानी करके आप मेरी इस आपबीती को पढ़ लीजिए।" मैं उम्मीद कर रहा था कि किताब में मैंने जो कुछ भी लिखा था उससे अदालत के सामने यह साफ़ हो जाएगा कि मेरी दलीलें सही थीं और कोई दहशतगर्द या अमरीकी सुरक्षा के लिए खतरा होना तो दूर की बात रही, उल्टा मैं तो उन तमाम तरह की आज़ादियों की हिफ़ाज़त की कोशिशों में लगा रहा था जिनको बचाए रखने का ज़िम्मा खुद डिपार्टमेंट ऑफ़ होमलैंड सिक्योरिटी ने उठा रखा था। मैंने मध्य-पूर्व में दहशतगर्दी को निहत्था करने में शिन बेट की जो मदद की थी और ख़ास तौर से मैंने USAID

में काम करने के दौरान वहाँ के मुलाज़िमों की जिस तरह से हिफ़ाज़त की थी, उसे देखते हुए मेरा अमरीका में होना गैर-वाजिब तो नहीं कहा जा सकता था।

मैंने सोचा था कि मेरी किताब लम्बी अदालती प्रक्रिया को जारी रखे जाने की ज़रूरत को ख़त्म कर देगी। मगर इसके उलट उसे मेरे ही खिलाफ इस्तेमाल किया गया, उसमें लिखीं बातों को गलत सन्दर्भों में पेश किया गया। मिसाल के तौर पर, होमलैंड सिक्योरिटी के एक सीनियर वकील ने कहा कि इस किताब के चैप्टर 18 में मैंने खुद माना है कि मैं हमास के सज़ायाफ्ता लोगों को महफ़ूज़ ठिकाने पर छोड़कर आया था। मेरा जवाब? बेशक छोड़ा था। और उसी की बदौलत मैं शिन बेट के साथ मिलकर एक खुफिया ऑपरेशन चलाने में कामयाब हुआ था, जिसके चलते हम आखिरकार उन दहशतगर्दों तक पहुँचने में कामयाब हो पाए थे जो और कई वारदातों के अलावा जुलाई 2002 में हिब्रू यूनिवर्सिटी कैफेटेरिया में हुए उस आत्मघाती बम हमले के लिए भी ज़िम्मेदार थे जिसमें पाँच अमरीकी नागरिक भी मारे गए थे। हमास के उन सज़ायाफ्ता कारिंदों को पनाह देकर ही उन्हें शिन बेट की निगरानी और काबू में रखना और आखिर को उनके अंजाम तक पहुँचाना मुमकिन हो पाया था।

अगर होमलैंड सिक्योरिटी वालों ने बाकी की किताब भी पढ़ी होती तो उन्हें मालूम होता कि मैं वेस्ट बैंक में USAID के मुहाजिर बस्तियों में पानी मुहैया कराने के एक प्रोजेक्ट में चालीस अमरीकियों के साथ भी काम कर चुका था। उन चालीस लोगों की हिफ़ाज़त किसने की थी? कौन उन्हें आगाह करता था कि कल रमल्लाह मत आना क्योंकि कल यहाँ इज़राइली फ़ौज बड़ी जंगी मुहिम छेड़ने वाली है या भारी गोलीबारी होने वाली है? किसने उनके दफ्तरों की हिफ़ाज़त की? मुझे ये सब करने के पैसे नहीं मिल रहे थे। मैंने ये सब किया उस ईसाई अख़्लाक़ (नैतिकता) के चलते जिसने मुझे नफरत छोड़कर मुहब्बत करना सिखाया। अपने ऊपर लगाए गए इल्ज़ामात के दस्तावेजों को पढ़ते वक्त मैं सोच रहा था, *क्या मेरे इस बर्ताव की बिनाह पर मुझे अमरीका के लिए खतरा माना जाना चाहिए?*

मई 2010 में मुझे नोटिस मिला कि मेरे मुल्क-बदर (डिपोर्टेशन) की कार्रवाई पर सुनवाई के लिए 30 जून 2010 की तारीख मुक़र्रर की गई थी, क्योंकि हमास में बतौर इज़राइली जासूस रहते हुए मैंने जो काम किए थे उन्हें इस बात का सबूत माना गया था कि मेरे मन में हमास के लोगों के लिए 'सच्ची' हमदर्दी थी। अपनी तरफदारी में पेश किए गए सबूत को अपने ही खिलाफ इस्तेमाल किए जाते देखकर मैं बेहद मायूस हो गया।

यहाँ मैं फिर आगे बढ़ने से पहले आपको थोड़ा पीछे ले जाना चाहूँगा। 'सन ऑफ़ हमास' के पहली बार पब्लिश होने से ज़रा सा पहले, 2010 के फरवरी महीने के दूसरे पखवाड़े में, मेरे दोस्त अवी इस्साचरॉफ़ ने हारेत्ज़ में मेरे ऊपर एक और आर्टिकल छापा, जिसमें शिन बेट एजेंट के रूप में मेरी शिनाख्त का खुलासा किया गया था। अवी को मेरी इस कहानी पर पूरी तरह यकीन नहीं आ रहा था, इसलिए मैंने उसे मशविरा दिया कि वह गोनेन का इंटरव्यू कर ले। (दिसम्बर 2009 में ही मैं गोनेन और उसकी बीवी से मिला था और मैंने उन्हें बताया था कि मेरी एक किताब छपने वाली थी, हालाँकि उस किताब की पूरी तफ्सील तब तक मैंने उन्हें नहीं बताई थी।) गोनेन इंटरव्यू के लिए राज़ी हो गया, मगर उसने और अवी ने मिलकर यह तय किया कि गोनेन का असली नाम उजागर नहीं किया जाना चाहिए। इंटरव्यू में गोनेन ने सन ऑफ़ हमास में लिखीं बातों की तस्दीक की और हमारी दोस्ती के बारे में भी बात की। इंटरव्यू के बाद अवी ने फोन करके मुझसे कहा, "यार, मैं हिल गया हूँ यह सब जानकर। किसी को भी एकबारगी यकीन नहीं होगा!" मगर मैं शुक्रगुज़ार था अवी का कि उसने मेरी आपबीती पर यकीन किया और खासकर गोनेन का कि उसने मेरी बातों की तस्दीक करके उन्हें काबिल-ए-यकीन बना दिया था।

मगर मेरी दास्तान की तस्दीक करके गोनेन ने बहुत बड़ा जोखिम मोल ले लिया था। वह अभी भी इज़राइल में ही रह रहा था और इस काम की उसे बहुत बड़ी कीमत चुकानी पड़ सकती थी। और हुआ भी ऐसा ही। हारेत्ज़ में उसका इंटरव्यू छपने के बाद शिन बेट ने उससे संपर्क साधा और उसे बताया कि अपनी पहचान उजागर करने के इल्ज़ाम में वे उस पर कानूनी कार्रवाई करने का मन बना रहे थे। उन्होंने उसे खबरदार करते हुए कहा कि अगर उसने दोबारा मुझसे बात करने या किसी भी तरह का संपर्क रखने की हिमाकत की तो उसके लिए अच्छा नहीं होगा। अगर शिन बेट गोनेन पर अपनी पहचान और उनके राज़ उजागर करने के इल्ज़ाम में मुक़दमा चला देती तो उसे आठ साल की सज़ा हो सकती थी। और अगर वह जेल चला जाता तो उसके पीछे उसके परिवार की गुज़र-बसर मुश्किल हो जाती। वह अभी क़ानून की पढ़ाई कर रहा था, जिसका आख़िरी साल चल रहा था। अगर उस पर उस तरह के इल्ज़ामात आयद कर दिए जाते जिनकी धमकी शिन बेट दे रही थी, तो इज़राइल के क़ानून के तहत वह वकालत कर पाने से महरूम हो जाता। और इससे भी बड़ा जोखिम यह था कि इस सबके चलते गोनेन के वालिद को भारी शर्मिंदगी झेलनी पड़ती, जो कि इज़राइल

डिफेन्स फोर्सेस के वज़ीफा-याब (सेवा-निवृत्त) जनरल और एक इज़्ज़तदार शहरी थे।

अब वापस आते हैं मेरी गर्दन पर मुल्क-बदर होने की तलवार लटकने की कहानी पर। मेरे वकील ने मुझसे पूछा कि क्या मैं किसी ऐसे इंसान को जानता था जो मेरी तरफ से गवाही दे सके, मगर मैंने कह दिया कि ऐसा कोई नहीं था। मैं जानता था कि अगर गोनेन ने मेरी तरफ से गवाही दी तो उसे उसके खतरनाक नतीजे भुगतने पड़ेंगे और वो पहले ही मेरे लिए बहुत कुछ दाँव पर लगा चुका था। मेरे लिए गवाही देने की सूरत में उसकी पहचान छिपी नहीं रह सकती थी। भले मेरे सिर पर मुल्क-बदर होने की तलवार लटकी थी (जो कि हकीकतन मौत की सज़ा सुनाए जाने जैसा ही था), मगर मैं जानबूझकर अपने दोस्त की ज़िन्दगी और रोजी-रोटी को खतरे में नहीं डाल सकता था। मैंने जीसस से प्रार्थना की कि वही किसी तरह मुझे इस मुश्किल से निकालने का बंदोबस्त करें।

गोनेन मेरी मुश्किलात से अच्छी तरह वाकिफ था। जब से मेरी कहानी दुनिया के सामने आई थी, तब से हम लोग हर रोज़ फोन पर बात कर रहे थे। इसलिए उसे सारी बातें पता थीं। मैं अपनी तरफ से गवाही देने के लिए उससे पूछने का ख़याल तक अपने ज़ेहन में नहीं ला रहा था; मैंने मान लिया था कि यह नामुमकिन था। मगर गोनेन ने इसरार किया : "मैं आऊँगा।"

"नहीं तुम नहीं आ सकते!" मैंने उससे पुरज़ोर लहजे में कहा। "तुम अपनी पहचान उजागर नहीं कर सकते। तुम बहुत बड़ी मुसीबत में पड़ जाओगे!"

मगर गोनेन अपनी बात पर अड़ा रहा और बोला, "उससे कोई फर्क नहीं पड़ता। मेरा गवाही देना बहुत ज़रूरी है और मैं आऊँगा।"

मेरी सुनवाई से कुछ ही दिन पहले शिन बेट ने फिर से गोनेम को खबरदार किया कि वह मुझसे मिलने या किसी भी तरह से मेरे संपर्क में रहने की कोशिश न करे, नहीं तो उसे लम्बे अरसे तक जेल में रहना पड़ सकता था।

इस चेतावनी के तीन दिन बाद ही गोनेन मेरे मामले में गवाही देने के लिए अमरीका रवाना हो गया। (जैसा कि मैंने आपको बताया था कि गोनेन क़ानून की पढ़ाई के आख़िरी साल में था, तो इत्तेफाक यह हुआ कि जिस दिन मेरी सुनवाई थी, उसके आख़िरी इम्तिहान के दो पर्चे भी उसी दिन थे! मगर गोनेन ने दोस्ती निभाने के आगे इम्तिहान की भी परवाह नहीं की।)

गोनेन और मैं वाशिंगटन डी.सी. में मिले, जहाँ 'दि एनडाऊमेंट फॉर मिडिल ईस्ट ट्रूथ' नामक संस्था की तरफ से रखे गए डिनर में शामिल होकर हम पहली बार 'सार्वजनिक रूप से' साथ-साथ नज़र आए। उस काबिल-ए-तारीफ़ संस्था की प्रेसिडेंट सराह स्टर्न ने हमें सीनेटर्स, अमरीकी काँग्रेस के मेम्बरान और कैपिटल हिल की तमाम रसूखदार शख़्सियतों से मिलवाया, वे सभी मुझे अमरीका में सियासी पनाह दिलवाने के काम में मदद के लिए राज़ी नज़र आए। मेरी कहानी और मेरे सिर पर मुल्क-बदर की तलवार लटकने वाली बात सियासी गलियारों में बहस-ओ-मुबाहिसे (चर्चा-परिचर्चा) का मरकज़ बनने लगी थी।[*][*]

मुल्क-बदर कार्रवाई की सुनवाई सुबह आठ बजे से शुरू होनी थी। गोनेन अदालत के बगल वाले कमरे में एक सिक्योरिटी गार्ड के साथ बैठा अपने बुलावे का इंतज़ार कर रहा था। मुक़र्रर वक़्त पर जज साहब आकर अपनी जगह बैठ गए और उन दस्तावेजों तथा प्रस्तावों को कोर्ट रिकॉर्ड में दर्ज करने लगे जो मेरी पिछली सुनवाई से अब तक कोर्ट में दाखिल किए गए थे। इस दौरान मैं अपने वकील की बगल में बैठा मन ही मन खुद को उन सवालों के जवाब देने के लिए तैयार करता

---

[*] मैं ख़ास तौर पर अहसानमंद हूँ, अमरीकी रिप्रेसेंटेटिव डग लेम्बोर्न (सीओ) का, जिन्होंने हाउस ऑफ़ रिप्रेसेंटेटिव्स में वह ख़त सर्कुलेट (प्रसारित) किया जिसे कांग्रेस के इक्कीस और मेम्बरान का भी सपोर्ट हासिल था और जिसमें डिपार्टमेंट ऑफ़ होमलैंड सिक्योरिटी के सचिव जेनेट नेपोलिटानो से यह गुज़ारिश की गई थी कि कोई भी राय कायम करने से पहले हाल के बरसों में जनाब यूसुफ़ के खयालात, नज़रियों, रुझानों और सरगर्मियों को 'पूरी तरह ख़याल में लिया जाए', खासकर अपनी और अपने परिवार की ज़िन्दगी खतरे में डालने की कीमत पर शिन बेट के साथ सहयोग करने वाली बात। इस ख़त पर दस्तखत करने वालों में शामिल थे : रिप्रेसेंटेटिव फ्रैंक वुल्फ (VA), ट्रेंट फ्रैंक्स (AZ), सिंथिया लुमिस (WY), बिल पोसी (FL), केनी मर्चेंट (TX), जॉन क्लाइन (MN), जॉन शेडेग (AZ), जो विल्सन (SC), डैनियल लुंगरेन (CA), जॉन बूज़मैन (AR), मिशेल बैचमैन (MN), मार्शा ब्लैकबर्न (TN), बिल शस्टर (PA), जोसेफ पिट्स (PA), लिन जेनकिंस (KS), रॉब बिशप (UT), जेफ फोर्टेनबेरी (NE), डाना रोहराबचेर (CA), रॉबर्ट एडरहोल्ट (AL), माइक पेंस (IN) और आरोन शॉक (IL)। नेसेट (इज़राइली संसद) की फॉरेन अफेयर्स एंड डिफेन्स कमिटी के चेयरमैन तज़ाची हानेग्बी और एमके इनात विल्फ़ समेत दूसरे कई मेम्बरान ने भी एक बहुत ही दयानतदारी भरा ख़त लिखकर "1998 से 2007 के दौरान इज़रायली नागरिकों और फ़िलिस्तीनी बाशिंदों की सुरक्षा को मज़बूत करने के मेरे कामों" के लिए मेरा शुक्रिया अदा किया था, मैं सीआईए के पूर्व निदेशक आर. जेम्स वूल्सी का भी अहसान मानता हूँ, जिन्होंने एक ख़त लिखकर यह कहा कि मुझे मुल्क-बदर किया जाना "एक ऐसी बेरहम कार्रवाई होगी जो इतिहास में अमरीका की पेशानी पर एक कलंक के रूप में दर्ज होगी।"

रहा जिनके पूछे जाने का मुझे पूरा यकीन था। ज़ाहिर बात थी कि मैं अपने बचाव में कोई कोर-कसर नहीं उठा रखना चाहता था। तभी जज साहब ने गोनेन को अन्दर भेजने के लिए कहा, जिसका मतलब था कि अदालत की कार्रवाई शुरू होने जा रही थी। मगर इससे पहले कि गोनेन अन्दर आ पाता, कुछ ऐसा हुआ जिसकी मैंने कल्पना भी नहीं की थी: डिपार्टमेंट ऑफ़ होमलैंड सिक्योरिटी के सीनियर वकील ने एलान किया कि डिपार्टमेंट को अब सियासी पनाह की मेरी दरख्वास्त पर कोई एतराज़ नहीं था।

इससे पहले कि मैं समझ पाता कि क्या हो रहा था, अदालत बर्खास्त हो गई। सब लोग उठकर अदालत से बाहर जाने लगे। तब मेरे वकील ने समझाया कि क्या हुआ था। मुझे अपनी आँखों और अपने कानों पर यकीन ही नहीं हुआ! जज ने सियासी पनाह की मेरी दरख्वास्त मंज़ूर कर ली थी! तकरीबन तीन बरसों तक लालफीताशाही से जूझने और हर दिन यह सोचते रहने के बाद कि आगे क्या होगा, अब मैं संयुक्त राज्य अमेरिका में सुकून से रह सकता था। अब मुझे मुल्क-बदर किए जाने की फ़िक्र करने की कोई ज़रूरत नहीं थी। अदालत से बाहर आते वक़्त मैं मन ही मन उस रहम-ओ-करम के लिए जीसस का शुक्रिया अदा कर रहा था जो उसने मुझपर बरसाया था और उन सभी लोगों का भी जिनकी मार्फ़त जीसस ने यह फैसला करवाया था।

अदालत का यह फैसला ज़ाहिर है कि मेरे लिए तो शानदार था, मगर गोनेन का भविष्य अभी भी अधर में था। मैंने उससे कहा कि वह मेरे साथ अमरीका में ही क्यों नहीं रह जाता, मगर उसने मना कर दिया, बोला, “मैं वापस जाना चाहता हूँ। वे मुझे गिरफ्तार करना चाहें तो कर लें। मुझे फिर भी यह इत्मीनान रहेगा कि मैंने वही किया जो सही था।” वह वापस इज़राइल चला गया, मगर उसकी गिरफ्तारी नहीं हुई। उसको शिन बेट की ओर से चार ख़त भेजे गए, जिनमें उसे फटकार लगाई गई थी, मगर कोई कानूनी कार्रवाई नहीं हुई। जैसा शिन बेट के लिए काम करने के दौरान गोनेन ने कई बार किया था, वैसे ही एक बार फिर उसने मेरी जान बचाई थी और इसके लिए मैं हमेशा उसका अहसानमंद रहूँगा। एक और अच्छी बात यह रही कि मेरे लिए गवाही देने आने के चक्कर में उसके इम्तिहान के जो दो पर्चे छूट गए थे, उनको बाद में देने की इजाज़त उसे मिल गई थी और उसने इम्तिहान में बहुत अच्छे अंक हासिल किए थे।

अमरीका में सियासी पनाह मिलने से भले मेरे सिर पर लटकी मुल्क-बदर की तलवार हट गई थी और मैं बहुत खुश था, मगर इस ख़ुशी को बाँटने के लिए

मेरा परिवार मेरे साथ नहीं था; अपने परिवार से दूर हो जाने के गम की परछाई मेरे मन पर से कभी नहीं हटने वाली थी। परिवार के लोग ही तो होते हैं जिनके साथ हम अपनी खुशियाँ, अपने गम बाँटना चाहते हैं, अपनी जीत का जश्न और हार का मातम मनाना चाहते हैं। मगर मेरे परिवार ने मुझसे हमेशा के लिए नाता तोड़ लिया था। मेरे अपनी दास्तान दुनिया के सामने लाने के फैसले से उन्हें जो शर्मिंदगी उठानी पड़ी थी, उसकी भरपाई संभव नहीं थी। मैंने न सिर्फ उनके दिल तोड़े थे बल्कि उनकी ज़िन्दगी भी तबाह कर दी थी। अब कौन मेरी बहनों से निकाह करेगा? मेरे भाई क्या मुँह लेकर जाएँगे अपने स्कूल?

अपनी कहानी को दुनिया के सामने लाने के खतरे मुझे पहले से पता थे, मगर उससे वह दर्द कम नहीं होता जो मैं अब महसूस कर रहा हूँ। बावजूद इस दर्द के मुझे अभी भी उम्मीद है कि उन्होंने मुझे अपने दिलों से बेदखल नहीं किया होगा। मुझे उम्मीद है कि एक न एक दिन ऊपरवाले के करम से हम फिर एक परिवार की तरह साथ होंगे।

मैं अमरीका में खुश हूँ, मगर अपने परिवार और अपने मुल्क की कमी महसूस करता हूँ। बेशक वेस्ट बैंक में मेरे पास ज़्यादा पैसा और ज़्यादा ताकत थी और हर कोई मुझे जानता था, मगर इतने बड़े देश में गुमनामी की ज़िन्दगी जीने के अपने फायदे हैं। बावजूद इसके कि मैं कई बार टीवी पर आ चुका हूँ और एक ऐसी किताब का लेखक हूँ जो सबसे ज़्यादा बिकने वाली किताबों की लिस्ट में शामिल रही है, यहाँ अमरीका में (जिस जगह मैं रहता हूँ उस जगह भी) बहुत सारे लोग मुझे नहीं पहचानते। इन मायनों में देखें तो किताब के ज़रिए अपनी कहानी को दुनिया के सामने लाने से मेरी ज़िन्दगी कोई ख़ास बदली नहीं है। अभी भी अक्सर लोग मुझसे पूछ लेते हैं कि मैं क्या काम करता हूँ। जवाब में मैं कहता हूँ, "मैं किसान हूँ। मैं किसी ऑर्गनिक फार्म (जैविक खेत) पर कोई काम तलाश रहा हूँ, मगर मुझे ऐसा कोई काम मिलता ही नहीं है।"

फिर इन्हीं में से कुछ लोग गलती से कभी मुझे टीवी पर देख लेते हैं या मेरी किताब पढ़ लेते हैं और फिर वे मुझसे कहते हैं, "जहाँ तक मुझे याद पड़ता है आपने कहा था कि आप किसान हैं! मगर आप तो किसान नहीं हैं!" इस पर मैं मुस्कराकर कहता हूँ, "मैं किसान ही हूँ। मैं खयाल बोता हूँ और फिर उन्हीं की फसल काटता हूँ। मैं ख्यालों का किसान हूँ।" और जो लोग मुझे पहचानते हैं, वे खामोश रहते हैं। बहुत कम लोगों को पता है कि मैं कहाँ पाया जाता हूँ और शायद ही कोई होगा जिसे पता हो कि मैं किस शहर या किस मोहल्ले में रहता हूँ।

मैं जितना हो सके उतना गुमनाम और अलग-थलग रहना पसंद करता हूँ। मेरी कहानी सामने आने के बाद से बहुत से लोग मदद के लिए आगे आए हैं, मगर अब भी यह जान पाना बहुत मुश्किल होता है कि किसके दिल में क्या है और शिन बेट के लिए जिस तरह का काम मैंने किया है उसके चलते मैं लोगों पर भरोसा न करने का आदी हो चुका हूँ – उन लोगों पर भी नहीं जो वाकई भरोसेमंद हैं।

'सन ऑफ हमास' के छपने के बाद से मेरे आसपास का माहौल काफ़ी हद तक बदल गया है, मगर मैं अभी भी वही हूँ। मुझे अभी भी गॉड को फॉलो करने और उस पर भरोसा करने की दिशा में बहुत काम करना है। मैं जीसस क्राइस्ट के बारे में जितना जानता जाता हूँ, उतना मुझे लगता है कि मैं कितना कुछ नहीं जानता। मैं नहीं जानता कि गॉड क्या है, कौन है और न मैं जानने की कोशिश कर रहा हूँ; मुझे नहीं लगता कि अपनी पूरी काबिलियत का इस्तेमाल करके भी गॉड को समझ पाना मेरे लिए मुमकिन होगा। पर मैं उसे महसूस ज़रूर करता हूँ। मैं उसकी रहमत को महसूस करता हूँ, उसके करम को महसूस करता हूँ, उसकी करामातों को महसूस करता हूँ। गॉड मेरे लिए कोई नशा नहीं है और न ही वह कोई हैंगर है जिस पर मैं अपनी तमाम दुःख-तकलीफें और शिकवे-शिकायतें टाँग दूँ। गॉड मेरा इल्हाम (प्रेरणा) है, मेरा काइद (नेता) है, मेरा उस्ताद है और मेरा रहबर (मार्गदर्शक) है। मैं 'मज़हबी आदमी' नहीं हूँ और मुझे नहीं लगता कि मैं किसी भी सूरत में 'मज़हब' की ओर लौटूँगा। मेरे अपने कुछ काईदे हैं और मैं उन काईदों का पाबन्द रहता हूँ और जब भी कभी मुझे महसूस होता है कि मैं अपनी ज़ाती ज़िन्दगी के किसी मामले में कमज़ोर हूँ तो मैं कहता हूँ, "ठीक है, ज़िन्दगी के इस पहलू को दुरुस्त करने के लिए मैं कुछ काईदे अपनाना चाह रहा हूँ, क्योंकि ऐसा करना निहायत ही ज़रूरी है।" मगर मैं मज़हबी आदमी नहीं हूँ। अगर मैं इतवार को चर्च जाता हूँ तो इसलिए क्योंकि मैं जाना चाहता हूँ, इसलिए नहीं क्योंकि ईसाई लोगों के लिए ऐसा करना ज़रूरी है। मैं लोगों से मिलने-जुड़ने का इरादा लेकर चर्च नहीं जाता; मैं वहाँ जाता हूँ इबादत करने। और अगर वहाँ नहीं जा पाता तो कहीं और कर लेता हूँ।

मुझे यही समझ आया है कि इबादत कभी भी और कहीं भी की जा सकती है। मिसाल के तौर पर, अभी कुछ दिनों पहले ही मैं स्कूबा डाइविंग कर रहा था और समंदर की तलहटी में था। प्रशांत महासागर में अस्सी फीट पानी के नीचे मेरे घुटने मुड़ गए। यह इबादत थी! इसने मुझे उस बात की याद दिला दी जिसकी फिलिपियंस 2:10 के मुताबिक, हम भविष्य में उम्मीद कर सकते हैं: "कि जीसस

की इबादत में वे सभी घुटने मुड़ने चाहिए जो जन्नत में हैं और धरती पर हैं और धरती के नीचे हैं।" जीसस के साथ जुड़ने और उनकी सोहबत करने का रवायती या मज़हबी तरीका मुझे रास नहीं आता; मैं उनसे अलग तरह से जुड़ना पसंद करता हूँ, कुछ इस तरह से जिससे मेरा उनसे दिल का रिश्ता कायम हो सके; जिससे मैं उनके प्यार को महसूस कर सकूँ। अगर मैं इसमें नाकाम रहता हूँ, तो मुझे मालूम है कि यह मेरी गलती होगी। अगर मैं कामयाब होता हूँ, तो मुझे मालूम है कि यह उनका करम होगा। मैं इसको इसी तरह देखता हूँ। मुझे परवाह नहीं कि बाकी लोग किस तरह देखते हैं। मेरा अपना तरीका है।

कभी-कभी चर्च में मैं मायूस हो जाता हूँ, खासकर यहाँ अमरीका में। मुझे यहाँ चर्च में नयी पीढ़ी के लोग नज़र नहीं आते। मैं चाहता कि वे लोग आगे आएँ, चर्च की अगुआई करें और ईसाई समुदाय या पश्चिमी दुनिया से इतर जो दुनिया है और जो अहम समस्याएँ हमारे सामने खड़ीं हैं, जैसे कि इस्लाम, उनकी तरफ अपनी ज़िम्मेदारी समझें। बतौर ईसाई हम पर बहुत ज़िम्मेदारियाँ हैं और जो समस्याएँ हैं वे इख़्तिलाफ़ी (विवादित) मालूम पड़ती हैं, मगर सियासी नफे-नुक्सान का सोचकर हम अपने कदम पीछे नहीं खींच सकते। मुझे नहीं पता कि जीसस के मुरीदों या अनुयायियों के तौर पर हमारे लिए इस्लाम की असल सीरत को समझना और उसके बारे में सच बयान करना इतना आसान क्यों है, मगर फिर भी हम इस बारे में कुछ करते नहीं हैं, या अगर करते भी हैं तो इतनी देर से करते हैं कि फिर उसका कोई मतलब ही नहीं रह जाता। ऐसा मालूम होता है कि चर्च हमेशा दूसरों से एक कदम पीछे चलता है, जो कि नहीं होना चाहिए। मेरे अपने मामले में भी तो यही हुआ न। मुल्क-बदर वाले मामले में जब कांग्रेस के मेम्बरान और यहूदी नेता मेरी मदद करने की भरसक कोशिशें कर रहे थे, तब भी चर्च बहुत देर से हरकत में आया, जबकि उसे तो शुरू से ही मेरे साथ खड़ा होना चाहिए था। मेरे लिए यह मायूस करने वाली बात थी, इसलिए नहीं कि मुझे चर्च से उतना सहयोग नहीं मिला जितना मिलना चाहिए था, बल्कि इसलिए क्योंकि इससे मुझे चर्च की आज की हकीकत पता चल गई। मुझे समझ आ गया कि कोई भी कदम उठाने के मामले में हम हमेशा ही दूसरों से पीछे रहते हैं।

बात सिर्फ मेरे मामले की या सियासती मामलों की नहीं है। क्रिश्चियन चर्च के रूप में हमें एक जमात होना चाहिए और उस जमात के तौर पर हमें मिलकर इंसानियत से जुड़े तमाम मसलों पर- फिर चाहे बात अर्थव्यवस्था की हो, सियासत की हो, तालीम-ओ-तरबियत (शिक्षा) की हो, या मानवाधिकारों की हो - सबसे

आगे खड़ा होना चाहिए। जीसस का जो रूहानी मिशन है, सारी इंसानियत को एक करना, उसके तहत सबकुछ आपस में जुड़ा हुआ है। हमें जीसस की बात सुननी है, न कि इस नेता की या उस नेता की। हमें जीसस के दिखाए रास्ते पर चलना है, उनकी तालीम-ओ-तरबियत को अपनाना है। जीसस कभी भी दूसरों के लिए आवाज़ उठाने से नहीं डरे, इसलिए हमें भी नहीं डरना चाहिए।

मेरा इरादा चर्च पर हमला करने का नहीं है। मैं अहसानमंद हूँ उन सभी लोगों का (जिनमें से कुछ तो मुझे जानते भी नहीं थे) जिन्होंने मेरी हौसलाअफ़ज़ाई की और मेरे साथ और मेरे लिए दुआ की। मैं यह नहीं कह रहा हूँ कि मुझे जो हिमायत मिली, मैं उसकी कद्र नहीं करता। मैं सिर्फ इतना कह रहा हूँ कि दुआ कार्रवाई (एक्शन) का विकल्प नहीं है। बेशक हमें दुआ करनी है, मगर जैसा कि 'दि बुक ऑफ़ जेम्स' में कहा गया है, भगवान में भरोसा अपनी जगह है मगर उसके साथ कर्म करना भी ज़रूरी है। सिर्फ दुआ करते रहना काफी नहीं होता। अगर हम दुआ को कर्म न करने के बहाने के तौर पर इस्तेमाल करने लग जाएँ तो दुआ करना 'गैर-ज़िम्मेदारी' में, बल्कि 'आलस' में भी बदल सकता है। जिस तरह शैतान हमें ईश्वर के झूठे अक्स गढ़ लेने के लिए ललचा सकता है, उसी तरह मुझे यकीन है कि वह हमें दुआ के असल मतलब को भी गलत समझने के लिए ललचा सकता है। ऐसे कई काम हैं जिन्हें गॉड हम ईसाइयों से पूरे करवाना चाहता है और मुझे लगता है कि यह हमारी ज़िम्मेदारी है कि हम उन्हें पूरा करें।

मेरे लिए अपने परिवार के मज़हब और कल्चर, इस्लाम, की बुराइयों के खिलाफ बोलना इन्हीं कामों में से एक है। और जब मैं ऐसा करता हूँ तो हमेशा ही मेरी बात का स्वागत नहीं होता। कई बार लोग चौंक जाते हैं कि मैं ऐसे किसी मसले पर क्यों और कैसे बात कर रहा हूँ जिस पर सार्वजनिक रूप से बात करना अमूमन नागवार समझा जाता है। कई बार लोग समझ नहीं पाते कि क्या प्रतिक्रिया दें, कैसे रिएक्ट करें। मगर ऐसे लोग भी हैं - खुद मुस्लिम जमात में भी - जो अपना पैगाम देना जारी रखने के लिए मेरी हौसलाअफ़ज़ाई करते हैं। मैं चाहता हूँ कि जिन चीज़ों पर बात करने से हम अब तक परहेज़ करते रहे हैं, मैं उन पर बातचीत शुरू करूँ और ज़्यादा से ज़्यादा लोगों को इसमें शरीक करने की कोशिश करूँ। मुझे ख़ास तौर से मुस्लिमों की आने वाली पीढ़ी से बहुत उम्मीदें हैं। वे पिछली पीढ़ी की तुलना में ज़्यादा खुले दिल-ओ-दिमाग वाले मालूम होते हैं। मेरा मकसद उन्हीं को जगाना है। मैं उन्हें समझाना चाहता हूँ कि वे दुनिया के जिस कोने में पैदा हुए हैं वहाँ के मज़हब, सियासी निजाम और तर्ज़-ए-हुकूमत की हकीकतों को अपना नसीब तय

करने का मौका न दें, बल्कि अपनी ज़िन्दगी और अपने भविष्य की कमान अपने हाथों में लें। वे अपनी तालीम-ओ-तरबियत को चुनौती देकर अपना भविष्य बदल सकते हैं और अपना नसीब भी।

जल्द ही 'सन ऑफ़ हमास' का अरबी ई-बुक एडिशन रिलीज़ होने वाला है, जिसे आप फ्री डाउनलोड कर सकेंगे। इस रिलीज़ को लेकर मैं बहुत रोमांचित हूँ क्योंकि इसका आना और मेरा वह बातचीत शुरू करने के अपने मकसद की शुरुआत करना; दोनों काम एक ही साथ हो रहे हैं। अब तक के तजुर्बे से मैं जानता हूँ कि बहुत से लोग किताब में लिखी बातों को गलत सन्दर्भों में लेंगे, उन पर भरोसा नहीं करेंगे, या फिर उन्हें सिरे से ही खारिज कर देंगे। मैं इस बात से हैरान हूँ कि कैसे किसी मसले पर दोनों तरफ का मीडिया लोगों के दिल-ओ-दिमाग को यक-तरफ़ा ढंग से देखने और सोचने के लिए प्रशिक्षित कर देता है और अक्सर ऐसा करने का मकसद और इसका नतीजा गलत ही होता है। मिसाल के तौर पर, शिन बेट के ऐसे कई सारे ऑपरेशन थे जिनमें मैं खुद शामिल था, मगर जब टीवी पर मैं उनसे जुड़ीं ख़बरें देखता तो हैरान हो उठता कि कैसे मीडिया तथ्यों (फैक्ट्स) को तोड़-मरोड़कर सच को झूठ और झूठ को सच बनाकर दिखा रही होती थी। जब मैं उन्हीं ऑपरेशनों के बारे में अपने शहर के लोगों से बात करके उनकी राय जानने की कोशिश करता तब भी मुझे यही हैरानी होती कि उन्हें भी तथ्यों का कुछ अता-पता नहीं होता था। मुझे सारी हकीकत शीशे की तरह साफ़ नज़र आ रही होती थी, मगर उसके आसपास झूठ और गलतबयानी का इतना घना कोहरा फैला दिया जाता था कि किसी को कुछ भी दिखाई पड़ना बंद हो जाता था। इसीलिए मुझे पता है कि बहुत से लोग मेरी बातों को गलत समझेंगे या फिर समझने की कोशिश से ही इंकार कर देंगे। मगर मुझे यह भी पता है कि कुछेक लोग ऐसे ज़रूर होंगे जो खुले दिमाग से इस किताब को पढ़ेंगे और जब वे जीसस क्राइस्ट और उनके अमन के पैगाम से मेरी मुलाक़ात के बारे में जानेंगे तो उनकी ज़िन्दगियों में भी भारी बदलाव आएगा। मेरी दुआ है कि मेरी तरह वे भी जीसस के अपने दुश्मनों से प्यार करने के फरमान को अपनाएँगे। मध्य-पूर्व में अमन-चैन कायम होने की उम्मीद है, मगर यह किसी सियासी हल या गुफ़्त-ओ-शुनीद (समझौता-वार्ता) से नहीं होगा; यह लोगों के दिल बदलने से ही होगा।

अगर अपने भविष्य की बात करूँ तो मैं ऊपरवाले का शुक्रगुज़ार हूँ कि मेरे पास गोनेन जैसा दोस्त है। हमने साथ-साथ कितनी ही रुकावटों को पार किया है। हमने साथ-साथ खतरों का सामना किया, साथ-साथ मौत को धोखा दिया,

अलग-अलग मज़हबों और कल्चरों के होने के बाद भी हम दोस्त बने और फिर एक साझा मिशन के लिए इतने बरसों और मीलों की दूरी तय करके फिर से इकट्ठे हो गए। एक ऐसे माहौल में जहाँ कभी-कभी लगता था कि हर कोई हर किसी को इस्तेमाल कर रहा था और समझ नहीं आता था कि किस पर भरोसा करें और किस पर नहीं, हम भाई बन गए। मेरी होमलैंड सिक्योरिटी वाली सुनवाई के दौरान जब हम अदालत में एक साथ खड़े थे तब एक बार फिर हमने मज़हब और कल्चर के नाम पर पैदा किए गए तमाम फासलों को धता बताया था। और अभी तो ऐसे और बहुत सारे मौके आने बाकी हैं। हम मध्य-पूर्व में अमन-चैन कायम करने की दिशा में अपनी पूरी ताकत और काबिलियत से काम करना जारी रखेंगे।

मुझे नहीं पता कि आगे क्या होगा, मगर मुझे यकीन है कि गॉड मुझे रास्ता दिखाता रहेगा। कुछ दिन पहले गोनेन मुझसे पूछ रहा था, "भाई, क्या तुम्हें लगता है कि यह महज़ इत्तेफाक है? मेरा मतलब है वेस्ट बैंक में हमारा मिलना, हमारा वो सब करना जो हमने किया, तुम्हारा शिन बेट को छोड़ पाने में कामयाब रहना (जो कि अब तक और कोई नहीं कर सका है), तुम्हारा अमरीका आने में कामयाब रहना और फिर एक किताब लिखना, हमारा इस तरह फोन पर बातें करना और ये सारे काम करना, क्या ये सब महज़ इत्तेफाक है? कोई भी दिमागदार आदमी इन सब बातों को इत्तेफाक नहीं कह सकता!" जब मैं पिछले साल डिपार्टमेंट ऑफ़ होमलैंड सिक्योरिटी के साथ पेश आईं अपनी मुश्किलात और उनसे उबरने की घटनाओं को देखता हूँ; जब मैं अमरीका में गुज़ारे पिछले तीन सालों को देखता हूँ; जब मैं उससे पहले शिन बेट के साथ बिताए दस सालों को देखता हूँ; और जब मैं हमास के साए में गुज़ारे अपने बचपन और कमसिन बरसों को देखता हूँ, तो मेरे लिए इस बात से इंकार करना नामुमकिन हो जाता है कि इस सब में गॉड का ही हाथ था, वही मुझे रास्ता दिखा रहा था, वही मुझे उस रास्ते पर चलने की ताकत दे रहा था, वही मुझे रास्ते की मुश्किलों से बचा रहा था और उसी की मर्ज़ी और करम से मैं आज यहाँ हूँ। और अगर उसकी मर्ज़ी रही तो मैं रहती ज़िन्दगी तक उसके दिखाए रास्ते पर ही चलता रहूँगा। पिछले बरस की घटनाओं ने मुझे एक बार फिर यह दिखाया है कि दोस्ती और प्यार एजेंसी, पॉलिसी और ट्रेडिशन से कहीं ज़्यादा मज़बूत है। चाहे जो हो जाए, मैं पुरज़ोर ढंग से यह कहना जारी रखूँगा कि 'दूसरी तरफ' के लोगों के लिए दिल में बेशर्त प्यार रखना और जिन्होंने हमें चोट पहुँचाई है उन्हें माफ़ कर देना ही वे उसूल हैं जो हम सबको एक बेहतर कल की तरफ लेकर जाएँगे।

किरदार

मोसाब का परिवार

शेख यूसुफ दाऊद - उनके दादाजान।

शेख हसन यूसुफ - उनके वालिद (पिताजी); 1986 से हमास के सह-संस्थापक और नेता।

सभा अबू सलेम - उनकी वालिदा (माँ)।

इब्राहिम अबू सलेम - उनके मामा; जॉर्डन में मुस्लिम ब्रदरहुड के सह-संस्थापक।

दाऊद - उनके चाचा।

यूसुफ दाऊद - उनका चचेरा भाई, दाऊद का बेटा, जिसने उन्हें कंडम हथियारों की खरीदी में मदद की थी।

मोसाब के भाई - सोहेब (1980), सैफ़ (1983), ओवेस (1985), मोहम्मद (1987) और नासेर (1997)।

मोसाब की बहनें - सबीला (1979), तस्नीम (1982) और अनहर (1990)।

अहम किरदार (जिस तरतीब में वे सामने आए)

हसन अल-बन्ना - मिस्र का सुधारक और मुस्लिम ब्रदरहुड का संस्थापक।

जमाल मंसूर - 1986 में हमास का सह-संस्थापक; इज़राइल द्वारा हत्या।

इब्राहिम किसवानी - मोसाब का दोस्त जिसने उसे वे कंडम हथियार खरीदने के लिए अमली इमदाद मुहैया कराई थी।

लोई - शिन बेट में मोसाब का हैंडलर।

मारवान बरघौटी - फतह का सेक्रेट्री-जनरल।

माहेर ओदेह - हमास का नेता और जेल में हमास सिक्योरिटी विंग का मुखिया।

सालेह तलहामे - हमास का दहशतगर्द और मोसाब का दोस्त।

इब्राहिम हमीद - वेस्ट बैंक में हमास सिक्योरिटी विंग का मुखिया।

सैय्यद अल-शेख कासिम - हमास का दहशतगर्द।

हसनीन रुम्माना - हमास का दहशतगर्द।

खालिद मेशाल - दमिश्क, सीरिया में हमास का मुखिया।

अब्दुल्ला बरघौटी - बम बनाने वाला।

बाकी किरदार (एल्फाबेटिकल ऑर्डर में)

अब्देल अजीज अल-रंतीसी - हमास नेता; लेबनान में मुल्क-बदर लोगों के कैंप का नेता।

अब्देल-बासेत ओदेह - हमास का आत्मघाती हमलावर, पार्क होटल।

अबू अली मुस्तफा - पीएफएलपी का सेक्रेट्री-जनरल; इज़राइल द्वारा हत्या।

अबू सलीम - कसाई; मोसाब का पागल पड़ोसी।

अदीब ज़ेयादेह - हमास का खुफिया नेता।

अहमद घंडौर - अल-अक्सा मार्टायर्स ब्रिगेड्स का शुरुआती नेता।

अहमद अल-फ़ारंसी - मारवान बरघौटी का सहयोगी।

अहमद यासीन - 1986 में हमास का सह-संस्थापक; इजराइल द्वारा हत्या।

अकेल सोरौर - जेल में मोसाब का दोस्त और साथी कैदी।

अमार सालाह दिआब अमरना - हमास का पहला आधिकारिक आत्मघाती हमलावर।

आमेर अबू सरहान - 1989 में तीन इज़रायलियों की चाकू मारकर हत्या करने वाला।

अम्नोन - ईसाई मज़हब अपना लेने वाला यहूदी; जेल में मोसाब का साथी कैदी।

अनस रासरास - मेगिद्दो जेल में माजीद नेता।

एरियल शेरोन - इज़राइल के ग्यारहवें वज़ीर-ए-आज़म (2001-2006)।

अवी डाइचर - शिन बेट का मुखिया।

अयमान अबू ताहा - 1986 में हमास का सह-संस्थापक।

अज़ीज़ कायद - हमास का खुफिया नेता।

बरूक गोल्डस्टीन - अमरीकी मूल का डॉक्टर जिसने रमज़ान के दौरान हेब्रोन में उन्तीस फिलिस्तीनियों का कत्लेआम किया।

बिलाल बरघौटी - हमास के लिए बम बनने वाले अब्दुल्ला बरघौटी का चचेरा भाई।

बिल क्लिंटन - संयुक्त राज्य अमेरिका के बयालीसवें सदर (राष्ट्रपति)।

कैप्टन शाई - इज़राइल डिफेन्स फोर्सेस का आला अफसर।

दया मुहम्मद हुसैन अल-तवील - फ्रेंच हिल आत्मघाती हमलावर।

एहुद बराक - इज़राइल के दसवें वज़ीर-ए-आज़म (1999-2001)।

एहुद ओलमर्ट - इज़राइल के बारहवें वज़ीर-ए-आज़म (2006-2009)।

फथी शकाकी - पेलिस्टीनियन इस्लामिक जिहाद का संस्थापक; आत्मघाती हमलों की शुरुआत करने वाला।

फौद शौबाकी - पीए का चीफ फाइनेंसियल ऑफिसर फॉर मिलिट्री ऑपरेशंस।

हसन सलामेह - याह्या अय्याश का दोस्त, जिसने उसे इज़राइलियों को मारने के लिए बम बनाना सिखाया।

इमाद अकेल - हमास के फ़ौजी दस्ते और अल-कसम ब्रिगेड्स का नेता; इज़रायलियों के हाथों मारा गया।

इस्माइल हानियेह - 2006 में फ़िलिस्तीनी वज़ीर-ए-आज़म के तौर पर चुना गया।

इज़्ज़ अल-दीन शुहेल अल-मसरी - सबारो पिज़्ज़ा पार्लर का आत्मघाती हमलावर।

जमाल अल-दूरा - उस बारह बरस के मोहम्मद अल-दूरा का बाप जिसके बारे में फ़िलिस्तीनी कहते हैं कि वह गाज़ा में फतह के प्रदर्शन के दौरान आईडीएफ सैनिकों की गोली से मारा गया था।

जमाल अल-तवील - वेस्ट बैंक में हमास नेता।

जमाल सलीम - नब्लस में जमाल मंसूर की हत्या में मारा गया हमास नेता।

जमील हमामी - 1986 में हमास का सह-संस्थापक।

जिब्रील राजौब - पेलिस्टीनियन अथॉरिटी का सुरक्षा प्रमुख (हेड ऑफ़ सिक्योरिटी)।

जुमा - मोसाब के बचपन के घर के पास वाले कब्रिस्तान में कब्र खोदने वाला।

किंग हुसैन - जॉर्डन का सुल्तान (1952-1999)।

कोफ़ी अन्नान - संयुक्त राष्ट्र के सातवें महासचिव/सेक्रेटरी-जनरल (1997-2006)।

लियोनार्ड कोहेन - कनाडाई गायक और गीतकार, जिसने 'फर्स्ट वी टेक मैनहट्टन'

गाना लिखा था।

महमूद मुस्लिह - 1986 में हमास का सह-संस्थापक।

माजेदा तलाहमे - हमास के दहशतगर्द सालेह तलाहमे की बेवा।

मोहम्मद - इस्लाम के संस्थापक।

मोहम्मद दाराघमेह - फ़िलिस्तीनी अखबारनवीस।

मोहम्मद अल-दुरा - वह बारह बरस का लड़का जिसकी कथित तौर पर गाज़ा में फतह के प्रदर्शन के दौरान आईडीएफ सैनिकों द्वारा हत्या कर दी गई थी।

मोहम्मद अरमान - हमास के दहशतगर्द दस्ते (टेररिस्ट सेल) का मेम्बर।

मोसाब तलहामे - दहशतगर्द सालेह तलहामे का सबसे बड़ा बेटा।

मुहम्मद जमाल अल-नतशेह - 1986 में हमास का सह-संस्थापक और वेस्ट बैंक में उसके फ़ौजी दस्ते का मुखिया।

मुहानेद अबू हलावा - अल-अक्सा मार्टायर्स ब्रिगेड्स का मेम्बर।

नजेह मादी - हमास का खुफिया नेता।

निसिम टोलेडानो - हमास के हाथों मारा गया इज़रायली बॉर्डर पुलिसमैन।

ओफ़र डेकेल - शिन बेट अफसर।

रेहवाम ज़ेवी - इज़राइली वज़ीर-ए-सेयाहत (पर्यटन-मंत्री), जिनका पीएफएलपी बंदूकधारियों ने क़त्ल कर दिया था।

सद्दाम हुसैन - 1990 में कुवैत पर हमला करने वाला इराकी तानाशाह।

साएब एरेकत - फ़िलिस्तीनी कैबिनेट मंत्री।

सईद होतारी - डॉल्फिनारियम आत्मघाती हमलावर।

सालाह हुसैन - हमास का खुफिया नेता।

सामी अबू ज़ुहरी - गाज़ा में हमास का प्रवक्ता (स्पोक्समैन)।

शादा - फ़िलिस्तीनी कामगार, जिसको एक इज़रायली टैंक ने गलती से निशाना बना लिया था।

शिमोन पेरेज़ - इज़राइल के नौवें राष्ट्रपति जिन्होंने 2007 में पदभार संभाला; वज़ीर-ए-आज़म (प्रधान मंत्री) और वज़ीर-ए-ख़ारिजा (विदेश मंत्री) के तौर पर भी काम किया।

श्लोमो सकाल - इज़रायली प्लास्टिक सेल्समैन, जिसको गाज़ा में खंजर घोंपकर

क़त्ल कर दिया गया था।

सिबौक्तसाकिस जर्मनस - ग्रीक ऑर्थोडॉक्स भिक्षु, जिसको इस्माइल रदेइदा ने गोलियों से भून दिया था।

याह्या अय्याश - बम बनाने के हुनर में माहिर आदमी, इज़रायल-फिलिस्तीन संघर्ष में आत्मघाती बमबारी की तकनीक को बढ़ावा देने के लिए बदनाम।

यासर अराफात - पीएलओ के लंबे समय तक चेयरमैन; पीए के प्रेसिडेंट; 2004 में इंतकाल।

यिसरेल ज़िव - आईडीएफ का इज़रायली मेजर-जनरल।

यित्ज़ाक राबिन - इज़राइल के पाँचवे वज़ीर-ए-आज़म (1974-1977; 1992-1995); 1995 में राईट-विंग इज़रायली कट्टरपंथी यिगल अमीर के हाथों क़त्ल हुए।

ज़कारिया बोट्रोस - कॉप्टिक पादरी, जिन्होंने सेटेलाईट टीवी के ज़रिए कुरआन की गलतियों और सच्चाई को उजागर करके अनगिनत मुसलमानों को ईसा मसीह से जोड़ा।

अहम लफ़्ज़ों के मायने

अब्बा - वालिद (पिताजी) ।

अदाद - गिनती ।

अज़ान - नमाज़ के लिए लगाई जाने वाली बाँग ।

अल-अक्सा मार्टायर्स ब्रिगेड्स - दूसरे इंतिफादा के दौरान तमाम फिलिस्तीन की आज़ादी के लिए लड़ने वाले तमाम धड़ों के लड़ाकों से मिलकर बना दहशतगर्दों का गुट, जो इज़राइलियों को निशाना बनाकर आत्मघाती बम धमाके और कई और तरीकों से हमले करता है ।

अल-अक्सा मस्जिद - इस्लाम की तीसरी सबसे मुक़द्दस जगह, मुस्लिमों का मानना है कि यहीं से मोहम्मद जन्नत को गए थे; यह टेंपल माउंट पर बनी है । टेंपल माउंट यहूदियों की भी सबसे मुक़द्दस जगह है । वे मानते हैं कि पुराने समय में यहाँ यहूदी मंदिर हुआ करते थे ।

अल-फ़ातिहा - इमाम या मज़हबी नेताओं के मुँह से पढ़ा जाने वाला कुरान का पहला सूरा (चैप्टर) ।

अल-जज़ीरा - क़तर स्थित अरब सैटेलाईट टेलीविज़न खबरिया नेटवर्क ।

अल्लाह - गॉड या ईश्वर के लिए अरबी लफ़्ज़ ।

एलेनबी ब्रिज - जॉर्डन नदी पर बना पुल जो जेरिको और जॉर्डन को जोड़ता है; इसे 1918 में ब्रिटिश जनरल एडमंड एलनबी ने बनवाया था ।

बकलावा - आटे से बनी लज़ीज़ पेस्ट्री, जिसमें कटे हुए मेवे भरे जाते हैं और जिसमें शहद की मिठास होती है ।

ब्लैक सेप्टेम्बर - सितम्बर 1970 में जॉर्डन की सरकार और फ़िलिस्तीनी संगठनों के बीच हुआ खूनी टकराव ।

ख़लीफ़ा - इस्लामी सियासी रहबरी (नेतृत्व) ।

डेमोक्रेटिक फ्रंट फॉर दि लिबरेशन ऑफ़ पेलिस्टाइन (डीएफएलपी) - वेस्ट बैंक और गाज़ा पर इज़रायली कब्जे की मुखालिफत करने वाला ला-मजहबी (धर्मनिरपेक्ष) मार्क्सवादी-लेनिनवादी संगठन।

दीनार - जॉर्डन की आधिकारिक मुद्रा (करेंसी); पूरे वेस्ट बैंक में इज़रायली मुद्रा शेकेल के साथ-साथ यह भी चलन है।

एमीर - मुखिया या कमांडर के लिए अरबी लफ़्ज़।

एज़ेदीन अल-क़सम ब्रिगेड्स - हमास का फ़ौजी दस्ता।

फतह - पेलिस्टीन लिबरेशन ऑर्गेनाइज़ेशन का सबसे बड़ा सियासी गुट।

फतवा - किसी इस्लामी आलिम-फ़ाज़िल (विद्वान) द्वारा इस्लामी कानून के बारे में जारी की गई कानूनी राय या फरमान।

फिदायीन - आज़ादी के लिए लड़ने वाले।

फोर्स 17 - यासर अराफात का खासुलखास कमांडो दल।

हदीथ - इस्लाम की मौखिक परंपराएँ।

हज - मक़्क़ा की ज़ियारत (तीर्थ-यात्रा)।

हमास - वेस्ट बैंक और गाज़ा में इज़राइली कब्जे की खिलाफत में खड़ा हुआ इस्लामी आंदोलन, जिसे संयुक्त राज्य अमेरिका, यूरोपीय संघ और बाकी मुल्कों ने आतंकवादी संगठन करार दिया है।

हिजबुल्लाह - लेबनान का इस्लामिक सियासी और अर्धसैनिक (पैरामिलिट्री) संगठन।

हिजाब - कुछ कल्चरों में मुस्लिम औरतों द्वारा सिर ढँकने के लिए ओढ़ा जाने वाला लिबास।

आईडीएफ (इज़राइल डिफेन्स फोर्सेस) - इज़राइल की फ़ौज, जिसमें ज़मीनी फ़ौज, एयरफ़ोर्स और नेवी; तीनों शामिल हैं।

इमाम - इस्लामी काइद (नेता), आमतौर पर किसी मस्जिद का।

इंतिफादा - बगावत।

इस्लामिक जिहाद - वेस्ट बैंक और गाज़ा में इज़राइली कब्ज़े की खिलाफत में खड़ा हुआ इस्लामी आंदोलन, जिसे संयुक्त राज्य अमेरिका, यूरोपीय संघ और बाकी मुल्कों ने आतंकवादी संगठन करार दिया है।

जलसा - इस्लामी स्टडी ग्रुप।

जिहाद - इसका शाब्दिक अर्थ होता है 'संघर्ष' करना, लेकिन इंतिहा-पसंद इस्लामिक गुट इसे अल्लाह का हथियारबंद लड़ाई और दहशतगर्दी का फरमान मानकर चलते हैं।

कलाश्निकोव - रूसी एके-47 असॉल्ट राइफल; मिखाइल कलाश्निकोव ने बनाई थी।

नेसेट - इज़रायली सरकार की विधायी शाखा (लेजिस्लेटिव ब्रांच)।

कत्ज़ीओट - नेगेव में कैनवास के शामियानों वाली इज़रायली जेल, जहाँ मोसाब ने सज़ा काटी।

कुर्द - बुत-परस्त (एथनिक) लोगों का समूह, जिनमें से अधिकांश कुर्दिस्तान में रहते हैं, कुर्दिस्तान में इराक, ईरान, सीरिया और तुर्की के कुछ हिस्से शामिल हैं।

लेबर पार्टी - इज़राइल की समाजवादी/ज़िओनिस्ट वामपंथी सियासी पार्टी।

लिकुड पार्टी - इज़राइल की दक्षिणपंथी सियासी पार्टी।

माजीद - हमास सिक्योरिटी विंग।

मस्कोबियेह - पश्चिमी येरुशलम में स्थित इज़रायली डिटेंशन सेंटर (हिरासत केंद्र)।

मक्का - इस्लाम की सबसे मुक़द्दस जगह, जो सऊदी अरब में है और जहाँ पैगंबर मोहम्मद ने इस्लाम की बुनियाद रखी थी।

मदीना - इस्लाम की दूसरी सबसे मुक़द्दस जगह; मोहम्मद को यहीं दफ़नाया गया था; सऊदी अरब में है।

मेगिद्दो - उत्तरी इज़राइल में बनी जेल।

मर्कावा - जंगी टैंक, जिसका इस्तेमाल इज़राइल डिफेन्स फोर्सेस करती हैं।

मीनार - किसी मस्जिद का ऊँचा बुर्ज जहाँ से इमाम नमाज़ के लिए बाँग-ए-अज़ान देते हैं।

मिवार - मेगिद्दो जेल का वह इलाका जहाँ कैदी मुख्य जेल परिसर में ले जाए जाने से पहले कुछ अरसे तक रुकते हैं।

मोलोतोव कॉकटेल - एक तरह का पेट्रोल बम; आमतौर पर गैसोलीन से भरी एक काँच की बोतल होती है, जिसमें कपड़े की चिंदी का पलीता लगा होता है, उसमें आग लगाकर फेंका जाता है।

मस्जिद - मुस्लिमों की इबादतगाह।

मोसाद - इज़राइल की नेशनल इंटेलिजेंस (खुफिया) एजेंसी; अमरीका की सेंट्रल इंटेलिजेंस एजेंसी के समकक्ष।

मुजाहिद - मुस्लिम गुरिल्ला लड़ाके।

मुनकर और नकीर - कब्र में लेटे मुर्दों को यातनाएँ देने वाले फ़रिश्ते।

कब्जे वाले क्षेत्र (ऑक्युपाईड टेरिटरीज़) - वेस्ट बैंक, गाज़ा और गोलान हाइट्स।

ऑपरेशन डिफेंसिव शील्ड - इज़राइल डिफेन्स फोर्सेस द्वारा दूसरे इंतिफ़ादा के दौरान चलाया गया एक बड़ा मिलिट्री ऑपरेशन।

ओस्लो अकॉर्ड्स - 1993 में इज़राइल और पेलिस्टाइन लिबरेशन ऑर्गेनाइजेशन के बीच हुआ समझौता।

पेलिस्टाइन लिबरेशन ऑर्गेनाइज़ेशन (पीएलओ) - सियासी दल/इज़राइली कब्ज़े की खिलाफत करने वाला संगठन, जिसकी रहबरी (नेतृत्व) 1969 से 2004 तक यासर अराफ़ात ने की।

पॉपुलर फ्रंट फॉर दि लिबरेशन ऑफ़ पेलिस्टाइन (पीएफएलपी) - वेस्ट बैंक और गाज़ा में सक्रिय इज़राइली कब्ज़े की खिलाफत करने वाला मार्क्सवादी-लेनिनवादी संगठन।

कुरआन - इस्लाम का पवित्र ग्रन्थ।

रकात (रकाह) - नमाज़ अता करने की इस्लामी प्रक्रिया।

रमज़ान - मोहम्मद को कुरान हासिल होने की याद में रोज़ा (उपवास) रखने का महीना।

सवाएद - इज़रायली जेलों में हमास सिक्योरिटी विंग के एजेंट; गेंदें फेंककर और लपककर एक सेक्शन से दूसरे सेक्शन तक मैसेज भेजते थे।

स्कड - शीत युद्ध के दौरान सोवियत संघ द्वारा विकसित बैलिस्टिक मिसाइल।

शरिया - इस्लाम का मज़हबी कानून।

शावीश - इज़रायली जेल में कैदियों द्वारा जेल प्रशासन के सामने अपनी माँगें रखने के लिए चुना गया नुमाइंदा; ‘ट्रस्टी’।

शेख - मुस्लिम बुजुर्ग या नेता।

शिया - सुन्नी के बाद इस्लाम का दूसरा सबसे बड़ा संप्रदाय।

शिन बेट - इज़रायली इंटेलिजेंस सर्विस; अमरीका के फ़ेडरल ब्यूरो ऑफ़ इन्वेस्टीगेशन के समकक्ष।

शूरा काउंसिल - इस्लाम में सात फैसला-साज़ (निर्णय लेने वाले) लोगों का एक पैनल।

शोतेर - इज़रायली जेल के गार्ड्स या पुलिस अधिकारियों के लिए इस्तेमाल होने वाला हिब्रू लफ्ज़।

सिक्स-डे वॉर - 1967 में इज़राइल और मिस्र, जॉर्डन व सीरिया के बीच हुई जंग।

सुन्नी - इस्लाम का सबसे बड़ा संप्रदाय।

सूरा - कुरान के चैप्टर।

टेम्पल माउंट - ओल्ड येरुशलम में वह जगह जहाँ अल-अक्सा मस्जिद और 'डोम ऑफ़ दि रॉक' (दुनिया की सबसे पुरानी इस्लामी इमारत) हैं; इसे पहले और दूसरे यहूदी मंदिरों की जगह भी माना जाता है।

वुज़ू - नमाज़ अता करने से पहले खुद को साफ-शुद्ध करने की प्रक्रिया।

कब क्या हुआ

1923 – ऑटोमन साम्राज्य का खात्मा।

1928 – हसन अल-बन्ना ने 'दि सोसायटी ऑफ़ दि मुस्लिम ब्रदर्स' की बुनियाद रखी।

1935 – फिलिस्तीन में मुस्लिम ब्रदरहुड की बुनियाद रखी गई।

1948 – मुस्लिम ब्रदरहुड ने मिस्र सरकार के खिलाफ हिंसक कार्रवाई की; इज़राइल ने अपनी आज़ादी का एलान किया; मिस्र, लेबनान, सीरिया, जॉर्डन और इराक ने इज़राइल पर हमला किया।

1949 – हसन अल-बन्ना की हत्या कर दी गई; वेस्ट बैंक में अल-अमारी मोहाजिर बस्ती बसाई गई।

1964 – पेलिस्टाइन लिबरेशन ऑर्गेनाइजेशन बनी।

1967 – सिक्स-डे वॉर।

1968 – पॉपुलर फ्रंट फॉर दि लिबरेशन ऑफ़ पेलिस्टाइन ने एल अल 707 को अगवा करके उसे अल्जीयर्स की तरफ मोड़ दिया; कोई हताहत नहीं।

1970 – ब्लैक सेप्टेम्बर, जिसके दौरान जॉर्डन ने पीएलओ को अपने यहाँ से खदेड़ दिया और उसके फौजियों ने हज़ारों पीएलओ लड़ाकों को मार गिराया।

1972 – म्यूनिख ओलंपिक में ब्लैक सेप्टेम्बर द्वारा ग्यारह इज़राइली एथलीटों की हत्या।

1973 – योम किप्पुर जंग।

1977 – हसन यूसुफ ने सभा अबू सलेम से निकाह किया।

1978 – मोसाब हसन यूसुफ का जन्म हुआ; तेल अवीव के उत्तर में इज़राइल के कोस्टल हाईवे (तटीय राजमार्ग) पर फ़तह के एक हमले में अड़तीस लोग मारे गए।

1979 – पेलिस्टीनियन इस्लामिक जिहाद की बुनियाद पड़ी।

1982 – इज़राइल ने लेबनान पर हमला करके पीएलओ को बाहर खदेड़ दिया।

1985 – हसन यूसुफ और उनका परिवार अल-बिरेह चले गए।

1986 – हेब्रोन में हमास की बुनियाद रखी गई।

1987 – हसन यूसुफ ने रमल्लाह के एक ईसाई स्कूल में मुस्लिम बच्चों को मज़हबी तालीम देने की एक और नौकरी शुरू की; पहले इंतिफादा का आगाज़।

1989 – हसन यूसुफ पहली बार गिरफ्तार हुए और जेल भेजे गए; हमास के आमेर अबू सरहान ने तीन इज़राइलियों को मार डाला।

1990 – सद्दाम हुसैन ने कुवैत पर चढ़ाई की।

1992 – मोसाब का परिवार बेतुनिया चला गया; हसन यूसुफ़ को गिरफ्तार कर लिया गया; हमास के दहशतगर्दों ने इज़रायली पुलिस अधिकारी निसिम टोलेडानो को अगवा करके क़त्ल कर दिया; फ़िलिस्तीनी नेताओं को लेबनान निर्वासित (मुल्क-बदर) कर दिया गया।

1993 – ओस्लो समझौता।

1994 – बरूक गोल्डस्टीन ने हेब्रोन में उन्तीस फिलिस्तीनियों को मार डाला; पहली बार आत्मघाती बम हमला; यासर अराफ़ात ने विजेता के अंदाज़ में गाज़ा लौटकर पेलिस्टीनियन अथॉरिटी के मुख्यालय की बुनियाद रखी।

1995 – इज़रायली वज़ीर-ए-आज़म यित्ज़ाक राबिन की हत्या; पेलिस्टीनियन अथॉरिटी ने हसन यूसुफ को गिरफ्तार किया; मोसाब ने गैकानूनी ढंग से कंडम बंदूकें खरीदीं।

1996 – हमास के किए बम बनाने वाले याह्या अय्याश की हत्या; मोसाब की पहली बार गिरफ्तारी और जेल का सफ़र।

1997 – मोसाब की जेल से रिहाई; मोसाद ने खालिद मेशाल के क़त्ल की नाकाम कोशिश की।

1999 – मोसाब एक क्रिश्चियन बाइबिल स्टडी ग्रुप में शामिल हुए।

2000 – कैम्प डेविड शिखर सम्मेलन; दूसरे इंतिफादा (जिसे अल-अक्सा इंतिफादा भी कहा जाता है) का आगाज़।

2001 – फ्रेंच हिल आत्मघाती बम हमला; डॉल्फिनारियम और सबारो पिज़्ज़ा पार्लर में आत्मघाती बम हमला; इज़राइल ने पीएफएलपी सेक्रेट्री-जनरल (महासचिव) अबू अली मुस्तफा को मार गिराया; इज़रायल के वज़ीर-ए-सेयाहत (पर्यटन-मंत्री) रेहवाम ज़ेवी को पीएफएलपी बंदूकधारियों ने क़त्ल कर दिया।

2002 – इज़राइल ने ऑपरेशन डिफेंसिव शील्ड शुरू किया; हिब्रू यूनिवर्सिटी हमले में नौ की मौत; मोसाब और उनके वालिद को गिरफ्तार कर जेल में डाल दिया गया।

2003 – पश्चिमी गठबंधन सेना (वेस्टर्न कोएलिसन फोर्सेस) ने इराक को आज़ाद कराया; इज़राइल ने हमास के दहशतगर्दों सालेह तलहामे, हसनैन रुम्माना और सैय्यद अल-शेख कासिम को मार गिराया।

2004 – यासिर अराफ़ात की मौत; हसन यूसुफ़ जेल से रिहा।

2005 – मोसाब ने बपतिस्मा लिया; हमास और इज़राइल के बीच जंग-बंदी टूटी; मोसाब की तीसरी बार गिरफ्तारी और कैद; मोसाब की जेल से रिहाई।

2006 – इस्माइल हानियेह फ़िलिस्तीनी वज़ीर-ए-आज़म चुने गए।

2007 – मोसाब ऑक्यूपाईड टेरिटरीज़ को छोड़कर अमेरिका चले गए।

एंडनोट्स

1. इसकी जानकारी पहले कभी किसी को नहीं रही। इतिहास के पन्नों में हमास की शुरुआत के बारे में जो तमाम जानकारियाँ दर्ज हैं उनमें बहुत सारी गलतियाँ हैं। मिसाल के तौर पर, विकिपीडिया ग़लत दावा करता है कि "हमास की बुनियाद 1987 में मिस्र के मुस्लिम ब्रदरहुड की फ़िलिस्तीनी शाखा के शेख अहमद यासीन, अब्देल अज़ीज़ अल-रंतीसी और मोहम्मद ताहा ने पहले इंतिफ़ादा की शुरुआत में डाली थी...।" इस दावे में जो सात संस्थापकों के नाम गिनाए गए हैं उनमें से केवल दो नाम सही हैं और शुरुआत के सन में एक बरस की गलती है। http://en.wikipedia.org/wiki/ Hamas देखें (20 नवंबर 2009 को देखा गया)।

   'मिडईस्टवेब' का कहना है, "हमास की बुनियाद फरवरी 1988 में इसलिए रखी गई ताकि मुस्लिम ब्रदरहुड पहले इंतिफादा में भाग ले सके। अहमद यासीन, 'अब्द अल-फतह दुखन, मुहम्मद शमा', इब्राहिम अल-यजुरी, इस्सा अल-नज्जर, सलाह शेहादेह (बेअत हानून से) और 'अब्द अल-अज़ीज़ रान्तिसी हमास के फाउंडर मेम्बरान थे। डॉ. महमूद ज़हर को भी अमूमन इसके फाउंडर नेताओं में से एक के तौर पर देखा जाता है। हमास के दूसरे नेताओं में शामिल हैं : शेख खलील क़ौक़ा, ईसा अल-अशर, मूसा अबू मरजुक, इब्राहिम गुशा और ख़ालिद मिशाल।" यह जानकारी विकिपीडिया के दावे से भी ज़्यादा गलत है। http://www.mideastweb.org/ hamashistory.htm देखें (20 नवंबर 2009 को देखा गया)।

2. पीएलओ ने पहली बार बड़े पैमाने पर किसी हवाईजहाज़ को अगवा करने का काम 23 जुलाई 1968 को किया था, पीएफएलपी के लड़ाकों ने एल अल बोइंग707 को अगवा करके अल्जीयर्स की तरफ मोड़ दिया था और तकरीबन एक दर्जन इज़राइली यात्रियों और चालक दल के दस सदस्यों को

बंधक बना लिया था। हालाँकि कोई हताहत नहीं हुआ था। मगर इसके चार साल बाद म्यूनिख ओलंपिक में पीएलओ की अगुआई वाले आतंकवादी हमले में ग्यारह इज़राइली एथलीट मारे गए थे। 11 मार्च 1978 को तेल अवीव के उत्तरी तट पर एक नाव से उतरे फतह के लड़ाकों ने एक बस को अगवा करके उसके ज़रिए कोस्टल हाईवे (तटीय राजमार्ग) पर ताबड़तोड़ फायरिंग की, जिसमें तकरीबन पैंतीस लोग लोग मारे गए और सत्तर से ज़्यादा ज़ख़्मी हुए।

पीएलओ को लड़ाकों की भर्ती के लिए मोहाजिर फिलिस्तीनियों की कोई कमी नहीं थी क्योंकि जॉर्डन में दो-तिहाई आबादी इन्हीं की थी, अन्य अरब देशों से हासिल हो रही भरपूर अमली इमदाद के चलते पीएलओ लगातार मज़बूत होता गया, यहाँ तक कि उसके पास जॉर्डन की पुलिस और फ़ौज से भी ज़्यादा और अच्छे हथियार आ गए। इसके चलते यासिर अराफात की रहबरी वाला पीएलओ जॉर्डन पर कब्ज़ा करने और वहाँ फ़िलिस्तीनी राज्य स्थापित करने के बहुत करीब आ गया था।

अपनी गद्दी और अपना मुल्क बचाए रखने के लिए जॉर्डन के सुल्तान हुसैन के लिए तत्काल कोई निर्णायक कार्रवाई करना ज़रूरी हो गया था। सालों बाद शिन बेट के लिए काम करने के बाद मैं इस खुफिया खुलासे से हैरान रह गया कि उस वक़्त जॉर्डन के सुल्तान ने इज़राइल के साथ एक खुफिया गठबंधन किया था, जबकि तब बाकी सारे अरब मुल्क इज़राइल को बर्बाद करने की कसम खाए बैठे थे। बेशक ऐसा करना दोनों ही मुल्कों के लिए मुनासिब था क्योंकि जहाँ सुल्तान हुसैन अपने बलबूते अपनी गद्दी बचा पाने में कामयाब नहीं हो सकता था, वहीं इज़राइल भी दोनों देशों के बीच की लम्बी सरहद की अकेले ठीक तरह निगेहबानी करने में नाकाम था। मगर खुदा-न-खास्ता इस गठबंधन का राज़ अगर फाश हो जाता तो सुल्तान हुसैन के लिए यह सियासी और कल्चरल खुदकशी साबित होती।

इसलिए 1970 में, इससे पहले कि पीएलओ अपना शिकंजा और कस पाता, सुल्तान हुसैन ने इसके नेताओं और लड़ाकों को मुल्क छोड़ने का फरमान जारी कर दिया। जब उन्होंने इस फरमान पर अमल करने से इंकार किया, तब सुल्तान ने इज़राइल के दिए हथियारों की मदद से एक फ़ौजी अभियान चलाकर उन्हें जबरन जॉर्डन से बाहर खदेड़ दिया। फिलिस्तीनियों

के बीच इस फ़ौजी अभियान को ब्लैक सेप्टेम्बर (स्याह सितम्बर) के तौर पर जाना जाता है।

उसी दौरान टाइम पत्रिका में अराफ़ात का एक इंटरव्यू छपा जिसमें उसने अपने से हमदर्दी रखने वाले अरब लीडरान से कहा, "जॉर्डन में बड़े पैमाने पर हमारा क़त्ल-ए-आम किया गया है। हज़ारों लोग मलबे में दबे हुए हैं। लाशें सड़ गई हैं। सैकड़ों-हज़ारों लोग बेघर हो गए हैं। हमारे लोगों की लाशें सड़कों पर बिखरी हुई हैं। जो बच्चे, बूढ़े और औरतें बाकी बच गए हैं वे भूख-प्यास से मरने को मजबूर हैं।" ("दि बैटल एंड्स; दि वॉर बिगिन्स," टाइम, 5 अक्टूबर 1970)।

सुल्तान हुसैन इज़राइल के अहसान तले दब गया था, जिसे उसने 1973 में यरूशलेम को इस बात की जानकारी देकर उतारने की कोशिश की थी कि मिस्र और सीरिया की रहबरी में एक अरब गठबंधन उस पर हमला करने वाला था। बदकिस्मती से इज़राइल ने उस चेतावनी को गंभीरता से नहीं लिया। नतीजतन योम किप्पुर पर हमला हुआ और इसके लिए तैयार न होने के चलते इज़राइल को भारी और गैर-ज़रूरी नुकसान उठाना पड़ा। यह राज़ की बात भी आगे चलकर मुझे इज़राइलियों से ही जानने को मिली।

ब्लैक सेप्टेम्बर के बाद, पीएलओ के बचे हुए लोग दक्षिणी लेबनान की ओर भाग गए। दक्षिणी लेबनान घातक गृह-युद्ध से जूझ रहा था। यहाँ पीएलओ ने नए सिरे से पैर जमाने शुरू किए और धीरे-धीरे अपनी ताकत बढ़ाना शुरू की और एक बार फिर वे एक मुल्क के भीतर खुद में एक मुल्क बनने की कगार पर आ गए।

अपने इस नए ठिकाने से पीएलओ ने इज़राइल के खिलाफ लगातार हमले करके उसे कमज़ोर करने की एक मुहिम छेड़ दी। बेरूत में अपनी ज़मीन से इज़राइल के उत्तरी समुदायों पर लगातार हो रही इस गोलाबारी और मिसाइल हमलों को रोक पाने की ताकत नहीं थी। इसलिए 1982 में इज़राइल ने लेबनान पर हमला करके पीएलओ को वहाँ से खदेड़ने के लिए चार महीने लम्बा अभियान चलाया और उसमें कामयाब भी हुआ। अराफ़ात और उसके एक हज़ार के करीब ज़िन्दा बचे लड़ाके ट्यूनीशिया भाग गए। मगर उतनी दूर से भी पीएलओ ने इज़राइल पर हमले जारी रखे और वेस्ट बैंक और गाज़ा में लड़ाकों की एक फ़ौज इकट्ठा कर ली।

3. "अराफ़ात की वापसी: एकता 'हमारे लोगों की ढाल है,' " न्यूयॉर्क टाइम्स, 2 जुलाई 1994, http://www.nytimes.com/1994/07/02/world/arafat-in-gaza-arafat-s-return-unity-isthe-shield-of-our-people.html (23 नवंबर 2009 को देखा गया)।

4. लियोनार्ड कोहेन, "फर्स्ट वी टेक मैनहट्टन" कॉपीराइट © 1988 Leonard Cohen Stranger Music, Inc.।

5. इज़रायली विदेश मंत्रालय, "डिक्लेरेशन ऑफ़ प्रिंसिपल्स (सितंबर 1993) के बाद से इज़रायल में आत्मघाती और अन्य बम हमले"; दि पेलिस्टीनियन सोसाइटी फॉर दि स्टडी ऑफ़ इंटरनेशनल अफेयर्स, यरूशलेम, "पेलिस्टाइन फैक्ट्स – पेलिस्टाइन क्रोनोलोजी 2000, http://www.passia.org/palestine_facts/chronology/2000.html. http://www.mfa.gov.il/MFA/MFAArchive/2000_2009/2000/11/Palestinian%20Terrorism-%20Photos%20-%20November%202000 भी देखें।

6. इस ताल्लुक (कनेक्शन) पर और पक्की मुहर अगले बरस तब लगी जब इज़राइल ने रमल्लाह पर हमला करके अराफात के मुख्यालय पर छापा मारा। बाकी दस्तावेज़ों के साथ-साथ उन्हें अल-अक्सा मार्टायर्स ब्रिगेड्स की तरफ से पीए के 'चीफ फाइनेंसियल ऑफिसर फॉर मिलिट्री ऑपरेशंस' ब्रिगेडियर जनरल फौद शौबाकी के नाम भेजा गया 16 सितंबर 2001 की तारीख का एक बिल भी मिला। यह बिल इज़रायली शहरों में बमबारी में इस्तेमाल किए गए आतिशगीरों (विस्फोटकों) की बाज़ अदायगी (रीएम्बर्समेंट) की दरख्वास्त के साथ भेजा गया था, साथ ही और ज़्यादा बम बनाने और आत्मघाती हमलावरों को हीरो की तरह पेश करने के लिए ज़रूरी पोस्टर छपवाने के लिए माली इमदाद की भी माँग की गई थी। येल शहर, "अल-अक्सा मार्टायर्स ब्रिगेड्स – ए पॉलिटिकल टूल विथ एन एज," 3 अप्रैल 2002, इंटरनेशनल इंस्टिट्यूट फॉर काउण्टर टेररिज्म, IDC हर्जलिया।

7. लियोनार्ड कोल, *टेरर: हाउ इज़राइल वॉस कोप्ड एंड व्हाट अमेरिका कैन लर्न* (ब्लूमिंगटन: इंडियाना यूनिवर्सिटी प्रेस, 2007), 8।

8. "ओबीट्यूरि: रेहवाम ज़ीवी," बीबीसी समाचार, 17 अक्टूबर 2001, http://news.bbc.co.uk/2/hi/middle_east/1603857.stm (24 नवंबर 2009 को देखा)।

9. "अन्नान ने नागरिकों को निशाना बनाने के लिए इज़राइल और फिलिस्तीनियों की आलोचना की," यू.एन. वायर, 12 मार्च 2002, http://www.unwire.org/unwire/20020312/24582_story.asp (23 अक्टूबर 2009 को एक्सेस किया)।

10. यूरोपीय संघ, "डिक्लेरेशन ऑफ़ बार्सिलोना ऑन मिडिल ईस्ट," 16 मार्च 2002, http://europa.eu/rapid/pressReleasesAction.do?reference=PRES/02/930&format=HTML&AGED=0&language=EN&guiLanguage=en।

11. कर्नल जिब्रील राजौब के बारे में एक दिलचस्प बात: इस आदमी ने वेस्ट बैंक में प्रोटेक्टिव सिक्योरिटी चीफ के अपने ओहदे का भरपूर नाजायज़ फायदा उठाकर अपनी खुद की एक सल्तनत खड़ी कर ली थी और अपने मातहत अफ्सरान को इस तरह अपने आगे झुकने और नाक रगड़ने को मजबूर करता था मानो वह किसी राजगद्दी का वारिस हो। मैंने खुद अपनी आँखों से उसकी नाश्ते की मेज़ को उसके लिए पकाए गए पचास अलग-अलग खानों के बोझ से कराहते देखा है। ज़ाहिर है कि वह इतना सब खा तो नहीं सकता था, मगर उसे यह दिखाने की खब्त थी कि वह कितना अहमतरीन आदमी था। मैंने जो देखा, उसके हिसाब से मुझे राजौब गैर-तमीज़दार और लापरवाह आदमी मालूम होता था, जिसका बर्ताव किसी लीडर की तरह कम और गैंगस्टर की तरह ज़्यादा था। 1995 में जब अराफात ने तमाम हमास लीडरान और मेम्बरान को गिरफ्तार कर लिया था, तब राजौब ने बेरहमी से उन सबको टॉर्चर किया था। हमास ने कई बार उसको जान से मारने की धमकी दी थी, जिसके चलते उसने अपने लिए एक बुलेटप्रूफ़ और बमप्रूफ कार का इंतज़ाम कर लिया था। यहाँ तक कि अराफात के पास भी ऐसी कार नहीं थी।

12. एसोसिएटेड प्रेस, "फिलिस्तीनी बममेकर को 67 उम्रकैदों की सज़ा," एमएसएनबीसी, नवंबर 30, 2004, http://www.msnbc.msn.com/id/6625081/।

13. डैनी रुबिनस्टीन, "हमास लीडर: यू कान्ट गेट रिड ऑफ़ अस," हारेत्ज़, http://www.haaretz.com/hasen/pages/ShArt.jhtml?itemNo=565084&contrassID=2&subContrassID=4&sbSubContrassID=0।

14. "इज़रायल ने हमले के बाद हमास को 'कुचलने' की कसम खाई है," फॉक्स न्यूज़, 25 सितंबर, 2005, http://www.foxnews.com/story/0,2933,170304,00.html (5 अक्टूबर 2009 को एक्सेस किया गया)।

अदीबों (लेखकों) के बारे में

मोसाब हसन ("जोसेफ") यूसुफ़ शेख हसन यूसुफ के फ़रज़न्द (बेटे) हैं। शेख हसन यूसुफ उस हमास के बानी मेम्बरान (संस्थापक सदस्यों) में से एक हैं जिसे दुनिया भर में दहशतगर्दों के संगठन के तौर पर जाना जाता है और जो इज़राइल के खिलाफ अनगिनत आत्मघाती बम धमाकों समेत तमाम घातक हमलों के लिए ज़िम्मेदार है। हमास का अहम हिस्सा रहे मोसाब को इज़रायल की ख़ुफ़िया एजेंसी ने कई बार गिरफ्तार करके जेल भेजा था। एक ब्रिटिश सैलानी से हुई अचानक मुलाकात के बाद उन्होंने छह बरस लम्बी रूहानी खोज शुरू की, जिसने न सिर्फ हमास को भारी नुकसान पहुँचाया बल्कि उनकी खुद की और उनके परिवार की जान भी खतरे में पड़ गई। तब से उन्होंने जीसस की तालीम-ओ-तरबियत को अपना लिया है और अब उन्हें अमरीका में सियासी पनाह हासिल हो गई है।

रॉन ब्रैकिन खोजी अख़बारनवीस के तौर पर मध्य-पूर्व में बहुत घूमे हैं। अल-अक्सा इंतिफादा के दौरान वह बेथलेहम, रमल्लाह, गाज़ा और यरूशलेम में रहे हैं। इराक के पतन के बाद एक असाइनमेंट के चलते में बगदाद में भी रहे और हाल की बात करें तो वह दक्षिणी सूडान और दारफुर के मोहाजिरों और बागियों के बीच थे। उनके लेख तथा स्तम्भ नियमित तौर पर यूएसए टुडे और वाशिंगटन टाइम्स सहित अन्य अनेक प्रकाशनों में छपते रहे हैं। रॉन ने बतौर ब्रॉडकास्टिंग जर्नलिस्ट और वाशिंगटन में कांग्रेस के प्रेस सचिव के तौर पर भी काम किया है।

लेखक के बारे में

मोसाब हसन यूसुफ़ का जन्म 1978 में फिलिस्तीनी वेस्ट बैंक के रमल्लाह शहर में हुआ था। उनके अब्बा, शेख हसन यूसुफ़, अंतरराष्ट्रीय स्तर पर आतंकवादी संगठन माने जाने वाले और इज़राइल के खिलाफ़ अनगिनत आत्मघाती विस्फोटों व अन्य घातक हमलों के लिए ज़िम्मेदार हमास के संस्थापक नेताओं में से एक हैं। यूसुफ़ हमास द्वारा खड़े किए गए आंदोलन का बेहद अहम हिस्सा थे, इसीलिए इज़रायली ख़ुफ़िया एजेंसी शिन बेट द्वारा उन्हें कई बार गिरफ़्तार के जेल में रखा गया। जेल में उन्होंने तरह-तरह की यातनाएँ झेलीं, मगर बाद में जब उन्हें यह मालूम हुआ कि सहयोगियों की लगातार जारी रहने वाली तलाश में हमास किस तरह अपने ही लोगों को प्रताड़ित कर रहा था, तब उनके मन-मस्तिष्क में यह सवाल उठने लगा कि आख़िर उनके असल दुश्मन कौन थे – इज़राइल? हमास? अमेरिका?

इज़राइली कैद में रहते हुए यूसुफ़ को शिन बेट के जासूस के तौर पर काम करने का प्रस्ताव मिला। शुरू में उन्होंने इस प्रस्ताव को यह सोचकर मंज़ूर कर लिया कि वह शिन बेट के साथ डबल क्रॉस करके हमास को फायदा पहुँचा सकेंगे। साथ ही उन्हें उम्मीद थी कि इस तरह शायद वह अपने अब्बा और बाक़ी परिवार को महफ़ूज़ रखने में भी कामयाब हो पाएँगे। बाद में, जब यूसुफ़ ने हमास के भीतर 'हाथी के दाँत खाने के और, दिखाने के और' वाला रवैया देखा और ईसाई बन गए, तब उन्होंने अपनी इस भूमिका का उपयोग दोनों पक्षों के बेक़सूर लोगों की जान बचाने के लिए किया। लगभग 10 सालों तक उन्होंने हमास के भीतर डबल एजेंट के तौर पर काम किया। चूँकि यूसुफ़ हमास के ऊपरी ओहदों पर अपने अब्बा के साथ कंधे से कंधा मिलाकर काम कर रहे थे, इसलिए इज़राइली सरकार को उनके माध्यम से बेहद कीमती ख़ुफ़िया जानकारियाँ हासिल हुईं।

एक ब्रिटिश पत्रकार से अचानक हुई मुलाकात के बाद यूसुफ़ छह साल लंबी आध्यात्मिक खोज पर निकल पड़े, जिसकी वजह से हमास को बहुत नुक़सान

हुआ, साथ ही उनके परिवार और उनकी ख़ुद की जान के लिए भी ख़तरा पैदा हो गया। तब से उन्होंने ईसाई धर्म अपना लिया है और अमेरिका में राजनीतिक शरण ली हुई है। उनकी कहानी 2008 में फ़ॉक्स न्यूज़ द्वारा जारी की गई डॉक्यूमेंट्री 'एस्केप फ़्रॉम हमास' के ज़रिए दुनिया के सामने आई थी।

'सन ऑफ़ हमास' यूसुफ़ की पहली किताब है, जो उन्होंने रॉन ब्रैकिन (साल्टरिवर) के साथ मिलकर लिखी है। 'सन ऑफ़ हमास' में उन्होंने इस ख़तरनाक आतंकवादी संगठन के बारे में नई जानकारियाँ सामने रखी हैं और अपनी ख़ुफ़िया भूमिका के सच पर से भी पर्दा उठाया है। इसमें उन्होंने इस्लाम को छोड़कर एक ऐसे धर्म को अपनाने के अपने ना-क़ाबिल-ए-यक़ीन मालूम होने वाले सफ़र का ब्यौरा दिया है, जिसने उन्हें अपने दुश्मनों से भी प्यार करने की नसीहत दी। साथ ही उन दुखद निर्णयों के बारे में भी बताया है, जिनके चलते उन्हें अपने परिवार, अपने दोस्तों, और अपनी सरज़मीं से दूर जाना पड़ा। यूसुफ़ के ब्लॉग अपडेट्स के लिए www. sonofhamas.com पर आप विज़िट कर सकते हैं।

LIST OF TITLES WITH ISBN NO.

ISBN	TITLE
9788194914129	1984
9789390575220	1984 & Animal Farm (2In1)
9789390575572	1984 & Animal Farm (2In1): The International Best-Selling Classics
9789390575848	35 Sonnets
9789390575329	A Clergyman's Daughter
9789390575923	A Study In Scarlet
9789390896097	A Tale Of Two Cities
9789390896837	Abide in Christ
9789390896202	Abraham Lincoln
9789390896912	Absolute Surrender
9789390896608	African American Classic Collection
9789390575305	Aldous Huxley: The Collected Works
9789390896141	An Autobiography of M. K. Gandhi
9789390575886	Animal Farm
9789390575619	Animal Farm & The Great Gatsby (2In1)
9789390575626	Animal Farm & We
9789390896158	Anna Karenina
9789390575534	Antic Hay
9789390896165	Antony & Cleopatra
9789390896172	As I Lay Dying
9789390896226	As You like it
9789390575671	At Your Command
9789390575350	Awakened Imagination
9789390575114	Be What You Wish
9789390896233	Believe In yourself
9789390896998	Best of Charles Darwin: The Origin of Species & Autobiography
9789390896684	Best Of Horror : Dracula And Frankenstein
9789390575503	Best Of Mark Twain (The Adventures of Tom Sawyer AND The Adventures of Huckleberry Finn)
9789390896769	Black History Collection
9789390575756	Brave New World, Animal Farm & 1984 (3in1)

9789390896240	Brother Karamzov
9789390575053	Bulleh Shah Poetry
9789390575725	Burmese Days
9789390896257	Bushido
9789390896066	Can't Hurt Me
9788194914112	Chanakya Neeti: With The Complete Sutras
9789390896042	Crime and Punishment
9789390575527	Crome Yellow
9789390575046	Down and Out in Paris and London
9789390896844	Dracula
9789390575442	Emersons Essays: The Complete First & Second Series (Self-Reliance & Other Essays)
9789390575749	Emma
9789390575817	Essential Tozer Collection - The Pursuit of God & The Purpose of Man
9789390896578	Fascism What It Is and How to Fight It
9789390575688	Feeling is the Secret
9789390575190	Five Lessons
9789390575954	Frankenstein
9789390575237	Franz Kafka: Collected Works
9789390575282	Franz Kafka: Short Stories
9789390575060	George Orwell Collected Works
9789390575077	George Orwell Essays
9789390575213	George Orwell Poems
9788194914150	Greatest Poetry Ever Written Vol 1
9788194914143	Greatest Poetry Ever Written Vol 1
9789390896301	Gulliver's Travel
9789390575961	Gunaho Ka Devta
9789390575893	H. P. Lovecraft Selected Stories Vol 1
9789390575978	H. P. Lovecraft Selected Stories Vol 2
9789390896059	Hamlet
9789390575022	His Last Bow: Some Reminiscences of Sherlock Holmes
9789390896134	History of Western Philosophy
9789390575121	Homage To Catalonia

9789390896219	How to develop self-confidence and Improve public Speaking
9789390896295	How to enjoy your life and your Job
9789390575633	How to own your own mind
9789390896318	How to read Human Nature
9789390896325	How to sell your way through the life
9789390896370	How to use the laws of mind
9789390896387	How to use the power of prayer
9789390896028	How to win friends & Influence People
9788194824176	How To Win Friends and Influence People
9789390896103	Humility The Beauty of Holiness
9789390896653	Imperialism the Highest Stage of Capitalism
9789390575084	In Our Time
9789390575169	In Our Time & Three Stories and Ten poems
9789390575145	James Allen: The Collected Works
9789390896189	Jesus Himself
9789390575480	Jo's Boys
9789390896394	Julius Caesar
9789390575404	Keep the Aspidistra Flying
9789390896400	Kidnapped
9789390896424	King Lear
9789390575824	Lady Susan
9789390896455	Law of Success
9789390896264	Lincoln The Unknown
9789390575565	Little Men
9789390575640	Little Women
9788194914174	Lost Horizon
9789390896462	Macbeth
9789390896929	Man Eaters of Kumaon
9789390896523	Man The Dwelling Place of God
9789390896349	Man The Dwelling Place of God
9789390575909	Mansfield Park
9788194914136	Manto Ki 25 Sarvshreshth Kahaniya
9789390896509	Marxism, Anarchism, Communism
9789390575664	Mathematical Principles of Natural Philosophy

9788194914198	Meditations
9789390575800	Mein Kampf
9789390575794	Memory How To Develop, Train, And Use It
9789390896486	Mind Power
9789390896585	Money
9789390575039	Mortal Coils
9789390575770	My Life and Work
9789390896035	Narrative of the Life of Frederick Douglass
9789390575152	Neville Goddard: The Collected Works
9789390575985	Northanger Abbey
9789390896530	Notes From Underground
9789390896547	Oliver Twist
9789390575459	On War
9789390575541	One, None and a Hundred Thousand
9789390896554	Othelo
9789390575435	Out Of This World
9789390575015	Persuasion
9789390575510	Prayer The Art Of Believing
9789390575091	Pride and Prejudice
9789390896561	Psychic Perception
9789390575381	Rabindranath Tagore - 5 Best Short Stories Vol 2
9789390575367	Rabindranath Tagore - Short Stories (Masters Collections Including The Childs Return)
9789390575374	Rabindranath Tagore 5 Best Short Stories Vol 1 (Including The Childs Return
9789390896622	Romeo & Juliet
9789390896127	Sanatana Dharma
9789390575596	Seedtime & Harvest
9789390896639	Selected Stories of Guy De Maupassant
9789390575206	Self-Reliance & Other Essays
9789390575176	Sense and Sensibility
9789390575299	Shyamchi Aai
9789390896738	Socialism Utopian and Scientific
9789390896646	Success Through a Positive Mental Attitude
9789390575428	The Adventures of Huckleberry Finn

9789390575183	The Adventures of Sherlock Holmes
9789390575343	The Adventures of Tom Sawyer
9789390896691	The Alchemy Of Happiness
9789390575862	The Art Of Public Speaking
9789390896288	The Autobiography Of Charles Darwin
9788194914181	The Best of Franz Kafka: The Metamorphosis & The Trial
9789390575008	The Call Of Cthulhu and Other Weird Tales
9789390575107	The Case-Book of Sherlock Holmes
9789390896110	The Castle Of Otranto
9789390896745	The Communist Manifesto
9789390575589	The Complete Fiction of H. P. Lovecraft
9789390575497	The Complete Works of Florence Scovel Shinn
9789390896820	The Conquest of Breard
9789390896813	The Diary of a Young Girl
9789390896332	The Diary of a Young Girl The Definitive Edition of the Worlds Most Famous Diary
9789390575701	The Great Gatsby, Animal Farm & 1984 (3In1)
9789390575312	The Greatest Works Of George Orwell (5 Books) Including 1984 & Non-Fiction
9789390575992	The Hound of Baskervilles
9789390896707	The Idiot
9789390896714	The Invisible Man
9789390575657	The Knowledge of the holy
9789390575558	The Law & the Promise
9789390896721	The Law Of Attraction
9789390896776	The Leader in you
9789390896363	The Life of Christ
9789390896196	The Man-Eating Leopard of Rudraprayag
9789390896783	The Master Key to Riches
9789390575268	The Memoirs Of Sherlock Holmes
9789390896479	The Midsummer Night's Dream
9789390575466	The Mill On The Floss
9789390896790	The Miracles of your mind
9789390896660	The Mutual Aid A Factor in Evolution
9789390896448	The Origin of Species

9789390896905	The Peter Kropotkin Anthology The Conquest of Bread & Mutual Aid A Factor of Evolution
9789390896806	The Picture of Dorian Gray
9789390896271	The Picture of Dorian Gray
9789390575275	The Power Of Awareness
9789390896356	The Power of Concentration
9788194824169	The Power of Positive Thinking
9789390575411	The Power of the Spoken Word
9788194914105	The Power Of Your Subconscious Mind
9789390896899	The Power of Your Subconscious Mind
9789390896417	The Principles of Communism
9789390575787	The Psychology Of Mans Possible Evolution
9789390896615	The Psychology of Salesmanship
9789390575732	The Pursuit of God
9789390575398	The Pursuit of Happiness
9789390896851	The Quick and Easy Way to effective Speaking
9789390575947	The Return Of Sherlock Holmes
9789390575138	The Road To Wigan Pier
9789390896981	The Root of the Righteous
9789390575855	The Science Of Being Well
9788194914167	The Science Of Getting Rich, The Science Of Being Great & The Science Of Being Well (3In1)
9789390896011	The Screwtape Letters
9789390896073	The Screwtape Letters
9789390575336	The Secret Door to Success
9789390575695	The Secret Of Imagining
9789390896868	The Secret Of Success
9789390896431	The Seven Last Words
9789390575930	The Sign of the Four
9789390896004	The Sonnets
9789390896516	The Souls of Black Folk
9789390896875	The Sound and The Fury
9789390575244	The State and Revolution
9789390896882	The Story of My Life
9789390896936	The Story Of Oriental Philosophy

9789390896752	The Strange Case of Dr. Jekyll and Mr. Hyde
9789390896943	The Tempest
9789390575916	The Valley Of Fear
9789390575879	The Wind in the willows
9789390896080	The Wind in the willows
9789390575763	Their eyes were watching gofd
9789390575831	Three Stories
9789390896950	Twelfth Night
9789390896592	Twelve Years a Slave
9789390896677	Up from Slavery
9789390896974	Value Price and Profit
9789390896967	Wake Up and Live
9789390896493	With Christ in the School of Prayer
9789390575602	Your Faith is Your Fortune
9789390575473	Your Infinite Power To Be Rich
9789390575251	Your Word is Your Wand
9789390575718	Youth
9789391316099	A Christmas Carol
9789391316105	A Doll's House
9789391316501	A Passage to India
9789391316709	A Portrait of the Artist as a Young Man
9789391316112	A Tale of Two Cities
9789391316747	A Tear and a Smile
9789391316167	Agnes Gray
9789391316174	Alice's Adventures in Wonderland
9789391316136	Anandamath
9789391316181	Anne Of Green Gables
9789391316754	Anthem
9789391316198	Around The World in 80 Days
9789391316013	As A Man Thinketh
9789391316242	Autobiography of a Yogi
9789391316266	Beyond Good and Evil
9789391316761	Bleak House
9789391316778	Chitra, a Play in One Act
9789391316310	David Copperfield

9789391316075	Demian
9789391316785	Dubliners
9789391316051	Favourite Tales from the Arabian Nights
9789391316235	Gitanjali
9789391316068	Gravity
9789391316150	Great Speeches of Abraham Lincoln
9789391316662	Guerilla Warfare
9789391316839	Kim
9789391316822	Mother
9789391316211	My Childhood
9789391316846	Nationalism
9789391316327	Oliver Twist
9789391316853	Pygmalion
9789391316334	Relativity: The Special and the General Theory
9789391316389	Scientific Healing Affirmation
9789391316341	Sons and Lovers
9789391316587	Tales from India
9789391316372	Tess of The D'Urbervilles
9789391316396	The Awakening and Selected Stories
9789391316402	The Bhagvad Gita
9789391316303	The Book of Enoch
9789391316228	The Canterville Ghost
9789391316907	The Dynamic Laws of Prosperity
9789391316006	The Great Gatsby
9789391316860	The Hungry Stones and Other Stories
9789391316433	The Idiot
9789391316440	The Importance of Being Earnest
9789391316297	The Light of Asia
9789391316914	The Madman His Parables and Poems
9789391316457	The Odyssey
9789391316921	The Picture of Dorian Gray
9789391316464	The Prince
9789391316938	The Prophet
9789391316945	The Republic
9789391316518	The Scarlet Letter

9789391316143	The Seven Laws of Teaching
9789391316525	The Story of My Experiments with Truth
9789391316532	The Tales of the Mother Goose
9789391316549	The Thirty Nine Steps
9789391316594	The Time Machine
9789391316600	The Turn of the Screw
9789391316983	The Upanishads
9789391316617	The Yellow Wallpaper
9789391316426	The Yoga Sutras of Patanjali
9789391316990	Ulysses
9789391316624	Utopia
9789391316679	Vanity Fair
9789391316020	What Is To Be Done
9789391316686	Within A Budding Grove
9789391316693	Women in Love